Der Trebing-Lecost

Hotel Guide

Hotels und ausgewählte Restaurants
getestet und bewertet

Liebe Maria,

mit den besten Wünschen für eine glückliche Zukunft.

Herzlichst,

Ihr [signature]

14. Juli 2012.

Der Trebing-Lecost

Hotel Guide

Hotels und ausgewählte Restaurants
getestet und bewertet

VORWORT

Wer viel reist, ob beruflich oder privat, kennt das Problem: Sowohl bei Urlaubsreisen wie auch bei einem mit Arbeit und Stress gefüllten Geschäftstag hängt der Erfolg der jeweiligen Unternehmung wesentlich davon ab, welchen Ausgleich der Abend bietet und wie man in der Nacht „zur Ruhe kommt".

Solche Informationen bietet Olaf Trebing-Lecost mit dem neuen Hotel Guide in großem Umfang und hoher Dichte. Dem Autor und Herausgeber ist es gelungen, die Flut an Informationen zu einzelnen Hotels klar und übersichtlich zu gliedern, verständlich zu formulieren und die zentralen Punkte herauszustellen. Der Hotel Guide beweist große Kunstfertigkeit darin, die vielschichtigen Erwartungen, die Menschen an Hotels und Unterkünfte stellen, aufzunehmen und zu bedienen.

Jeder verbringt seine Zeit in Hotels auf seine Weise. Der eine braucht ein besonderes Ambiente, will sich erfreuen an exklusivem Design oder spezieller Einrichtung; der andere sucht Ausgleich für berufliche Anspannung in Wellness-Tempeln oder beim Genuss besonderer Gastronomie; wieder andere möchten sich einfach zurückziehen, um der Hektik des Tages zu entfliehen, so wie Greta Garbo in dem denkwürdigen Film „Menschen im Hotel", wo sie wiederholt den Satz sagt: „Ich will allein sein."

Ihnen allen bietet der Hotel Guide ein Instrument für eine Entscheidung, die ihren Belangen optimal entspricht. Die Texte sind gut geeignet, um auf sicherer Basis eine Reise zu planen, sich auf der Anfahrt zu einer Unterkunft schon einmal über diese zu informieren oder sich schlicht und einfach auf die nächsten Stunden zu freuen. Hätte es den Trebing-Lecost Hotel Guide schon damals gegeben, Greta Garbo hätte den zitierten Satz nicht so oft wiederholen müssen – sie hätte hier eine Empfehlung für ein geeignetes, ruhiges Hotel gefunden.

Ihr

Dr. Wolfgang Gerhardt
Vorsitzender des Vorstands der Friedrich-Naumann-Stiftung für die Freiheit

HOTELMANAGER DES JAHRES

Dr. Bertram Thieme
Direktor
Dorint Charlottenhof

Erstmals wird die Auszeichnung als Hotelmanager des Jahres einem Hoteldirektor zum zweiten Mal verliehen. Neun Jahre nachdem er im Trebing-Lecost Hotel Guide zuerst ausgezeichnet wurde, soll Dr. Bertram Thieme nun für sein berufliches Lebenswerk geehrt werden. Seit 35 Jahren ist Dr. Thieme in der Position des Hoteldirektors tätig. Nach seiner Ausbildung und verschiedenen beruflichen Stationen wurde er 1977 zum Direktor des Interhotel in Halle berufen. Parallel zu dieser Aufgabe absolvierte er sein Studium und seine Promotion. Als nach der Wende die Maritim-Hotelgruppe das Hotel im Jahr 1993 übernahm, beauftragte sie ihn, es weiter zu führen. Dr. Thieme erarbeitete sich vor und nach der Wende eine beachtliche Reputation. Dann wurde Hotelentwickler Dr. Herbert Ebertz auf ihn aufmerksam, der ein Hotel in Halle plante und Thieme bereits in die Planung und Entwicklung einbinden wollte. Für Thieme war es eine reizvolle Herausforderung, seine Erfahrungen und sein Wissen über die regionalen Möglichkeiten hier einzubringen. So wechselte er 1996 zu Dorint, auch wenn ihm dieser Schritt nicht leichtfiel. Aber die Rahmenbedingungen waren ideal, konnte er doch sowohl auf die Hardware als auch auf die konzeptionelle Gestaltung des Hotels Einfluss nehmen und sich zudem ein eigenes Team nach seinen Anforderungen ganz neu zusammenstellen. 15 Jahre führt Dr. Thieme das Dorint Charlottenhof mittlerweile. Zieht man Bilanz, darf man ihm aus tiefstem Herzen bescheinigen, dass er dieses First-Class-Hotel nachhaltig geprägt und zu einer kleinen Serviceoase entwickelt hat. Das erklärt auch seine hohe emotionale Bindung an dieses Haus, das er wie ein Patron führt. Thieme, der über eine ausgeprägte Sozialkompetenz verfügt, kann auf hundertprozentige Mitarbeiterzufriedenheit bauen. Sein Team im Charlottenhof bildet eine Einheit, die rückhaltlos hinter ihrem Chef, dessen Arbeit und dem Hotel steht – das können nur wenige Hoteldirektoren behaupten. Der Gast profitiert von diesem hervorragenden Betriebsklima. Das belegen nicht nur die Dorint-intern vergebenen Awards, die das Haus wiederholt gewonnen hat, sondern auch mehrfache externe Auszeichnungen; unter anderem wurde es als eines der zehn familienfreundlichsten Hotels in Deutschland prämiert. Zudem hat das Dorint Charlottenhof als erstes Hotel des Landes Sachsen-Anhalt wie auch der Dorint-Gruppe das Gütesiegel „ServiceQualität Deutschland" der Stufe II erhalten. Die richtige Mischung aus jungen, engagierten Mitarbeitern und erfahrenen Abteilungsleitern überzeugt und hat sich als Schlüssel zum Erfolg herausgestellt.
Man würde Dr. Thieme aber nicht gerecht, wenn man seine Verdienste auf die Leistungen als Direktor dieses Dorint-Hotels reduzieren würde. Thieme ist ein wahrer Humanist, er besitzt alle dafür grundlegenden Eigenschaften wie Güte, Freundlichkeit und Mitgefühl für die Schwächeren der Gesellschaft. Es ist ihm eine Herzensangelegenheit, sich auch in der Stadt sozial ebenso wie politisch und wirtschaftlich zu engagieren. So ist er etwa in der Stadtentwicklung, im Stadtmarketing und in der Tourismusförderung aktiv. Zu den örtlichen Größen aus Wirtschaft, Politik und Gesellschaft pflegt er ein vertrauensvolles, fast schon freundschaftliches Verhältnis; er gibt ihnen das Gefühl, nicht nur gern gesehene Gäste, sondern vielmehr Freunde des Hauses zu sein. Innerhalb der Stadt Halle ist er somit eine Institution und einer breiten Öffentlichkeit ein Begriff. Dank seiner besonderen Charaktereigenschaften und seiner daraus erwachsenden Qualifikation als Hoteldirektor ist es Dr. Thieme gelungen, trotz der schwierigen Marktgegebenheiten, die zum Teil auf ein Imageproblem der Stadt zurückzuführen sind, dieses Dorint an der Spitze der hiesigen Hotellandschaft zu etablieren. Er ist für uns eine der bedeutendsten Persönlichkeiten der deutschen Hotellerie und hat für viele seiner Kollegen durchaus Vorbildfunktion. Für diese Leistung und die Erfolge seines Wirkens, das von seinem besonderen persönlichen Engagement getragen wird, möchten wir Dr. Bertram Thieme in diesem Jahr erneut auszeichnen.

Die Auszeichnung „Hotelmanager des Jahres" erhielten bisher:

2011 Rogier Hurkmans	2010 Helmut Stadlmann	2009 Jörg T. Böckeler
2008 Michael Rupp	2007 Nicole Kobjoll	2006 Norbert Lang
2005 Florian Meyer-Thoene	2004 Christoph Mares	2003 Dr. Bertram Thieme

HOTELS / RESTAURANTS

INHALTSVERZEICHNIS

AACHEN
PULLMAN QUELLENHOF 13

AERZEN
SCHLOSSHOTEL MÜNCHHAUSEN 15

AHRENSHOOP
KURHAUS AHRENSHOOP
GRAND HOTEL & SPA 17

ASCHAU
RESIDENZ HEINZ WINKLER 18

AUGSBURG
DORINT 20
STEIGENBERGER DREI MOHREN 22

BAD BRÜCKENAU
DORINT 23

BAD DOBERAN
GRAND HOTEL HEILIGENDAMM 25
PRINZENPALAIS 27

BAD NEUENAHR-AHRWEILER
DORINT PARKHOTEL 29
STEIGENBERGER 31

BAD PETERSTAL-GRIESBACH
DOLLENBERG 32

BAD SAAROW
A-ROSA SCHARMÜTZELSEE 33
ESPLANADE RESORT & SPA 35

BAD ZWISCHENAHN
JAGDHAUS EIDEN 36

BADEN-BADEN
BELLE EPOQUE 37
BRENNER'S PARK-HOTEL & SPA 39
DER KLEINE PRINZ 40
DORINT MAISON MESSMER 42

BAIERSBRONN
BAREISS 44
TRAUBE TONBACH 45

BERCHTESGADEN
INTERCONTINENTAL RESORT 46

BERGISCH GLADBACH
SCHLOSS BENSBERG 48

BERLIN
ADLON 49
BRANDENBURGER HOF 51
CONCORDE 52

HILTON 54
HOTEL DE ROME 55
INTERCONTINENTAL 56
KEMPINSKI BRISTOL 58
MARITIM 61
MARITIM PROARTE 63
MELIÃ 65
MÖVENPICK 67
RADISSON BLU 68
SCHLOSSHOTEL IM GRUNEWALD 69
SOFITEL BERLIN GENDARMENMARKT 71
SWISSÔTEL 73
THE REGENT 74
THE RITZ CARLTON 75

BIELEFELD
BIELEFELDER HOF 77

BOLTENHAGEN
SEEHOTEL GROSSHERZOG v. MECKLENBURG 78

BONN
DORINT VENUSBERG 79
KAMEHA GRAND 81

BREMEN
HILTON 83
INNSIDE 84
MARITIM 85
PARK HOTEL 86
SWISSÔTEL 88
ÜBERFLUSS HOTEL 89

BURG
ZUR BLEICHE 91

CELLE
FÜRSTENHOF CELLE 93

CUXHAVEN
BADHOTEL STERNHAGEN 94
STRANDPERLE 95

DARMSTADT
MARITIM 96

DORTMUND
HILTON 97
LENNHOF 98
PULLMAN 99

DRESDEN
DORINT HOTEL DRESDEN 100
HILTON 102
HOLIDAY INN 103
KEMPINSKI TASCHENBERGPALAIS 105

MARITIM	106		DORMERO HOTEL ROTES ROSS	159
RADISSON BLU GEWANDHAUS	108		MARITIM	161

DÜSSELDORF
HAMBURG

BREIDENBACHER HOF	109		DORINT	163
HYATT REGENCY	110		EAST	164
INTERCONTINENTAL	112		FAIRMONT VIER JAHRESZEITEN	166
MARITIM	113		GRAND ELYSEE	167
MELIÃ	115		KEMPINSKI ATLANTIC	169
NIKKO	117		LOUIS C. JACOB	170
STEIGENBERGER PARKHOTEL	118		JACOBS RESTAURANT	172
VAN DER VALK AIRPORTHOTEL	120		MARITIM REICHSHOF	173
			MÖVENPICK	174

EISENACH

			PARK HYATT	176
STEIGENBERGER THÜRINGER HOF	121		RADISSON BLU	177
HOTEL AUF DER WARTBURG	122		SIDE	178

ELTVILLE
HANNOVER

KEMPINSKI SCHLOSS REINHARTSHAUSEN	124		KASTENS HOTEL LUISENHOF	179
KRONENSCHLÖSSCHEN	125		MARITIM AIRPORT HOTEL	180
			MARITIM GRAND HOTEL	182

ERFURT

			RADISSON BLU	184
PULLMAN ERFURT AM DOM	126			
RADISSON BLU	128			

HEIDELBERG

DER EUROPÄISCHE HOF 185

ESSEN
HEILBAD HEILIGENSTADT

SCHLOSS HUGENPOET	129		HOTEL AM VITALPARK	187
SHERATON	130			

HELGOLAND

ETTLINGEN

ERBPRINZ	131		ATOLL OCEAN RESORT	188

HERZOGENAURACH

FRANKFURT

HESSISCHER HOF	132		HERZOGSPARK	190
SÈVRES	134			

HOHEN DEMZIN

HILTON	135		SCHLOSSHOTEL BURG SCHLITZ	191
INNSIDE	136			

HOHWACHT

INTERCONTINENTAL	137		HOHE WACHT	192
JUMEIRAH	138			

KARLSRUHE

MARITIM	141		NOVOTEL KARLSRUHE CITY	194
MÖVENPICK	142		SCHLOSSHOTEL	195
RADISSON BLU	144			

KASSEL

SHERATON HOTEL & TOWERS	145		LA STRADA	196
STEIGENBERGER FRANKFURTER HOF	147			

KIEL

VILLA KENNEDY	148		MARITIM HOTEL BELLEVUE	197

FREIBURG

COLOMBI	150		ROMANTIK HOTEL KIELER KAUFMANN	198
DORINT AN DEN THERMEN	151			

KÖLN

FULDA

ESPERANTO	152		DORINT AM HEUMARKT	199
MARITIM AM SCHLOSSGARTEN	154		DORINT AN DER MESSE	200
			EXCELSIOR ERNST	202

GLÜCKSBURG

			PULLMAN COLOGNE	203
ALTER MEIERHOF	156		RADISSON BLU	205

HALLE
KÖNIGSTEIN

DORINT CHARLOTTENHOF	157		KEMPINSKI	206

KRONBERG
SCHLOSSHOTEL KRONBERG — 207
SCHLOSSRESTAURANT — 209

KÜHLUNGSBORN
AQUAMARIN — 211
EUROPA HOTEL — 212
NEPTUN — 213
TRAVEL CHARME OSTSEEHOTEL — 214

LEIPZIG
FÜRSTENHOF — 215
STEIGENBERGER GRAND HOTEL HANDELSHOF — 217
THE WESTIN LEIPZIG — 218

LÜBECK
A-ROSA TRAVEMÜNDE — 219
COLUMBIA CASINO TRAVEMÜNDE — 220
MARITIM — 221

MAGDEBURG
MARITIM — 222

MAINZ
HILTON — 223
HYATT REGENCY — 224

MANNHEIM
DORINT KONGRESS HOTEL — 225
MARITIM PARKHOTEL — 227

MARBURG
VILA VITA ROSENPARK — 228

MÖNCHENGLADBACH
DORINT PARKHOTEL — 229

MÜLHEIM
VILLA AM RUHRUFER — 230

MÜNCHEN
BAYERISCHER HOF — 232
KEMPINSKI HOTEL VIER JAHRESZEITEN — 233
MANDARIN ORIENTAL — 234
SOFITEL BAYERPOST — 235
THE CHARLES — 237

MÜNSTER
KAISERHOF — 238
MAURITZHOF — 239
MÖVENPICK — 241
TREFF HOTEL — 242

MURNAU
ALPENHOF MURNAU — 243

NEU-ISENBURG
KEMPINSKI GRAVENBRUCH — 244

NEUSS
SWISSÔTEL — 245

NÜRBURG
DORINT — 246

NÜRNBERG
BEST WESTERN — 248
HILTON — 250
SCHINDLERHOF — 251

OFFENBACH
BEST WESTERN MACRANDER — 253

OLDENBURG
ALTERA — 254
TREND HOTEL — 256

PAPENBURG
ALTE WERFT — 257
PARK INN — 258

POTSDAM
BAYRISCHES HAUS — 260
DORINT SANSSOUCI — 261
SCHLOSSHOTEL CECILIENHOF — 263

ROSTOCK
NEPTUN — 265
PARK-HOTEL HÜBNER — 267
RADISSON BLU — 268
STEIGENBERGER HOTEL SONNE — 270
STRAND-HOTEL HÜBNER — 272
YACHTHAFENRESIDENZ HOHE DÜNE — 274

ROTENBURG/WÜMME
WACHTELHOF — 275

ROTTACH-EGERN
SEEHOTEL ÜBERFAHRT — 276

RÜGEN/BINZ
DORINT STRANDHOTEL — 277
KURHAUS BINZ — 278

RÜGEN/SELLIN
CLIFF-HOTEL — 280
ROEWERS PRIVATHOTEL — 281

SAARBRÜCKEN
AM TRILLER — 282
DOMICIL LEIDINGER — 284

SCHKOPAU
SCHLOSSHOTEL SCHKOPAU — 286

SPEYER
LINDNER HOTEL & SPA BINSHOF — 288

STOLPE BEI ANKLAM
GUTSHAUS STOLPE — 289

STROMBERG			**WEIMAR**	
LAND & GOLF HOTEL STROMBERG	290		DORINT AM GOETHEPARK	310
STROMBURG	291		ELEPHANT	311
STUTTGART			GRAND HOTEL RUSSISCHER HOF	312
MARITIM	292		**WIESBADEN**	
MÖVENPICK AIRPORT	293		DORINT PALLAS	313
PULLMAN STUTTGART FONTANA	294		NASSAUER HOF	315
STEIGENBERGER GRAF ZEPPELIN	296		RADISSON BLU SCHWARZER BOCK	316
SULZBACH			**WIESLOCH**	
DORINT	297		MONDIAL	317
SYLT/RANTUM			**WILHELMSHAVEN**	
DORINT SÖL'RING HOF	298		COLUMBIA HOTEL WILHELMSHAVEN	318
TESCHOW			**WISMAR**	
SCHLOSS TESCHOW	299		STEIGENBERGER STADT HAMBURG	320
TIMMENDORFER STRAND			**WOLFSBURG**	
GRAND HOTEL SEESCHLÖSSCHEN	300		THE RITZ-CARLTON	322
MARITIM SEEHOTEL	301		**WÜRZBURG**	
ULM			MARITIM	324
LAGO	304		REBSTOCK	325
MARITIM	305		**WUSTROW**	
USEDOM/AHLBECK			DORINT STRANDRESORT & SPA	327
ROMANTIK SEEHOTEL AHLBECKER HOF	307			
USEDOM/HERINGSDORF				
STEIGENBERGER GRANDHOTEL & SPA	308			
STRANDIDYLL	309			

IMPRESSUM

Postanschrift

Trebing-Lecost Verlag

Postfach 4765
26037 Oldenburg
Telefon: 0441-248 07 98
info@trebing-lecost-verlag.de
www.trebing-lecost-verlag.de
www.hotelmanager-des-jahres.de

Verlagsleitung
Olaf Trebing-Lecost

Redaktion
Olaf Trebing-Lecost (V.i.S.d.P.)
Oliver Buns

Lektorat
Lektorat: Dr. phil. Ingrid Furchner
Korrektorat: Dr. phil. Lotte Husung

© Trebing-Lecost Verlag
Jede Verwertung des urheberrechtlich geschützten „Trebing-Lecost Hotel Guide" oder der darin enthaltenen Beiträge, besonders die Vervielfältigung oder Verbreitung gleich welcher Art, ist ohne schriftliche Genehmigung des Verlags grundsätzlich nicht gestattet, soweit sich aus dem Urheberrechtsgesetz nichts anderes ergibt.

Die Deutsche Nationalbibliothek verzeichnet diese Publikation in der Deutschen Nationalbibliografie; detaillierte bibliografische Daten sind im Internet über http://dnb.d-nb.de abrufbar.
Oldenburg: Trebing-Lecost, 2012   ISBN: 9783937516110

ZEICHENERKLÄRUNG

HOTEL

●●●●● Spitzenhotel für höchste Ansprüche mit einem beeindruckenden Ambiente sowie einem herausragenden Service

●●●● Luxushotel mit hervorragendem Service

●●● erstklassiges Hotel mit sehr gutem Service

●● Hotel mit gutem Komfort

● einfaches und/oder zweckmäßiges Hotel

☾ halber Punkt (Mittelwert)

◉ Sonderpunkt für besonders herausragenden Service

↗ oder ↘ Bewertung im Vergleich zum Vorjahr

RESTAURANT

●●●●● absolutes Spitzenrestaurant mit einem herausragenden Service sowie einem beeindruckenden Ambiente

●●●● außergewöhnlich kreative Küche, verbunden mit einem sehr guten Service und einem schönen Ambiente

●●● sehr gute kreative Küche

●● überdurchschnittlich gute Küche

● durchschnittlich gute Küche

☾ halber Punkt (Mittelwert)

◉ Sonderpunkt für besonders herausragenden Service

↗ oder ↘ Bewertung im Vergleich zum Vorjahr

HOTEL

- Einzel-/Doppelzimmer
- Suiten/Juniorsuiten
- Tagungsräume
- Restaurant
- Bar
- klimatisierte Zimmer
- Zimmerservice
- Pay-TV
- Schwimmbad
- Fitness
- Whirlpool
- Solarium
- Kosmetik
- Sauna
- Frisör
- Massage
- Parken
- behindertenfreundliche Zimmer

RESTAURANT

KATEGORIE

🍴🍴🍴🍴 großer Luxus

🍴🍴🍴 Luxus

🍴🍴 erstklassig

🍴🍴 anspruchsvoll

🍴 einfach/Landgasthof

AACHEN   Nordrhein-Westfalen

PULLMAN QUELLENHOF
(Innenstadt)
**Monheimsallee 52
52062 Aachen**
Telefon: 02 41-91 32-0
Telefax: 02 41-91 32 1 00
Internet: www.pullmanhotels.com
E-Mail: h5327@accor.com
Direktor: Walter Hubel
DZ ab € 127,00

Mit dem Abschied von Hotellegende Olaf Offers hat im traditionsreichen Quellenhof eine neue Ära begonnen. Dass auch Persönlichkeiten wie Offers irgendwann einmal ihren Ruhestand genießen möchten, ist verständlich, in diesem Fall aber dennoch ein Verlust für die Hotellerie. Mit seiner unschlagbaren Erfahrung, der sympathischen Fähigkeit zur Selbstironie und ausgeprägtem Einfühlungsvermögen im Umgang mit Gästen wie mit Mitarbeitern hat Offers den Quellenhof über lange Jahre zum Erfolg geführt. Dabei musste er seine eigene Persönlichkeit der Aufgabe als Hoteldirektor niemals unterordnen. Da er somit eben kein austauschbarer Hoteldirektor ist, liegt die Messlatte für seinen Nachfolger hoch. Künftig wird dieses Haus von Walter Hubel geführt. Dessen, so wollen wir es einmal ausdrücken, sehr speziellen und wenig serviceorientierten Führungsstil durften wir bereits in seiner vorherigen Wirkungsstätte beleuchten, und natürlich fragen wir uns, ob er sich und seinen „Strategien" auch hier treu bleiben wird. Zweifelsohne, das imposante Gebäude beeindruckt schon an sich, dennoch hat es nicht den Status des Luxus-Businesshotels, den Offers hier über die Jahre gewährleistete. Ein Zeugnis des Aachener Bürgerstolzes jener Zeit, wurde der Quellenhof Anfang des 20. Jahrhunderts als opulentes Kurhotel mit angeschlossenem Kurbad errichtet. Auch im Vergleich mit zeitgenössischen Hotelprachtbauten in den Metropolen musste und muss er sich nicht verstecken; die solide Pracht und die großzügigen Räume beeindrucken auch heute noch. Die Lage am Aachener Alleenring tut ein Übriges, um die Eleganz und Schönheit des Gebäudes zu unterstreichen. Mit der Modernisierung des Hauses Ende der 1990er Jahre hat hier dann moderne Spitzenhotellerie Einzug gehalten, auch wenn man nun nicht mehr dem Konzept eines Grandhotels, sondern dem eines Luxus-Businesshotels folgte. Dem Gesamteindruck des Hauses als Grandhotel hat das keinen Abbruch getan. So hat das Haus auch keine Probleme, bei großen internationalen Veranstaltungen wie der Karlspreisverleihung mit entsprechend aufgestocktem Service als Fünf-Sterne-Plus-Hotel durchzugehen. Das Interieur in diesem Pullman ist in allen Bereichen nach wie vor überwiegend klassisch, wird aber durchgehend durch moder-

nes Design in der Ausstattung ergänzt. Die Harmonie aus Modernität und klassischer Eleganz setzt sich auf den Zimmern fort, und die Weite der Flure, die luftigen Raumhöhen sowie generell der verschwenderische Umgang mit Raum verweisen auf die historische Authentizität des Quellenhofs. Trotz dieser räumlichen Großzügigkeit finden sich 183 Zimmer und Suiten in 6 verschiedenen Raumkategorien. Sie bieten ein elegantes und hochwertig ausgestattetes Umfeld, in dem sich auch verwöhnte Gäste über einen längeren Zeitraum wohlfühlen können. Ein 24-Stunden-Zimmerservice, individuelle Klimatisierung der Zimmer und der wahlweise kabelgebundene oder drahtlose (WLAN) Internetzugang sind in dieser Kategorie natürlich mittlerweile ebenso selbstverständlich wie der Schuhputz- und Conciergeservice. Durch das benachbarte städtische Kongresszentrum „Eurogress" verfügt man auch über beste Voraussetzungen für Tagungen und Kongresse unterschiedlichster Größe; im Hotel selbst sind zusätzlich 13 Tagungs- und Veranstaltungsräume verschiedener Größe und Ausstattung vorhanden. Bei der Erneuerung des Hauses hat man einen 900 qm großen SPA-Bereich eingerichtet und damit die Tradition des Kurhotels mit Badebetrieb, die nach der Zerstörung des Hauses im Krieg etwas in Vergessenheit geraten war, im kleinen Rahmen wieder aufleben lassen. Das elegante Ambiente des Wellnessbereichs, beispielsweise der mit grün-schwarzem Naturstein ausgekleidete Poolbereich, ist ebenso ungewöhnlich wie anheimelnd und eine stilvolle Alternative zu gängigen Wellnessbereichen mit babyblau leuchtenden Schwimmbecken. Für Saunanutzer ist in einem Innenhof der Anlage ein großzügiger Frischluft- und Ruhebereich untergebracht. Das hauseigene Restaurant La Brasserie mit mediterraner und saisonaler Küche bietet eine Küchenleistung auf gehobenem Niveau, die im Sommer auch auf der großzügigen Terrasse vor dem Restaurant genossen werden kann. Die „Elephant"-Bar rundet das gastronomische Angebot des Quellenhofs mit einer stilvollen Bar unter afrikanischem Motto ab. Mit ihrem kolonialen Ambiente durch die hohen, stuckverzierten Decken, dunkle Holzböden und ebensolches Mobiliar erinnern Bar und Restaurant an die Entstehungszeit des Hauses, in der Deutschland noch eine Rolle als Kolonialmacht spielte.

Bewertung: ●●●●◖

AERZEN Niedersachsen

SCHLOSSHOTEL MÜNCHHAUSEN
(OT Königsförde)
Schwöbber 9
31855 Aerzen
Telefon: 0 51 54-70 60-0
Telefax: 0 51 54-70 60 130
Internet: www.schlosshotel-muenchhausen.com
E-Mail: info@schlosshotel-muenchhausen.com
Direktor: Karsten Wierig
DZ ab € 140,00

Der Ortsname Aerzen wird den wenigsten ein Begriff sein, und auch mit der Bezeichnung Schloss Schwöbber konnten vor dessen Umbau nur Lokalhistoriker etwas anfangen. Nennt man jedoch die Stichworte Weserbergland, Hameln und Weserrenaissance, beginnen die Augen vieler Deutschen zu leuchten. Verständlich also, dass die Modeunternehmerin Ulla Popken und ihr Mann über einen geeigneten Namen nachdachten, als sie sich im vergangenen Jahrzehnt daranmachten, das marode Baudenkmal Schloss Schwöbber in Aerzen bei Hameln in ein Schlosshotel der Spitzenklasse zu verwandeln. Als Namensgeberin ihrer eigenen Modekette konnte Ulla Popken zu diesem Zeitpunkt auf eine Unternehmensentwicklung zurückblicken, die als eine der großen Erfolgsgeschichten in dieser Branche gelten kann: Ausgehend von einer Boutique für Umstandsmoden hatte sie mit ihrem Mann die führende Firma für Mode in großen Größen in Deutschland und weit darüber hinaus aufgebaut. Ulla Popken entschloss sich daraufhin, den ihr daraus erwachsenen Wohlstand in die Sanierung eines alten Schlosses zu investieren, die schon aufgrund der enormen Denkmalschutzauflagen eine große Herausforderung war. Dies zeigt, dass privates und öffentliches Interesse trotz allem Hand in Hand gehen können. Der Gemeinde und der Tourismusregion Weserbergland ist auf diese Weise ein wunderbares Renaissanceschloss wiedergeschenkt worden, und der Anblick des grunderneuerten Schlosses inmitten der hügeligen Landschaft lässt heute die Herzen von Einheimischen wie Besuchern höher schlagen. Darüber hinaus hat Popken durch die Etablierung eines Fünf-Sterne-Hotels der Gegend ganz neue Besucherkreise erschlossen. Die Einrichtung eines Schlosshotels war eine kongeniale Antwort auf die schwierige Frage, welche Nutzung ein solches Kleinod erlaubt, die sowohl der Bedeutung des Gebäudes als Baudenkmal als auch dessen kostspieligem Unterhalt gerecht wird. Dass Popken dem Haus dann den etwas weit hergeholten Namen Münchhausen gab, kann man durchaus verzeihen, denn in Schloss Schwöbber wohnte dereinst tatsächlich eine Familie, die mit dem legendären Lügenbaron entfernt verwandt war. Die Beziehung zum Märchenhaften ist angesichts der Nähe zur Stadt Hameln auch durchaus gegeben, und wenn auch nicht alle Gäste schon vom Baron gehört haben mögen, so ist doch der Rattenfänger von Hameln international berühmt und lockt Gäste aus der ganzen Welt in die nahe Fachwerkstadt und damit auch in das Schlosshotel. Den Anfang machte 2006 die französische Équipe Tricolore, die während der Fußballweltmeisterschaft hier logierte und es damals immerhin zum Vizeweltmeister brachte. Außerdem haben Alt-Bundespräsident Christian Wulff und seine Frau Bettina vor wenigen Jahren hier geheiratet. Dabei erfüllt das Hotel nahezu alle Erwartungen, die Erholungsuchende an ein Luxusresort dieser Güte stellen. Die Ausstattung der geschmackvollen Zimmer und Suiten, in deren Konzeption die vor drei Jahren verstorbene Ulla Popken noch persönlich involviert war, bildet eine ideale Balance zwischen romantischem Stil und behaglicher Modernität. Helle Hölzer und Stoffe mit floralen Motiven schaffen eine richtig behagliche und gleichzeitig elegante Atmosphäre, die mit der historischen Architektur bestens harmoniert. Geschickt hat man darüber hinaus im Schlossareal nicht nur einen Wellnessbereich, sondern auch ein Schwimmbad realisiert. Der komplett verglaste Schwimmbadanbau befindet sich im Befestigungsgraben des Schlosses an der Stelle, wo in den vergangenen Jahrhunderten Gewächshäuser für die Aufzucht empfindlichen Gemüses und exotischer Früchte standen, unter anderem für Ananasfrüchte. Die Ananas ist deshalb heute auch das Erkennungszeichen, sozusagen Teil der Corporate Identity des Schlosshotels und findet sich im Logo des Hauses wieder. Friedrich Popken sorgt auch nach dem Tod seiner Frau dafür, dass die gemeinsam mit ihr entwickelten Vorstellungen von einem perfekt funktionierenden Hotel der Spitzenklasse, wie sie es auf ihren internationalen Reisen mehrfach kennengelernt haben, im Schlosshotel Münchhausen umgesetzt werden. Das Schlosshotel kann daher heute ohne Zweifel als eine der romantischsten Adressen in der europäischen Spitzenhotellerie gelten. Auch das Gourmetrestaurant, das sich in den letzten Jahren einen tadellosen Ruf erarbeitet hat, bietet mit Starkoch Achim Schweckendiek einen guten Grund, hier zu logieren, schließlich wird Schweckendiek seit Jahren mit einem Michelin-Stern ausgezeichnet. Bleibt nur noch darauf hinzuweisen, dass nicht alle Zimmer des Hotels sich im Schloss selbst befinden, einige liegen in einem ehemaligen Nebengebäude. Die Zimmer hier stehen denen im Schloss jedoch in nichts nach. Verantwortlich für dieses Haus ist und war von Beginn an Karsten Wierig. Mittlerweile haben wir den Eindruck, dass unter seiner Führung ein wenig der Lack blättert, denn das Serviceniveau schwankt gelegentlich wie der Deutsche Aktienindex. Dies könnte durchaus der Tatsache geschuldet sein, dass er mittlerweile noch für ein weiteres Projekt, nämlich das Landhaus Münchhausen zuständig ist und sich nicht mehr ausschließlich auf die operativen Abläufe des Schlosshotels selbst konzentrieren kann. Bekanntlich kann man nur auf einer Hochzeit tanzen.

Bewertung: ●●●(↘

Ahrenshoop Mecklenburg-Vorpommern

**KURHAUS AHRENSHOOP
GRAND HOTEL & SPA**
Schifferberg 24
18347 Ostseebad Ahrenshoop
Telefon: 0 38 220 678 - 0
Telefax: 0 38 220 678
Internet: www.kurhaus-ahrenshoop.de
E-Mail: info@kurhaus-ahrenshoop.de
Direktor: Oliver Schmidt
DZ ab € 180,00

Nur ungern besprechen und bewerten wir in diesem Hotel Guide Häuser, die sich zum Zeitpunkt des Testbesuchs noch in der Eröffnungsphase befanden. Aber dieses First-Class-Hotel in Ahrenshoop hat uns allein durch seine Architektur so beeindruckt, dass wir eine Ausnahme machen wollen. Entlang der Ostseeküste finden sich nicht viele spektakuläre Häuser wie dieses, die allein schon durch ihr Raumangebot beeindrucken – auch wenn dieses positive Bild aus der Sicht eines wirtschaftlich denkenden Hotelbetreibers etwas relativiert werden muss. Dies möchten wir gern näher ausführen. Fährt man in den Künstlerort Ahrenshoop ein, bereiten einen die zahlreichen malerischen Reetdachhäuser nicht gerade auf den strahlend weißen Hotelbau vor, der in der Ortsmitte an der parallel zur Küste verlaufenden Hauptstraße liegt. Zwei Flügel erheben sich rechts und links des Mitteltrakts mit Lobby und Hotelbar. Das Gebäude soll neben seiner Funktion als Hotel die Aufgabe eines Kurhauses wahrnehmen, also im Wesentlichen eines zentralen Gebäudes mit Veranstaltungs- und Präsentationsmöglichkeiten. Die Architektin hat sich offensichtlich ganz von der Maxime leiten lassen, die malerische Küstenlandschaft im Hotel und seinen Zimmern so umfassend wie möglich zu inszenieren, und hat dabei die speziellen Anforderungen eines Hotelbetriebs nicht immer im Auge behalten. So platzierte man die weiträumige Lobby im ersten Stock, um dem Gast durch das riesige Panoramafenster, das die gesamte Front einnimmt, einen einmaligen Panoramablick über den schmalen Dünensaum der Küste hinweg auf die bei Sonne tiefblau leuchtende Ostsee zu bieten. Dies hat allerdings zur Folge, dass der Gast beim Betreten des Hauses vor einer steilen Freitreppe steht, die in die Lobby hinaufführt und die er anscheinend mitsamt seinem Gepäck erklimmen soll. Der rettende Lift ist gleich um die Ecke, aber bevor er das verstanden hat, wird sich so mancher schon auf die „Kletterpartie" begeben haben. Vermutlich ist das aber die einzige Stelle, wo die Gäste sich über die Kompromisslosigkeit der Architektin ärgern müssen. An allen anderen Orten im Hotel dürften sie frohlocken, während der Hoteldirektor sich ob des verschwenderischen Umgangs mit Raum wohl eher die Haare rauft. Die Hotelflure sind breit und großzügig, wie man sie sonst nur in Grandhotels der obersten Kategorie vorfindet – für den Gast natürlich ein großer Bonus. Diese Großzügigkeit setzt sich in den Räumen fort. Explizit als solche ausgewiesene

Einzelzimmer – dieser Begriff ist bei modernen Hotelbauten praktisch nicht mehr existent – von der Größe einer Juniorsuite sind dafür noch nicht einmal das herausragendste Beispiel. Absolutes Highlight sind die Balkonterrassen. Die schätzungsweise mindestens drei Meter breiten Terrassen verlaufen auf allen Stockwerken um das ganze Gebäude herum, so dass ausnahmslos alle Zimmer und Suiten auf ihrer gesamten Breite einen vorgelagerten Terrassenbereich mit unverstelltem Meerblick bieten. Fachkundige Hotelkenner fragen sich, was den Erbauer zu diesem Überfluss an Raum und Ausblick getrieben haben mag. Ebenfalls mit Panoramafenstern und Meerblick ausgestattet sind die Tagungsräume und das Frühstücksrestaurant. Und der Wellnessbereich im Erdgeschoss, der bei unserem Besuch noch im Umbau war, begeistert mit einem opulenten Indoorpool, einem weitläufigen Beautybereich mit zahlreichen Behandlungsräumen und umfassenden Wellnessmöglichkeiten. Der junge Hoteldirektor und Miteigentümer Oliver Schmidt, ein geborener Ahrenshooper, hat sich nach Fertigstellung des Gebäudes nun mit großem Enthusiasmus darangemacht, das Haus so zu strukturieren, dass es seine Stärken voll ausspielen kann und ein reibungsloser Hotelbetrieb möglich ist. Wer also einen der beeindruckendsten Hotelneubauten an der Ostsee kennenlernen möchte, dem sei das Kurhaus schon jetzt empfohlen – auch wenn das fertige Hotelkonzept vermutlich erst im Laufe des Jahres 2012 erkennbar sein wird. Allerdings möchten wir Schmidt ins Gästebuch schreiben, er möge unbedingt auch die Serviceabläufe so strukturieren, dass der Service mit den sonstigen Qualitäten des Hauses mithalten kann. Denn wahrer Luxus liegt eben nicht so sehr in einer opulenten Ausstattung und Architektur, sondern in einem rückhaltlos überzeugenden Service.

Bewertung:

ASCHAU   Bayern

RESIDENZ HEINZ WINKLER
Kirchplatz 1
83229 Aschau
Telefon: 0 80 52-17 99-0
Telefax: 0 80 52-17 99 66
Internet: www.residenz-heinz-winkler.de
E-Mail: info@residenz-heinz-winkler.de
Direktor: Heinz Winkler
DZ ab € 250,00

Natürlich haben die Stadt München und ihr weiteres Umland einiges an Attraktionen zu bieten, gerade auch in kulinarischer Hinsicht. Dennoch lohnt es sich seit Jahren, eine etwas weitere Strecke in Kauf zu nehmen und über die Autobahn in Richtung Salzburg bis nach Aschau zu fahren. Denn in diesem beschaulichen Ort im Schatten des großartigen Alpenpanoramas betreibt mit Heinz Winkler ein Urgestein der deutschen Sternegastronomie seine kleine, aber feine Residenz. Mittlerweile ist es drei Jahre her, dass man Starkoch Heinz Winkler die Höchstbewertung entzogen hat. Das schmerzt einen ehrgeizigen Perfektionisten, der sich immer nur mit den Besten der Besten gemessen hat, sicherlich besonders. Aber die Zeit heilt alle Wunden, und das Gourmetrestaurant in Winklers kleinem Luxushotel im Gebäude des historischen Hotels Post in Aschau ist nach wie vor auch für Gourmettouristen eine der ersten Adressen in Deutschland. Tatsächlich hat sich an seiner Spitzenküche nicht merklich etwas geändert, insofern liegt der Verdacht nahe, dass den Michelin vielleicht eher Gründe der Vergabepolitik als wirkliche Veränderungen bewogen haben, die langjährige 3-Sterne-Bewertung abzuändern. Gourmettouristen, die einen Besuch planen, mag die Abwertung natürlich bewegen, den Besuch in Aschau noch einmal zu verschieben. Für jeden, der hier jemals zu Gast war, ist freilich klar, dass die gastronomische und kulinarische Spitzenklasse, die hier geboten wird, sich eigentlich nicht verändert haben kann, denn alles andere würde das Konzept des ganzen Hauses in Frage stellen. Das Hotel im historischen Postgebäude von Aschau mit seinem um einen Gartenhof herum errichteten Anbau rechtfertigt allein schon einen Besuch, denn der uneingeschränkte Blick auf eine grandiose Alpenkulisse, die 19 Zimmer und 13 Suiten und die öffentlichen Bereiche im klassisch-eleganten Landhausstil sowie der kleine SPA mit Pool, Sauna und Beautybereich bieten schon für sich genommen den Luxus eines kleinen Hideaways, den viele verwöhnte Gäste schätzen. Aber im Mittelpunkt der Residenz Heinz Winkler stehen selbstverständlich die kulinarischen Ideen des Starkochs, die im hauseigenen Venezianischen Restaurant in Perfektion zelebriert werden. Der perfekte, reibungslose Service und die kulinarischen Erlebnisse, die Heinz Winkler dem Restaurantbesucher garantiert, sind nach wie vor auf absolutem Spitzenniveau. Winklers Kochkunst ist seit 2007 auch im Ritz-Carlton-Hotel in Moskau zu genießen, denn die ausländischen Entscheider, die den Medienhype um deutsche Starköche nur peripher mitbekommen haben dürften und demzufolge von der hierzulande unausweichlichen Medienpräsenz von Johann Lafer und Konsorten nicht beeinflusst waren, entschieden offensichtlich rein nach Qualitätskriterien – und sie verpflichteten Heinz Winkler für das Gourmetrestaurant und nicht etwa einen seiner fernsehprominenten Kollegen. Dass der Erfolg seines Restaurants in Aschau trotz dieses Engagements im Ausland und der Abwertung durch den Michelin nicht abreißt, spricht für Winkler und seine fundierte Arbeit auf oberstem gastronomischem Niveau. Daher bleibt Aschau ein Fixpunkt auf Deutschlands kulinarischer Landkarte. Niemand, der nur ansatzweise Interesse an klassischer, französisch geprägter Haute Cuisine der Spitzenklasse hat, wird es sich nehmen lassen, hier vorbeizuschauen, um einen der Macher der kulinarischen Revolution, die in Deutschland ab den 1970er Jahren stattgefunden hat, einmal persönlich zu erleben. Die Chancen dafür stehen gut, denn Winkler ist eben in der Regel in seiner Küche anzutreffen und nicht in einem Fernsehstudio, weil er gerade wieder einmal sein Ego pflegen müsste.

Bewertung: ●●● ●

AUGSBURG Bayern

DORINT
(OT Göggingen)
Imhofstraße 12
86159 Augsburg
Telefon: 08 21-59 74-0
Telefax: 08 21-59 74 1 00
Internet: www.dorint.com
E-Mail: info.augsburg@dorint.com
Direktor: Peter Bertsch
DZ ab € 99,00

Dieses Dorint-Hotel ist in architektonischer Hinsicht alles andere als Mittelmaß und weit von einem reinen Zweckbau entfernt. Von außen erinnert das Gebäude an einen Maiskolben. Als Vorbild dienten den Architekten bei der Planung offensichtlich die berühmten Marina-Hochhäuser in Chicago. Neben dieser äußerlichen Besonderheit kann sich aber auch das Zimmerprodukt durchaus sehen lassen – zumal man die Zimmer und Suiten erst kürzlich einem neuen Softlifting unterzogen hat. Und auch im gastronomischen Bereich hat man ganz offensichtlich Gas gegeben, denn mit dem Restaurant rangierte man vor nicht allzu langer Zeit noch auf eher durchschnittlichem Niveau. Ebenfalls hervorragend aufgestellt ist man im Tagungs- und Veranstaltungssegment, immerhin stehen 13 modern ausgestattete Räumlichkeiten zur Verfügung. Die Kapazitäten können durch das angrenzende Kongresszentrum erweitert werden, das im Mai dieses Jahres nach zwei Jahren Kernsanierung wiedereröffnet wird. Veranstaltungen und Kongresse mit bis zu 5.000 Personen sind hier problemlos zu realisieren. Angenehm, dass der Gast seine Veranstaltung direkt vom Hotel aus trockenen Fußes erreichen kann. Andreas Rühlicke hat dieses Haus immerhin fast fünf Jahre lang geführt, und seine Erfolgsbilanz ist durchweg positiv. Seit Februar 2011 hat er ein neues Projekt für die Hotelgruppe übernommen. Nunmehr kümmert sich Peter Bertsch um dieses First-Class-Hotel. Bertsch, ein erfahrener Hotelier, hat dort angeknüpft, wo sein Vorgänger aufgehört hat, wird aber sicherlich weitere Möglichkeiten und Chancen des Hauses ausloten. Der Grandseigneur mit seinen ihm anscheinend in die Wiege gelegten Gastgeberqualitäten ist für uns eine Idealbesetzung, denn bislang führte er die ihm anvertrauten Häuser in der Regel wie der Patron eines Privathotels und gab ihnen dadurch so etwas wie eine Seele. Für den sympathischen Hoteldirektor hat ein gut abgestimmtes Service- und Dienstleistungsangebot höchste Priorität. Fast überflüssig zu erwähnen, dass er dieses Angebot auch hier weiter ausbauen will. Das ist auch unverzichtbar. Denn bislang hatte das Dorint keinen wirklich ernstzunehmenden Mitbewerber; das Steigenberger hatte zwar schon in der Vergangenheit Anspruch auf die Position als erstes Haus am Platz erhoben, doch dieses Selbstbild  durfte man als glatte Fehleinschätzung verbuchen. Dieses Traditionshotel schleppte nicht nur einen unglaublichen Renovierungsstau mit, erwartungsvolle Gäste wurden hier auch mit einem mehr als mittelmäßigen Service regelrecht verschreckt. Mittlerweile hat sich das Steigenberger aber wieder etwas berappelt und sich einer aufwendigen Renovierung unterzogen. Doch der Mitbewerber mag sich noch so herausgeputzt haben, Peter Bertsch wird zweifelsohne alles daransetzen, dass sein Dorint weiterhin einen Spitzenplatz in Augsburg einnehmen wird. Vor allem wird der rührige Hotelchef durch sein hohes persönliches Engagement dafür sorgen, dass dieses Dorint stets im Gespräch bleibt. Bertsch ist ein Workaholic im positiven Sinne, darauf haben wir in der Vergangenheit bereits hingewiesen. Man trifft ihn in seinem jeweiligen Hotel in schöner Regelmäßigkeit auch zu vorgerückter Stunde sowie an Wochenenden und Feiertagen an. Er zeigt gerne Präsenz, ist kommunikativ und pflegt den direkten Gastkontakt. Schließlich will er sich über die Stärken und Schwächen seines Hauses aus erster Hand informieren und sie nicht erst, wie viele seiner Kollegen, auf anonymen Bewertungsportalen im Internet zur Kenntnis nehmen müssen. An dieser Stelle soll auch der Sauna- und Fitnessbereich nicht unerwähnt bleiben, auch wenn er baulich bedingt ein wenig klein ausgefallen ist. Dafür hat man aber noch Weiteres für das körperliche Wohl der Gäste zu bieten. Ende des letzten Jahres hat man gemeinsam mit Mark Römer, einem früheren Profifußballer, den „Lauf Mit(twoch)" eingeführt. Gäste, die vor ihrer Tagung oder ihrem Meeting noch etwas für ihre Fitness tun möchten und die es schaffen, morgens etwas früher aufzustehen, sind herzlich eingeladen, sich gegen 6.30 Uhr in der Hotellobby einzufinden. Nach einem 10-minütigen Warm-up startet dann eine Lauftour mit Römer, die ca. 40 Minuten dauert. Wann immer es Peter Bertsch möglich ist, nutzt er diese Möglichkeit, um mit seinen Gästen gemeinsam zu laufen. Derzeit werden die Gäste zu diesem Angebot befragt, und es ist durchaus möglich, dass man den Termin demnächst in die Abendstunden verlegt. Hier ist der Kunde also offensichtlich König. Fazit: Nach wie vor ist das Dorint im Segment der First-Class-Hotels die absolute Nummer eins in Augsburg. Das Serviceniveau ist unter Peter Bertsch signifikant gestiegen.

Bewertung: ●●◖◐ ↗

STEIGENBERGER DREI MOHREN

(Innenstadt)
Maximilianstraße 40
86150 Augsburg
Telefon: 08 21-50 36-0
Telefax: 08 21-50 36-888
Internet: www.steigenberger.de
E-Mail: augsburg@steigenberger.de

Direktorin: Kirsten Schneider-Kohnke
DZ ab € 125,00

Wir haben an dieser Stelle mehrfach erwähnt, dass dieses Traditionshotel trotz seines Charmes in den vergangenen Jahren unter seinen Möglichkeiten und Potenzialen laborierte. Die Lage direkt in der Augsburger Innenstadt könnte prominenter nicht sein. Dennoch war und ist hier einiges im Ungleichgewicht. Die Hardware wirkte zwar alles andere als abgewirtschaftet, dennoch war es an der Zeit, das Zimmerprodukt aufzuwerten. Im vergangenen Jahr hat man dem Haus nun endlich weitreichende Umbau- und Renovierungsmaßnahmen gegönnt. Und da Lärm, Staub und Schmutz dabei nicht zu vermeiden sind, hat man sich entschlossen, für diese Zeit zu schließen. Im ersten Quartal ist zunächst ein Softopening geplant, danach will man wieder auf volle Fahrt gehen. Das Interior Design kann nunmehr in vollem Umfang überzeugen. Bei der Farbauswahl hat man sich für Erdtöne entschieden, dadurch wirken die Zimmer sehr behaglich. Diese unterteilt man in vier Kategorien, zusätzlich steht eine Präsidentensuite zur Verfügung. Großzügig und weiträumig, mit geradezu weltläufigem Flair präsentiert sich die Hotellobby mit ihrer angrenzenden Bibliothek. Auch die Restaurants wurden nach einem neuen Einrichtungskonzept umgestaltet. Bei diesem Niveau zählt selbstverständlich auch ein Fine-Dining-Restaurant zum Angebot. Wenn man sich nur auch endlich dazu durchringen könnte, eine gastorientierte Direktorenpersönlichkeit zu verpflichten, ständen die Chancen gut, auf dem Augsburger Hotelmarkt endlich wieder zur Spitze aufzuschließen. Die Dienstleistungsbereitschaft der Mitarbeiter überzeugte vor diesem Hintergrund aber bislang so gar nicht. Als man hier zwischenzeitlich Markus Buchhagen verpflichtet hatte, keimte die Hoffnung auf, dass sich vieles zum Guten wenden würde. Buchhagen war zuvor für das Hotel auf der Wartburg tätig gewesen und hatte dort bereits seine Gastgeberqualitäten unter Beweis gestellt. Sicherlich hätte er auch in diesem schwerfälligen Haus zuallererst in fast allen Bereichen eine Neustrukturierung angeordnet. Und auch die Qualität des Service wäre sicherlich in seinen Fokus gerückt, denn bisher drängte sich der Eindruck auf, dass die Servicebereitschaft direkt von der Befindlichkeit des jeweiligen Mitarbeiters abhängt. Leider war Buchhagen hier schon wieder Geschichte, bevor er auch nur ansatzweise handeln konnte. Für seine Nachfolgerin bleibt also viel zu tun. Da eine faire Beurteilung derzeit noch nicht möglich ist, haben wir uns entschieden, von einer Bewertung abzusehen.

Bewertung: **ohne Note**

BAD BRÜCKENAU   Bayern

DORINT
Heinrich-von-Bibra-Straße 13
97769 Bad Brückenau
Telefon: 0 97 41-85-0
Telefax: 0 97 41-85 425
Internet: www.dorint.com
E-Mail: info.badbrueckenau@dorint.com
Direktoren: Julia & Constantin von Deines
DZ ab € 112,00

Wer es einrichten kann, sollte unter allen Umständen den Hinweis seines Navigationsgeräts überhören und nicht über die A7 nach Bad Brückenau anreisen, sondern beispielsweise über die A66 und dann die letzten Kilometer über kleine Landstraßen fahren. So erreicht man die Kuranlage, das sogenannte Staatsbad, nicht über den Ort Bad Brückenau selbst, sondern fährt direkt aus den Hügeln und Wäldern der Rhön ein und kann schon bei der Anreise die Schönheiten der Landschaft genießen. Ihren krönenden Abschluss findet diese Fahrt mit dem Erreichen des Staatsbads, denn es handelt sich dabei um eine prächtige städtebauliche Anlage aus dem frühen 19. Jahrhundert, bei der sich prachtvolle historische Gebäude um eine zentrale Kuranlage gruppieren. Wundervolle Gebäude aus dieser Zeit sind der imposante klassizistische Große Kursaal sowie die ehemalige Sommerresidenz König Ludwigs I., in der sich heute das Dorint Resort & Spa Bad Brückenau befindet. Das Haus erinnert mehr an ein Grandhotel der Gründerzeit als an die Residenz eines Königs, und diesen Umstand nutzt das erstklassige Wellness- und Resorthotel, das nach der aufwendigen Sanierung durch Dorint im vergangenen Jahrzehnt nun hier beheimatet ist und sich mit der prächtigen historischen Architektur schmücken kann. Die malerische Landschaft sowie die Ruhe und idyllische Abgeschiedenheit waren schon in den vergangenen Jahrhunderten der Grund dafür, dass Bad Brückenau als Kur- und Erholungsort Bedeutung erlangte. Im 19. Jahrhundert erkor Kronprinz Ludwig I. von Bayern, der spätere König, den Ort schließlich zu seiner regelmäßigen Kuradresse und betrieb den weiteren Ausbau. Somit lag für die heutige Zeit eine Nutzung als Wellnesshotel nahe, denn heute scheut man sich nicht zuzugeben, dass man auch für das pure Wohlergehen einen Urlaub in erholsamer Umgebung verbringen kann, während in vergangenen Zeiten medizinische Gründe geltend gemacht wurden, um bei einem Kuraufenthalt dem süßen Nichtstun zu frönen. Die Wellnessmöglichkeiten in Bad Brückenau beschränken sich heute nicht mehr auf die klassischen Kuranwendungen und Trinkkuren; der ausgesprochen großzügig dimensionierte Freizeit- und Wellnessbereich des Hotels umfasst alle denkbaren modernen Erholungsangebote. Auf insgesamt 2.800 qm erstreckt sich der  mehrgeschossige SPA-Bereich, an den sich auch ein großzügiger Außenpool (mit Schwimmschleuse ins Innere des Hauses) und eine Liegewiese anschließen. Im oberen Bereich sind die unterschiedlich temperierten Saunen sowie die Ruhebereiche untergebracht und zusätzlich eine kleine Dachterrasse am Saunabereich mit einem Tauch- sowie zwei Kneipp-Tretbecken, im unteren Bereich ein Therapiebecken sowie zahlreiche Räume für Massage- und Beauty-Anwendungen. Drei verschiedene Heilquellen werden im Saunabereich ebenso kostenfrei angeboten wie verschiedene Kräutertees, die sich die Gäste aus dem immer mit frischem kochendem Wasser gefüllten Samowar selbst zubereiten. Und da der Anwendungsbereich sogar über eine Kassenzulassung verfügt, ist auch eine sogenannte offene Badekur möglich, an der sich die gesetzlichen Krankenkassen in der Regel beteiligen. Zum Gesamtangebot zählt sogar eine Praxis für Naturheilkunde, die sich im Nachbargebäude befindet. Die 140 Zimmer und 16 Suiten des Dorint sind in einem elegant-modernen Stil ausgestattet, der schon vor über zehn Jahren typisch für die Dorint-Häuser und fast ein Alleinstellungsmerkmal war.

Julia und Constantin Ritter von Deines leiten das Hotel nun schon seit mehreren Jahren, und das junge Paar ist bei aller persönlichen Bescheidenheit bereits ein Markenzeichen des Hotels geworden. Von Anfang an mit guten Ideen und Konzepten gestartet, schaffen sie es immer noch, mit einer Vielzahl von Impulsen dem Haus eine eigene Note zu geben. So erwartet die Gäste zum Beispiel zur Erdbeerzeit bei der Anreise eine kleine Auswahl frischer und getrockneter Erdbeeren auf dem Zimmer, ergänzt durch zuckrige Schaumerdbeeren, die wir alle noch aus Kindertagen kennen, und eine kleine Flasche Erdbeerlimonade. Die Qualität des Frühstücksbuffets ist hervorragend, wobei ein deutlich ausgewiesener und nicht eben geringer Anteil des Angebots an Aufschnitt, Käse, Marmeladen und Brotsorten aus heimischer und biologisch-dynamischer Produktion stammt. Das Serviceniveau des Dorint ist vor allem in diesem Bereich ohne Tadel, selbst wenn die Urlaubsatmosphäre in den sonnig-gelben Räumen mit vorgelagerter Terrasse viele Gäste dazu bewegt, hier lange zu verweilen und ausgiebig zu genießen. Zügig und professionell, aber ohne Hektik erfüllt das Personal auch individuelle Wünsche. Das Dorint Resort & Spa Bad Brückenau ist somit ein wunderbares Hotel, das sich nicht nur für mehrtägige Wellnessaufenthalte, sondern auch für Hochzeiten empfiehlt. Denn neben den zahlreichen Möglichkeiten, in separaten und nicht weniger eleganten Nebengebäuden ganz für sich zu feiern, kann sogar im Haus selbst geheiratet werden, da ein Standesbeamter zur Trauung im Hotel autorisiert wurde. Neuerdings kann man in unmittelbarer Nähe auch kirchlich heiraten. Denn das Hotel kooperiert seit letztem Jahr mit dem Franziskanerkloster, das auf dem benachbarten, 928 Meter hohen Kreuzberg liegt und zu dem auch eine wunderschöne, romantische kleine Wallfahrtskirche gehört, die zwischen 1681 und 1692 erbaut wurde. Die Trauung vollzieht hier ein Franziskanerpater. Auch die Tagungs- und Veranstaltungsmöglichkeiten des Hotels können sich insgesamt mehr als nur sehen lassen, denn neben modernen Tagungsräumen und den genannten Nebengebäuden sind auch historische Säle für besonders festliche Veranstaltungen vorhanden. Das Haus ist ein Juwel unter den deutschen Wellness- und Resorthotels, das jeder Liebhaber dieses Genres einmal erlebt haben sollte und das sich darüber hinaus durch seine beeindruckenden Veranstaltungsmöglichkeiten in historischer Kulisse für glanzvolle Präsentationen, große Familienfeste und Tagungen in erholsamer Umgebung empfiehlt.

Bewertung:

BAD DOBERAN Mecklenburg-Vorpommern

GRAND HOTEL HEILIGENDAMM
(OT Heiligendamm)
Prof.-Dr.-Vogel-Straße 6
18209 Bad Doberan
Telefon: 038203-740-0
Telefax: 038203-740 7474
Internet: www.grandhotel-heiligendamm.de
E-Mail: info@grandhotel-heiligendamm.de
Direktor: Henning Matthiesen
DZ ab € 160,00

So manche Fantasie entstand nach der deutschen Wiedervereinigung über die zukünftige Entwicklung Ostdeutschlands, das auf einmal wieder mitten in Europa lag und nicht mehr am Rand des Eisernen Vorhangs. Berlin sollte binnen weniger Jahre Fünf-Millionen-Einwohner-Stadt und zentrale Metropole Europas werden, Sachsen würde als wirtschaftliches Powerhouse Deutschlands Baden-Württemberg abhängen und die Ostseeküste wäre wieder die Badewanne all dieser aufsteigenden ostdeutschen Regionen. Vor diesem Hintergrund saß das Geld der Investoren zu Beginn der 1990er Jahre locker, und zahlreiche touristische Projekte wurden angestoßen, deren Businessplan auf diesen Fantasien beruhte und nicht etwa auf nachprüfbaren Fakten. Heiligendamm war Ort der recht kühnen, damals aber realistisch erscheinenden Annahme, dass zahlreiche vermögende und vermögendste Gäste sich danach sehnten, im Ambiente klassizistischer Prachtbauten aus den Anfangsjahren des Kurens und Reisens kostspielige Wellness-Aufenthalte zu verbringen. Nur so ist es zu erklären, dass man die Finanzierung für das Mammutprojekt Heiligendamm auf die Beine stellen konnte, bei dem es darum ging, die weitläufige und marode Anlage aus dem späten 18. Jahrhundert, in der schon Zaren und Könige gekurt hatten, in ein modernes Resort der Luxusklasse zu verwandeln. Solche Wagnisse sind wohl nur in Zeiten wie der nach der Wende möglich. So präsentiert sich das Grand Hotel Heiligendamm seit nunmehr beinahe zehn Jahren als Urlaubsdomizil der Extraklasse. Mehrere historische Bauten gruppieren sich um die zentrale Kurhalle mit ihrem säulenbestandenen Portal, die Ballsaal, Restaurant und Gourmettempel beherbergt. Die weiteren Einrichtungen des Hotels sind auf verschiedene Gebäude verteilt – jeweils mit zahlreichen Zimmern und Suiten in den Etagen darüber. So dient das Haupthaus als Empfangsgebäude, es bietet eine großzügige Vorfahrt mit Doormen und Wagenmeister und dahinter eine wunderbar schlichte und edle marmorne Empfangshalle, die über mehrere Etagen des Hauses reicht. An die Halle schließt sich die weitläufige Nelson-Bar an – die Anspielung ist gewollt, auch Lord Nelson hat dereinst in Heiligendamm logiert. Im benachbarten „Severin Palais" befindet sich der grandiose SPA mit einem Indoor-Schwimmbad im Tiefgeschoss auf Höhe des Gartens, der mit Liegestühlen zum Relaxen einlädt, sowie verschiedensten Saunen, Hamam und zahlreichen Räumen für kosmetische Anwendungen. Nur Zimmer und Suiten beherbergen das „Haus „Mecklenburg", das puristisch-klassizistisch ausgestattet ist, und die schlossartige „Burg Hohenzollern" mit asiatischen Anklängen. Weitere Zimmer und Suiten bietet die „Orangerie". Eigens für die kleinen Gäste wurde die „Kindervilla" hergerichtet, ein riesiger Spielplatz über drei Etagen, der für verschiedene Altersstufen konzipiert ist. Alles in allem kein Wunder, dass diese Anlage seit ihrer Eröffnung im Fokus der öffentlichen Aufmerksamkeit steht. Wie selbstverständlich trug das Haus seinem Anspruch gemäß zu Beginn den Namen der renommiertesten deutschen Luxushotel-Kette, Kempinski. Als jedoch im Laufe der ersten Jahre klar wurde, dass die anvisierte Klientel nicht so zahlreich nach Heiligendamm pilgerte, wie optimistische Prognosen vorhergesagt hatten, und bei der regelmäßigen Begleichung der Management Fee Schwierigkeiten auftraten, verabschiedete sich Kempinski relativ bald. Dem Hotelbetrieb tat dies weniger weh, als man vermuten könnte. Durch den G8-Gipfel, der 2007 hier stattfand, hatte das Haus international an Bekanntheit gewonnen, und so konnte man ganz gut ohne den Namen auskommen, der zumindest in Deutschland Exklusivität verheißt. Allgemein scheint inzwischen jedenfalls etwas Ruhe eingekehrt zu sein, ohne dass die Qualität des Gebotenen nachgelassen hätte. Die anfänglichen Träume von einem in sich geschlossenen Resort, das in den Sphären einer abgehobenen Luxuswelt schwebt, sind lediglich auf dem Boden der Tatsachen gelandet. Natürlich wollen die Gäste in einer traumhaften Kulisse exklusiven Service genießen, aber sie wollen keine Abgeschlossenheit ohne Kontakt zur Umgebung. Nun ist das Hotel offenbar endlich im Ort Heiligendamm angekommen, es wird nicht mehr von den Einheimischen als Enklave der Reichen und Mächtigen angefeindet und von den übrigen Gästen dieses Küstenabschnitts nur angstvoll aus der Ferne betrachtet. Die anfängliche Schwellenangst scheint größtenteils überwunden, das Haus ist für mehr und mehr Gäste attraktiv, und sei es nur zu Kaffee und Kuchen auf der Kurterrasse. Gute Aussichten für die Zukunft, auch wenn sich die überzogenen Ausgangsvorstellungen für die Anleger als schmerzlich falsch erwiesen haben. Nun wäre dem Haus noch zu wünschen, dass es endlich wieder von einer erfahrenen Hotelierspersönlichkeit geführt wird. Ein Martin Kolb mit seinem arroganten, selbstgefälligen Auftreten – wir berichteten ausführlich – hat dem Haus mehr geschadet als genutzt. Zuletzt (be-)mühte sich hier Holger König, der anscheinend noch in der Phase der Selbstfindung war. Einige seiner „strategischen Entscheidungen" konnten wir nicht nachvollziehen, wie etwa die, dem Gast à la minute zubereitete Eierspeisen, frisch gepresste Säfte und die frisch gebackene Waffel zusätzlich in Rechnung zu stellen. Das war für ein Haus der Luxuskategorie inakzeptabel und wurde von den Gästen nicht goutiert. Kurz vor Redaktionsschluss erfuhren wir, dass der Fondschef Jagdfeld Insolvenzantrag gestellt hat. Im Moment wird der Betrieb weitergeführt, angeblich gibt es zahlreiche Interessenten, die bereit wären, dieses Resort zu übernehmen. Hoffentlich erfolgreicher!

Bewertung: ●●●●

PRINZENPALAIS
**Alexandrinenplatz 8
18209 Bad Doberan
Telefon: 038203-7316-0
Telefax: 038203-7316 66**
Internet: www.prinzen-palais.de
E-Mail: info@prinzen-palais.de
Direktor: Wolfgang Berkenkamp
DZ ab € 105,00

Wer in den Jahren nach der Wiedervereinigung Bad Doberan passierte, dem fiel sicher ein besonders elegantes klassizistisches Gebäude auf, das trotz seiner zentralen Lage am Alexandrinenplatz und dem sich anschließenden Kamp, einer mit ebenfalls klassizistischen Gebäuden gesäumten Parkanlage, lange in keinem guten baulichen Zustand war. Dabei entwickelte sich Bad Doberan über die Jahre merklich positiv. Auch wenn man hier weder Strand noch Promenade bieten kann, denn die Ostsee liegt einige Kilometer nördlich, profitierte die Stadt offensichtlich vom Tourismus und tut dies auch heute noch. Denn mit dem Bad Doberaner Dom und der historischen Eisenbahn Molli, die hier, von einer Dampflokomotive gezogen, direkt durch die Straßen der Stadt fährt wie anderswo die Straßenbahnen, hat man mindestens zwei herausragende Attraktionen zu bieten, die zahlreiche Touristen anziehen. Dass das sensationell erfolgreiche Ostseebad Kühlungsborn und das noble Resort Heiligendamm nur einen Katzensprung entfernt liegen, ist dabei sicherlich hilfreich. Das oben angesprochene, in trauriger Weise vernachlässigte Gebäude wurde dann aber, wie man vor einigen Jahren mit Erleichterung feststellen konnte, doch restauriert und erstrahlt heute in neuem Glanz. 1821 als Sommerresidenz der Mecklenburger Fürstenfamilie erbaut, bietet das Prinzenpalais einen ausgesprochen passenden Rahmen für ein First-Class-Hotel wie das 2009 hier neu eröffnete Haus. Hotelchef Axel Kross musste beim Umbau und der Unterbringung von 30 Zimmern und  Juniorsuiten zahlreiche Denkmalschutzauflagen berücksichtigen. Das ist ihm und den Architekten perfekt gelungen, wie jeder Gast bestätigen wird. Das Haus bietet ansprechende, mit geschmackvoll ausgewählten Stilmöbeln und modernen Bädern ausgestattete Zimmer, in denen sogar WLAN kostenfrei nutzbar ist. Neben den Junior-Suiten steht auch eine Hochzeitssuite zur Verfügung. Der kleine, mit finnischer Sauna und Whirlpoolwanne ausgestattete Wellnessbereich ist der Größe des Hotels angemessen. Ein wirkliches Highlight im Prinzenpalais sind aber, neben der schönen Architektur und dem klassizistischen Ambiente, der Service und die Leistung des Restaurants. Die Mitarbeiter sind jung, in der Regel freundlich und zuvorkommend. Da das Haus durch seine überschaubare Größe eine sehr persönliche Atmosphäre hat, ist es umso angenehmer, dass der recht gut funktionierende Service einem das Gefühl gibt, hier wie in einem Businesshotel der gehobenen Kategorie versorgt zu werden. Die mehr als ordentliche Küche des Hauses ist eine angenehme Überraschung. Mit frischen, saisongerechten Gerichten setzt sie eher auf Qualität als auf eine umfangreiche Menükarte. Einmal sollte man bei einem Aufenthalt auf jeden Fall hier essen, um sich davon ein Bild machen zu können. In den Sommermonaten sitzt es sich sehr gemütlich auf der Gartenterrasse. Dass Gäste des Hauses ihr Fahrzeug kostenfrei direkt am Hotel parken können, ist ein weiterer Vorteil dieses kleinen, aber feinen Palais. Und dass die Region vielfältige Freizeitmöglichkeiten wie Wassersport, Wandern oder Reiten bietet, ist ja sowieso bekannt. Zuletzt sei noch erwähnt, dass auch Eisenbahnfreunde aus der ganzen Welt mittlerweile gerne im Prinzenpalais buchen, ja sogar extra anreisen, um die Dampflok Molli auf den in das Kopfsteinpflaster eingelassenen Gleisen vor ihrem Fenster vorbeifahren zu sehen. Diese eisenbahntechnische Rarität muss auch lärmempfindliche Gäste nicht abschrecken, denn selbstverständlich sind die Fenster des Hotels schallisoliert, und nachts stellt die Molli ihren Betrieb natürlich ein.

Bewertung:

BAD NEUENAHR-AHRWEILER Rheinland-Pfalz

DORINT PARKHOTEL
(OT Bad Neuenahr)
Am Dahliengarten 1
53474 Bad Neuenahr-Ahrweiler
Telefon: 02641-895-0
Telefax: 02641-895 817
Internet: www.dorint.com
E-Mail: info.bad-neuenahr@dorint.com
Direktor: Jamal Bouhlou
DZ ab € 98,00

Für uns steht fest: Jamal Bouhlou hat dieses Dorint-Hotel in den vergangenen Jahren entscheidend weiterentwickelt. Der Hotelchef ist ehrgeizig und hat erkennbar große Ziele – zugegeben, manchmal vielleicht auf Anhieb etwas zu groß. Vor den Erfolg hat der liebe Gott bekanntlich den Fleiß gesetzt. Das weiß Bouhlou aber, und er hat in den vergangenen Jahren viel Energie und Arbeit in sein Haus investiert. Sein erklärtes Ziel ist, dieses Dorint langfristig an der Spitze der hiesigen Hotellandschaft zu positionieren. Keine ganz leichte Aufgabe, denn der unmittelbare Mitbewerber gibt nunmehr ebenfalls Gas: Das Steigenberger, das ja genau genommen in einer ganz anderen Liga spielt und bis vor Kurzem noch als angejahrt galt, hat mittlerweile mit intensiven Renovierungs- und Umbaumaßnahmen seine Hardware aufgewertet und wird versuchen, sich zukünftig ganz klar als lupenreines Fünf-Sterne-Hotel zu positionieren. Dementsprechend muss es natürlich die Raten anheben. Das kommt dem Dorint im Hinblick auf seine Preispolitik entgegen, so kann es die Potenziale im nicht ganz so hochpreisigen Segment voll ausschöpfen. Bislang konnte man vor allem mit einem guten Service punkten. Bouhlou ist von einer gewissen Ungeduld getrieben, er will seine Ideen und Konzepte mitunter schneller realisieren, als das möglich ist. In jedem Fall ist er aber ein Sympathieträger, der es hervorragend versteht, seine Mitarbeiter zu motivieren. Entsprechend gut ist das allgemeine Betriebsklima, und das wirkt sich in letzter Konsequenz in dem sehr guten Service aus. Der Direktor ist in der Lage, konstruktive Kritik aufzunehmen und für sich entsprechend zu nutzen. Schwachstellen hat er relativ schnell aufgedeckt und ihnen, soweit möglich, mit entsprechenden Konzepten entgegengewirkt. Auch die Dienstleistungs- und Servicebereitschaft der Mitarbeiter ist unter seiner Führung in den letzten Jahren

zweifellos gestiegen. An der Tatsache, dass die Zimmer und Suiten mittlerweile hier und da eine kosmetische Auffrischung vertragen könnten, kann der Hotelchef augenblicklich nichts ändern, denn das liegt wie immer in den Händen der Eigentümer, die entsprechende Geldmittel bereitstellen müssen. Wir möchten aber unbedingt darauf hinweisen, dass man hier zwar nicht mehr den Erwartungen an ein Zimmerprodukt nach der allerjüngsten Mode entsprechen kann, dieses aber dennoch meilenweit davon entfernt ist, überaltert oder abgewirtschaftet zu sein. Auch einen Freizeitbereich kann man den Gästen präsentieren, zu dessen Gesamtangebot neben einem Schwimmbad auch ein Sauna- sowie ein Fitnessbereich zählen. Zukünftig will man verstärkt den Individualreisenden ansprechen, daher hofft Bouhlou, dass seine Konzepte und die entsprechenden Renovierungsmaßnahmen kurzfristig genehmigt werden. Hervorragend aufgestellt ist man mit dem 4.000 qm großen Conventionbereich. Hier kann man auf insgesamt 18 modernst ausgestattete Tagungsräume mit Kapazitäten für bis zu 800 Personen verweisen. Die Küchenleistung ist ambitioniert, die Aufmerksamkeit der Servicemitarbeiter dagegen nicht immer. Dies ist dem Hotelchef aber nach eigenem Bekunden bewusst, und die Notwendigkeit entsprechender Trainingseinheiten zweifelt er nicht an. Bei sommerlichen Temperaturen kann man sein Frühstück übrigens auf der Terrasse genießen. Und eine weitere kundenorientierte Neuerung ist beim WLAN geplant. Denn bislang berechnete man schon für eine kurze Nutzung einen 24-Stunden-Tarif. Künftig wird man hier die Preisstruktur erweitern und insgesamt die Gebühren senken. Dem Gast, der nur kurz seine E-Mails abrufen möchte, wird man dann sogar einige kostenfreie Minuten zur Verfügung stellen.

Bewertung:

HINWEIS:

Die Recherche wurde nach bestem Wissen und Gewissen durchgeführt. Es besteht trotzdem die Möglichkeit, dass Daten falsch oder überholt sind. Eine Haftung kann auf keinen Fall übernommen werden. Es wird darauf hingewiesen, dass es sich bei den geschilderten Eindrücken oder Erlebnissen ausschließlich um Momentaufnahmen handelt, die nur eine subjektive Beurteilung darstellen können.

STEIGENBERGER
(OT Bad Neuenahr)
Kurgartenstraße 1
53474 Bad Neuenahr-Ahrweiler
Telefon: 0 26 41-941-0
Telefax: 0 26 41-941410
Internet: www.steigenberger.com
E-Mail: bad-neuenahr@steigenberger.de
Direktor: Michael Hattenhauer (-03/12)
DZ ab € 119,00

Im vergangenen Jahr hat man in diesem Haus Renovierungsmaßnahmen abgeschlossen, die nicht nur die Zimmer, sondern auch die öffentlichen Bereiche betreffen. Für das erste Quartal dieses Jahres sind bereits weitere Maßnahmen im Mittelbau geplant. Nun könnte wirklich ein frischer Wind durch dieses Traditionshotel wehen, denn wenn alle kosmetischen Auffrischungen abgeschlossen sind, entspricht zumindest die Hardware wieder den Erwartungen an ein zeitgemäßes Hotelprodukt. Was allerdings nach wie vor fehlt, sind innovative Konzepte. Entsprechend hoch sind die Erwartungen an den zukünftigen Hoteldirektor, denn Michael Hattenhauer wird das Haus nach unseren Informationen verlassen. Auffällig bei Hattenhauer war seine Betriebsblindheit oder, um es noch deutlicher zu sagen, sein augenscheinlich verschobenes Bild vom Ist-Zustand seines Hotels. Nun darf man also voll der Hoffnung sein, dass es in absehbarer Zeit gelingen wird, diesem Steigenberger endlich wieder die Anerkennung zu verschaffen, die es verdient. In jedem Fall empfehlen wir intensive Trainingseinheiten auch für die Mitarbeiter, die teilweise noch nicht verstanden haben, dass genau genommen die Gäste ihre Gehälter zahlen und deren Belange demzufolge erste Priorität haben sollten. Insbesondere bei der Mannschaft des Restaurants mussten wir feststellen, dass es an Aufmerksamkeit und Umsicht fehlt. Was nun die Lage dieses Steigenberger angeht, die könnte prominenter nicht sein: direkt gegenüber dem Kurpark am Rande des Stadtkerns. Auch das Casino befindet sich direkt nebenan, ebenso das Ahr-Resort mit seinem Jugendstil-Thermalbadehaus und dem riesigen Therapie- und Beautybereich, das man über einen Verbindungsgang bequem im Bademantel erreichen kann. Das Resort bietet ein breit gefächertes Angebot. Da es unabhängig vom Hotel betrieben wird, kann es auch von Gästen frequentiert werden, die nicht im Steigenberger logieren. Der Schwimmbad- und Saunabereich mit seinem 108 qm großen Thermal-Hallenbad ist dagegen Hotelgästen vorbehalten. WLAN-Nutzung ermöglicht man gebührenpflichtig im gesamten Hotel. Dabei sind pro Zimmer und Tag 30 Minuten kostenfrei, lobenswert. Eine tragende Säule des Hauses ist sicherlich „Health & SPA", wie das Gesundheitszentrum unter der Leitung von Dr. Krönke unterstreicht. Praktischerweise kann man sich während seines Aufenthalts auch gleich einem medizinischen Check-up unterziehen und so ganz bequem das Angenehme mit dem Notwendigen verbinden. Unser Fazit: Ein Fünf-Sterne-Hotel ist irgendwie etwas anderes als das, was hier geboten wird. Insbesondere den Mitarbeitern der Reservierungsabteilung sollte man vielleicht eine kleine Schulung gönnen. Dann könnten sie dem potenziellen Gast bei einem Anruf zumindest rudimentäre Auskünfte über die Hardwarefakten erteilen, auch wenn sie ob ihres jüngeren Alters oft mit dem Internet aufgewachsen sind und nicht mehr gelernt haben, dass Informationen auch verbal über eine Telefonleitung weitergegeben werden können – und dass viele Gäste diesen Weg mehr schätzen als eine Google-Anfrage.

Bewertung:

BAD PETERSTAL-GRIESBACH   Baden-Württemberg

DOLLENBERG
(OT Griesbach)
Dollenberg 3
77740 Bad Peterstal-Griesbach
Telefon: 0 78 06-7 80
Telefax: 0 78 06-12 72
Internet: www.dollenberg.de
E-Mail: info@dollenberg.de
Inhaber: Meinrad Schmiederer
DZ ab € 204,00

Das Dollenberg im romantischen Hochschwarzwald versteht sich als Luxushotel der Spitzenklasse. Das verspricht auch die Klassifizierung des Hotel- und Gaststättenverbands. Deshalb wird man zwangsläufig an den besten Häusern der Republik gemessen, auch wenn man das vielleicht gar nicht will. Schließlich wirbt das gesamte Land Baden-Württemberg damit, dass die hiesige Sterne-Dichte die höchste der Republik sei. Auch wenn uns das Interieur des Hotels nicht vollumfänglich überzeugt, so begeistert zumindest die hier kultivierte und tagtäglich gelebte Service- und Dienstleistungskultur. Die lernt man bereits bei der Anreise kennen: Sobald der Gast die Vorfahrt ansteuert, eilt ein eifriger Mitarbeiter herbei, um Hilfe anzubieten. Auf hochmotivierte Mitarbeiter trifft man erfreulicherweise in fast allen Abteilungen des Hauses, dem stringenten Führungsstil des Hotelchefs sei Dank. Von dieser positiven Gesamteinschätzung möchten wir einzig und allein die Reservierungsabteilung ausklammern. Hier sind die Mitarbeiter anscheinend dem Irrglauben verfallen, es sei eine Gnade, als Gast hier reservieren zu dürfen – und nicht etwa eine eher lästige Formalität. Und überhaupt gelingt es ihnen, zumindest bei unseren Anrufen, nur bedingt, Lust auf dieses Leisurehotel mit seinem breit gefächerten Angebot zu machen. Regelrecht unprofessionell ist es, wenn der Gast sich nach dem Renovierungsstand der Zimmer erkundigt und die Mitarbeiterin patzig fragt, wann man denn zuletzt hier gewesen sei. Ein Schritt in die richtige Richtung war, dass Hotelchef Meinrad Schmiederer sich dazu entschlossen hat, den Wellnessbereich weitreichend zu renovieren und umzubauen. Schmiederer, der sich konzeptionell auf eine ältere und in der Regel nicht mehr ganz so kritische, dafür aber umso zahlungskräftigere Gästeklientel eingestellt hatte, musste einsehen, dass sein bisheriger Wellnessbereich dem selbst auferlegten Luxus-Standard nicht mehr entsprechen konnte. Nunmehr erwartet den Gast ein modernisierter SPA mit Schwimmbad- und Saunabereich mit finnischer Sauna und Dampfbad. Klar, dass auch eine anspruchsvolle Beauty- und Massageabteilung nicht fehlen darf. Und was kann man vom Zimmerprodukt im Dollenberg erwarten? Wie eingangs angedeutet, ist dieses eher konservativ gestaltet. Aber bekanntlich lässt sich über Geschmack nicht streiten. Fakt ist, dass die Zimmer und Suiten recht großzügig ausgefallen sind. Die Luxussuiten wurden erst kürzlich renoviert. Küchenchef Martin Herrmann hat lange und unermüdlich mit Akribie und Fleiß auf den zweiten Michelin-Stern hingearbeitet und wurde nun endlich belohnt. Seine klassisch-französisch orientierte und ambitionierte Haute Cuisine auf hohem Niveau überzeugt seit vielen Jahren. Alternativ speist man in den À-la-carte-Restaurants Bauernstube und Kaminstube. Hervorragend ist das tägliche Frühstücksbuffet, das kaum etwas vermissen lässt. Selbstverständlich mit separater Eierstation, an der Eierspeisen frisch zubereitet werden. Schmiederer, der für uns unter anderem ein ausgebuffter Marketingprofi ist, gelingt es, nicht nur sein Hotel, sondern auch seine Person stets im Gespräch zu halten. Er pflegt seine Netzwerke, unterhält beste Kontakte zu Prominenten und Semiprominenten und selbstverständlich auch zur Landespolitik. Dies ist für das Image des Hauses natürlich alles andere als schädlich. Wichtig zu wissen ist aber, dass es sich nicht lohnt, konstruktive Kritik oder Anregungen vorzutragen, die andere Hoteliers dankbar aufgreifen und gegebenenfalls verwerten. Schmiederer, den man bezogen auf sein Hotel durchaus als eitel bezeichnen kann, nimmt Kritik sehr persönlich. Diesbezüglich haben nicht nur wir uns an ihm schon die Zähne ausgebissen, sondern, wie wir wissen, auch der eine oder andere Gast.

Bewertung:

BAD SAAROW Brandenburg

A-ROSA SCHARMÜTZELSEE
Parkallee 1
15526 Bad Saarow
Telefon: 03 36 31-60
Telefax: 03 36 31-6 25 25
Internet: www.a-rosa.de
E-Mail: scharmuetzelsee@a-rosa.de
Direktorin: Vanessa Herborn
DZ ab € 136,00

Bad Saarow erreicht man von der deutschen Hauptstadt aus in weniger als einer Stunde, insofern kann der Ort durchaus als Naherholungsgebiet für stressgeplagte Berliner gelten. Das Freizeitangebot dieses Luxusresorts kann sich wahrlich sehen lassen. Ein mehrfach ausgezeichneter Golfplatz liegt gleichsam zu Füßen des Hotels. Aber nicht nur Golfer fühlen sich in diesem Fünf-Sterne-Hotel verstanden, auch für andere Sportarten sind die Ausgangsbedingungen hier hervorragend, egal, ob man nun segeln, Wasserski fahren oder reiten möchte. Vergleicht man allerdings die deutschen A-Rosa-Hotels miteinander, wird man schnell feststellen, dass dieses Haus der Gruppe unter einer vergleichsweise schwachen Führung steht. Wir halten weiter daran fest, dass Vanessa Herborn offenbar noch immer, und das seit vielen Jahren, auf dem Weg der Selbstfindung ist und sich bei ihrem Führungsstil noch nicht auf einen für ihre Mitarbeiter verbindlichen Leitfaden festgelegt hat. Das ist traurig, lässt es doch vor allem auf mangelnde Führungseigenschaften und Erfahrung schließen. Die Servicebereitschaft der Mitarbeiter schwankt beständig, zu diesem Ergebnis sind wir bei unseren Recherchen auch dieses Mal wieder gelangt. Positiv hervorzuheben sind aber in jedem Fall die Mitarbeiter der Reservierungsabteilung, die mit viel Engagement, Freude und nicht zuletzt einer großen Portion Geduld dem potenziellen Gast die Vorzüge des breit gefächerten Angebots erläutern, ohne dabei zu langweilen. Nicht selten hat man ja bei entsprechenden Anrufen den Eindruck, dass die Reservierungsmitarbeiter ihre Textbausteine von einem Blatt ablesen oder zumindest so schlecht auswendig gelernt haben, dass man ihnen am liebsten ins Wort fallen möchte angesichts der schematischen Aufzählung aller noch so unwichtigen Details. Hier hat man uns dagegen bei unseren Checks so viel Lust auf dieses Haus gemacht, dass wir am liebsten direkt ein Zimmer gebucht und nach Beendigung des Gesprächs sofort die Koffer gepackt hätten. Nicht ganz so spektakulär wie in den Schwesterhotels in Travemünde oder Sylt ist hier in Brandenburg der Wellnessbereich ausgefallen, dennoch erstreckt er sich auf immerhin 4.200 qm über insgesamt drei Ebenen. Neben einer Poollandschaft steht auch ein großzügiger Saunabereich zur Verfügung, unter anderem mit finnischer Sauna, Dampfbad, Laconium, Caldarium und Biosauna. Breit gefächert ist auch das Angebot der Beauty- und Massageabteilung mit ihren 22 Anwendungsräumen. Sehr praktisch, dass man während des Aufenthalts auch gleich seinen ganz persönlichen Fitnessquotienten checken lassen kann. Erfahrene Physio- und Sporttherapeuten unterstützen den Gast im Fitness- und Cardiobereich und erstellen auf Wunsch auch ein individuelles Programm für ihn. Abwechslung versprechen die drei Restaurants. Im Marktrestaurant mit angrenzender Terrasse bietet man täglich ein Buffet, während im Greenside, das direkt am Arnold-Palmer-Golfplatz liegt, eine internationale Küche auf überdurchschnittlichem Niveau angeboten wird. Im Gourmetrestaurant Villa am See kann man aus zwei hochklassigen Menüs wählen. Die teilweise zur Seeseite gelegenen Zimmer und Suiten, die in unterschiedliche Kategorien eingeteilt sind, können durchaus überzeugen, wirken sie doch durch ihre Farbgebung hell und freundlich. Einen Rahmen für besondere Anlässe und Gäste, beispielsweise für Hochzeitspaare, bietet die 82 qm große Turmsuite, die sich über zwei Etagen erstreckt. Da der Gast seinen E-Mail-Verkehr meist auch im Urlaub aufrechterhalten möchte, ist es nicht unwichtig zu wissen, dass man für die WLAN-Nutzung moderate 5 Euro berechnet. Und das Parken ist auf dem Gelände sogar kostenfrei.

Bewertung: ●●●◐

ESPLANADE RESORT & SPA
**Seestraße 49
15526 Bad Saarow
Telefon: 03 36 31-4 32-0
Telefax: 03 36 31-4 32 82 22**
Internet: www.esplanade-resort.de
E-Mail: info@esplanade-resort.de
Direktor: Heinz Baumeister
DZ ab € 140,00

Gegenüber dem unmittelbaren Mitbewerber A-Rosa kann das Esplanade Resort & SPA, das ebenfalls direkt am Scharmützelsee gelegen ist, recht selbstbewusst auftreten. Denn es kann sowohl mit einem gut austarierten Service- und Dienstleistungsangebot als auch mit einem guten Freizeitangebot aufwarten. In einer Zeit, in der jedes Mittelklassehotel mit Kellersauna und planschbeckengroßem Pool einen SPA-Bereich deklariert, weil man glaubt, so den Anforderungen des heutigen Hotelgastes auf einfache Art nachkommen zu können, sollte der Gast sich bei der Reservierung grundsätzlich genauer nach Angebot, Ausstattung und Größe eines angegebenen Freizeitbereichs erkundigen. Hier allerdings wird man diesbezüglich sicherlich nicht enttäuscht, denn der hiesige SPA erstreckt sich über eine Gesamtfläche von immerhin 3.500 qm und lässt so gut wie nichts vermissen. Angefangen vom Indoor-Pool über ein mit Sole angereichertes Außenbecken bis hin zu einer großzügigen Saunalandschaft mit unterschiedlich temperierten Saunen gibt es alles, um hier genüsslich zu relaxen. Zum Angebot zählt auch eine SPA-Suite, die mit einer finnischen Sauna, Dusche und Ruhebereich ausgestattet ist und halbtage- oder tageweise gebucht werden kann. Selbstverständlich kann man auch mit einem überdurchschnittlich ausgestatteten modernen Fitnessbereich aufwarten. Der aktiven Freizeitgestaltung sind ebenfalls fast keine Grenzen gesetzt. So bietet sich zum Beispiel Segeln an: Direkt am Hotel befindet sich die Yachtakademie unter der Leitung von Axel Schmidt. Wichtig zu wissen: Der Golf-Parcours ist etwa acht Kilometer vom Hotel entfernt gelegen, genauer gesagt, auf dem Areal des Mitbewerbers A-Rosa. Dass man den Eltern ermöglicht, sich auch einmal vom Nachwuchs zu erholen, und dessen Einzelbetreuung im hauseigenen kleinen Kindergarten arrangiert, spricht für die Kinderfreundlichkeit dieses Resorthotels. Dieser Service wird mit recht moderaten 7 Euro pro Stunde und Kind berechnet. Beste Voraussetzungen also, wenn die Eltern einmal ungestört im Wellnessbereich relaxen möchten. Die Zimmer und Suiten entsprechen dem Anspruch an ein First-Class-Hotel. Allerdings sind sie in der Standardkategorie mit 19 qm etwas klein ausgefallen. Daher empfehlen wir die Relaxkategorie, die immerhin eine Größe von 26 qm garantiert.

Bewertung:

BAD ZWISCHENAHN Niedersachsen

JAGDHAUS EIDEN
(OT Aschhauserfeld)
Eiden 9
26160 Bad Zwischenahn
Telefon: 0 44 03-6 98-0 00
Telefax: 0 44 03-6 98 3 98
Internet: www.jagdhaus-eiden.de
E-Mail: info@jagdhaus-eiden.de
Inhaber: Gerd zur Brügge
DZ ab € 111,00

Stets hatte das Jagdhaus Eiden für sich in Anspruch genommen, in der Region die erste Adresse zu sein. Vor diesem Hintergrund hat uns das konservative Hotel nicht immer voll und ganz überzeugt. Schein und Wirklichkeit lagen hier zeitweise im Ungleichgewicht. In den vergangenen Jahren hat sich das Haus aber erfreulicherweise weiterentwickelt. So haben unter anderem verschiedene Umbau- und Renovierungsmaßnahmen stattgefunden. Beispielsweise hat der Eigentümer für den Wellnessbereich, der sich über 1.000 qm erstreckt, ein neues Konzept erarbeitet. Nunmehr macht man sich nicht mehr der Übertreibung schuldig, wenn man diesen Bereich als SPA ausweist. Neben einem 6 x 12,5 m großen Schwimmbad stehen den Gästen auch eine Saunalandschaft mit finnischer Sauna, Dampfbad, Saunarium und Eisbrunnen und im Außenbereich zusätzlich ein Whirlpool, eine Liegezone und eine Kelo-Moorsauna mit Saunagarten zur Verfügung. Der Besuch des SPA ist für Hotelgäste kostenfrei, externen Besuchern berechnet man 26,50 Euro. Zurückziehen kann man sich auch in den PrivateSPA mit finnischer Sauna und Whirlpool, der halbtage- und tageweise für bis zu vier Personen buchbar ist. Relativ breit ist das Angebot an Beauty- und Massageanwendungen. Ein Teil der Zimmer, deren Interieur eher ein älteres, konservatives Publikum anspricht, wurde zumindest einem Softlifting unterzogen. Wenn man nun noch den Mitarbeitern vermitteln könnte, dass Freundlichkeit nichts kostet und der Arbeitstag nicht schneller vorübergeht, wenn man seine schlechte Laune den Gästen demonstriert, wären wir fast zufrieden. Die Freizeitmöglichkeiten halten sich in Grenzen, sieht man von der Möglichkeit einer gemütlichen Rundfahrt auf dem Zwischenahner Meer bei Kaffee und Kuchen oder dem gepflegten Minigolfspiel einmal ab. Natürlich lassen sich auch nette Fahrradtouren durch das Ammerland planen. Alternativ kann man sich in der Spielbank seine Zeit und sein Geld am Roulettetisch vertreiben und sich dabei in gediegener Atmosphäre so richtig langweilen. Ein Highlight wiederum ist das Gourmetrestaurant Apicius, wo Küchenchef Kai Klinkel eine französisch inspirierte Küche auf hohem Niveau bietet. Seine Küchenleistung wird in steter Folge mit einem Michelin-Stern belohnt. Bekanntlich ist der Nordwesten Niedersachsens eher kulinarisches Niemandsland, daher darf man sich mit dem Apicius hier als Silberstreif am Horizont verstehen. Alternativ steht den Gästen als Restaurant die Jäger- und Fischerstube zur Auswahl. Insgesamt gilt aber immer noch: Das Jagdhaus Eiden und auch der Standort Bad Zwischenahn haben weiteres Potenzial, das es zu nutzen gilt. Deshalb wird in absehbarer Zeit auf dem gegenüberliegenden Ufer des Zwischenahner Meeres auch ein Steigenberger-Resort eröffnen und zahlungskräftige Gäste mit einem Golfplatz, direkter Seelage und dem überregional bekannten „Park der Gärten" in unmittelbarer Nachbarschaft locken. Wir freuen uns jetzt schon auf diese gesunde Konkurrenz, die das Jagdhaus Eiden hoffentlich endlich zwingt, mehr aus sich zu machen und neue Konzepte zu entwickeln.

Bewertung:

BADEN-BADEN Baden-Württemberg

BELLE EPOQUE
(Innenstadt)
Maria-Viktoria-Straße 2c
76530 Baden-Baden
Telefon: 0 72 21-3 00 66-0
Telefax: 0 72 21-3 00 66 6
Internet: www.hotel-belle-epoque.de
E-Mail: info@hotel-belle-epoque.de
Inhaber: Fam. Rademacher
DZ ab € 185,00

Die legendäre Baden-Badener Hotelfamilie Rademacher kann mit ihren Hotelprodukten mit Fug und Recht als eine kleine Besonderheit in der deutschen Hotellandschaft gelten. Mit ihren beiden benachbarten, wunderbaren Hotels in einem der schönsten Viertel am Rande der Baden-Badener Kuranlagen hat sie nicht nur für die traditionsreiche Kurstadt am Fuße des Schwarzwaldes Bemerkenswertes geschaffen. Nach jahrzehntelanger Tätigkeit in New York, wo Rademacher senior im Waldorf-Astoria tätig war, kehrte die Familie in ihre Heimat zurück und eröffnete mit dem Kleinen Prinzen ein Romantikhotel mit einmaligem Konzept. Der Erfolg des Hotels, das sich in stilvoller Art und Weise mit Motiven aus dem Klassiker von Antoine de Saint-Exupéry schmückt, machte es möglich, in unmittelbarer Nachbarschaft mit dem Belle Époque ein weiteres Haus zu eröffnen, das den Kleinen Prinzen an Exklusivität und Luxus noch um einiges übertrifft. Die gekieste Vorfahrt des Belle Époque wie auch die an Gustave Eiffels Arbeiten erinnernde eiserne Jugendstil-Überdachung des Eingangs sind einerseits Reminiszenzen an die namensgebende französische Epoche und verweisen andererseits auf die großbürgerliche Atmosphäre, die das Gebäude, das an ein französisches Stadtpalais des 19. Jahrhunderts erinnert, rundum ausstrahlt. Die Eingangshalle wird von einer breiten, steinernen Treppe dominiert. Von einem der dahinter liegenden Salons gelangt man über eine großzügige Terrasse in den parkartigen Garten. Die Zimmer und Suiten sind wie das gesamte Haus mit geschmackvollen Antiquitäten ausgestattet, die die ambitionierte Seniorchefin Edeltraud Rademacher in jahrelanger Kleinarbeit aus Frankreich importierte und wenn nötig aufwendig restaurieren ließ. Dadurch  hat jeder Raum seinen eigenen Charakter. Die meisten Zimmer und Suiten wurden mit großen Whirlpoolbadewannen ausgestattet, die den fehlenden SPA-Bereich kompensieren, der in einem solchen Haus natürlich nicht möglich ist. Das ganze Hotel ist ein stimmiges Gesamtkunstwerk, das es schafft, Luxus und Eleganz eines klassischen Grandhotels mit der Persönlichkeit und Intimität eines Privathotels zu verbinden. Auch die Lage unweit der Baden-Badener Innenstadt und der die Stadt durchziehenden Kuranlagen entlang des Flusses Oos könnte besser nicht sein. Das legendäre Brenners Parkhotel liegt in unmittelbarer Nachbarschaft. Angesichts dieser Umgebung ist das Servicekonzept der Rademachers hier genau passend, denn im Belle Époque wird, anders als im Schwesterhotel Kleiner Prinz, vor allem mehrsprachiges, männliches Servicepersonal eingesetzt. Der reibungslose Service und die verbindlich-freundlich agierenden Mitarbeiter vermitteln dem Gast das Gefühl, er habe hier nicht irgendeine Servicekraft an seiner Seite, sondern seinen ganz persönlichen dienstbaren Geist. Nachmittags beim wunderbaren Afternoon High Tea werden dem Gast am Kaminfeuer des Salons oder auf der Gartenterrasse Tee und Kaffee sowie hausgemachte Kuchen und Scones geboten. Dieses kleine Hoteljuwel ist die richtige Wahl für einen romantischen Stadturlaub zu zweit oder einen gemeinsamen Aufenthalt mit guten Freunden oder mit einer kleinen Familie und ohne Zweifel ein Geheimtipp für einen besonderen Aufenthalt mit Klasse. Auch ausländische Gäste mit Interesse für Kultur und Persönlichkeit des Landes, das sie besuchen, werden sich hier wohlfühlen und sich persönlich willkommen fühlen. Denn die selbstverständliche Mehrsprachigkeit im Belle Époque steht dem ehemals als Weltbad bezeichneten Baden-Baden sehr gut zu Gesicht. Im Resümee gibt es somit kein Haus in Baden-Baden, das wir Gästen, die gleichermaßen Exklusivität und eine familiäre Atmosphäre wünschen, mehr empfehlen würden. Zu Recht ist dieses Kleinod Mitglied der Hotelvereinigung Small Luxury of the World.

Bewertung:

BRENNERS PARK-HOTEL & SPA
(Innenstadt)
Schillerstraße 4–6
76530 Baden-Baden
Telefon: 0 72 21-9 00-0
Telefax: 0 72 21-3 87 72
Internet: www.brenners.com
E-Mail: info@brenners.com
Direktor: Frank Marrenbach
DZ ab € 295,00

Das Brenners ist eines der bekanntesten Grandhotels der Republik und zählt bekanntlich und kurioserweise zum Backpulver- und Pizza-Imperium der Oetker-Gruppe. Mit den Konzernmilliarden des deutschen Traditionsunternehmens im Rücken spielte Geld hier nie eine Rolle. Auf eine über 135-jährige Geschichte kann das Haus verweisen. Könige, Geldadel, Wirtschaftsmagnaten und sonstige Prominente sowie Semiprominente aller Couleur geben sich hier seit Jahrzehnten die Klinke in die Hand. Allerdings könnte man durchaus den Eindruck gewinnen, dass die Eigentümer glauben, sie könnten sich auf dem großen Namen und der Geschichte des Park-Hotels ausruhen. Wie sonst wäre es zu erklären, dass man bis heute keine großen Anstalten macht, dem Renovierungsstau insbesondere auf den Zimmern und Suiten entgegenzuwirken, von ein paar kleinen Softliftings einmal abgesehen. Einige wenige Zimmer entsprechen dem hohen Anspruch dieser Nobelherberge, da man sie im vergangenen Jahr endlich aufgefrischt hat, die meisten sind jedoch deutlich angejahrt. Voll und ganz überzeugen hingegen die Räume im angrenzenden Stadtpalais. Hier entspricht das noble Zimmerprodukt den sehr hohen Erwartungen an diese Grande Dame der deutschen Luxushotellerie. Unbestritten ist das hohe Serviceniveau, das den Ruf des Hauses vor allem begründet, denn hier leistet man sich im Vergleich zu anderen Hotels der Luxus-Kategorie noch eine sehr dicke Personaldecke. Luxus ist Service, das könnte das Leitmotiv des Brenners Park-Hotels sein. Sobald der Gast die Hotelvorfahrt erreicht, muss er sich um nichts mehr kümmern. Die Wagenmeister übernehmen umgehend den PKW, die Gäste werden zur Rezeption und nach Erledigung der Anreiseformalitäten selbstverständlich auf ihr Zimmer begleitet. Um ihre großen und kleinen Wünsche kümmert sich vorbildlich der Concierge, sei es ein Limousinen-Transfer zum Flughafen oder Bahnhof, eine Karte für die bereits ausverkaufte Vorstellung im Festspielhaus oder der Babysitter für die Betreuung des Nachwuchses. Dem selbst auferlegten Anspruch entspricht auch der 2.000 qm große Wellnessbereich. Im lichtdurchfluteten Schwimmbad kann man entspannt seine Bahnen ziehen und dabei den Ausblick in den Park genießen. Komfortabel relaxt man in der SPA-Suite mit eigenem Whirlpool und finnischer Sauna, Regendusche und separatem Umkleidebereich. Auf Wunsch serviert der Wellnessbutler einen kleinen Imbiss, den Kaffee oder ein Glas Champagner. So viel Luxus hat natürlich auch seinen Preis: Für 4 Stunden berechnet man 280 Euro, für 8 Stunden 550 Euro. Andreas Krolik als Küchenchef für das Gourmetrestaurant zu verpflichten hat sich als ein Glücksgriff herausgestellt, denn seine Küchenleistung wurde zunächst mit einem, seit letztem Jahr sogar mit einem zweiten Michelin-Stern belohnt.

Bewertung: ●●●● ◐

DER KLEINE PRINZ
(Innenstadt)
Lichtentaler Straße 36
76530 Baden-Baden
Telefon: 0 72 21-3 46 60-0
Telefax: 0 72 21-3 46 60 59
Internet: www.derkleineprinz.de
E-Mail: info@derkleineprinz.de
Inhaber: Fam. Rademacher
DZ ab € 199,00

Als erstes Hotel, das die Rademachers nach ihrer Rückkehr aus den USA in ihrer alten Heimat Baden-Baden eröffneten, begründete dieses Haus den bis heute andauernden Erfolg der Hoteliersfamilie in Baden-Baden. Heute sind beide Rademacher-Häuser, der Kleine Prinz und das Belle Époque, weit über das traditionsreiche Kurbad hinaus bekannt. Am Anfang stand hier die Idee, die poetische Geschichte von Antoine de Saint-Exupéry und ihre weltbekannten Illustrationen zum Thema eines kleinen, aber feinen und romantischen Hotels am Rande der Baden-Badener Innenstadt zu machen. Das Gebäude entspricht mit seiner wunderbar verzierten Gründerzeit-Fassade schon äußerlich dem romantischen Grundtenor des Hauses, zumal die Stadthäuser dieser Epoche in Baden-Baden architektonisch einen deutlichen französischen Einfluss zeigen. Der verspielte Charakter der Fassade passt also bestens zum poetischen Konzept dieses First-Class-Superior-Hotels. Ähnlich ist es mit dem Inneren des Hauses. Entsprechend dem Baujahr und dem ursprünglichen Zweck des Gebäudes ist die innere Gliederung mit einem neuzeitlichen Businesshotel nicht zu vergleichen. In den Rahmen eines Romantikhotels passen die verwinkelten Flure und Zimmer jedoch hervorragend. Alle öffentlichen Bereiche und auch die Zimmer und Suiten sind dezent mit zeichnerischen, malerischen und auch skulpturalen Umsetzungen der Illustrationen Saint-Exupérys ausgestattet. So findet sich in einem Zimmer als Standleuchte eine gebogene Laterne, die an die Buchszene mit dem Trinker erinnert. Meist bleibt es jedoch bei kleinen Bildern und Zeichnungen, die das Hotel seinem Thema entsprechend schmücken. Wichtiger noch als die Kunst sind für das romantische Ambiente im Hause die Möbel, denn alle Zimmer und Suiten sind mit Antiquitäten und Stilmöbeln ausgestattet, die das weibliche Familienoberhaupt Edeltraud Rademacher über lange Jahre akribisch zusammengetragen, saniert und an die Hotelnutzung angepasst hat. Dadurch gleicht kein Zimmer

dem anderen, jedes hat eine individuelle Note. Dabei ist auch die farbliche Gestaltung jedes Zimmers an dessen Ausstattung angepasst worden. Zum Komplex gehört auch ein angrenzendes Eckgebäude, das über einen kleinen Nebenhof erreicht wird und sich erstaunlich nahtlos an das Hauptgebäude anpasst. Es ist ebenfalls ein historisches Gebäude, und die Innenausstattung gleicht der im Haupthaus so sehr, dass man nach einem Aufenthalt kaum wird sagen können, in welchem Teil des Hotels man gewohnt hat. Die Erweiterung auf das Nebengebäude war auf jeden Fall notwendig, denn im Haupthaus befindet sich auch noch das Herz des Hauses: das Restaurant mit seiner hervorragenden Küche, das nicht nur für Hotelbewohner, sondern auch für externe Gäste ein Ziel ist. Hier ist das Thema des Kleinen Prinzen noch gegenwärtiger, denn die bekannten zeichnerischen Themen schmücken hier nicht nur die Wände, sondern auch das Geschirr. Was man hier gegenüber einem Gourmettempel an Raumangebot und Exklusivität vermissen mag, wird durch die gemütliche und gleichzeitig elegante Atmosphäre des Restaurants wettgemacht. Die klassisch-französisch orientierte Küche leistet sich genauso wenige Schwächen wie der reibungslose Service der erfahrenen Restaurantmannschaft. Dass ein kleines Romantikhotel wie dieses nicht mit einem großen SPA aufwarten kann, ist nachvollziehbar und wird auch von niemandem erwartet werden. Dennoch hat man sich hier Gedanken gemacht, was man seinen Gästen als adäquaten Ersatz bieten könnte. Auf den Zimmern und Suiten sind deshalb teilweise Whirlpool-Wannen installiert worden, um den Gästen einen kleinen SPA im eigenen Zimmer zu bieten. Aber in Baden-Baden ist man ja ohnehin mit einem überreichen Angebot an Erholungs- und Bademöglichkeiten gesegnet, allen voran natürlich das Friedrichsbad, in dem man die Badekultur des vorvergangenen Jahrhunderts im Prunk eines gründerzeitlichen Repräsentationsbaus auch heute noch live erleben kann. Dieses Erlebnis sollte man sich nicht entgehen lassen. Zusammen mit einer Übernachtung im Kleinen Prinzen kann man dergestalt fast so etwas wie eine Zeitreise in die gute alte Zeit des Weltbads Baden-Baden machen. Diese Zeit verklären wir heute natürlich nicht ganz zu Recht als romantische Epoche, aber ein wenig träumen wird doch erlaubt sein, und der Kleine Prinz bietet dazu allemal die passende Umgebung.

Bewertung:

DORINT MAISON MESSMER
(Innenstadt)
Werderstraße 1
76530 Baden-Baden
Telefon: 0 72 21-30 12-0
Telefax: 0 72 21-30 12 1 00
Internet: www.dorint.com
E-Mail: info.maison-messmer@dorint.com
Direktorin: Anke Lock *(-03/12)*
DZ ab € 233,00

Man kann der deutschen Premium-Hotelkette durchaus eine turbulente Vergangenheit bescheinigen, denn das Unternehmen stand zwischen 2002 und 2007 im Mittelpunkt eines wahren Übernahme-Krimis. Der französische Riesenkonzern Accor stürzte sich auf die deutsche Traditionsmarke, die 1959 als Familienunternehmen gegründet worden war, nachdem die Dorint Aktiengesellschaft ab den 1990er Jahren einen beispiellosen Erneuerungsprozess durchlebt hatte. Durch umfassende Erneuerung der bestehenden und Eröffnung zahlreicher neuer Häuser war aus der bekannten, aber nicht besonders renommierten Hotelkette die modernste und attraktivste deutsche Hotelkette geworden. Millionenbeträge wurden investiert, und die exklusiv und beispielgebend modern gestalteten Häuser eroberten den durch die Wiedervereinigung ganz neu definierten deutschen Hotelmarkt. Anfang des Jahrtausends war Dorint zum Inbegriff aktueller Business- und Resort-Hotellerie nicht nur für Deutschland geworden, denn auch im europäischen Ausland wurden weitere Häuser eröffnet. Dorint lag zu dieser Zeit in Bezug auf seine Firmenphilosophie wie auch in Design und Ausstattung der Häuser so weit vorn, dass die damals eröffneten Häuser auch heute noch nichts von ihrer Aktualität verloren haben und in der Regel immer noch zu den ersten Adressen an ihrem jeweiligen Standort zählen. Im Zuge des Erfolgs kam es jedoch zu finanziellen Turbulenzen, die es Accor möglich machten, über Aktienmehrheiten bei Dorint das Ruder zu übernehmen. Nachdem viele Dorint-Häuser in den Accor-Konzern übernommen worden waren, konnte man jedoch ab 2007 als eigenständige Neue Dorint GmbH mit reduziertem Hotel-Portfolio wieder durchstarten und knüpft seither wieder an das Image der späten 1990er und frühen 2000er Jahre an. Ein Haus, das all diese Turbulenzen unbeschadet überstanden hat und heute wie damals als ein Flaggschiff der Kette gelten kann, ist das Maison Messmer in Baden-Baden. Dass sich Dorint auch im ehemaligen Weltbad am Fuße des Schwarzwalds engagierte, verwunderte niemanden, schließlich gewann die Kurstadt nach dem Fall des Eisernen Vorhangs mehr und mehr vermögende Gäste aus den Staaten der ehemaligen UdSSR gleichsam zurück – vor der Revolution war Baden-Baden lange Jahrzehnte ein beliebtes Kur- und Reiseziel der russischen Eliten aus Adel, Kultur und Wirtschaft gewesen. Es lag also auf der Hand, dass die renommierte deutsche Kette genau richtig lag mit ihrem Anspruch, auch hier eines der exklusivsten Häuser der Stadt zu eröffnen. Somit wurde nicht gespart, als man daranging, die herrschaftliche Villa direkt neben dem Baden-Badener Kurhaus zum Luxushotel umzubauen. Auch ein Gourmetrestaurant und ein exklusiver SPA mit Schwimmbad wurden an diesem mehr als prominenten Standort realisiert, obwohl das Platzangebot nicht unbegrenzt war. Edelste Materialien, das moderne Design der Ausstattung und die exklusive Architektur lassen das Dorint auch heute noch als legitimen modernen Nachfolger der Baden-Badener Traditionshäuser wie des Brenners Parkhotels oder des Steigenberger Europäischen Hofs erscheinen. Als solcher muss das Dorint natürlich noch diejenigen Gäste für sich begeistern, die bisher nur nach dem großen Namen buchten und deshalb den bekannteren Häusern den Vorzug gaben. Keine leichte Aufgabe für einen Hoteldirektor oder eben eine Direktorin wie Anke Lock, die seit nunmehr über fünf Jahren genau diese Aufgabe wahrnimmt – und das mit überzeugendem Erfolg. Wer etwas genervt ist von dem förmlich-angestaubten Service der Mitarbeiter, der in einigen alten Baden-Badener Grandhotels noch anzutreffen ist, wird hier von den freundlich und aufgeschlossen agierenden Mitarbeitern begeistert sein. Diese wissen, dass gerade internationale Gäste kein Verständnis für Bedienstete haben, die sich wie Hofschranzen gebärden und meinen, ein Gast habe zuallererst Respekt vor dem Haus zu zeigen, in dem er logiert, bevor man ihn freundlich behandelt. Hier im Maison Messmer kann man sich auf jeden einstellen und schafft es, den selbstbewusst auftretenden Oligarchen ebenso geschickt zufriedenzustellen wie die muslimische Dame, die nur im alles bedeckenden Badekleid und wenn möglich ohne Beobachtung durch Männer in den Pool steigen möchte. Es versteht sich von selbst, dass man als Gast ohne allzu schwierige Persönlichkeit und ausgefallene Sonderwünsche von den Mitarbeitern geradezu dankbar aufgenommen und tadellos versorgt wird. Anke Lock hat hier merkliche Verbesserungen erzielt, und dafür, dass sie hier die richtige Aufgabe gefunden hat, spricht auch, dass sie ihren Posten jetzt schon wesentlich länger bekleidet als ihre Vorgänger. Diese konnten nicht wirklich durchschlagende Erfolge verzeichnen, mal fehlten ihnen Gastgeberqualitäten, dann wieder Führungsqualitäten oder die entsprechende Sozialkompetenz. Sicher, Lock hat auch ihre Schwächen, zum Beispiel ihr „unverbindlich freundliches" Auftreten, ihr Dauerlächeln und ihre übertriebene Höflichkeit, die mitunter ein wenig aufgesetzt und künstlich wirken. Sie kann aber in jedem Fall hohe Sympathiewerte vorweisen, sowohl bei ihren Mitarbeitern als auch bei ihren Gästen.

Bewertung: ●●●

BAIERSBRONN   Baden-Württemberg

BAREISS
(OT Mitteltal)
Gärtenbühlweg 14
72270 Baiersbronn
Telefon: 0 74 42-47-0
Telefax: 0 74 42-47 3 20
Internet: www.bareiss.com
E-Mail: info@bareiss.com
Inhaber: Hermann Bareiss
DZ ab € 332,00 (HP)

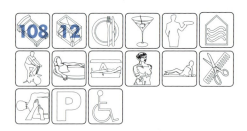

Das Bareiss ist für uns die Mutter aller Luxus-Leisurehotels in Deutschland. Es hat eine Erfolgsgeschichte geschrieben, die ihresgleichen sucht. Hier wird eine Servicekultur gepflegt und gelebt, die sich viele Hoteliers zum Vorbild nehmen könnten. Gerade der herausragende Service ist Teil des Erfolgskonzepts und überzeugt auch Gäste, die beispielsweise mit dem Interieur des Hauses wenig anfangen können. Hermann Bareiss ist es gelungen, eine Drei-Generationen-Gästeklientel zu begeistern. Dies ist allerdings kein Zufall, sondern der Tatsache geschuldet, dass man sich stets weiterentwickelt und den Ansprüchen der Gäste angepasst hat. Der sympathische Hotelchef war in der Lage, kurzlebige Trends von nachhaltigen zu unterscheiden. Daher wurde das Bareiss stets in den Bereichen optimiert und an die Erwartungen der Gäste angepasst, die sich als langfristige Richtungsänderungen erwiesen, und nicht an temporäre Moden. So wurden und werden step by step die im edlen Landhausstil gehaltenen Zimmer und Suiten renoviert, ohne das typische Ambiente aufzugeben oder zu modern zu gestalten. Wer sich erstmals für diese Luxusherberge entscheidet, sollte sich daher bei der Buchung unbedingt nach dem Renovierungsstand der jeweiligen Zimmer erkundigen. Die Geschichte des Hauses begann einst mit einem Landgasthof, den Hermann Bareiss' Mutter Hermine betrieb. Nachdem ihr Sohn den Gasthof übernommen hatte, entwickelte er das Bareiss Schritt für Schritt zur ersten Adresse der Republik. Im vergangenen Jahr feierte man das 60-jährige Jubiläum. Mittlerweile ist auch der Sohn von Hermann Bareiss Teil der Führungsmannschaft. Ein deutliches Alleinstellungsmerkmal des Hauses ist das herausragende gastronomische Angebot. Spitzenkoch Claus-Peter Lumpp hat sich mit viel Fleiß, Kreativität und Akribie an die Spitze der deutschen Sterne-Gastronomie gekocht und sein Restaurant zählt zu den besten Adressen der Republik. Seit Jahren in Folge wird seine Leistung vom Guide Michelin belohnt, zunächst mit zwei Sternen und inzwischen sogar mit drei. Für die meisten Gäste, die in der Regel länger als einen oder zwei Tage in diesem Luxushotel verbringen, ist der Besuch des Gourmetrestaurants Pflicht. Auch dem Thema Wellness wurde stets eine große Bedeutung beigemessen, deshalb zählt zum Angebot ein großzügiger SPA inklusive Poollandschaft mit Innenpool und beheiztem Meerwasser-Außenbecken. Der Saunabereich mit Kneipp-Becken und Ruhezone ist ebenfalls akzeptabel ausgefallen. Klasse hat die physiotherapeutische Abteilung unter der Leitung von Michael

Pfau, einem ausgebildeten Chirotherapeuten und Osteopathen, der hier mit seinem Team nicht nur klassische Behandlungen, sondern auch exotische Entspannungsmassagen wie Lomi Lomi, Ayurveda oder Hot Stone anbietet. Natürlich zählt auch ein Beautybereich zum Gesamtangebot. Im Untergeschoss des Hotels befindet sich sogar eine kleine „Shopping-Passage" mit Friseur, Juwelier, Geschenk- und Modeboutique, denn Baden-Baden mit seinem umfänglichen Angebot für Luxus-Shopping ist zwar mit dem Auto erreichbar, aber bequemer lässt sich das Mitbringsel oder der neue Badeanzug doch gleich hier im Hause erwerben.

Bewertung: ●●●●◐ ○

TRAUBE TONBACH
(OT Tonbach)
Tonbachstraße 237
72270 Baiersbronn
Telefon: 0 74 42-4 92-0
Telefax: 0 74 42-4 92 6 92
Internet: www.traube-tonbach.de
E-Mail: info@traube-tonbach.de
Inhaber: Heiner Finkbeiner
DZ ab € 344,00

Nach Baiersbronn, einer Streugemeinde im Schwarzwald, pilgern Jahr für Jahr zahlreiche Gourmettouristen, um sich von den drei hier ansässigen Spitzenköchen verpflegen zu lassen. Wohlfahrt und Lummp, die seit Jahren mit drei Michelin-Sternen ausgezeichnet werden, sowie Sackmann, der immerhin mehrfach in Folge eines der begehrten Symbole erkochen konnte, haben mit ihrer kreativen Haute Cuisine sicherlich einen großen Teil dazu beigetragen, dass dieser Ort in der Diaspora international so viel Aufmerksamkeit erhält. Man muss nicht zwangsläufig in einem der drei Häuser logieren, aber wenn man das beabsichtigt, ist es doch ratsam, sich vorher sehr genau über das Interieur sowie das Service- und Dienstleistungsangebot zu informieren. Gerade beim Ambiente scheiden sich jedoch die Geister. Das Hotel Sackmann hat sich für eine gediegene Einrichtung entschieden. Der edle Landhausstil im Bareiss wirkt durchaus behaglich, die Zimmer und Suiten in der Traube Tonbach dagegen werden von bösen Zungen – zumindest bislang – eher als muffiger Schwarzwaldbarock kategorisiert. Der treuen Fangemeinde der Traube Tonbach mag die Inneneinrichtung egal sein. Dennoch hat man im vergangenen Jahr endlich mit Umbau- und Renovierungsmaßnahmen begonnen, offensichtlich möchte man der Vergreisung der Gästeklientel nun auch durch bauliche Änderungen entgegenwirken. Bislang lag der Altersdurchschnitt in diesem Haus bei gefühlten 70 Jahren, so dass der Stil des Hauses entsprechend konservativ bleiben konnte. Über Geschmack lässt sich bekanntlich nicht streiten. Oder etwa doch? Als Stilbruch gebrandmarkt wurde bislang das moderne Design des SPA-Bereichs, das einigen konservativen Gästen gar nicht gefiel. Wir halten aber daran fest, dass der SPA wirklich überzeugen kann. Selbst diesen recht neuen Bereich des Hotels beabsichtigt man im Zuge der anstehenden Renovierung aufzufrischen und sogar deutlich zu vergrößern. Hier steht den Gästen schon jetzt neben Meerwasser-, Innen- und Außenpool sowie einem Süßwasserbecken auch ein Saunabereich mit unterschiedlich temperierten Saunen zur Verfügung. Interessante Anwendungen mit Produkten renommierter Kosmetiklinien sind in der Beauty- und Massageabteilung buchbar. Zuletzt möchten wir aber unbedingt nochmals darauf hinweisen: Eine Audienz beim besten Koch Deutschlands sollte man hier bereits bei der Buchung vereinbaren, denn spontan beim großen Meister zu speisen ist in den seltensten Fällen möglich. Insgesamt halten wir fest: Die Zeichen stehen auf Veränderung und man darf gespannt sein, ob diese im Nachgang als Revolution oder als halbherzige Reformation zu verbuchen sein wird.

Bewertung:

BERCHTESGADEN Bayern

INTERCONTINENTAL RESORT
(Obersalzberg)
Hintereck 1
83471 Berchtesgaden
Telefon: 0 86 52-97 55-0
Telefax: 0 86 52-97 55 99 99
Internet: www.intercontinental.com
E-Mail: berchtesgaden@ihg.com
Direktor: Claus Geißelmann
DZ ab € 195,00

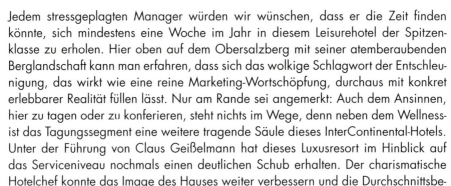

Jedem stressgeplagten Manager würden wir wünschen, dass er die Zeit finden könnte, sich mindestens eine Woche im Jahr in diesem Leisurehotel der Spitzenklasse zu erholen. Hier oben auf dem Obersalzberg mit seiner atemberaubenden Berglandschaft kann man erfahren, dass sich das wolkige Schlagwort der Entschleunigung, das wirkt wie eine reine Marketing-Wortschöpfung, durchaus mit konkret erlebbarer Realität füllen lässt. Nur am Rande sei angemerkt: Auch dem Ansinnen, hier zu tagen oder zu konferieren, steht nichts im Wege, denn neben dem Wellnessist das Tagungssegment eine weitere tragende Säule dieses InterContinental-Hotels. Unter der Führung von Claus Geißelmann hat dieses Luxusresort im Hinblick auf das Serviceniveau nochmals einen deutlichen Schub erhalten. Der charismatische Hotelchef konnte das Image des Hauses weiter verbessern und die Durchschnittsbelegung weiter steigern. Bereits bei Übernahme des Hauses hatte er alle Abteilungen auf den Prüfstand gestellt und wenn nötig auch neu strukturiert. In einem Haus dieser Lage, dieser Modernität und Exklusivität hat man viele Asse im Ärmel. Eines dieser

Asse ist Ulli Heilmann. Der Kochkünstler rundet mit seiner kreativen und aromenintensiven Haute Cuisine das Gesamtangebot des Hauses bestens ab. Nicht nur für einen Gourmet gehört es zum Pflichtprogramm, während eines Aufenthalts mindestens einmal in Heilmanns Spitzenrestaurant zu dinieren. Heilmann liefert bei seinen Gästen eine hervorragende Küchenleistung ab, bei der er sich nicht den geringsten Patzer leistet.  Mehrmals in Folge konnte er sich dadurch einen der begehrten Michelin-Sterne erkochen. Ungeachtet dessen ist das gastronomische Angebot hier im Inter-Continental breit gefächert, denn neben dem Gourmetrestaurant „Le Ciel" hat der Gast die Wahl zwischen dem Restaurant „3'60°" und der „Bayernstube" mit ihren regionalen Spezialitäten. Die Servicemannschaft im The Mountain SPA überzeugte nicht immer, teilweise konnten die phlegmatischen und unaufmerksamen Mitarbeiter den Gast sogar richtig verärgern. Geißelmann hat das Problem erkannt und darauf mit entsprechenden personellen Veränderungen reagiert: Im November letzten Jahres ist Verena Lampe mit dem Anspruch angetreten, den Service in diesem Bereich neu zu strukturieren. Der SPA erstreckt sich über 1.400 qm und bietet zum einen ein Saunaangebot mit finnischer Sauna, Dampfbad, Tepidarium und Ruhe- und Meditationsbereich, zum anderen einen Indoor- und einen beheizten Outdoorpool. Vom Beckenrand des Letzteren hat man natürlich einen grandiosen Ausblick auf die Berglandschaft. Bei sommerlichen Temperaturen kann man sich im Außenbereich  sonnen und sich einen Kaffee oder ein Glas Champagner direkt an die Sonnenliege servieren lassen. Geschmackvoll und modern ausgestattet sind die Zimmer und Suiten, die auf unterschiedlichste Ansprüche ausgerichtet sind. Vor allem die Juniorsuiten und Suiten mit eigenem Kamin haben eine besondere Atmosphäre. Eine hohe Aufenthaltsqualität gewährleisten die großzügigen Suiten aber alle. Auch das Frühstücksbuffet bleibt den meisten in Erinnerung, denn es begeistert einerseits durch die große Auswahl (hier findet man selbstverständlich auch regionale Spezialitäten), andererseits durch die Frische und die ansprechende Präsentation des Angebots. Eierspeisen werden nach dem Gusto der Gäste à la minute zubereitet. Bei sommerlichen Temperaturen frühstückt es sich nach dem Gang zum Buffet ganz entspannt auf der Terrasse mit grandiosem Panoramablick auf die beeindruckende Bergwelt der Umgebung.

Bewertung:

BERGISCH GLADBACH Nordrhein-Westfalen

SCHLOSS BENSBERG
(OT Bensberg)
Kadettenstraße
51429 Bergisch Gladbach
Telefon: 0 22 04-42-0
Telefax: 0 22 04-42 8 88
Internet: www.schlossbensberg.com
E-Mail: info@schlossbensberg.com

Direktor: Andreas Schmitt
DZ ab € 195,00

Man darf Schloss Bensberg, ohne sich der Schwärmerei schuldig zu machen, als ein Hideaway wie aus dem Bilderbuch bezeichnen. Diese Einschätzung beruht darauf, dass dieses Fünf-Sterne-Superior-Hotel alle Voraussetzungen mitbringt, um hier abseits von und versteckt vor der „Außenwelt" ein paar Tage auszuspannen. Denn hier kann man nicht nur anspruchsvoll logieren. Die gebotene Kulinarik der Spitzenklasse, der exklusive 1.000 qm große SPA, aber auch die Möglichkeit, im gehobenen Rahmen zu tagen und zu konferieren, überzeugen ebenso wie der hier kultivierte Service. Eingebunden ist das Fünf-Sterne-Hotel in einen großen Park. Wen wundert es bei dieser Kulisse, dass Hersteller von Luxusautomobilen hier gern ihre noblen Karossen vorstellen. Insgesamt 10 Festsäle, darunter ein exklusiver Ballsaal, stehen für Tagungen und Veranstaltungen mit bis zu 400 Personen zur Verfügung. Das Haus gehört zur renommierten Althoff-Gruppe. Keine Hotelgruppe hat mit ihren Restaurants mehr Michelin-Sterne erworben als diese. Im Gourmetrestaurant hier in Bensberg führt einer der besten Spitzenköche Deutschlands Regie und wird für seine kreative und ambitionierte Küchenleistung seit Jahren mit drei Sternen belohnt. Deshalb pilgern aus der halben Republik Gourmet-Touristen hierher. Für die etwas alltäglicheren Genüsse steht dem Gast zusätzlich die Trattoria Enoteca mit ihrer italienischen Küche zur Verfügung. Die Zimmer entsprechen selbstverständlich den hohen Erwartungen an ein Luxushotel mit diesem Renommee. Das Interieur wirkt insgesamt edel im klassisch-eleganten Sinne. Wohl auch deshalb verfügen alle Zimmer über ein Marmorbadezimmer, denn was gibt es Klassischeres als diesen Inbegriff des Luxus? Eigentlich fast überflüssig, darauf hinzuweisen, dass man den Gästen mit größter Aufmerksamkeit begegnet und sich um ihre kleinen und großen Anliegen kümmert. Die Service- und Dienstleistungsbereitschaft darf man also erwartungsgemäß als vorbildlich bezeichnen. Serviceleistungen wie Valet Parking,

Schuhputz- und 24-Stunden-Zimmerservice gehören ebenso zu den Standards wie der Conciergeservice. WLAN-Nutzung ist nur in den öffentlichen Bereichen möglich, aber dafür bleiben 30 Minuten unberechnet. Auf den Zimmern ermöglicht man einen kabelgebundenen Internetzugang, den man sich mit 17 € für 24 Stunden vergüten lässt. Nach dem Weggang von Kurt Wagner, der das Haus viele Jahre führte, hat Andreas Schmitt die Position des Hoteldirektors übernommen. Bevor er für die Althoff-Hotelgruppe tätig war, hat Schmitt sehr erfolgreich den Fürstenhof Celle geführt. Man darf ihm durchaus Gastgeberqualitäten bescheinigen, und sein Führungsstil ist bekanntlich konsequent. Beste Voraussetzungen also, dass Schloss Bensberg seinem hervorragenden Ruf auch zukünftig gerecht werden kann.

Bewertung:

BERLIN

ADLON
(OT Mitte)
Unter den Linden 77
10117 Berlin
Telefon: 0 30-22 61-0
Telefax: 0 30-22 61 22 22
Internet: www.hotel-adlon.de
E-Mail: hotel.adlon@kempinski.com
Direktor: Oliver Eller
DZ ab € 207,00

Nach Jahren ständiger Bauarbeiten, zunächst rund um den Pariser Platz, dann an der „Kanzler-U-Bahn" direkt vor dem Haus, ist nun seit über einem Jahr relative Ruhe eingekehrt vor dem Adlon – wenn man mal von den Tausenden von Touristen absieht, die tagtäglich den Platz vor der Berliner Hotellegende bevölkern. Aber im Ernst: Im sichtbaren Umkreis um das Hotel sind Wandel, Abriss und Bauarbeiten erst einmal beendet und einer gewissen Normalität und Beruhigung gewichen. Gleiches kann man vom Adlon und seinem Direktor behaupten. Nach der Wiedereröffnung des in historischer Gestalt neu aufgebauten Hotels im Jahr 1997 war das Haus zunächst jahrelang von der Direktoren-Legende Gianni van Daalen geleitet worden. Hier am Brandenburger Tor hatte man alles darangesetzt, das Symbol des im Zweiten Weltkrieg und im Kalten Krieg untergegangenen Berlin so schnell wie nur irgend möglich wiederaufzubauen. Das Adlon war 1907 im Beisein des Kaisers eröffnet worden. Die damals neu entstandene Weltmetropole Berlin ersehnte ein modernes Luxushotel wie das Adlon geradezu, nachdem in anderen europäischen und amerikanischen Metropolen bereits zahlreiche Nobelherbergen neuesten Standards eine moderne Art gesellschaftlichen Lebens und einen neuen Begriff von Luxus für das aufstrebende Bürgertum mit sich gebracht hatten. Und genau wie damals war es auch im Jahr 1997 die Eröffnung des nun wiederaufgebauten Adlon, die ein Zeichen dafür setzen sollte, dass Berlin seinen Platz in der Reihe internationaler Metropolen wieder einnehmen und nach den Jahren der Zwangsstarre hinter dem Eisernen Vorhang seinen Anspruch als Hauptstadt Deutschlands neu behaupten wollte. Gianni van Daalen war genau der richtige Direktor für diese Position, denn als Mann mit ausgeprägter Persönlichkeit und schier grenzenlosem Selbstbewusstsein agierte er auf Augenhöhe mit den prominenten Gästen seines Hauses und wurde selbst zu einer Person des öffentlichen Interesses. Am Ende seiner Karriere hier im Adlon hatte man dann durchaus den Eindruck, dass er der Täuschung erlegen war, er sei selbst eine prominente Persönlichkeit und nicht „nur der Gastgeber" des ersten Hauses am Platze. 2005 wurde er dann nach einer Interimsphase von Thomas Klippstein abgelöst. Der Norddeutsche ist ein sprichwörtlicher „Mann wie ein Baum" mit einer ganz anderen, weniger eitlen, aber umso beeindruckenderen Präsenz. Leider musste Klippstein erfahren, was es bedeutet, im Vorzeigehotel der Bundeshauptstadt Direktor zu sein: Ihm wurde eine Stasi-Kooperation zum Verhängnis, die er als 17-jähriger Auszubildender im „Neptun" in Warnemünde, dem damaligen DDR-Staatshotel Nummer eins, eingegangen war. Kurioserweise leitete der Direktor des Neptun dieses Haus ohne Unterbrechung durch die Wiedervereinigung Deutschlands bis vor wenigen Jahren weiter, ohne dass dies jemanden störte. Aber als General Manager des Adlon steht man eben unter besonderer Beobachtung, und so wies Kempinski der eigentlichen Idealbesetzung Thomas Klippstein eine attraktive Aufgabe im Ausland zu. Das Adlon übernahm 2006 der eher unauffällig agierende Stephan Interthal, der weit weniger im öffentlichen Leben der Hauptstadt auftrat als van Daalen und Klippstein und das Haus in ruhige Gefilde leitete. Mit Oliver Eller kam dann 2010 endlich wieder ein Hoteldirektor mit Persönlichkeit in das Haus am Brandenburger Tor. Der Berlin-erfahrene Ritz-Carlton-Mann bringt alle Voraussetzungen mit, um die Bedeutung des Hauses nicht nur zu sichern, sondern weiter am Mythos Adlon zu arbeiten. Für Eller, der nach dem Schlosshotel Grunewald das Ritz-Carlton in Wolfsburg und in Moskau leitete, bedeutete die Rückkehr nach Berlin ins Adlon sicherlich eine willkommene Herausforderung. Und wenn man so will, ist der zweite Michelin-Stern, den das Gourmetrestaurant Lorenz Adlon Esszimmer unter Küchenchef Hendrik Otto erhielt, auch der Bedeutung zuzuschreiben, die Eller dem kulinarischen Bereich der von ihm geleiteten Häuser beimisst. Auf jeden Fall füllt das Adlon die ihm zugedachte Funktion als gastronomisches und gesellschaftliches Herz der Hauptstadt mittlerweile perfekt aus. Es ist wieder so etwas wie das Wohnzimmer der politisch und gesellschaftlich Mächtigen im neuen, wiedervereinigten Deutschland, und wer in der Lobby beobachtet, wie sich hier Politiker, Prominente, Journalisten und Staatsgäste begrüßen, sich zu kurzen Besprechungen niederlassen oder in andere Räumlichkeiten des Hotels zurückziehen, der versteht, dass dieses Haus für Berlin und Deutschland insgesamt nun wieder ein wichtiger Ort ist. Mit der ständigen Anwesenheit anderer Hotelgäste in der Lobby und Tausender Touristen auf dem Pariser Platz vor dem Hotel geht es hier gänzlich anders zu als im ehemaligen „Raumschiff Bonn" mit von der Realität isolierten Politikern, und genau diese Durchmischung hatten diejenigen im Sinn, die damals für den Regierungssitz Berlin kämpften. Eine Nacht im Adlon ist also ein Muss für denjenigen, der einmal das Gefühl genießen möchte, nicht nur in einem Luxushotel, sondern in einer lebenden

Legende zu wohnen. Dass die Architektur des wiederaufgebauten Adlon dabei in einigen Details eher uninspiriert und langweilig historistisch daherkommt, liegt natürlich an dem Bestreben, mit modernen Bautechniken die Gestalt des alten Adlon nachzubilden. Die Zimmer und Suiten hingegen sind glücklicherweise frei von diesem Ansatz und präsentieren sich in zeitloser Eleganz, alle sind mit modernster Technik ausgestattet. Angenehm ist, dass man die gesamte Lichttechnik über ein kleines Pult am Nachttisch sozusagen vom Bett aus steuern kann. Einziges Manko ist nach wie vor der immer noch etwas unterdimensionierte Schwimmbad- und Saunabereich im Tiefgeschoss, der angesichts der steigenden Anforderungen an Wellnessbereiche in Luxushotels etwas enttäuscht, auch wenn der Adlon Day Spa im Adlon-Palais an der Behrenstraße mit dem Schwerpunkt Massagen und Kosmetik eine Ergänzung bietet.

Bewertung: ●●●●◐ ●

BRANDENBURGER HOF
(OT Charlottenburg)
Eislebener Straße 14
10789 Berlin
Telefon: 0 30-2 14 05-0
Telefax: 0 30-2 14 05 1 00
Internet: www.brandenburger-hof.com
E-Mail: info@brandenburger-hof.com
Inhaberin: Daniela Sauter
DZ ab € 265,00

Die meisten Hotels, die wir in diesem Hotel Guide besprechen, sind sogenannte Kettenhotels. Anders der Brandenburger Hof, der sich unweit des Kurfürstendamms in einer ruhigen Seitenstraße befindet. Man versteht sich als Luxushotel, entsprechend hoch ist der Anspruch der Gäste. Das Interior Design der Zimmer ist an den Bauhausstil angelehnt. Inhaberin Daniela Sauter hat den Brandenburger Hof in den vergangenen Jahren zu einem wirklichen Kleinod entwickelt. Schon bei der Kategorisierung der Zimmer stellt sie ihre Kreativität unter Beweis. Ihre blumigen Umschreibungen sollen von Unzulänglichkeiten ablenken. Ein schnöder Ausblick zur Straßenseite wird hier romantisch umschrieben mit „Stadtblick". Geschickt auch, wie sie mit einer 75 qm großen SPA-Suite, die halbtage- oder tageweise gebucht werden kann, den Eindruck erweckt, dass es sich dabei um einen in den Beautybereich integrierten vollwertigen SPA-Bereich handelt. Es ist ihr sogar gelungen, Journalisten eines Wellness-Guides so zu begeistern, dass dieser den Brandenburger Hof als eins der besten Wellnesshotels in Deutschland ausgezeichnet hat. Wichtig war Madame Sauter stets die Kulinarik. Das Gourmetrestaurant im Haus wird trotz mehrfachen Wechsels des Küchenchefs seit Jahren in Folge mit einem Michelin-Stern ausgezeichnet. Dass sie es immer wieder schafft, einen Sterne-Garanten zu verpflichten, ist bemerkenswert und verdient unseren Respekt. Luxus ist Service, das hat man verstanden und deshalb für Gäste mit höchsten Ansprüchen ein Exquisit-Programm aufgelegt. Dieses beinhaltet unter anderem den Limousinen-Transfer vom Bahnhof ins Hotel und zurück, alternativ die Nutzung der Tiefgarage. Zudem chauffiert man die Gäste auf Wunsch in die Berliner Stadtmitte oder in die City West. Je nach gebuchter Zimmerkategorie berechnet man für dieses Programm einen Aufschlag, beispielsweise beim Einzelzimmer 150 Euro. Zusätzlich erhält der Gast täglich frisches Obst sowie eine Tageszeitung und bekommt den Afternoon High Tee mit Gebäck auf dem Zimmer serviert, außerdem ist der Bügelservice inkludiert. Aber wo Licht ist, ist bekanntlich auch Schatten. Einen solchen werfen die teilweise phlegmatischen und nicht durchgängig gut geschulten Mitarbeiter. Wir berichteten bereits in den vergangenen Ausgaben darüber, dass insbesondere die telefonische Kontaktaufnahme mit der Reservierungsabteilung nicht besonders erfreulich war. Ärgerlich, dass die Schilderung unserer Erlebnisse bei Madame bislang keine Beachtung fand. Dies lässt auf eine gewisse Betriebsblindheit schließen. Wichtig zu wissen: WLAN-Nutzung schlägt mit 12 €, Parken sogar mit stolzen 24 € pro Tag zu Buche, für das À-la-carte-Frühstück berechnet man zwischen 9 und 34 €. In der Business-Lounge ist der Internetzugang kostenfrei möglich.

Bewertung: ● ● ●

CONCORDE
(OT Charlottenburg)
Augsburger Straße 41
10789 Berlin
Telefon: 0 30-80 09 99-0
Telefax: 0 30-80 09 99 99
Internet: www.concorde-hotels.com
E-Mail: reservierung@concorde-hotels.com
Direktor: Carsten Colmorgen
DZ ab € 111,00

Im Allgemeinen muss man sich mittlerweile genau informieren, wenn man auf hohem Niveau logieren möchte und gehobene Ansprüche an sein Quartier stellt. In Berlin stellt sich dieses Problem jedoch kaum. Die Stadt bietet eine beträchtliche Auswahl an Häusern mit Fünf-Sterne- und Vier-Sterne-Superior-Klassifizierung, die mit hervorragendem Service und neuer Hardware um Gäste buhlen. Insofern ist die Gefahr, hier eine komplette Enttäuschung zu erleben, geringer als in anderen Großstädten, wo sich die Zahl der Spitzenhotels auf ein Maß eingependelt hat, das ganzjährig der Nachfrage nach solchen Produkten wirklich entspricht. Umso besser für den Gast, wenn er hier im Spitzensegment der Hotellerie nicht fürchten muss, dass er für sein Geld keine entsprechende Leistung bekommt oder letztlich nur für einen großen Namen zahlt. Für Deutschland sei hier nur beispielhaft auf das Hamburger Hotel Atlantic verwiesen, das ja vor nicht allzu langer Zeit seine Fünf-Sterne-Qualifizierung zurückgeben musste und sie erst nach umfangreichen Umbau-

und Renovierungsmaßnahmen zurückerhielt. In Berlin ist die Konkurrenz einfach zu groß, als dass ein Haus sich eine wesentliche Diskrepanz zwischen seiner Klassifizierung und dem tatsächlich gebotenen Niveau leisten könnte. Allerdings wird hier zwischen Vier- und Fünf-Sterne-Häusern auch nicht mehr recht unterschieden, und so kann man nie sicher sein, das entscheidende Mehr zu finden, was die Höchstklasse letzten Endes ausmacht. Das Concorde unweit des berühmten Kranzler-Ecks am Berliner Ku'damm ist hier ein gutes Beispiel. Dessen Fünf-Sterne-Klassifizierung ist bei nüchterner Betrachtung der Hardwarefakten sicherlich gerechtfertigt; wer aber ein klassisches Luxushotel mit dem entsprechenden Serviceniveau erwartet, könnte enttäuscht werden. Das beeindruckende, aber vielleicht auch etwas düster wirkende Gebäude scheint direkt aus einem Schwarzweißfilm über das New York der 1940er Jahre an den Kurfürstendamm verfrachtet worden zu sein. Die durch ein regelmäßiges Fensterraster gegliederte graue Fassade hat damit einen hohen Wiedererkennungswert – Behaglichkeit und Luxus verspricht sie jedoch erst einmal nicht. Was da vor einem steht, könnte auch ein Bürogebäude sein. Im Erdgeschoss befindet sich natürlich der ausladende Eingangsbereich, dominiert wird es jedoch von einem Restaurant der Systemgastronomie-Kette Vapiano. Das ist zwar besser als ein McDonald's, bleibt aber Systemgastronomie und damit in einem Fünf-Sterne-Haus ein Fremdkörper. Immerhin wird die Tristesse der Fassade dadurch im Erdgeschossbereich etwas gelockert. Die Zimmer und Suiten des Concorde können sich allerdings wirklich sehen lassen, sie weisen bereits in der Standardgröße 40 qm auf, verfügen mit ihrer warmen und behaglich wirkenden Farbgebung über ein angenehmes, modernes Ambiente und bieten somit eine hohe Aufenthaltsqualität. Wer sich für ein Zimmer der sogenannten Executive-Etage entscheidet, hat Anspruch auf zusätzliche Annehmlichkeiten. Gegen einen Aufpreis von knapp 60 Euro zur Deluxe-Kategorie erhält man Zutritt zur Club-Lounge. Hier genießt man kostenfrei Drinks, Snacks und das tägliche interkontinentale Frühstück. Das Thema Wellness wird im Concorde eher kleingeschrieben, lediglich eine finnische Sauna und ein Dampfbad werden den Gästen geboten. Alles in allem aber bietet es ein Ambiente, das der Gast wirklich als Fünf-Sterne-Umgebung akzeptieren muss, denn in Design und Ausstattung des Hauses sind die Unterschiede zu einem hochklassigen Businesshotel der Vier-Sterne-Kategorie eher marginal. Carsten Colmorgen, seines Zeichens Hoteldirektor, ist seit der Eröffnung 2005 für dieses Haus verantwortlich. Leider können wir an dieser Stelle nicht kühn behaupten, dass sich das Concorde in den vergangenen Jahren ein besonderes Renommee erarbeitet hätte. Dabei liegt mit dem Swissôtel gleich auf der anderen Straßenseite eine direkte Konkurrenz in unmittelbarer Nachbarschaft, die auch noch mit dem Namen einer renommierten Kette aufwarten kann. Ob man zukünftig dann auch noch gegen den neuen Konkurrenten Waldorf Astoria bestehen kann, dessen Name allein schon Glamour und Prestige verspricht, bleibt abzuwarten. Dessen Hochhausgebäude erhebt sich jetzt schon neben der Gedächtniskirche und wirft seinen Schatten auf die Konkurrenz zu seinen Füßen.

Bewertung: ● ● ●

HILTON
(OT Mitte)
Mohrenstraße 30
10117 Berlin
Telefon: 0 30-20 23-0
Telefax: 0 30-20 23 42 69
Internet: www.hilton.de
E-Mail: info.berlin@hilton.de
Direktor: Roland van Weezel
DZ ab € 129,00

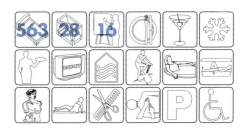

Nachdem das Hilton sich einer aufwendigen Renovierung unterzogen hat, darf es nunmehr behaupten, mit dem Zimmerprodukt auf der Höhe der Zeit zu sein. Auch den öffentlichen Bereichen hat man bei dieser Gelegenheit eine Auffrischung gegönnt. Diese hat man sich angeblich 12 Millionen Euro kosten lassen. Über das konservative Interior Design mag man durchaus streiten, beim Service- und Dienstleistungsangebot aber gibt es augenblicklich keinen Grund zu mäkeln. Gastronomisch hat man zwischenzeitlich etwas abgespeckt, das Gourmetrestaurant sowie das polynesische Restaurant Trader Vic's wurden geschlossen. Es gab ja Zeiten – die dauerten allerdings nur bis Ende des letzten Jahrtausends an –, da wurde man zu den fünf besten Adressen der Stadt gezählt. Dann drängten immer mehr neue und interessante Hotels auf den Markt, die sich vom zu verteilenden Kuchen verständlicherweise eine dicke Scheibe abschneiden wollten und das auch konnten. Für das Hilton spricht die Lage direkt am Gendarmenmarkt. Damit hat man nicht nur von einem Teil der Zimmer einen uneingeschränkten Ausblick auf den französischen Dom, sondern erreicht von hier aus auch in wenigen Schritten die Sehenswürdigkeiten der Neuen Mitte. An der Praxis, den Gästen für die Nutzung des Saunabereichs 12 Euro in Rechnung zu stellen, hat man festgehalten. Dabei ist er in Anbetracht der Größe des Hauses mit fast 600 Zimmern doch recht klein ausgefallen. Offensichtlich will man mit der Gebühr ganz bewusst den einen oder anderen Gast vom Besuch abschrecken. Sein tägliches Pensum an Fitnesseinheiten im modernen Trainingsbereich zu absolvieren oder den Pool zu nutzen ist aber nach wie vor kostenfrei. Exzellent aufgestellt ist man im Tagungs- und Veranstaltungssegment. Zum Angebot zählen 16 modernst ausgestattete Räumlichkeiten für Meetings und Veranstaltungen. Der Ballsaal als größter Raum fasst bis zu 500 Personen. Hotelchef Roland van Weezel, der hier offensichtlich leisere Töne anschlägt als seine unmittelbaren Vorgänger, darf man in jedem Fall bescheinigen, dass er dieses Luxusbusinesshotel sehr souverän führt. Fazit: Auch wenn die Neue Mitte weitaus interessantere und vor allem individuellere Hotelprodukte zu bieten hat, bleibt das Hilton eine verlässliche Adresse, die man in die Reise- und Veranstaltungsplanung durchaus einbeziehen kann.

Bewertung:

HOTEL DE ROME
(OT Mitte)
Behrenstraße 37
10117 Berlin
Telefon: 0 30-4 60 609-0
Telefax: 0 30-4 60 609 2000
Internet: www.hotelderome.com
E-Mail: info.derome@roccofortecollection.com
Direktor: Thies Sponholz
DZ ab € 217,00

Berlin, das merkt jeder Neuankömmling schnell, hat vieles, was andere Großstädte zu bieten haben, gleich in mehrfacher Ausfertigung im Repertoire. Zoos, Universitäten, große Bahnhöfe, Flughäfen und Fernseh- bzw. Funktürme gibt es mindestens im Doppelpack, wenn nicht gleich in drei- oder vierfacher Ausgabe. Einzig bei den Spitzenhotels, so scheint es, kann nur eines den Status als erstes Haus am Platze für sich beanspruchen, nämlich das Adlon. Dieses repräsentierte schließlich die gesamte Nachkriegszeit hindurch das untergegangene, glamouröse und weltstädtische Berlin aus dem ersten Drittel des 20. Jahrhunderts, als Berlin zeitweise als einwohnerstärkste und modernste Stadt der Welt gelten konnte. Es war also kaum ein Wunder, dass nach dem Fall der Mauer 1989 am Pariser Platz neben dem Brandenburger Tor als Erstes das Hotel Adlon wiederaufgebaut wurde. Schließlich war schon das erste Hotel Adlon Staatsherberge und gesellschaftlicher Mittelpunkt der Reichshauptstadt, und mit der damals anstehenden Neuwidmung Berlins als Regierungssitz und Hauptstadt Gesamtdeutschlands wurde die Legende wiederbelebt. Doch trotz dieser scheinbar eindeutigen Position als erstes Haus am Platze konnte das Grandhotel de Rome dem Adlon zumindest annähernd Konkurrenz machen. Seit seiner Eröffnung hat dieses Haus an Beliebtheit gewonnen, vor allem bei international bekannter Prominenz, die auf Spitzenniveau logieren, aber nicht unbedingt inmitten des Touristentrubels am Pariser Platz absteigen möchte. Vor allem einer Tatsache muss man klar ins Auge sehen: Der Stil des Adlon, seiner Zimmer wie auch der öffentlichen Bereiche, ist nach wie vor als konservativ-luxuriös zu klassifizieren. Da das Haus aus dem Nichts neu aufgebaut wurde, wirkt hier alles kulissenhaft auf historisch getrimmt und nichts wirklich echt. Das Hotel de Rome hat sich in der historischen Reichsbank am Bebelplatz eingerichtet. Eine bessere Nutzung konnte man sich für den trutzigen Bau kaum wünschen, bringt sie doch Leben und Licht in ein Gebäude, das nach dem Willen seiner Erbauer offensichtlich vor allem Unangreifbarkeit und Sicherheit für die eingelagerten Werte symbolisieren sollte. Der Umbau des Inneren in ein Luxushotel ist unter diesen Voraussetzungen brillant gelungen. Das moderne Interieur kontrastiert wunderbar mit dem historischen Äußeren, das durch strenge Denkmalschutzauflagen äußerlich kaum verändert werden durfte. Auch von der historischen Innenausstattung blieb einiges erhalten, und so kann man heute noch zwischen Säulen und Pilastern im klassischen Stil tagen oder Feste feiern. Im Keller wurden sogar riesige Tresortüren erhalten und attraktiv in das Ambiente des Spa integriert. Die historischen Elemente sind kombiniert mit einer modernen Innenausstattung, die mit vorwiegend gedeckten Farben und edlen, hochwertigen Materialien das solide, schwere Äußere des Hotels aufnimmt und neu interpretiert. Das Ergebnis sind außergewöhnlich individuelle und stilvolle Zimmer und Suiten. Aus den Fenstern fällt der Blick ebenfalls auf erhaltene und wiederaufgebaute Gebäude des historischen Berlin, etwa die St. Hedwigs-Kathedrale gleich nebenan oder den Bebelplatz mit der Humboldt-Universität jenseits des Boulevards Unter den Linden gleich vor der Tür. Insgesamt hat der Gast hier beim Blick aus dem Fenster mehr Historie vor Augen als im Adlon am Pariser Platz, wo in der Umgebung nur das Brandenburger Tor als historisches Gebäude gelten kann. Das Hotel de Rome hat also alle Voraussetzungen, um neben dem Adlon als „gute Stube" Berlins aufzutreten und die bedeutendsten Gäste zu beherbergen. Vor allem von der wunderbaren Dachterrasse aus, die eine Aussicht über die Kuppeln, Plätze und Dächer der Umgebung bietet, lässt sich der preußische Charakter des historischen Berlin sehr gut nachempfinden. Während beim Ritz-Carlton das neue Nachwende-Berlin vor der Hoteltür liegt, im Adlon das nationale Symbol des Brandenburger Tors und im Kempinski Bristol der Kurfürstendamm als Zentrum des alten West-Berlin, ist es beim Grandhotel de Rome somit das friderizianische Berlin. Etwas zurückgesetzt von den Touristenströmen am Boulevard Unter den Linden findet man zudem auch etwas mehr Ruhe im Umfeld. Somit hat das Hotel de Rome unter den genannten Spitzenhäusern der Hauptstadt ein ganz eigenes Profil und Ambiente, das bei den Gästen sehr viel Anklang findet. Wer also modernen Luxus und preußisches Ambiente in Kombination schätzt, der ist hier genau richtig. Und wer dann im SPA-Bereich auf die Reste des alten Banktresors stößt, wird dadurch auch noch indirekt auf die Brüche im äußeren Glanz des Hotels wie der ganzen Stadt Berlin aufmerksam gemacht und wird dieses besondere Grandhotel vielleicht erst richtig schätzen lernen.

Bewertung:

INTERCONTINENTAL
(OT Tiergarten)
Budapester Straße 2
10787 Berlin
Telefon: 0 30-26 02-0
Telefax: 0 30-26 02 26 00
Internet: www.berlin.intercontinental.com
E-Mail: berlin@ihg.com
Direktor: Robert Herr
DZ ab € 112,00

Bewegte Zeiten liegen hinter dem Hotel InterContinental an der Budapester Straße, einem der Flaggschiffe der Luxusbusinesshotellerie in Berlin. Besonders zu West-Berliner Zeiten konnte man das Haus ohne Übertreibung neben dem Hotel Kempinski als den gesellschaftlichen Treffpunkt der Stadt bezeichnen. Hier fanden alle wichtigen Veranstaltungen, Feste, Events und Staatsbesuche statt, für die das Kempinski keine ausreichenden Räumlichkeiten bieten konnte. Vor allem der Presseball wurde jedes Jahr wieder zu einem Event, das das riesige Haus zwischen Zoologischem Garten, Landwehrkanal und Budapester Straße in den Mittelpunkt der

öffentlichen Aufmerksamkeit rückte. Aber auch bei Staatsbesuchen gehörten und gehören die „weißen Mäuse", die weiß gekleideten Motorrad-Eskorten vor dem Hoteleingang, zum gewohnten Bild. Schließlich hat kaum ein zweites Haus in der Hauptstadt eine solche Routine in der Beherbergung von Staatsgästen und deren Delegationen. Doch diese Tradition schien im vergangenen Jahr gefährdet. Denn die Neue Dorint als Pächterin des Hauses und InterContinental als international operierender Hotelbetreiber schienen sich nicht auf neue Verträge über den Betrieb dieses Hotels einigen zu können, das mit fast 560 Zimmern eins der größten Berlins ist. Das Haus war 1958 als Hilton-Hotel eröffnet worden und galt im noch weitgehend kriegszerstörten Berlin als Leuchtturm der modernen Hotellerie. Die Architektur der Anlage, an der Conrad Hilton persönlich mitgewirkt haben soll, ist immer noch einzigartig und macht den Gebäudekomplex trotz seiner Größe zu einem leichten und luftigen Ensemble. Die hohen Gebäudeteile, in denen ein Großteil der Zimmer liegt, sind umgeben von mehreren eingeschossigen Bauten mit teilweise pavillonartigem Charakter und Kolonnaden, die dem ganzen Ensemble einen leichten und freundlichen Charakter verleihen. Das Schachbrettmuster an der Außenfassade ist mittlerweile so etwas wie ein Markenzeichen. Nach großen Erfolgen als Hilton Berlin wurde das Haus ab 1978 als Hotel InterContinental weiter betrieben, besser bekannt unter der Kurzform „Interconti". Direktoren-Legende Willy Weiland führte das Haus als echte Persönlichkeit bis in die jüngste Vergangenheit. Dass nach seinem Abschied eine neue Zeit anbrechen würde, lag nahe, aber dass das Haus seinen Traditionsnamen einbüßen würde, konnten sich nur wenige vorstellen. Auch InterContinental selbst schien sich bewusst zu sein, dass es im Begriff war, einen seiner wichtigsten Standorte zu verlieren, wenn nicht sogar den wichtigsten in Deutschland. Sicherlich auch deswegen führte die Hotelkette knallharte Verhandlungen mit der Pächterin – so hart, dass nicht nur der Schriftzug entfernt wurde. Auf internen Ausverkäufen wurden bereits Amenities mit dem Branding an die Mitarbeiter veräußert, und schließlich wechselte von April bis Mai 2011 sogar kurzzeitig der Name zu „Dorint Hotel Convention Center". Schließlich einigte man sich aber doch noch auf eine weitere langfristige Zusammenarbeit. So prangt nun wieder der berühmte Name am Hotel, und die Berliner müssen sich nicht mühen, einen neuen

Spitznamen für die Institution „Interconti" zu erfinden. Damit bleibt auch die illustre Geschichte des Hauses lebendig und muss keinen Namenswechsel verkraften, der Stammgäste möglicherweise vom Haus abrücken ließe. Mit diesem InterContinental verbinden nach wie vor viele Gäste Businesshotellerie auf höchstem Niveau, riesige Veranstaltungen und den einen oder anderen kleinen oder großen Skandal. Vom beschwipsten Klaus Wowereit, der Sekt aus Damenschuhen nippte, bis zu Harald „Harry" Juhnke, der sich hier mit einer jungen Dame mehrere Tage einmietete und mit dieser erneuten Eskapade die Journaille mit Schlagzeilen belieferte – all diese Legenden können nun ungetrübt von einem Namenswechsel weiterhin erzählt werden und dem Gast des Interconti das Gefühl geben, an einem Ort zu logieren, an dem (Skandal-)Geschichte geschrieben wurde. Bei all diesen amüsanten Geschichtchen möchten wir nicht versäumen, darauf hinzuweisen, dass Gäste hier vor allem die herausragende Service- und Dienstleistungskultur schätzen. Technisch und in der Ausstattung hat sich das Haus sowieso ständig weiterentwickelt und bietet neben den weitläufigen Veranstaltungs- und Tagungsmöglichkeiten moderne Zimmer, gerade auf den Business-Etagen, einen sehr schönen Wellness- und Poolbereich sowie eine attraktive Business-Lounge. Längst eine Institution ist das Gourmetrestaurant in der 14. Etage, das seit vielen Jahren in der kulinarischen Bundesliga mitspielt und zu Berlins ersten Adressen gezählt wird. Thomas Kammeier hält hier seit vielen Jahren ein konstant hohes Niveau, seine Haute Cuisine wird bereits seit 1999 mit einem Michelin-Stern geadelt. Und wer Frühstücksbuffets liebt, wird allemal auf seine Kosten kommen, denn bei den fast 600 Zimmern wird hier ein Frühstück mit einer Auswahl und Frische geboten, wie es nur bei großen Häusern denkbar ist, einschließlich einer mehrfach besetzten Eierstation. Nach einem solchen Frühstück – oder auch nach einem Glas in der legendären Marlene-Bar – werden sich nicht nur Stammgäste zurücklehnen und feststellen können: „Gut, dass das Interconti das Interconti bleibt!"

Bewertung: ● ● ● ● ○

KEMPINSKI BRISTOL
(OT Charlottenburg)
Kurfürstendamm 27
10719 Berlin
Telefon: 0 30-88-43 40
Telefax: 0 30-88-3 60 75
Internet: www.kempinskiberlin.de
E-Mail: reservations.bristol@kempinski.com
Direktorin: Birgitt Ullerich
DZ ab € 107,00

Der Berliner Kurfürstendamm hat bekanntlich keine leichten Zeiten hinter sich. Bis zum Mauerfall pochte hier eindeutig das Herz des alten West-Berlin (bzw. West-berlin im DDR-Sprachgebrauch, ohne Bindestrich, um zu verdeutlichen, dass das eigentliche Berlin, das historische Herz der Metropole, in Berlin, der Hauptstadt der DDR, lag). In den Wochen nach dem 9. November 1989 wurde er zum Schauplatz der Freude über dieses historische Ereignis und zur Einkaufsmeile, auf der die Ost-Berliner ihr legendäres Begrüßungsgeld ausgaben, 100 Mark pro Person. Oder zumindest einmal guckten, denn auch damals dominierten die Boutiquen teurer, internationaler Marken große Teile des Boulevards. Das Kempinski Bristol stand natürlich im Fokus der Aufmerksamkeit, denn das benachbarte Kranzler-Eck am Übergang zwischen Ku'damm und Tauentzienstraße war der Mittelpunkt des Boulevards und damit der West-Berliner City. Das Haus war bis dahin unbestritten die erste Adresse am Platz, wenn es darum ging, prominente und mächtige Gäste aus Kultur und Politik zu beherbergen. In den folgenden Jahren mussten sich Ku'damm wie Kempinski dann mit einem schleichenden Bedeutungsverlust abfinden. So viel zur Geschichte des Hauses. Viele neue Häuser des Vier- und Fünf-Sterne-Segments drängten auf den Markt, die meisten davon abseits des Kurfürstendamms, überwiegend in Berlin-Mitte. Das wiedereröffnete Adlon verwies das Kempinski auch als Traditionshotel eher auf die hinteren Plätze, konnte es doch auf eine Geschichte zurückblicken, die bereits in der Kaiserzeit begonnen hatte und nicht erst in der Nachkriegszeit wie beim Hotel Kempinski Bristol. Nun, über 20 Jahre nach dem Mauerfall, erfährt langsam auch der Westen Berlins wieder mehr Interesse bei Investoren und auch bei den Berlinern selbst. Denn nachdem der Bahnhof Zoo als zentraler Berliner Fernbahnhof weggefallen ist, die meisten Filmtheater und Traditionscafés geschlossen wurden und die Berlinale als zentrales Kulturereignis an den Potsdamer Platz abgewandert ist, hat ein kleiner Bauboom die West-Berliner City erfasst. Die Ruine der Kaiser-Wilhelm-Gedächtniskirche sieht dem Abschluss ihrer Renovierung entgegen, ebenso die Freianlagen in der Mitte der Tauentzienstraße zu ihren Füßen, während das gesamte Areal zwischen dem ehemaligen Festivalkino Zoo-Palast und dem legendären Bikini-Haus neben der Gedächtniskirche zum Einkaufszentrum ausgebaut wird. Überragt wird das Ganze vom Hochhaus des zukünftigen Waldorf-Astoria-Hotels, das im zweiten Quartal dieses Jahres eröffnen soll. Im Zuge dieser Entwicklung kann sich das Kempinski sicher weiter profilieren, denn wenn die ehemalige City West zunehmend aus dem Schatten des Zentrums in Berlin-Mitte heraustritt und an Bedeutung und Aufmerksamkeit gewinnt, wird sich dies auch für das ehemalige Vorzeigehotel West-Berlins auszahlen. Denn das Haus lebt davon, dass es direkt neben dem quirligen Boulevard liegt, der sich seine Lebendigkeit natürlich nur erhalten kann, wenn genügend Touristen und Berliner ihn auch gegenüber den anderen Attraktionen der Stadt als attraktiv empfinden. Das Kempinski hat den relativen Bedeutungsverlust seiner Umgebung und damit auch des eigenen Hauses bisher ohne jedes Zugeständnis an die hohen Servicestandards eines hochklassigen Fünf-Sterne-Hotels überstanden. Der livrierte Doorman gehört in der Fasanenstraße bereits seit Jahrzehnten zum Straßenbild und agiert hier nicht wie in vielen jüngeren Häusern, die meinen, es reiche, eine 400-Euro-Kraft in ein Kostüm zu stecken, die dann aber eher wie ein Pausenclown als wie ein Profi wirkt. Das klassisch-elegante Interieur des Hauses erfährt mittlerweile kontinuierliche Pflege und Instandsetzung, und so wurde in den vergangenen Jahren erfreulicherweise endlich auch ein Teil der Zimmer und Suiten umfangreich erneuert. Die unmittelbaren Mitbewerber wie etwa das Adlon, das Ritz-Carlton oder das Hotel de Rome können vielleicht mit ihrer Architektur und ihrer Grandezza im öffentlichen Auftreten punkten, aber das machen die Behaglichkeit und die Vertrautheit, die den Gast hier gleich beim Betreten der Halle empfangen, für viele mehr als wett. Und eben dieses besondere Ambiente ist es, was immer noch zahlreiche Prominente als Stammgäste des Kempinski Bristol schätzen. Wer die Coolness aktueller Business- und Luxushotellerie sucht, der wird das Concorde und das Swissôtel auf der gegenüberliegenden Seite des Ku'damms vorziehen, die ebenfalls mit zentraler Lage und hohen Standards punkten können. Die anheimelnde Atmosphäre des Bristol und dessen Kontinuität in Service und Gastronomie können sie jedoch nicht bieten. Nicht unerwähnt bleiben darf hier der legendäre Kempinski-Grill, das zur Fasanenstraße gelegene Restaurant des Hauses, um das sich zahlreiche Legenden ranken. Da das Kempinski ursprünglich sogar auf ein Restaurant an dieser Stelle zurückgeht, das bereits in den 1920er Jahren eröffnete, liegt eigentlich ein Relaunch des Kempinski-Grills als Gourmetrestaurant aktuelleren Zuschnitts nahe. Dies könnte doch auch dem etwas in Vergessenheit geratenen Renommee des gesamten Hauses wieder Auftrieb verleihen. Bis dahin kann man hier auf jeden Fall eine exzellente Küche klassischen Zuschnitts genießen. Dass das Haus wieder zum einstigen Kultstatus zurückfinden könnte, ist nicht auszuschließen. Ein solcher Neuanfang wäre sicherlich nur in Verbindung damit denkbar, dass das Umfeld rund um die Gedächtniskirche sich ebenfalls neu erfindet. Aber der rasante Fortschritt der genannten Projekte in diesem Bereich legt nahe, dass sich auch für das Kempinski Bristol neue Herausforderungen und Chancen ergeben. Derzeit findet der Gast hier jedenfalls immer noch ein klassisches Grandhotel in einmaliger Lage vor, das den Charme des lebhaften Kurfürstendamms mit den Annehmlichkeiten eines um einen routinierten Service nicht verlegenen Spitzenhauses verbindet. Das waren noch Zeiten, als Persönlichkeiten der Hotellerie diese Luxusherberge führten. Das änderte sich, als Manfred Nissen aus gesundheitlichen Gründen ausscheiden musste und Franco Esposito die Position des Hoteldirektors übernahm. Esposito, der hier an das von Nissen etablierte hohe Niveau anknüpfen und darüber hinaus vorhandene Potenziale nutzen und neue Konzepte entwickeln wollte, war wieder verschwunden, ehe man sichs versah. Die Betreibergesellschaft, der auch Kempinski-Hotels in Hamburg und Dresden gehören, hatte offensichtlich ganz andere Anforderungen an einen Hoteldirektor: Man suchte keinen kreativen Kopf, sondern vielmehr einen Vollstrecker, der die Anweisungen aus der Zentrale umgehend umsetzt, genauer gesagt, einen Frühstücksdirektor. Diese Erwartung kann die jetzige Direktorin offenbar erfüllen.

Bewertung: ●●●◐

MARITIM
(OT Tiergarten)
Stauffenbergstraße 26
10785 Berlin
Telefon: 0 30-20 65-0
Telefax: 0 30-20 65 10 00
Internet: www.maritim.de
E-Mail: info.ber@maritim.de
Direktorin: Claudia Damsch-Oepping
DZ ab € 142,00

Mit gleich zwei großen Häusern ist die deutsche Traditions-Hotelgruppe Maritim mittlerweile im Herzen der Hauptstadt vertreten. In der Friedrichstraße unweit des geschichtsträchtigen Bahnhofs Friedrichstraße bietet seit Ende der 1990er Jahre das Maritim proArte über 400 Suiten und Zimmer. Und im August 2005 ist zwischen dem Botschaftsviertel am Rande des Berliner Tiergartens und dem Potsdamer Platz dieses Maritim angetreten mit dem Anspruch, im Segment der First-Class-Hotels einen Spitzenplatz einzunehmen. Es bietet mit fast 500 Zimmern und Suiten nicht nur mehr Raum für Übernachtungen, sondern auch herausragende Tagungsmöglichkeiten mit Gesamtkapazitäten für bis zu 5.500 Personen. Vom Kongress bis zur Indoor-Messe ist hier vieles zu realisieren. Damit trat das Maritim ab dem Tag seiner Eröffnung in Konkurrenz zum Hotel InterContinental an der Budapester Straße, das bis dahin nahezu allein in der Lage war, alles vom Presseball bis zu Regierungsdelegationen in Garnisonsstärke in seinen Räumen unterzubringen. Selbstverständlich spielt das InterContinental in einer ganz anderen Liga. Ein Vergleich ist allenfalls im Hinblick auf die Tagungskapazitäten gerechtfertigt, ansonsten haben die beiden Häuser nicht so vieles gemeinsam. Äußerlich gefällt das Maritim mit seiner hellen Travertin-Fassade, die sich sensibel am benachbarten Baudenkmal des Shell-Gebäudes mit seiner wellenförmigen Fassade orientiert hat und mit diesem nahezu eine Einheit bildet. Trotz der zentralen Lage ist die Verkehrssituation vor dem Haus auch bei großen Veranstaltungen entspannt, denn außer Botschaften und der Gedenkstätte des Bendler-Blocks gibt es hier keine Nachbarn. Im Inneren geht dieses Maritim ganz andere Wege als das proArte in der Friedrichstraße, das sich mit moderner Kunst schmückt. Mit viel hellem Marmor bzw. Granit schon in der Hotelhalle verbreitet es eine solid-elegante Atmosphäre. Langlebigkeit und Hochwertigkeit der verwendeten Materialien stehen im Vordergrund, wie eigentlich bei allen Maritim-Häusern. Da es sich hier um ein Hauptstadthotel handelt, durften die Innenarchitekten aber offensichtlich noch ein wenig üppiger planen als sonst. Dennoch wäre dies kein Maritim und man würde der Firmenphilosophie von Eigentümerin Dr. Monika Gommolla nicht gerecht, wenn man hier puren Übermut der Innenarchitekten vermutete – es muss schon auch praktisch bleiben. So bildet zum Beispiel die zwischen den beiden großen Veranstaltungssälen gelegene Hotellobby deren glanzvolles Foyer, lässt sich bei Bedarf aber auch mit den Sälen zusammen als Veranstaltungsfläche nutzen. Nach nunmehr über sechs Jahren lässt sich sagen: Das Konzept ist offensichtlich aufgegangen, denn das Haus hat sich in der Berliner Hotellandschaft fest etabliert. Das Maritim ist hier aufgrund seiner Konzentration auf

das Tagungs- und Veranstaltungskonzept mittlerweile eine feste Größe. Dass man sich nicht als Fünf-Sterne-Haus klassifizieren lässt, ist Teil dieser Strategie, denn als Vier-Sterne-Superior-Produkt verkauft sich das Haus sicherlich noch einmal besser. Selbstverständlich kann man den Gästen auch einen ansprechenden Schwimmbad- und Saunabereich bieten. Die Zimmer und Suiten sind in Classic, Komfort und Superior unterteilt. Gäste, die sich für die Superior-Kategorie entscheiden, erhalten Zutritt zur VIP-Lounge. Wenn es eine Suite sein darf, stehen unterschiedliche Größen zur Auswahl. Die mit 350 qm größte ist die Präsidentensuite, die sogar einen eigenen Whirlpool auf der Dachterrasse zu bieten hat. Die über 500 Zimmer und Suiten bieten eine ebenso klassische und hochwertige Ausstattung wie die öffentlichen Bereiche. Maritim-Fans lieben den konservativen Stil offensichtlich. Ebenso verlässlich und auch in zahlreichen Gastkommentaren auf verschiedensten Internetportalen nachzulesen ist die hohe Servicequalität und -bereitschaft der Mitarbeiter, zu der auch eine überdurchschnittliche Freundlichkeit der Crew gehört. Hier profitiert man von der Personalführung dieser vom Eigentümer geführten Kette, die sich nicht als Durchlauferhitzer für die Karrieren junger, aufstrebender Hoteldirektoren verstanden wissen will, sondern deren Erfolgsgeheimnis offensichtlich eine langfristige Bindung von Mitarbeitern wie Direktoren an das Haus ist. Auch Bernhard Dohne, der dieses Hotel eigentlich gemeinsam mit Claudia Damsch-Oepping führt, kann auf eine mehr als 20-jährige Laufbahn bei Maritim verweisen und ist heute darüber hinaus als Regionaldirektor auch für die Häuser an der Nord- und Ostseeküste zuständig. In seiner Laufbahn spiegelt sich allerdings nicht nur die Qualität dieser Personalpolitik, sondern auch seine Qualität als Hoteldirektor, für die er in diesem Hotel Guide bereits zur Zeit seiner Tätigkeit im Bremer Haus der Kette gelobt wurde. Wir sind uns sicher, dass Dohne alle Voraussetzungen mitbringt, um irgendwann auch Gerd Prochaska abzulösen, wenn der sich in den wohlverdienten Ruhestand verabschiedet. Er verfügt zumindest über alle notwendigen Eigenschaften. Vielleicht würde mit ihm dann auch ein Erneuerungsprozess eingeleitet und endlich alte, verkrustete

Strukturen aufgelöst, um die vorhandenen Potenziale in vollem Umfang zu nutzen. Wie dem auch sei, Claudia Damsch-Oepping und Bernhard Dohne prägen heute dieses erstklassige Haus. Dohne als kommunikativer Gastgeber ist sympathischer Botschafter von Maritim in der Außendarstellung des Hauses. Damsch-Oepping fungiert offensichtlich als durchsetzungsfähige Managerin, die sich um die operativen Abläufe kümmert und Dohne so für seine Funktion als Regionaldirektor den Rücken freihält. Dafür, dass sich an diesem Erfolgsteam etwas ändert, gibt es zumindest augenblicklich keinerlei Anzeichen. So scheint für das größere der beiden Berliner Maritim-Häuser zumindest mittelfristig eine positive weitere Entwicklung garantiert.

Bewertung: ●●●◖

MARITIM PROARTE
(OT Mitte)
Friedrichstraße 151
10117 Berlin
Telefon: 0 30-2 0 33-5
Telefax: 0 30-2 0 33 4090
Internet: www.maritim.de
E-Mail: info.bpa@maritim.de
Direktor: Roberto Klimsch
DZ ab € 111,00

In diesem ersten Hotel der Kette, das nach dem Mauerfall und der Wiedervereinigung in Berlin einen Steinwurf vom legendären Bahnhof Friedrichstraße entfernt, errichtet wurde, fand ein für Maritim neues Hotelkonzept Anwendung. Als Art-Hotel setzt das Haus ganz auf moderne Kunst, die den Besucher schon in der Hotelhalle empfängt. Dennoch ist dieses Maritim anders als herkömmliche Design- und Art-Hotels. Wer Maritim-Häuser in Deutschland kennt, kann sich unter der Regie von Maritim-Eigentümerin Dr. Monika Gommolla auch nicht wirklich ein Haus mit empfindlicher, unifarbener oder gar kühl wirkender Ausstattung vorstellen, die sich gegenüber der Kunst möglichst weit zurücknimmt. Denn bekanntlich setzt Frau Doktor bei der Ausstattung ihrer Häuser auf Hochwertigkeit, Langlebigkeit und Hotel-Kompatibilität – ein Hotel ist schließlich kein Museum, könnte ihre Devise lauten. Und so sind die Kunstwerke hier eher integraler Bestandteil des Designs, keine Kultgegenstände, denen sich alles unterzuordnen hat. Der museale Eindruck einer Ausstellung moderner Kunst kommt hier also nicht auf. Trotzdem verleihen die im ganzen Gebäude präsenten Kunstwerke dem Hotel einen eigenen Charakter, der für die Gäste mit einem hohen Wiedererkennungswert verbunden ist. Bei über 400 Zimmern und Suiten, die mit hellem und modernem Design ebenfalls gefallen, liegt es natürlich nahe, dass man beim Bau auch auf umfangreiche Tagungsmöglich-  keiten nicht verzichtet hat. In zentraler Innenstadtlage in Berlin-Mitte sind hier Veranstaltungen mit bis zu 1.000 Personen möglich. Und da das Haus bereits in den 1990er Jahren eröffnet hat, als sich die heute so zahlreichen Konkurrenten auf dem Hotelmarkt in Berlins Zentrum vielfach noch nicht einmal in der Planung befanden, hat man sich gerade auch als Tagungshotel eine feste Stammgästeschaft erarbeitet. Dass Direktor Roberto Klimsch das proArte bereits seit vielen Jahren durchgehend führt, ist für Maritim nicht ungewöhnlich, in der modernen Business-Hotellerie jedoch eine rühmliche Ausnahme. Ein klarer Vorteil dieses Personalkonzepts ist, dass die Direktoren so in der Lage sind, langfristige Kundenbindungen aufzubauen und zu pflegen. Und auch bei einem Wunsch nach Veränderung muss ein Direktor Maritim in der Regel nicht verlassen, denn frei werdende oder neu entstehende Direktorenposten werden offensichtlich ebenfalls bevorzugt mit Führungskräften aus der eigenen Kette besetzt. Insider behaupten ja gern, dass man sich hier in der Regel hochdienen müsse. Eine solide Vertrauensbasis zwischen der Eigentümerin und ihrem Führungspersonal ist somit aber besser gewährleistet als bei vielen anderen Hotelkonzernen. Diese Strategie des langfristigen Festhaltens an Mitarbeitern überträgt sich auch auf die Ebene der einzelnen Hotels und der Mitarbeiter, und so ist auch die anscheinend ausnahmslose Maritim-typische Freundlichkeit und tadellose Servicebereitschaft der Mitarbeiter im proArte ein weiteres Argument für viele Stammgäste, sich hier immer wieder einzuquartieren. Dafür spielt natürlich eine ebenso große Rolle, dass Roberto Klimsch als immer präsenter Gastgeber dem Haus ein persönliches Profil und Gesicht verleiht, das von vielen Seiten geschätzt wird. Die zentrale Lage macht das ProArte darüber hinaus auch für Individualreisende attraktiv. Kaum hundert Meter sind es die Friedrichstraße hinunter bis zur Prachtstraße Unter den Linden und nur wenige Schritte weiter bis zum Forum Fridericianum, dem historischen Herzen des preußischen Berlin mit Universität, Bebelplatz, Opernhaus, dem Zeughaus und der Alten Wache. Übrigens: Seit Januar 2007 ist man Berlins erstes bio-zertifiziertes Hotel und bietet nicht nur zum Frühstück, sondern auch zum Mittagessen Speisen aus rein biologischem Anbau.

Bewertung:

MELIÃ
(Mitte)
Friedrichstraße 103
10117 Berlin
Telefon: 0 30-2 06 07 90-0
Telefax: 0 30-2 06 07 90 444
Internet: www.meliaberlin.com
E-Mail: melia.berlin@melia.com
Direktor: Klaus Kartmann
DZ ab € 124,00

Dieses in Berlin noch recht neue First-Class-Hotel kann als Musterbeispiel eines modernen Hauses dieser Kategorie gelten, auch wenn es in der allgemeinen Wahrnehmung bisher wenig präsent ist. Meliã-Hotels, die zu der gleichnamigen spanischen Hotelgruppe gehören, sind in Deutschland erst mit zwei Häusern vertreten. Sie überzeugen nicht nur mit einem frischen und modernen Interior Design, sondern auch mit einem überdurchschnittlichen Service. Man logiert hier sehr zentral, das Haus liegt recht prominent in Berlin-Mitte direkt an der Friedrichstraße. Die beliebten Sehenswürdigkeiten wie das Brandenburger Tor, den Reichstag oder den Gendarmenmarkt erreicht man fußläufig, der Friedrichstadtpalast befindet sich sogar in direkter Nachbarschaft. Den eigenen Ansprüchen an Komfort und Ausstattung entsprechend entscheidet man sich, entweder in einem Standardzimmer zu logieren oder in einer anderen Kategorie, vielleicht sogar gleich in der Präsidentensuite. Bei der Farbgebung hat man sich vorwiegend für kräftiges Rot und Gelb entschieden. Ob das nun der spanischen Provenienz der Kette geschuldet ist oder einfach den farbpsychologischen Überlegungen des Innenarchitekten, sei dahingestellt, es ist auf jeden Fall eine gute Wahl angesichts der eher grauen äußeren Umgebung des Hotels. Gäste, die ein Zimmer ab der Kategorie „The Level" gebucht haben, erhalten Zutritt zum Executive Club in der 7. Etage und zusätzliche Annehmlichkeiten wie kostenfreie Getränke und warme Snacks sowie die Möglichkeit eines bevorzugten Check-outs. Auf Wunsch ist auch ein Late Check-out bis 16 Uhr möglich. Ferner steht hier ein kostenfreier Internetzugang zur Verfügung. Für Geschäftsreisende sicherlich sehr angenehm, dass man sich im Executive Club mit Geschäftspartnern zu Besprechungen bis zu 2 Stunden in den angrenzenden Konferenzraum zurückziehen kann. Dieser Service wird ebenfalls kostenfrei zur Verfügung gestellt. Auch der Raucher fühlt sich hier besonders verstanden, für ihn hat man eigens eine Raucherlounge mit gemüt-

lichen, dicken Clubsesseln eingerichtet, in die er sich zum Nikotingenuss zurückziehen kann. Nach einem anstrengenden Meeting oder Sightseeing kann man im Freizeitbereich in der 8. Etage relaxen, der neben einer finnischen Sauna mit Ruhezone auch einen Fitnessbereich mit modernsten Trainingsgeräten zu bieten hat. Fine-Dining-Niveau erwartet den Gast im Restaurant Café Madrid in der ersten Etage des Hotels. Neben einer überdurchschnittlich guten Küche genießt man hier auch einen hervorragenden Ausblick auf die Spree und die Friedrichstraße. Auch wenn dieses Haus gern von individualreisenden Berlin-Touristen frequentiert wird, versteht man sich in erster Linie als Businesshotel. Entsprechend groß ist der Tagungsbereich ausgefallen. Er erstreckt sich über 1.200 qm, verfügt über 5 Konferenzräume und einen zusätzlichen Ballsaal, der Veranstaltungen mit bis zu 600 Personen ermöglicht. Zum Gesamtangebot zählt auch der klassische Conciergeservice, der hier erstaunlicherweise „outgesourct" wurde, sich aber mit der gleichen Aufmerksamkeit um die Gäste kümmert, die man von einem solchen individuellen Service in renommierten Häusern gewohnt ist. Gern besorgt er beispielsweise eine Karte für eine der unzähligen kulturellen Veranstaltungen oder organisiert einen Limousinenservice zum Bahnhof oder Flughafen. Unter der Führung von Klaus Kartmann, einem international erfahrenen Hotelmanager, konnte sich das Meliã im First-Class-Segment schnell einen Spitzenplatz erarbeiten und kann daher auf eine Durchschnittsbelegung verweisen, die weit über dem üblichen Level des Berliner Hotelmarkts liegt. Gut für die deutsche Hauptstadt, dass Investoren sie nach wie vor für einen Premium-Standort halten und dadurch weitere Projekte entstehen werden, auch wenn das den Wettbewerb weiter verschärfen wird. Zumal sich die hier zu erzielenden Raten im Vergleich zu München und Hamburg eher im Mittelfeld einpendeln. Kartmann sieht den Schlüssel für den weiteren Erfolg seines Hauses nicht nur bei einem guten Service- und Dienstleistungsangebot, sondern vor allem bei einem langfristig tragfähigen Gastronomiekonzept.

Bewertung:

MÖVENPICK
(Mitte)
Schöneberger Straße 3
10963 Berlin
Telefon: 0 30-230 06-0
Telefax: 0 30-230 06 199
Internet: www.moevenpick-berlin.com
E-Mail: hotel.berlin@moevenpick.com
Direktor: Frank Hörl
DZ ab € 107,00

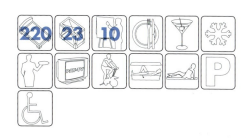

Nach dem Weggang von Martin Roßmann im Dezember 2010 war dieses Haus bis in den Herbst 2011 hinein praktisch ohne Führung. Man verpflichtete Frank Hörl, einen erfahrenen Hotelier, der zuvor für Medical Parc Berlin tätig gewesen war. Der hatte sich in vertraglicher Hinsicht wohl etwas vergaloppiert, denn sein offizieller Dienstbeginn, der für das Frühjahr angekündigt war, wurde immer wieder verschoben. Offensichtlich hatte er recht hoch gepokert und war davon ausgegangen, dass sein alter Arbeitgeber ihn früher aus dem Vertrag entlassen würde, doch der dachte gar nicht daran. Das ist offenbar gängige Praxis, wie schon das unrühmliche Beispiel von Thies Sponholz zeigt, der ebenfalls für Medical Parc tätig war und seinen Vertrag vorzeitig auflösen wollte, um bei Rocco Forte die Eröffnungsphase des Hotel de Rome zu begleiten. Wenn die Gerüchte stimmen, musste sein neuer Arbeitgeber ihn sozusagen freikaufen. Solches Verhalten, frei nach dem Motto „Verträge sind dazu da, dass sie gebrochen werden", sehen wir als charakterliche Schwäche, die man den beiden Direktoren anlasten muss. Hörl konnte somit, weil er die Situation falsch einschätzte, seinen Dienst erst im September letzten Jahres antreten. Wie auch immer, sein Vorgänger Martin Roßmann hat hier in den letzten Jahren einen guten Job gemacht und die gute Positionierung des Hauses im Segment der First-Class-Businesshotels ist zum großen Teil sein Verdienst. Vor allem ist es ihm mit seinem unermüdlichen Engagement gelungen, eine erstaunlich hohe Servicekultur zu etablieren. Was spricht sonst noch für dieses Haus? Zunächst überzeugen die guten Tagungskapazitäten, denn immerhin stehen 10 mit modernster Technik ausgestattete Räumlichkeiten zur Verfügung, die Tagungen und Meetings mit bis zu 300 Personen ermöglichen. Ein Highlight ist auch der renovierte historische Siemenssaal mit seinen Kassettendecken und einzigartigen Wandsäulen. Das Zimmerprodukt überzeugt in Komfort und Ausstattung auch anspruchsvolle Gäste. Unterschiedliche Zimmertypen für verschiedene Ansprüche stehen zur Auswahl. Interessant sind besonders die sogenannten Atelier-Zimmer, die als Besonderheit entweder mit einer frei stehenden Designerbadewanne oder einer großen Regendusche ausgestattet wurden. Ein Lob verdient auch das hervorragende Frühstücksbuffet, das durch ein breites Sortiment und seine Frische überzeugt. WLAN-Nutzung wird allerdings nach wie vor mit 12 Euro gesondert berechnet. Auch ein kleiner Freizeitbereich steht den Gästen zur Verfügung, ohne Schwimmbad zwar, aber mit einem Saunabereich mit finnischer Sauna, Dampfbad und Ruhebereich. Zusätzlich gibt es einen akzeptablen Trainingsbereich mit modernsten Trainingsgeräten.

Bewertung:

RADISSON BLU
(OT Mitte)
Karl-Liebknecht-Straße 3
10178 Berlin
Telefon: 0 30-2 38 28-0
Telefax: 0 30-2 38 28 10
Internet: www.radissonblu.com
E-Mail: info.berlin@radissonblu.com
Direktor: Ralph Goetzmann
DZ ab € 128,00

Bekanntlich überzeugen die meisten Radisson-Blu-Hotels durch das dynamische Design ihrer Innenausstattung. Für dieses Haus spricht noch zusätzlich die zentrale Lage, vorausgesetzt natürlich, man bevorzugt die turbulente, von Touristen bevölkerte Mitte Berlins. Bequem kann man vom Hotel aus alle wichtigen Sehenswürdigkeiten wie den Gendarmenmarkt, das Brandenburger Tor, die Museumsinsel, den Fernsehturm sowie das Regierungsviertel erreichen. Man logiert in unmittelbarer Nachbarschaft zum Dom, direkt am Ende der Prachtmeile Unter den Linden. Das auffälligste Alleinstellungsmerkmal des Hauses ist sicherlich der gläserne Aquariumzylinder inmitten der Lobby mit seinen über 2.500 exotischen Fischen. Er nimmt die gesamte Höhe des Atriums ein und kann mit einem Aufzug durchfahren werden. Bei der Wahl des Zimmers muss man sich entscheiden, ob man den Ausblick nach draußen genießen möchte, beispielsweise auf den Dom oder das Rote Rathaus, oder den ins Atrium mit dem beeindruckenden Riesenaquarium. Hervorragend ist der Tagungs- und Conventionbereich, und ein Alleinstellungsmerkmal ist hier sicherlich die 1.400 qm große DomLounge mit ihren fünf Veranstaltungsräumen und vier Foyers in den beiden obersten Etagen des Hotels mit Blick auf die Stadt. Die kostenfreie Nutzung des kabelgebundenen Internet-Zugangs zählt zu den Standards der Hotelkette. Trotz der gastronomischen Vielfalt im Umfeld, etwa im Szeneviertel rund um die Hackeschen Höfe, ist das hoteleigene Restaurant Heat durchaus eine Empfehlung wert. Der SPA bietet neben einem Pool- und Saunabereich selbstverständlich auch eine kleine Fitnesszone mit modernsten Geräten für das Cardiotraining. Bei allen positiven Aspekten gibt es aber auch Anlass zur Kritik. So unterliegt der Service Schwankungen, mal begeistern die Mitarbeiter durch ihre Aufmerksamkeit, dann wieder gelingt es ihnen, die Gäste mit Unaufmerksamkeit oder ostentativem Desinteresse regelrecht zu verärgern. Es wäre zu wünschen, dass Direktor Goetzmann den Servicedefiziten endlich mit entsprechenden Schulungsmaßnahmen begegnet. Der ist jedoch, wie es scheint, genau wie sein unmittelbarer Vorgänger auf Tauchstation gegangen. Anders als beispielsweise sein Vor-Vorgänger Wolfgang Wagner zeigt er bei den Gästen wenig Präsenz und versteht sich offenbar mehr als eine graue Eminenz im Hintergrund denn als Hoteldirektor. Goetzmanns wenig ausgeprägte Gastgeberqualitäten durften wir bereits im Westin Berlin und im Radisson Blu Leipzig feststellen. Man darf gespannt sein, ob es ihm gelingen wird, hier Akzente zu setzen, oder ob man sich, wenn er das Haus wieder verlassen wird, um sich einer neuen „Herausforderung" zu stellen, nach kürzester Zeit nicht mehr an ihn erinnern wird.

Bewertung:

SCHLOSSHOTEL IM GRUNEWALD
(OT Grunewald)
Brahmsstraße 10
14193 Berlin
Telefon: 0 30-8 95 84-0
Telefax: 0 30-8 95 84 800
Internet: www.schlosshotelberlin.com
E-Mail: info@schlosshotelberlin.com
Direktorin: Tania Saez de Guinoa
DZ ab € 229,00

Das Schlosshotel im Grunewald ist eine der traditionsreichsten Berliner Luxusherbergen und gehört nach wie vor zu den exklusivsten Häusern der Stadt. Dennoch ist es in der öffentlichen Wahrnehmung kaum als eine der ältesten Nobelherbergen der Stadt präsent und erhält anders als ein Adlon, ein „Interconti" und ein Kempinski wenig Aufmerksamkeit. Dies änderte sich lediglich im Sommer 2006 für einige Wochen, als die deutsche Fußballnationalmannschaft während der Fußballweltmeisterschaft hier ihr Hauptquartier bezog. Vielen Berlinern wurde erst damals bewusst, dass hier am verlängerten Ende des Kurfürstendamms ein edles Hotel existiert, das seit Jahrzehnten Stars und Sternchen sowie Prominenz aus Kunst, Kultur, Politik und Wirtschaft beherbergt. Dies zeigt jedoch gleichzeitig das bedeutendste Alleinstellungsmerkmal des Schlosshotels im Grunewald, nämlich seine fast versteckte Lage inmitten des berühmten Berliner Villenviertels. Das schlossartige Anwesen diente einst dem Rechtsanwalt des deutschen Kaisers als Wohnsitz. Dieser errichtete hier zwischen den Villen der Reichen, Berühmten und Schönen des damaligen Deutschen Reiches ein Gebäude im großbürgerlichen Stil der Jahrhundertwende, der vor Prunk und Protz nicht zurückschreckte. Trotz dieser Opulenz und seiner nicht unerheblichen Größe bietet der wilhelminische Prachtbau aber die Intimität und Behaglichkeit eines wenn auch fürstlichen Privatwohnsitzes. Die etwas von den umgebenden Straßen abgesetzte Lage im baumbestandenen, parkartigen Garten ist zwar beeindruckend, aber viele Anwesen in der Nachbarschaft bieten eine ähnliche Anordnung und Lage. Somit fügt sich das Schlosshotel nahezu unsichtbar in seine Umgebung ein. Genau diese Unsichtbarkeit erklärt, warum das Haus auf eine jahrzehntelange Geschichte als Luxushotel zurückblicken kann, ohne über eine nennenswerte Bekanntheit zu verfügen. Es kann mit Fug und Recht als Hideaway klassifiziert werden, eine kleine Nobelherberge, die ihren oft prominenten, Abgeschiedenheit und Ruhe suchenden Gästen eine Alternative zu den namhaften Grandhotels der Stadt bietet. Schon vor der Teilung Berlins durch den Mauerbau war das Haus Treffpunkt für Prominente und Mächtige. Alle großen Namen der deutschen Filmszene haben hier seit den 1950er Jahren logiert. In den 1960er Jahren diente das Haus selbst oft als Filmset für die berühmten Edgar-Wallace-Krimis. Zudem liegen die Filmstudios an der Havelchaussee, in denen viele Spielfilme aus der Zeit nach dem Mauerbau entstanden, auch nur wenige Autominuten entfernt. Das machte das Schlosshotel zum naheliegenden Quartier für die hier agierenden Filmstars. In den 1970er Jahren erlebte das als Privathotel geführte Haus einen Abstieg, und erst mit dem Fall der Mauer und der Wiedervereinigung Berlins zog frischer Wind durch die altbekannten Räume. Kontinuität kann man ihm seither allerdings nicht attestieren. Oliver Eller, heute Direktor des Adlon am Pariser Platz, führte das Haus Ende der 1990er Jahre für einige Zeit als Ritz-Carlton und brachte mit dem großen Namen eine stärkere Außenwirkung, neues Engagement im hauseigenen Gourmetrestaurant und eine gewisse Portion Glamour zur Entfaltung. Zuvor hatte bereits Modezar Karl Lagerfeld, erklärter Stammgast des Hotels, die Ausstattung einer Suite entworfen und damit eine ungewohnte Aufmerksamkeit auf das Haus gelenkt. Nach dem Ende der Ritz-Carlton-Zeit folgten andere Betreiber, und vor einigen Jahren hat die spanische Hotelkette AlmaHotels die Nobelherberge übernommen. Die Aufmerksamkeit, die dem Haus durch Karl Lagerfeld oder auch die Fußballnationalmannschaft zuteilwurde, ist jedoch inzwischen Geschichte und das Schlosshotel wieder etwas in Vergessenheit geraten. Der Verdacht liegt nahe, dass es wieder zu der Rolle zurückgekehrt ist, die es über Jahrzehnte innehatte: die der diskreten Berliner Logieradresse für prominente und wohlhabende Gäste, die die versteckte und luxuriöse Unterkunft nur wenige Minuten vom Ku'damm entfernt deshalb schätzen, weil sie hier weitgehend unbelästigt von öffentlicher Aufmerksamkeit und dennoch zentral wohnen können. Dass die klassischen Dienstleistungen eines Luxushotels wie Concierge-, Schuhputz- und 24-Stunden-Zimmerservice hier selbstverständlich sind und auch ein kleiner, edler SPA-Bereich mit Schwimmbad, Sauna- und Beautybereich zum Angebot des Hauses zählt, wird dem Schlosshotel seine Beliebtheit bei diesem Kundenkreis wohl auch weiterhin sichern.

Bewertung: ●●●◐

SOFITEL BERLIN GENDARMENMARKT
(OT Mitte)
Charlottenstraße 50–52
10117 Berlin
Telefon: 0 30-2 03 75-0
Telefax: 0 30-2 03 75 1 00
Internet: www.sofitel.com
E-Mail: h5342@sofitel.com
Direktorin: Tina Senfter
DZ ab € 135,00

Wer im Herzen der historischen Mitte Berlins und direkt an einem der schönsten Plätze der Landeshauptstadt logieren möchte, für den gibt es zum Sofitel am Gendarmenmarkt kaum eine Alternative. Es sei denn, er gibt sich mit einem großen Businesshotel wie dem Hilton zufrieden, dessen Gebäude fast die gesamte Südfront des Platzes einnimmt. Das Sofitel kann als exklusives, sehr individuelles Luxus-Businesshotel auch Gäste mit gehobenen Ansprüchen zufriedenstellen. Das Gebäude selbst hat einen besonderen Denkmalwert, denn es gehörte zu einem großen städtischen Vorhaben, das bereits in den letzten Jahren der DDR gestartet wurde. Auch vor der Wende hatte man bereits Pläne, um den legendären Ruf der Friedrichstraße aufzufrischen, und hatte damit begonnen, marode Altbauten abzureißen und durch eine neue Architektur zu ersetzen. Dabei hat man sich bei der Bebauung des rückwärtigen Teils der Friedrichstraße, der den Rand des Gendarmenmarkts bildet, besondere Mühe gegeben und eine Fassade entwickelt, die sich den großartigen klassizistischen Bauwerken auf dem Platz anpasst und sich nicht in den Vordergrund drängt. Durch diese Qualität überlebten die Gebäude auch die Wende und die anschließende Neubebauung großer Teile ihrer Umgebung. Somit hatte die damalige Dorint-Gruppe angesichts der herausragenden Lage keinerlei Bedenken, in diesem Gebäude ein luxuriöses Boutique-Hotel zu eröffnen. Das Innere musste grundlegend umgebaut werden, um es an die neue Funktion anzupassen, aber dadurch, dass das Gebäude bereits bestand, war man damit eher am Markt als viele der späteren Konkurrenten. Und auch mit dem Stil und Design des Interieurs war man anderen voraus. Die schlichten Formen, dunklen Farben und hochwertigen Materialien des Interieurs in den öffentlichen Bereichen, in denen einzelne Kunstobjekte Akzente setzen, sowie die ebenso behaglich und modern wie hochwertig designten Zimmer waren in den 1990er Jahren in kaum einem anderen Haus in Berlin-Mitte zu finden. Das benachbarte Four Seasons oder auch das Adlon richteten ihre Innenausstattung zu jener Zeit deutlich stärker am Standard internationaler Hotelinterieurs aus, der mit dem puristischen Design des damaligen Dorint in keiner Weise zu vergleichen war. Dorints Mut, hier ein luxuriöses Hotel im schlicht-modernen Design zu etablieren, während gleich gegenüber das Four Seasons hinter der modernen Neubau-Fassade mit opulenten Barocksesseln und ebensolchen Gemälden internationale Gediegenheit zelebrierte, wurde jedoch belohnt. Das Haus, insbesondere sein Eingang, wurde fast zu einer Ikone der Hotellerie des neuen Berlin. Oft wurde es in Reportagen und Publikationen über das in eine neue Zeit aufbrechende Berlin abgebildet oder diente als Drehort für Filme, die in diesem neuen Berlin spielten. Auch nach dem Wechsel zum französischen Hotelkonzern Accor hat das Haus erfreulicherweise kaum etwas von seiner Faszination eingebüßt. Als Sofitel gehört es heute zum Edelsegment der Kette und liefert mit seinem nahezu unveränderten Interieur den Beweis, dass auch in der modernen Hotellerie so etwas wie zeitloses Design praktikabel ist. Weder die Zimmer noch die öffentlichen Bereiche haben etwas von ihrer behaglichen Eleganz und noblen Schlichtheit verloren, und durch die hochwertigen Materialien wirkt auch nichts überaltert oder in die Jahre gekommen. Zwar wurden und werden die Fernsehgeräte, die hier in drehbaren Kuben geschickt platziert sind, durch Flatscreen-Fernseher ersetzt, aber das Design der Zimmer an sich hat seine Klasse bewahrt – von den Marmorbädern ganz zu schweigen. Auf allen Juniorsuiten und Suiten steht den Gästen ein Nespresso-Gerät zur Verfügung. Seit Januar letzten Jahres bietet Sofitel in seinen Hotels weltweit kostenloses WLAN, sowohl in den öffentlichen Bereichen als auch auf den Zimmern. Gräfin Tini Rothkirch, die einst für dieses Haus als Direktorin verantwortlich war und als Berliner Society-Größe immer noch im Stadtgeschehen aktiv ist, hat das Sofitel nachhaltig geprägt. Nach ihrem Weggang hatte nach einigen Interimslösungen zwischenzeitlich ein Direktor diese Aufgabe übernommen, der augenscheinlich in der Lage war, dieses sehr individuelle Haus zu führen. Rodolf Weytingh hatte das Talent und die Energie, den herausragenden Ruf des Hauses neu zu beleben und vielleicht sogar weiter auszubauen. Sein internationaler beruflicher Horizont war mit Accors neuer Konzeption eines internationalen Luxus-Businesshotels offenbar kompatibler als der Führungsstil von Gräfin Rothkirch, die – gewollt oder ungewollt – wohl zu sehr ihre Persönlichkeit in den Mittelpunkt des Hotelgeschehens stellte. Ende letzten Jahres hat der sympathische Direktor das Haus bedauerlicherweise verlassen, um sich einer neuen Aufgabe zu stellen. Seit Februar dieses Jahres probiert Tina Senfter sich hier als Gastgeberin aus; man wird sehen, wie sie diese Aufgabe meistert. Ein unbedingt zu nennendes Highlight des Hauses ist das Delphinium, ein theaterähnlicher Saal mit beleuchteten Bodenelementen, der schon vielfach als Drehort diente. Die weiteren Tagungsmöglichkeiten sind allerdings begrenzt, aber man ist schließlich auch kein Tagungshotel. Dagegen ist das Frühstück des Hauses immer noch – oder besser gesagt: inzwischen wieder – hervorragend. Allein das elegante Frühstücksrestaurant im Zentrum des Gebäudes ist vielleicht schon einen Besuch wert. Und Vielfalt, Frische und Qualität des Buffets können annähernd mit jenen Zeiten mithalten, als Gräfin Rothkirch hier das erklärtermaßen beste Frühstück der Stadt zu präsentieren pflegte.

Bewertung: ●●●

SWISSÔTEL
(OT Charlottenburg)
Augsburger Straße 44
10789 Berlin
Telefon: 0 30-2 20 10-0
Telefax: 0 30-2 20 10 22 22
Internet: www.swissotel.com
E-Mail: berlin@swissotel.com
Direktorin: Bettina Schütt
DZ ab € 117,00

Das Swissôtel, schräg gegenüber dem berühmten Kranzler-Eck und neben dem Concorde gelegen, ist nicht zu übersehen. Das Hotel befindet sich in einem Haus mit eindrucksvoll düsterer moderner Architektur, leider direkt über einem Allerweltsmode-Kaufhaus der Kette C&A. Der Eingang befindet sich auf der Rückseite des Gebäudes in der Augsburger Straße. Man kann entscheiden, ob man sein Auto selbst in die Tiefgarage fahren will, ansonsten bietet der freundliche Doorman auch gerne ein Valet Parking und kümmert sich um das Gepäck. Einchecken darf man dann in der dritten Etage, da befindet sich die Lobby des Hotels. Nach wie vor haben wir keine Beanstandungen bezüglich der Mitarbeiter, die den Check-in und Check-out souverän abwickeln. Allerdings agieren sie mit recht eingefahrener Routine und für unseren Geschmack etwas zu „cool". Ein wenig mehr Herzlichkeit würde man sich bei der einen oder anderen Mitarbeiterin durchaus wünschen. Im vergangenen Jahr hat ein Direktorenwechsel stattgefunden, und nunmehr ist Bettina Schütt für dieses Swissôtel verantwortlich. Bei Michael Möcking hatte unsere Kritik der vergangenen Jahre bedauerlicherweise keinerlei Anklang gefunden, im Gegenteil, er nahm sie persönlich und ignorierte sie konsequent. Bleibt die Hoffnung, dass es der Nachfolgerin gelingen wird, Schwachstellen des Hauses zu sondieren und mit entsprechenden Schulungsmaßnahmen auszumerzen. Keine Sorgen muss sich Frau Hoteldirektorin im Hinblick auf ihr Restaurant 44 machen, denn Küchenchef Danijel Kresovic zelebriert hier nach wie vor eine kreative und aromenreiche Haute Cuisine. Erfreulicherweise verzichtet er dabei auf Effekthaschereien. Wenn er weiter Gas gibt, da sind wir uns sicher, wird es ihm früher oder später gelingen, einen der begehrten Michelin-Sterne zu erkochen. Neuerdings ist es leider nicht mehr möglich, hier mittags zu lunchen, man hat sich entschieden, nur noch abends zu öffnen. Erfreulicherweise wurde der SPA-Bereich, der etwas klein ausgefallen war, aufgewertet und der Fitnessbereich erweitert. Wem dieser nicht ausreicht, der darf auf Kosten des Hauses den benachbarten Society Health & SPA Club im sogenannten Marmorhaus besuchen. Ansonsten kann das moderne und frische Zimmerprodukt überzeugen. Es liegt in der Natur der Sache, dass die beliebtesten Zimmer jene mit Blick auf den Kurfürstendamm sind. Allen Gästen steht auf dem Zimmer eine Nespresso-Kaffeemaschine zur Verfügung. Auf zusätzliche Annehmlichkeiten dürfen sich all jene Gäste freuen, die eine Junior-Suite gebucht haben. Insgesamt 10 gut ausgestattete Tagungsräume sind ebenfalls verfügbar, die Veranstaltungen mit bis zu 350 Personen ermöglichen. Die Nutzung der Parkgarage wird mit 18 Euro pro Tag berechnet, WLAN mit 12,50 Euro. Es lohnt sich durchaus, nach dem Package KaDeWe Special zu fragen. Damit beinhaltet die Übernachtung im Standarddoppelzimmer nicht nur das reichhaltige Frühstücksbuffet, sondern auch das Parken, und darüber hinaus erhält man einen Rabattgutschein für das KaDeWe in Höhe von 10 Prozent.

Bewertung: ●●●

THE REGENT
(OT Mitte)
Charlottenstraße 49
10117 Berlin
Telefon: 0 30-2 03-38
Telefax: 0 30-2 03-3 61 19
Internet: www.theregentberlin.com
E-Mail: info.berlin@rezidorregent.com
Direktor: Stefan Athmann
DZ ab € 198,00

Man versteht sich nach wie vor als eines der besten Luxushotels in der sogenannten neuen Mitte. Nicht immer ist der selbst auferlegte Anspruch mit dem hier gebotenen Serviceniveau im Einklang. Guter Service ist gelegentlich Glückssache und vom jeweiligen Mitarbeiter abhängig. Geben wir ein Beispiel: Wir hatten uns erlaubt, an einem Freitag nach 18 Uhr anzurufen, um für ein bestimmtes Datum die Zimmerrate zu eruieren. Die Antwort war an Frechheit nicht zu überbieten: Leider sei die Reservierungsabteilung nicht mehr besetzt und erst wieder ab Montag zu erreichen. Man solle doch dann noch einmal anrufen. Auch die Nachfrage, ob man wirklich mit dem Fünf-Sterne-Hotel Regent verbunden sei, denn dann dürfe man eigentlich erwarten, dass die Mitarbeiter hinreichend kompetent seien, um jederzeit – wenn nötig auch rund um die Uhr – eine telefonische Preis- oder Reservierungsanfrage zu beantworten, derangierte den Mitarbeiter nicht. Er blieb ganz cool und wiederholte, die Reservierungsabteilung sei eben abends nicht mehr besetzt. Wir wandten ein, dass es doch auch einem Rezeptionsmitarbeiter möglich sein müsse, einem Anrufer erschöpfend Auskunft zu erteilen und wenn nötig eine Reservierung einzubuchen? Der Mitarbeiter war nicht aus dem Takt zu bringen. Er sei nicht von der Reservierung, sondern Mitarbeiter der Telefonzentrale und kenne sich da eben nicht aus. Er sei aber bereit, für Montag einen Rückruf vorzumerken. Wohlgemerkt, wir haben nicht im Hotel zum Schiefen Stiefel in Ostrhauderfehn angerufen, sondern im Regent Berlin, das den Anspruch erhebt, eine Luxusherberge der Spitzenklasse zu sein. Man gewinnt den Eindruck, dass es hier gelegentlich interne Kommunikationsprobleme gibt. Über diese Schwächen versucht der gebotene Luxus des etwas schwer wirkenden Interieurs hinwegzutäuschen. Hier imponieren der üppige Marmor, die großen Lüster und die schweren Brokatstoffe. Für Aufsehen sorgte zumindest unter den Gourmets Spitzenkoch Christian Lohse. Dessen Küchenleistung wird seit mehreren Jahren mit zwei Michelin-Sternen belohnt. Schwerpunkte der Karte liegen bei Fisch und Meeresfrüchten. Hoteldirektor Stefan Athmann konnte im Hause bisher immer noch wenig Akzente setzen. Von ihm hatten wir uns ein wenig mehr versprochen, nachdem sein Vorgänger hier unseres Erachtens wenig bewirkt hatte. Wellness wird eher kleingeschrieben, man kann aber immerhin einen Saunabereich ausweisen. Dabei wird der Tatsache Rechnung getragen, dass diese Luxusherberge verstärkt von amerikanischen Gästen frequentiert wird: Es gibt für die beiden Geschlechter jeweils eine eigene Sauna. Im Fitnessbereich wird auf modernsten Cardiogeräten trainiert. Seit Neuestem ist WLAN-Nutzung in den Zimmerpreis inkludiert. Zu den verlässlichen Servicestandards zählen Valet Parking, 24-Stunden-Zimmer-, Schuhputz- sowie Conciergeservice. Gediegen-elegant wirken die Zimmer, die teilweise einen direkten Ausblick auf den Französischen Dom ermöglichen. Alle verfügen über ein nobles Marmorbadezimmer. Je nach Anspruch stehen unterschiedliche Kategorien zur Auswahl, selbstverständlich zählen zum Angebot auch Luxussuiten, die eine recht hohe Aufenthaltsqualität garantieren. Natürlich kann man auch die Dienste eines Privatbutlers buchen.

Bewertung: ●●●◖

THE RITZ-CARLTON
(OT Tiergarten)
Potsdamer Platz 3
10785 Berlin
Telefon: 0 30-33-7 77-0
Telefax: 0 30-33-7 77 55 55
Internet: www.ritzcarlton.com
E-Mail: berlin@ritzcarlton.com
Direktor: Robert Petrovic
DZ ab € 177,00

Ein großer Name, der zumindest bei diesem Haus manchmal zu einer großen Enttäuschung führt. Dies ist aber in erster Linie der Tatsache geschuldet, dass die Hotelkette vor allem im Hinblick auf das Service- und Dienstleistungsniveau sehr hohe Erwartungen weckt. Was ist geworden aus dem einst so hohen selbst auferlegten Serviceanspruch, der in der sprichwörtlichen Servicewüste Deutschland fast ein Vorbild und in der Hotellerie vielleicht auch so etwas wie ein Qualitätsmaßstab war? Es ist nun wirklich kein streng gehütetes Geheimnis, dass herausragender Service einen sehr hohen personellen Aufwand voraussetzt. Auf einem Hotelmarkt, auf dem, gemessen an der Kategorie, nur eine durchschnittliche Rate erzielt werden kann, lassen sich die dafür notwendigen Zimmerpreise nicht oder nur teilweise realisieren. In diesem Haus logiert man, wenn man sich auf den entsprechenden Reservierungsportalen umschaut, teilweise zu Raten von knapp 100 Euro im Doppelzimmer, die teilweise auch noch das Frühstück beinhalten. Wen wundert es da, dass man beim Servicekonzept Abstriche machen muss. Nicht spektakulär, aber durchaus akzeptabel ist der SPA-Bereich ausgefallen, der im Untergeschoss untergebracht wurde. Zum Angebot zählen ein Schwimmbad- sowie ein Saunabereich. Natürlich gibt es auch einen mit modernsten Trainingsgeräten ausgestatteten Fitnessbereich. Auf Wunsch erarbeitet ein Personal Trainer für den Gast ein individuelles Fitness- und Ernährungsprogramm. Im La Prairie Boutique SPA genießt man Beautyanwendungen mit Produkten der Nobelmarke. Die edlen Zimmer und Suiten, die alle über ein Marmorbadezimmer verfügen, sind klassisch-elegant, vielleicht etwas zu konservativ ausgestattet. Wer sich für eins der sogenannten Clubzimmer entscheidet, die in der 10. und 11. Etage liegen, erhält Zutritt zur separaten Lounge mit zusätzlichen Annehmlichkeiten wie Snacks, Drinks und einem guten Sortiment nationaler und internationaler Zeitungen und Zeitschriften. In den Zimmerpreis inkludiert ist die WLAN-Nutzung. Für höchste Ansprüche steht neben einer Präsidentensuite ein 285 qm großes Luxusappartement zur Auswahl. Hier steht den Gästen während ihres Aufenthalts ein Bentley zur Verfügung. Bei An- und Abreise organisiert der „Persönliche Assistent" selbstverständlich den Flughafentransfer. Weitere Annehmlichkeiten wie Champagner, kostenfreie Nutzung der Minibar und Obstkorb sind genau genommen Nebensächlichkeiten. Der Conventionbereich erstreckt sich über 1.800 qm mit insgesamt zehn Tagungsräumen inklusive eines großen Ballsaals, in dem Veranstaltungen mit bis zu 2.000 Personen möglich sind und der mehr und mehr die Funktion des Festsaals der Stadt einnimmt. Für ein Haus dieser Klasse nicht nachvollziehbar ist, dass man das Gourmetrestaurant, das sogar mit einem Michelin-Stern ausgezeichnet war, geschlossen hat. Die Brasserie Desbrosses bietet eine französische Bistroküche – nicht mehr, aber auch nicht weniger. Nach wie vor zelebriert man in der Tea Lounge einen klassischen Afternoon-Tee mit frisch gebackenen Scones, Gebäck und hausgemachten Sandwiches. WLAN ist im gesamten Hotel möglich, allerdings schlägt dieser Service mit 20 Euro für 24 Stunden zu Buche. Es lohnt sich aber, nach Sonderkonditionen zu fragen, denn wenn man bei einer Reservierung betont, wie wichtig die WLAN-Nutzung ist, wird in der Regel eine Reduzierung um 50 Prozent eingeräumt. Wie immer gilt auch hier: Fragen kostet nichts. Denn der Sinn oder Unsinn solcher Preisspielchen erschließt sich auch bei längerem Überlegen irgendwie nicht. Eine stringente Preispolitik, vor allem eine Best-Price-Garantie, würde dem Gast mehr Sicherheit geben. Vor allem für den Individualreisenden ohne Firmenkonditionen lohnt es sich, wie bereits angedeutet, sich auf einschlägigen Preisportalen umzusehen.

Bewertung: ●●●●

BIELEFELD Nordrhein-Westfalen

BIELEFELDER HOF
(Stadtmitte)
Am Bahnhof 3
33602 Bielefeld
Telefon: 0521-52 82-0
Telefax: 0521-52 82 100
Internet: www.bielefelder-hof.de
E-Mail: info@bielefelder-hof.de
Direktor: Martin Roßmann
DZ ab € 84,00

Im ersten Haus am Platz ist mittlerweile einiges in Bewegung gekommen. Hier hat einerseits ein Managementwechsel, andererseits ein Direktorenwechsel stattgefunden. Umbau- und Renovierungsmaßnahmen sind zeitnah geplant, zusätzlich wurden alle Abteilungen neu strukturiert. Es war eine strategisch gute Entscheidung der Eigentümer, hier einen erfahrenen Hotelmanager wie Martin Roßmann zu verpflichten.

Roßmann war hier übrigens schon zu Beginn seiner Karriere tätig, als der Bielefelder Hof noch unter dem Management von Mövenpick stand. Somit kennt er die Stärken, aber auch die Schwächen des Hauses und natürlich die lokalen Marktgegebenheiten. Zuletzt war der sympathische Direktor für das Berliner Mövenpick verantwortlich, hat dort Akzente gesetzt und kann auf erfolgreiche Jahre zurückblicken. Für ihn spricht auch seine hohe Sozialkompetenz, die sich nicht zuletzt auf das allgemeine Klima im Haus positiv auswirkt. Denn zufriedene Mitarbeiter, das ist kein Geheimnis, bedeuten für die Gäste in der Regel einen entspannten und freundlichen Service. Ein Grund dafür, dass Roßmann sich für den Bielefelder Hof entschieden hat, war sicherlich auch die Zusage der Eigentümer, weitreichende Renovierungsmaßnahmen zu bewilligen. Auch wenn dieses Vier-Sterne-Hotel alles andere als abgewirtschaftet ist, sondern ganz im Gegenteil sehr gepflegt wirkt, ist das Interieur nicht mehr durchgängig en vogue. Ein Musterzimmer ist im vergangenen Jahr bereits entstanden. Sicher ist, es sei denn, die Welt geht unter, dass man im Juni mit der Renovierung beginnen wird. Vor allem die Zimmer im Altbautrakt wird man besonders hochwertig gestalten. Derzeit arbeitet man unseres Erachtens weit unter seinen Möglichkeiten, denn dieses Traditionshotel hat durchaus noch umfangreiches Potenzial. Man logiert hier sehr zentral, unweit vom Bielefelder Hauptbahnhof und gleich neben der Stadthalle, mit der man sogar direkt verbunden ist. Auch die Tagungs- und Veranstaltungsmöglichkeiten sind mehr als akzeptabel. Insgesamt stehen acht Räume zur Verfügung, der größte bietet Platz für bis zu 75 Personen. Küchenchef Martin Jacoby überzeugt mit einer ambitionierten internationalen Küche. Einen kleinen Wermutstropfen gibt es aber doch: Die Servicemitarbeiter dürften hier ruhig ein wenig aufmerksamer sein. Ganz anders das Serviceteam der Rezeption, das durchweg einen sehr guten Eindruck hinterlässt. Das Zimmerangebot erstreckt sich von der sogenannten Comfort- über die Deluxe-Kategorie bis zu den Juniorsuiten und Suiten.

Bewertung:

BOLTENHAGEN   Mecklenburg-Vorpommern

SEEHOTEL GROSSHERZOG VON MECKLENBURG
Ostseeallee 1
23946 Boltenhagen
Telefon: 03 88 25-50-0
Telefax: 03 88 25-50 900
Internet: www.seehotel-boltenhagen.de
E-Mail: info@seehotel-boltenhagen.de
Direktor: Christian Schmidt
DZ ab € 119,00

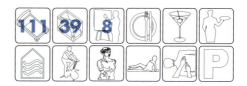

Einst konnte das Seehotel Großherzog von Boltenhagen als erstes Haus am Platz gelten. Das hat sich spätestens geändert, als das Iberotel als Mitbewerber am Markt mit einem schicken Hotelprodukt angetreten ist, um im gleichen Marktsegment um die Gunst der Gäste zu buhlen. Neue Besen kehren gut, und der eine oder andere bisherige Stammgast des Seehotels wird es sich sicherlich nicht nehmen lassen, dieses Sprichwort selbst zu überprüfen. Seit Christian Schmidt für dieses Haus verantwortlich ist, hat sich hier vieles zum Besseren verändert, einiges aber auch zum Schlechteren. Schmidt, für uns alles andere als ein Gastgeber par excellence, hat eher die Talente eines Entwicklers und Impulsgebers. Zumindest im gastronomischen Bereich hat er hier denn auch einiges bewegt. Seit geraumer Zeit geht man in kulinarischer Hinsicht einen neuen Weg, bei dem Nachhaltigkeit und Umweltschutz, aber auch Produktqualität ganz oben auf der Agenda stehen. Es muss jedem klar sein, dass Lebensmittel, die über die halbe Welt herangeschafft werden müssen, der Umwelt nicht gerade zuträglich sind. Daher macht es Sinn, auf regionale Erzeuger zu setzen. Denen hat Schmidt natürlich zuvor höchstpersönlich einen Besuch abgestattet, um sich direkt vor Ort einen Eindruck von den Produktionsbedingungen zu verschaffen. Eine wirklich gute Idee in diesem Kanon der umweltschonenden und gleichzeitig qualitätssteigernden Maßnahmen ist der 180 qm große, wunderschön angelegte und begehbare Kräutergarten im hoteleigenen Park. Und auch das sogenannte Bio-Vital-Frühstücksbuffet, wo man unter anderem frisch gepresste Säfte und Biomüsli vorfindet, überzeugt. Gegen einen Besuch des Restaurants haben wir keine Bedenken, auch wenn uns die Küchenleistung trotz aller Sorgfalt bei der Auswahl der Produkte nicht durchgängig überzeugt hat. Die Karte verspricht unseres Erachtens mehr kulinarische Raffinesse, als das Ergebnis dann hält. Schmidt, der mit einem erstaunlich großen Ego ausgestattet ist, tritt bei seiner doch eher überschaubaren Tätigkeit als Gastgeber gelegentlich wie der Vorstandsvorsitzende eines großen Konzerns auf. Er ist unseres Erachtens kein Mann für Details, vielmehr ein Macher, das wollen wir ihm bei aller Kritik zugutehalten. Und als solcher dürfte er angesichts der neuen Konkurrenz jetzt durchaus gefordert sein. Denn mittlerweile würden es die Gäste sicherlich sehr begrüßen, wenn man das Zimmerprodukt ebenfalls etwas aufpeppen würde. Da verärgert es zusätzlich, dass die WLAN-Nutzung mit 4,95 Euro pro Stunde zu Buche schlägt, denn eine solche Preispolitik ist alles andere als zeitgemäß. Immerhin steht den Gästen in der Lobby ein kostenfreier Internetzugang zur Verfügung. Der Wellnessbereich ist akzeptabel, dagegen wirkt der Schwimmbadbereich doch etwas sehr nüchtern. Zum Angebot zählt außerdem ein Saunabereich mit finnischer Sauna, Biosauna und Dampfbad sowie einer Dachterrasse mit Blick auf die Ostsee. Altbacken wirken die Zimmer und die Suiten oder besser gesagt Junior-Suiten. Tagungen mit bis zu 200 Personen sind ebenfalls möglich, insgesamt stehen acht unterschiedlich große Räumlichkeiten zur Auswahl.

Bewertung:

BONN   Nordrhein-Westfalen

DORINT VENUSBERG
(OT Venusberg)
An der Casselsruhe 1
53127 Bonn
Telefon: 02 28-2 88-0
Telefax: 02 28-2 88 2 88
Internet: www.dorint.com
E-Mail: info.bonn@dorint.com
Direktor: Holger Brockel
DZ ab € 109,00

Bislang war Holger Brockel hier als stellvertretender Direktor unter Heike Reinhart tätig. Nunmehr hat er die Verantwortung für dieses First-Class-Hotel übernommen und ist mit dem Anspruch angetreten, das ihm entgegengebrachte Vertrauen zu rechtfertigen, und natürlich will er diesem Haus neue Impulse geben. Brockel ist im Auftreten eher zurückhaltend, aber nicht distanziert und in jedem Fall verbindlich und freundlich. Diese Charaktereigenschaft wollen wir ihm keinesfalls negativ auslegen, das Gegenteil ist der Fall. Offensichtlich hat er eine feine Antenne für die Befindlichkeiten von Mitarbeitern und Gästen, ist er doch in der Lage, auf seine Mitarbeiter einzugehen und sie so besser zu motivieren. In der Vergangenheit – und hier meinen wir nicht die Ära Reinhart – hat uns das Serviceniveau nicht immer überzeugt. Die Dienstleistungsbereitschaft der Mitarbeiter hängt natürlich maßgeblich  von deren Zufriedenheit ab. Erfreulicherweise hat Brockel dies offenbar erkannt und zu seiner Leitlinie gemacht, nachdem das Kameha Grand angetreten ist, um die Konkurrenz auf dem Bonner Hotelmarkt weiter zu verschärfen. Brockel weiß, dass er sich von den Mitbewerbern durch eine herausragende Service- und Dienstleistungsqualität abheben muss, denn das Zimmerprodukt des Dorint kann mit der nagelneuen Konkurrenz natürlich nicht ganz mithalten – wobei das Kameha natürlich in einer anderen Liga spielt. Die Zimmer und Suiten bedürfen nunmehr zumindest einer größeren kosmetischen Auffrischung. Das hat auch die Firmenzentrale erkannt und entsprechende Maßnahmen genehmigt. Mit der Renovierung der ersten Zimmer wird man noch in diesem Jahr beginnen und sie dabei unter anderem mit Flatscreen-Fernsehern ausstatten. Für dieses Haus spricht natürlich nach wie vor die ruhige Lage im feinen Ortsteil Venusberg. Die Universitätsklinik befindet sich in unmittelbarer Nähe, und vielleicht liegt es auch nahe, die Zusammenarbeit mit der Klinik zu intensivieren. Unterschiedliche Zimmerkategorien stehen im Hotel zur Auswahl. Von einigen Zimmern aus hat man einen wunderbaren Ausblick auf das Siebengebirge, also fragt man bei der Buchung am besten nicht nur nach den Ausstattungsmerkmalen der Zimmertypen, sondern auch nach der jeweiligen Aussicht. Der Freizeitbereich wirkt doch sehr übersichtlich mit seinem Pool, der eher an ein großes Planschbecken erinnert. Zusätzlich stehen eine finnische Sauna sowie ein Dampfbad zur Verfügung. Auch diesen Wellnessbereich will man aufwerten. Entsprechende Renovierungsmaßnahmen sind für 2013 geplant. Trotz dieser kleineren Unzulänglichkeiten: Was gibt es Schöneres, als bei sommerlichen Temperaturen morgens auf der Terrasse dieses Dorint mit Blick auf die herrliche Landschaft der Umgebung Bonns zu frühstücken? Apropos Frühstück, hier hat sich die Qualität noch unter der Führung von Heike Reinhart merklich verbessert. Unvergessen im negativen Sinne bleiben die wattigen Brötchen, die trockenen Baguettes und nicht zuletzt die sehr übersichtliche Auswahl auf dem Buffet unter Reinharts Vorgängerin. Damals mussten wir eine fest etablierte Betriebsblindheit nicht nur bei der Direktorin, sondern auch bei einem Großteil der Mitarbeiter feststellen, die sich unter anderem in diesem katastrophalen Frühstück manifestierte. Wie gesagt, vieles hat sich Gott sei Dank schon unter der Führung der quirligen Hoteldirektorin Heike Reinhart zum Besseren gewendet, und Brockel wird sicherlich weitere Optimierungen vornehmen.

Gastronomisch hat man bereits vor ein paar Jahren den Rückwärtsgang eingelegt. Zuvor konnte man den Gästen sogar ein Gourmetrestaurant bieten, das sogar mit der wichtigsten Auszeichnung geadelt wurde, einem Stern im Guide Michelin. Später hat man sich aber, vermutlich aus Kostengründen, für ein neues Restaurantkonzept entschieden, und mittlerweile hat sich die Küchenleistung auf einem überdurchschnittlichen Niveau eingependelt, das natürlich nicht den Standards einer Sterneküche genügen kann. Einen guten Eindruck haben hier vor allem die freundlichen und zuvorkommenden Servicekräfte hinterlassen, die sehr umsichtig agieren. WLAN, das man im gesamten Haus ermöglicht, ist augenblicklich noch nicht kostenfrei. Zumindest plant man hier aber, den Gästen künftig ein kostenfreies Zeitfenster anzubieten.

Bewertung:

KAMEHA GRAND
(OT Venusberg)
Am Bonner Bogen 1
53227 Bonn
Telefon: 02 28-43 34 50 00
Telefax: 02 28-43 34 50 05
Internet: www.kamehagrand.com
E-Mail: info@kamehagrand.com
Direktor: Thomas Kleber
DZ ab € 115,00

Carsten C. Rath, der sich derzeit wie ein Popstar für seine kreativen Geniestreiche feiern lässt, ist sich und seinen Konzepten immer treu geblieben. Vor allem gelingt es ihm immer wieder, seine Person geschickt in Szene zu setzen. Von seinem Drang zur Medienpräsenz profitieren dann die jeweiligen Häuser, für die er gerade tätig ist. Böse Zungen behaupten, ihm gelänge es immer wieder, alten Wein in neuen Schläuchen zu verkaufen. Aber mal ehrlich, allein für diese Chuzpe müsste man ihm eigentlich schon wieder eine Auszeichnung verleihen, denn die Konstanz, mit der er seine immer gleichen Konzepte in der Öffentlichkeit ausbreitet, ist schon bewundernswert. Erneut verkauft er die Strategie, für alles und jeden einen Conciergeservice anzubieten, und wieder findet er dafür dank seiner Marketingschachzüge offensichtlich dankbare Abnehmer. Wir erinnern uns, als er im Fürstenhof Celle die Position des Hoteldirektors übernahm und sofort alle Hoteldienstleistungen als Conciergeservice auswies. Weitere tragfähige Konzepte entwickelte er für den Fürstenhof jedoch nicht. Danach ist es ihm fortlaufend gelungen, sich für immer höhere Positionen zu empfehlen. Zuletzt war er für die Arabella-Sheraton-Hotelgruppe als CEO tätig. Schnell festigte sich sein Ruf als kreativer Querdenker der Hotellerie, den seine überbordende Kreativität von Job zu Job treibt. Wen wundert es da, dass er in seiner Funktion als CEO auch das Kameha Grand mit einem medialen Paukenschlag eröffnete. Sein rauschendes Fest anlässlich der Eröffnung dieses Luxushotels bleibt unvergessen und darf sicherlich als gelungener Coup bezeichnet werden. Den Partner von Bundesaußenminister Guido Westerwelle, Michael Mronz, mit Organisation und Abwicklung der Eröffnungsveranstaltung zu beauftragen, war strategisch sehr klug, denn selbstredend hat Mronz dann dafür Sorge getragen, dass Westerwelle nicht nur Ehrengast war, sondern auch gleich eine Laudatio auf das neue Hotel in Bonn hielt. Die Außenwirkung war enorm, das muss man neidlos anerkennen, und die Eröffnungsveranstaltung mit ihren hochkarätigen Gästen hatte wirklich Klasse. Das Designkonzept des Hauses sorgt für kontroversen Gesprächsstoff, was natürlich gewollt ist, denn so bleibt man auch nach dem Medienhype um die Eröffnung weiter im Gespräch. Zweifelsohne ist dieses Luxus-Businesshotel ein Gesamtkunstwerk und muss sich im Hinblick auf sein außergewöhnliches Design augenblicklich mit niemandem messen. Man wird in allen Abteilungen des Hauses immer wieder positiv überrascht. Valet Parking, 24-Stunden-Zimmer- und Schuhputzservice sind ebenso verlässliche Dienstleistungen wie der obligatorische Conciergeservice. Allerdings hat man mit der geschickt lancierten Presse- und Öffentlichkeitsarbeit bei den Gästen so hohe Erwartungen geweckt, dass natürlich schon kleinere Servicepatzer schwer ins Gewicht fallen. Rath will den Gästen das Service-, Dienstleistungs- und Designkonzept des Hauses als einzigartigen „Kameha-Spirit" verkaufen, aber bei genauer Betrachtung unterscheidet sich das Serviceangebot nicht von dem in anderen Luxushotels. Um die operativen Abläufe des Hauses kümmert sich Rath als der Spiritus Rector dieses angeblich spektakulären Design-Luxushotels natürlich nicht selbst, das wäre auch zu viel verlangt, damit hat er Thomas Kleber beauftragt und somit zu seinem Statthalter ernannt. Denselben bösen Zungen zufolge trifft aber nach wie vor Rath hier sämtliche Entscheidungen und Kleber ist nur der Vollstrecker seiner Anweisungen. Und an diesem Gerücht könnte durchaus etwas dran sein. Das kulinarische Angebot kann wahrlich überzeugen, denn neben der Brasserie Next Level, die eine anspruchsvolle und kreative Haute Cuisine garantiert, steht im 5. Stockwerk das Yu Sushi Club als Alternative zur Verfügung. Hier begeistern Mitsuhiro Masutani und Takashi Nikaido insbesondere Sushi-Fans. Gerne organisiert der Concierge einen Limousinen-Transfer in die Innenstadt, zum Bahnhof oder Flughafen. Parken berechnet man mit 22,50 Euro pro Tag. Unverständlich, wieso nun gelegentlich mit Dumpingpreisen um die Gunst der Gäste gebuhlt wird. Denn hin und wieder darf man den besonderen Kameha-Spirit schon für 115 Euro pro Übernachtung kennenlernen, vorausgesetzt, man bedient sich einschlägiger Preisvergleichs-Internetportale wie trivago.de. Wirklich begeistern können wiederum die großzügigen Öffnungszeiten für den Schwimmbad- und Saunabereich, der den Gästen täglich von 07.00-23.00 Uhr offensteht. Die Zimmer sind in die Kategorien Standard, Premium und Deluxe unterteilt. Zusätzlich stehen Junior-Suiten zur Verfügung. Interessant sind die sogenannten Themensuiten, beispielsweise die Beethoven-, Diva-, Telekom- oder Hero-Suite. Insgesamt ist klar: Entweder man mag das Interieur des Kameha Grand und sein ausgefallenes Design oder man lehnt es ab und wird sich künftig vielleicht für ein klassisches Hotelprodukt entscheiden.

Bewertung: ●●●◐

BREMEN

HILTON
(Stadtmitte)
Böttcherstraße 2
28195 Bremen
Telefon: 04 21-36 96-0
Telefax: 04 21-36 96 9 60
Internet: www.hilton.de
E-Mail: info.bremen@hilton.com
Direktor: Bernhard B. Zündel
DZ ab € 120,00

In diesem Hilton, prominent inmitten der historischen Altstadt und direkt an der Böttcherstraße gelegen, erwartet den Gast ein guter First-Class-Standard. Hier wirkt immer noch der Spirit von Rogier Hurkmans nach, der dieses Haus geprägt hat wie bisher kein anderer Direktor. Hurkmans hatte einst für die Hotelkette ein sogenanntes Rebranding durchgeführt und innerhalb kürzester Zeit in diesem Haus die Hilton-Standards etabliert und es mit an der Spitze des Bremer Hotelmarkts positioniert. Seit einigen Jahren führt nun Bernhard B. Zündel dieses Businesshotel ohne großes Aufsehen, aber offensichtlich doch recht erfolgreich. Man darf ihm bescheinigen, dass unter seiner Führung das Serviceniveau nach wie vor überdurchschnittlich hoch ist. Somit darf dieses Hilton immer noch als eine der fünf besten Adressen der Stadt gelten. Vor allem die Tagungsmöglichkeiten überzeugen, 14 gut ausgestattete Räume stehen hier zur Auswahl. Eine Besonderheit ist der sogenannte Himmelssaal, ein expressionistisches Baudenkmal der 1920er Jahre, den man für Events und Präsentationen ebenso buchen kann wie für ein festliches Diner. Auch ein Schwimmbad- und Saunabereich sowie ein Fitnessbereich dürfen natürlich nicht fehlen. Die Zimmer, die in Beige-, Braun- und Grautönen gehalten sind, befinden sich alle auf einem aktuellen Stand. Man ordnet sie den Kategorien Standard, Hilton-Plus oder Deluxe zu. Zusätzlich stehen schicke Suiten zur Verfügung. WLAN ermöglicht man im gesamten Hotel, die Nutzung ist allerdings gebührenpflichtig. Das Frühstücksbuffet wirkt, als habe man sich hier einen Sparkurs verordnet, denn offensichtlich wurde das Angebot in jüngerer Vergangenheit abgespeckt. Keine Bedenken haben wir gegen einen Besuch des Restaurants L'Olivia. In der „Atrium Bar" sitzt es sich unter einer lichten großen Glaskuppel sehr gemütlich bei einem Glas Champagner, einem Digestif oder einfach auf einen Kaffee.

Bewertung:

INNSIDE
(Gröpelingen)
Sternentor 6
28237 Bremen
Telefon: 04 21-24 27-0
Telefax: 04 21-24 27 427
Internet: www.innside.com
E-Mail: bremen@innside.com
Direktor: Frank Bauchwitz
DZ ab € 84,00

Das Innside Bremen, das zum Portfolio der spanischen Hotelgruppe Sol Meliã gehört, ist ein Kontrapunkt zu den meist eher klassischen Häusern der Stadt. Das Interieur wirkt dynamisch und progressiv. Somit spricht man mit dem Produkt zuallererst eine junge oder zumindest junggebliebene Gästeklientel an. Dieses designorientierte First-Class-Hotel wird nach wie vor unterschätzt und hat am Bremer Hotelmarkt noch längst nicht die Position eingenommen, die es verdient. Unseres Erachtens bleibt das Haus derzeit noch deutlich unter seinen Möglichkeiten, denn weitere Potenziale sind durchaus erkennbar. Hier ist es an Direktor Frank Bauchwitz, die Außenwahrnehmung des Hotels zu steigern und es seinen Stärken entsprechend zu positionieren. Bauchwitz, der das Innside mit riesigem Engagement und Enthusiasmus führt, ist sich dessen durchaus bewusst. Er nimmt Kritik, Anregungen und Lob aufmerksam auf und nutzt dieses Feedback, um sein Haus weiterzuentwickeln. So fortschrittlich wie das Interieur ist die Tatsache, dass man den Gästen nicht nur einen kostenfreien DSL-Zugang ermöglicht, sondern in den Zimmerpreis auch gleich die Minibar sowie den Sky-Cinema-Fernsehkanal inkludiert hat. Das Innside liegt nicht gerade zentral, dennoch erreicht man das Stadtzentrum mit dem Auto in 10 Minuten und den Flughafen in ca. 15 Minuten, eine gute Verkehrslage natürlich vorausgesetzt. Übrigens befindet sich direkt vor der Tür die Straßenbahn, mit der man ebenfalls in 15 Minuten die City erreicht. Beim Studieren der Speisekarte im Hotelrestaurant können wir beim besten Willen keine klare Linie erkennen. Man findet Jakobsmuscheln im Sesammantel mit Couscous und Mangosorbet ebenso wie ein Hirschrückenmedaillon mit Wacholdersauce, das klassische Steak, die bekannten Pastagerichte in unterschiedlichen Variationen und nicht zuletzt das klassische Clubsandwich. Hier möchte man offenbar den unterschiedlichsten Ansprüchen der Gäste gerecht werden, auch um den Preis eines klaren kulinarischen Programms.

Dennoch entspricht die Küchenleistung dem Anspruch des Hauses. Gegen einen Besuch des Restaurants ist daher nichts einzuwenden. Vier unterschiedliche Zimmerkategorien stehen im Innside zur Auswahl und zusätzlich die sogenannten Lifestyle-Family-Suiten, die mit 48 qm viel Platz und eine recht hohe Aufenthaltsqualität garantieren. Keinen großen Stellenwert hat man dem Thema Tagen und Konferieren eingeräumt, lediglich drei je 70 qm große Tagungsräume stehen zur Verfügung. Die lassen sich im Übrigen miteinander verbinden, so dass dann bis zu 150 Personen Platz finden. Auch ein kleiner Freizeitbereich mit finnischer Sauna, Whirl-Wanne und Ruhebereich, ja sogar mit Außenterrasse zählt zum Gesamtangebot. Sicherlich verfügt dieses Hauses noch über weitere Potenziale, die in den kommenden Jahren entwickelt werden wollen.

Bewertung:

MARITIM
(OT Findorff)
Hollerallee 99
28215 Bremen
Telefon: 04 21-37 89-0
Telefax: 04 21-37 89 6 00
Internet: www.maritim.de
E-Mail: info.bre@maritim.de
Direktorin: Constanze Neuhörl
DZ ab € 105,00

Es macht Freude mit anzusehen, mit wie viel Engagement und Energie Direktorin Constanze Neuhörl dieses First-Class-Businesshotel lenkt und endlich wieder auf die Erfolgsspur zurückführt. Vor allem hat sie die Außenwirkung des Hauses erheblich verbessert. Man darf ihr bescheinigen, dass es ihr insbesondere gelungen ist, die Mitarbeiterzufriedenheit signifikant zu steigern. Die wiederum ist für das allgemeine Klima und somit für die Service- und Dienstleistungsbereitschaft enorm wichtig. Insofern darf man hoffen, dass es mit den Serviceschwankungen, die unter den letzten beiden Direktoren auftraten, nun endlich ein Ende hat. Neuhörl ist eine Sympathieträgerin und unglaublich motiviert. Vor allem aber ist sie ehrgeizig und bereit, sich an ihrem Erfolg messen zu lassen. Eines ihrer Ziele ist, die Marktposition dieses Maritim-Hotels weiter zu verbessern. Kein leichtes Unterfangen in Anbetracht des Renovierungsstaus im Hause, der umso schwerer ins Gewicht fällt, als der Bremer Hotelmarkt in Bewegung ist. Starke Mitbewerber und nicht zuletzt neue, interessante Hotelkonzepte wie das Innside oder das Über-Fluss drängten auf den Markt und erschweren die Situation der etablierten Häuser. Ein Manko  der meisten Hotels der Maritim-Gruppe ist, dass die Hardware alles andere als zeitgemäß ist. Die Zimmer und Suiten sind in der Regel im traditionellen Maritim-Chic eingerichtet und entsprechen eher dem Geschmack eines älteren oder konservativen Publikums. Einen guten Ruf hat sich das Restaurant L'Echalote erarbeitet. Zum Gesamtangebot zählt auch ein Schwimmbad- und Saunabereich, der aber leider ebenfalls ein wenig angejahrt wirkt. WLAN-Nutzung ist wie in allen Maritim-Häusern natürlich nicht kostenfrei, während sich das bei neuen Businesshotels mehr und mehr durchsetzt. Hervorragend aufgestellt ist man im Tagungssegment. Veranstaltungen und Kongresse mit bis zu 3.500 Personen sind möglich, da das Haus die angrenzende Bremer Stadthalle mit vermarktet.

Bewertung:

PARK HOTEL
(OT Schwachhausen)
Im Bürgerpark
28209 Bremen
Telefon: 04 21-34 08-0
Telefax: 04 21-34 08 6 02
Internet: www.parkhotel-bremen.de
E-Mail: relax@park-hotel-bremen.de
Direktor: Wilhelm Wehrmann
DZ ab € 154,00

Nach wie vor hoch zu Ross sitzt Hotelchef Wilhelm Wehrmann, der für das Park Hotel ganz selbstverständlich in Anspruch nimmt, das erste Haus am Platz zu sein. Dass man von der DEHOGA als Fünf-Sterne-Superior-Hotel klassifiziert wurde, weckt natürlich bei den Gästen Erwartungen, die man aber nicht durchgängig erfüllen kann. Wir werden nicht müde, darauf hinzuweisen, dass die Mitarbeiter im Park Hotel nach wie vor einen deutlichen Schulungsbedarf an den Tag legen. Nicht immer finden sie den richtigen Ton, hin und wieder treten sie blasiert und arrogant auf. Solches Verhalten wird hier in Bremen oft fälschlicherweise als Understatement verstanden. Arroganz ist aber bekanntlich eine Persönlichkeitsschwäche und kein Beleg für die Klasse eines Hauses. Offensichtlich versuchen einige Mitarbeiter, dergestalt fachliche Fehler zu kaschieren. Eine Erklärung für diese Zustände liegt vielleicht im Auftreten und Habitus des Hotelchefs. Dessen Führungsstil, den man durchaus als patriarchisch bezeichnen darf, ist nicht unumstritten und einer überdurchschnittlich hohen Mitarbeiterzufriedenheit offenbar alles andere als zuträglich. Positiv hervorzuheben ist in jedem Fall, dass Wehrmann nach wie vor der besseren Bremer Gesellschaft das Gefühl vermittelt, dass das Park Hotel als ihr ganz privates Wohnzimmer gelten kann, und sie so an sein Haus bindet. Mögen sich seine Qualitäten in der Betreuung des Durchschnittsgastes auch in engen Grenzen halten, bei sogenannten VIPs läuft er regelrecht zur Hochform auf. Der Umgang mit prominenten und einflussreichen Gästen verleitet Wehrmann offensichtlich zu der Überzeugung, dass er für diese ein gleichberechtigter Partner sei und nicht nur ein Dienstleister. Da fällt es eben schwer, sich mit den Wünschen und Anregungen oder der Kritik des Durchschnittsgastes auseinanderzusetzen. Erfreulich immerhin, dass in den vergangenen Jahren wenn schon nicht in die Mitarbeiterschulung, so doch wenigstens in die Hardware investiert wurde. Somit sind viele Zimmer auf einem aktuellen Stand. Insbesondere die Themen-Suiten in diesem Grandhotel ganz alter Schule überzeugen durch Komfort und Stil. Man genießt auf den Zimmern und Suiten entweder einen Park- oder einen Seeblick, denn das Haus liegt mitten im Bremer Bürgerpark an einer großen Teichfläche. Das Gourmetrestaurant schwimmt seit der Neukonzeption auf einer regelrechten Erfolgswelle. Denn mittlerweile wurde die Küchenleistung von Küchenchef Heiko Schulz mit einem Michelin-Stern belohnt. Über insgesamt 1.200 qm erstreckt sich der edle SPA-Bereich des Parkhotels. Zu diesem zählt unter anderem ein beheizter Außen- sowie ein Indoorpool, außerdem ein Saunabereich mit finnischer Sauna, Dampfbad, Schneegrotte und Ruhezone. Zu den klassischen Serviceleistungen zählen Valet Parking, 24-Stunden-Zimmer-, Concierge- und der obligatorische Schuhputzservice. Und für Tagungen und Veranstaltungen stehen sechs klimatisierte Tagungsräume zur Verfügung, mit Veranstaltungskapazitäten für bis zu 440 Personen.

Bewertung: ◉◉◉◐

SWISSÔTEL
(Stadtmitte)
Hillmannplatz 20
28195 Bremen
Telefon: 04 21-62 000-0
Telefax: 04 21-62 000 222
Internet: www.swissotel.com
E-Mail: bremen@swissotel.com
Direktor: Rogier Hurkmans
DZ ab € 107,00

Die Erfolgsgeschichte, die dieses Swissôtel in der kurzen Zeit seit seiner Eröffnung bereits geschrieben hat, ist zweifelsohne Rogier Hurkmans zu verdanken. Ihm ist es gelungen, dieses First-Class-Superior-Hotel als eines der besten Häuser in Bremen zu etablieren. Der smarte Hotelchef hat verstanden, dass er sich nur mit einem konstant guten Service- und Dienstleistungsangebot sowie einer freundlichen und zuvorkommenden Servicemannschaft von der Vielzahl der Mitbewerber abheben kann. Für seine herausragenden Leistungen haben wir Rogier Hurkmans übrigens im vergangenen Jahr als „Hotelmanager des Jahres" ausgezeichnet. Service beginnt im Swissôtel Bremen bereits bei der Vorfahrt des Gastes. Auch wenn man in diesem Segment eigentlich keinen Doorman erwarten darf, kümmert sich hier ein beflissener Mitarbeiter um das Gepäck der Gäste und bietet einen Valet-Parking-Service an. Für den Hotelchef eine Selbstverständlichkeit – schließlich habe man keine eigene Parkgarage zu bieten, so Hurkmans. Das öffentliche Parkhaus befindet sich in unmittelbarer Nähe. Auf allen Zimmern bietet man kostenfreies WLAN. Seit letztem Jahr wird den Gästen auch ein kleiner Wellnessbereich geboten, zwar ohne Schwimmbad, dafür aber mit einem Sauna- und Fitnessbereich. Zusätzlich gibt es ein kleines Angebot an Beauty- und Massageanwendungen. Einen sehr guten Eindruck in Auswahl und Frische hat das Frühstücksbuffet hinterlassen. Ein Hoffnungsträger im kulinarischen Bereich war Küchenchef Sven Nils Niederbremer, kein Unbekannter in der Region, der sich bereits erste Meriten erworben hat. Er verfolgte einen völlig neuen Kurs und brachte damit, leider nur für kurze Zeit, frischen Wind in die Gastronomie, die in einem Businesshotel oft etwas langweilig ist. Wir sind davon überzeugt, dass er mit seiner ambitionierten Küche durchaus in der obersten Liga hätte mitspielen können. Wenn wir in der Vergangenheitsform schreiben, ist das der Tatsache geschuldet, dass er mittlerweile seine eigenen Wege geht und den Schritt in die Selbstständigkeit gewagt hat. Am meisten dürfte die Gäste jedoch interessieren, dass alle Zimmer auf einem neuen Stand sind; zwar verfügen nicht alle über ein topmodernes Badezimmer, aber die übrigen wird man ebenfalls zeitnah renovieren. Hervorragend sind im Swissôtel die Tagungs- und Veranstaltungsmöglichkeiten. Eine Besonderheit ist sicherlich die Cinema Lounge, die für spezielle Events gebucht werden kann. Fazit: Für uns ist das Swissôtel mittlerweile im Segment der Businesshotels die absolute Nummer eins, denn das Gesamtprodukt ist absolut stimmig. Man überzeugt mit einer guten Lage, einem ansprechenden Zimmerprodukt, guten Tagungsmöglichkeiten und einer entsprechenden Gastronomie. Vor allem aber bleiben den meisten Gästen die freundlichen und zuvorkommenden Mitarbeiter in bester Erinnerung.

Bewertung:

ÜBERFLUSS HOTEL
(OT Altstadt)
Langenstraße 72
28195 Bremen
Telefon: 04 21-3 22 86-0
Telefax: 04 21-3 22 86 77
Internet: www.hotel-ueberfluss.com
E-Mail: info@hotel-ueberfluss.com
Inhaber: Lüder Castens & Rolf Specht
DZ ab € 131,00

Das ÜberFluss in Bremen als etwas anderes Designhotel ist jetzt schon seit einigen Jahren am Hotelmarkt etabliert und kann als ein potenzielles Musterexemplar der Gattung Boutique-Hotel gelten. Klein, elegant, etwas teurer und modisch auf der Höhe der Zeit. Diese Eigenschaften, die eine kleine Boutique von einem Kaufhaus unterscheiden, zeichnen auch ein Boutique-Hotel gegenüber anderen Hotelkategorien aus. Das direkt an der Weser gelegene Haus ist eben kein großes Businesshotel mit austauschbarem Interieur und Service. An Bremens neu belebtem Weserufer, der traditionell so bezeichneten Schlachte mit ihren zahlreichen Szene-Kneipen, Bars und Cafés, setzt dieses Designhotel seit Ende 2005 Zeichen. Es reicht quer durch einen Straßenblock und präsentiert sich auf der Innenstadtseite als historisches Gebäude, zur Außenseite als avantgardistischer Neubau mit moderner Glasfassade. Das ÜberFluss bietet die Annehmlichkeiten moderner Businesshotellerie, aber statt der gleichförmigen Inneneinrichtung, wie man sie in vielen neueren Häusern dieser Kategorie findet, ein individuelles, elegantes Ambiente. Dieser große Pluspunkt begeistert sicherlich nicht nur Gäste, die generell das Moderne und Avantgardistische dem Klassischen und Althergebrachten vorziehen. Dunkle Farben in allen möglichen Schattierungen dominieren das Interieur. Nobles Schwarz wie bei dem mit Klavierlack überzogenen Empfangstresen im Eingangsbereich, der die Form eines ausladenden Tisches hat, oder behagliches Schwarz wie bei den Chesterfield-Sofas in der Hotelbar finden sich im ganzen Haus wieder. Dunkelheit und lichtschluckende Farben, kombiniert mit chromglänzenden Akzenten wie den kugelförmigen Lampen im Restaurant oder dem illuminierten Glasfaservorhang zwischen Restaurant und Lobby, schaffen ein ganz eigenes Ambiente, das trotz der eingeschränkten Farbigkeit der Umgebung keinesfalls düster und lichtlos wirkt. Auch die Zimmer folgen in ihrer Gestaltung diesem Grundtenor, das Spiel der Schwarz- und Grautöne, die mit einzelnen Funktionselementen wie Lampen und Badearmaturen durchbrochen werden, setzt sich hier fort. Ein Highlight ist der im obersten Geschoss des Hauses gelegene Tagungsraum mit benachbarter Terrasse, von der man einen freien Blick auf die breite Weser genießen kann. Noch eindrucksvoller ist der ebenfalls dunkel und elegant gehaltene Wellnessbereich des ÜberFluss, der unter anderem ein farbig illuminiertes Schwimmbad und ein behagliches Tepidarium bietet. Hier sitzen die Gäste auf Teilen der ehemaligen Stadtmauer, die beim Um- und Ausbau des Hauses zum Hotel in den Fundamenten freigelegt wurden. Auf der negativen Seite muss man leider verbuchen, dass die Eigentümer das Haus offensichtlich allein über sein Design vermarkten wollen. Auf einen der Kategorie entsprechenden Service legt man bedauerlicherweise offenbar nicht allzu viel Wert. Und so kommt man sich im ÜberFluss, um auf die anfangs verwendete Begrifflichkeit zurückzukommen, manchmal wie in einer noblen Boutique vor, in der zwar ein exklusives Ambiente und elegante Mode angeboten werden, aber ungeschulte und unmotivierte Aushilfsverkäuferinnen einen perfekten Service vermissen lassen. Die beiden Eigentümer sind, ganz frei formuliert, eher mit der Bremer Alternativszene verbandelt als mit dem hiesigen Establishment, und diesem Umstand ist es wohl geschuldet, dass man Service und Dienstleistungsqualitäten hier etwas laxer handhabt. In der Hoffnung, dass dieser Mangel über kurz oder lang durch einen kompetenten Direktor abgestellt wird, kann man hier dennoch eine eingeschränkte Empfehlung aussprechen. Fazit: Dieses Haus hat ein beeindruckendes Design zu bieten, nicht mehr und nicht weniger. Offenbar vertritt man die Meinung, dass man bei der Gästeklientel allein mit Äußerlichkeiten punkten kann. Eine kompetente Hotelleitung, die einen überdurchschnittlichen Service in den Mittelpunkt ihrer Bemühungen stellen und so für ein wirklich herausragendes Hotelprodukt sorgen würde, ist bisher nicht festzustellen. Nach dem Weggang des ehemaligen Direktors Marc Cantauw hat man sich bei der Neubesetzung anscheinend in der zweiten Reihe umgesehen und eher auf farblose Kandidaten gesetzt, die die Anweisungen der Eigentümer widerspruchslos umsetzen.

Bewertung: ● ● ●

BURG Brandenburg

ZUR BLEICHE
Bleichestraße 16
03096 Burg
Telefon: 03 56 03-62-0
Telefax: 03 56 03-6 02 92
Internet: www.hotel-zur-bleiche.com
E-Mail: reservierung@hotel-zur-bleiche.com
Inhaber: Heinrich M. Clausing
DZ ab € 280,00 (HP)

Wer den Spreewald noch aus den 1990er Jahren kennt, erinnert sich vielleicht noch an die Anfänge dieses viel gelobten, aber auch oft missverstandenen und kritisierten SPA-Hotels. Damals gehörten Heinrich Michael Clausing und seine Frau zu den Unternehmern, die in Deutschlands neue Länder aufbrachen, um den Neuanfang allen wirtschaftlichen und auch gastronomischen Lebens in der ehemaligen DDR zu nutzen und den eigenen Traum von einem Ferienhotel der Extraklasse zu verwirklichen. Mutig, dass sie sich dann entschieden, ein ehemaliges FDGB-Erholungsheim zu erwerben, das nicht gerade durch exklusive Architektur überzeugte. Doch die Clausings hatten Fantasie genug, sich hier eine Zukunft als Unternehmer-Hoteliers der Spitzenklasse auszumalen, denn einige Vorzüge des erworbenen Anwesens lagen auf der Hand. Neben der günstigen Lage an einem viel befahrenen Spreewaldkanal, der in den Anfangsjahren zahlreiche Boote voller Touristen direkt zur Gastronomie des Hauses brachte, gab es vor allem viel Platz für die zukünftige bauliche Entwicklung. Und da der Spreewald auch bei westdeutschen Reisenden nach der Wiedervereinigung eine der beliebtesten Destinationen in den neuen Ländern war, konnte man zunächst auf vergleichsweise einfachem Niveau starten. Die erwirtschafteten Gewinne wurden in die Erweiterung und Aufwertung der Anlage investiert, und so konnte man sich rechtzeitig vor Einsetzen des allgemeinen Wellnessbooms in Deutschland als SPA-Hotel mit umfangreichem Wellnessangebot etablieren. Mehr und mehr Gäste kamen wegen des individuell gestalteten und ausladenden SPA-Bereichs, immer weniger, um vom Hotel aus den Spreewald ausgiebig zu erkunden. Somit hatten die Clausings es geschafft, hier im recht bevölkerungsarmen Osten der ehemaligen DDR ein Resort-Hotel zu etablieren – eine Anlage, die vorwiegend wegen ihres hausinternen Angebots an Gastronomie, Sport und Wellness aufgesucht wurde und nicht allein wegen ihrer Lage in einem touristisch durchaus interessanten Gebiet. Zu danken ist das vor allem der individuellen Ausstattung des gesamten Hauses. Kein Prunk und Protz, sondern ein der rustikalen Umgebung angepasstes Ambiente, das dennoch luxuriöse Entspannung verspricht. Am besten beschrieben ist der Stil des Hauses mittlerweile mit dem aus der Modewelt stammenden Begriff „Vintage", was bedeutet, dass hier in vielen Bereichen bewusst Patina eingesetzt wurde. Zusammen mit den vielfach verwendeten rustikalen Naturwerkstoffen Holz und Stein, schweren Stoffen und gedeckten Farben ergibt sich ein Stil, den der in der Welt der Innenarchitektur und Mode einigermaßen orientierte Gast sofort als Ergebnis sorgsamer Gestaltung erkennt. Der unbedarfte Gast findet diese Umgebung meist einfach nur gemütlich, nicht selten aber auch enttäuschend. Denn wer aufgrund der begeisterten Kommentare zum Haus mit der Erwartung hierherkommt, mitten im Spreewald eine Luxusherberge mit Marmorsaunen und goldenen Wasserhähnen vorzufinden, liegt völlig falsch. So beschweren sich diese Gäste oft über den „Sperrmüllcharakter" einzelner Möbelstücke und verstehen nicht, dass hier bewusst mit einfachen, rustikalen und zum Teil unbehandelt belassenen Ausstattungselementen gearbeitet wurde. Diese Gäste sind freilich in der Minderzahl. Dramatischer sind die offensichtlichen Probleme des Hauses, hier im abgelegenen Osten Servicekräfte zu rekrutieren, die dem hohen Anspruch des Hotelkonzepts gerecht werden, denn teilweise werden Unfreundlichkeit und nur durchschnittliches Engagement der Mitarbeiter beklagt. Dass Hotelier Clausing in der Vergangenheit wegen vermeintlicher Drohungen von Mitarbeitern vor Gericht zog, warf zudem ein Schlaglicht auf das wohl schlechte Arbeitsklima im Hotel. Aber auch wenn nicht alle Mitarbeiter zum Haus passen, wäre es nicht gerecht, sie alle über einen Kamm zu scheren. Denn man kann hier auch auf sehr zuvorkommende und beflissene Servicekräfte treffen. In kulinarischer Hinsicht wird man hier sicherlich nicht enttäuscht, denn die Küchenleistung von Oliver Heilmeyer im Gourmet-Restaurant der Bleiche wurde mehrfach in Folge mit einem Michelin-Stern ausgezeichnet. Und auch das Niveau der übrigen Restaurants im Haus bietet keinen Anlass zu Kritik. Wer also einen Aufenthalt in der Bleiche plant, sollte sich durch die partielle Kritik von Gästen, die das Konzept des Hauses nicht verstehen, nicht abschrecken lassen. Vielmehr sollte man zunächst nur wenige Tage buchen und eruieren, ob einem Ambiente und Konzept des Hauses zusagen. Hierbei sollte man sich darüber klar sein, dass die Zimmer der einfachen Kategorien trotz des hohen Preises eher klein ausfallen können. Man zahlt hier eindeutig nicht vorrangig für geräumige Zimmer, sondern für den beeindruckenden SPA mit dem großzügigen Innenpool mit Kamin und der gemütlichen Saunalandschaft, das einmalige Ambiente und die Tatsache, dass man all dies inmitten einer Naturlandschaft wie dem Spreewald geboten bekommt. Ob die Bleiche dann wie bei vielen Gästen zum persönlichen Lieblingshotel wird, kann man auf diese Art und Weise ohne übermäßiges finanzielles Risiko ausprobieren.

Bewertung: ●●●◐

CELLE Niedersachsen

FÜRSTENHOF CELLE
(Innenstadt)
Hannoversche Straße 55–56
29221 Celle
Telefon: 0 51 41-2 01-0
Telefax: 0 51 41-2 01 1 20
Internet: www.fuerstenhof-celle.com
E-Mail: info@fuerstenhof-celle.com
Direktor: Ingo Schreiber
DZ ab € 170,00

Nicht immer war in diesem Haus alles eitel Sonnenschein. Ganz im Gegenteil, es ist noch gar nicht lange her, da nahm man direkten Kurs in Richtung Mittelmäßigkeit. Die Zimmer und Suiten waren in die Jahre gekommen, bedurften einer umfangreichen Renovierung. Auch das Service- und Dienstleistungsangebot überzeugte zwischenzeitlich nicht, es rutschte bedenklich weit nach unten ab und konnte dem selbst auferlegten Anspruch des Hauses nicht mehr gerecht werden. Mit der Übernahme des Fürstenhofs Celle durch die renommierte Althoff-Gruppe konnte man wieder an das einstige Renommee anknüpfen. Unter anderem wurden die Zimmer renoviert, von denen aus man teilweise einen Blick auf die Innenhof-Terrasse oder den Garten hat. Nunmehr sind sie in fünf Kategorien unterteilt: Classic, Superior, Deluxe, Juniorsuite und Suite. Alle Abteilungen des Hauses wurden neu strukturiert, das Service- und Dienstleistungsniveau wieder dem Anspruch des Hauses angepasst. Serviceleistungen, die in einem Fünf-Sterne-Hotel ganz selbstverständlich sind, wie etwa einen Concierge-, einen 24-Stunden-Zimmer- und einen Schuhputzservice, kann man nun kontinuierlich garantieren. Wie ein Fels in der Brandung trotzte auch in schwierigen Zeiten das Restaurant Endtenfang den widrigen Umständen und blieb eine verlässliche Adresse für Gourmets. Zu keiner Zeit schwächelte die Küchenleistung von Spitzenkoch Sobotka, der stets eine hervorragende Leistung abgeliefert hat. Sein Fleiß und sein Engagement wurden belohnt, seit vielen Jahren in Folge erhält er einen Michelin-Stern, die sicherlich begehrteste Auszeichnung in der Gastronomie. Bestens aufgestellt ist man auch im Hinblick auf die Tagungskapazitäten. Da man praktischerweise das Management des Kongresszentrums Congress Union Celle übernommen hat, sind Tagungen und Veranstaltungen kaum Grenzen gesetzt. Immerhin stehen elf unterschiedlich große Räumlichkeiten sowie separate Foyers und Ausstellungsflächen zur Verfügung. Somit sind hier selbst kleine Inhouse-Messen möglich. Daneben bietet der Fürstenhof selbst noch einmal fünf eigene Tagungsräume.

Bewertung: ●●●

CUXHAVEN   Niedersachsen

BADHOTEL STERNHAGEN
(OT Duhnen)
Cuxhavener Straße 86
27476 Cuxhaven
Telefon: 0 47 21-4 34-0
Telefax: 0 47 21-4 34 4 44
Internet: www.badhotel-sternhagen.de
E-Mail: sternhagen@badhotel-sternhagen.de
Inhaber: Jürgen Sternhagen
DZ ab € 236,00

Ein Herausstellungsmerkmal dieses gediegenen Leisurehotels ist zweifelsohne das hier gebotene Serviceniveau. Man versteht sich als lupenreine Fünf-Sterne-Superior-Herberge. Der rüstige Hotelchef und Eigentümer Jürgen Sternhagen, der mittlerweile längst die 80 überschritten hat, führt höchstpersönlich die Geschicke des Hauses. Sein stringenter Führungsstil garantiert einen kontinuierlich guten Service. Und der fängt bereits bei der Vorfahrt an: Ein beflissener Mitarbeiter eilt herbei, begrüßt die Gäste herzlich, kümmert sich um ihr Gepäck und begleitet sie zur Rezeption. An seine Mitarbeiter stellt Sternhagen hohe Anforderungen, vor allem erwartet er, dass die von ihm aufgestellten Standards ohne Abstriche umgesetzt werden. Die Zimmer und Suiten, die wir als konservativ und langweilig bezeichnen würden, möchte der Hotelchef unbedingt als maritim-elegant umschrieben wissen. Auch seine selbstbewusste Einschätzung, dass zu seinem Gesamtangebot ein „herausragender" SPA-Bereich zählt, müssen wir ein wenig relativieren. Fakt ist, dass im Wellnesszeitalter die Ansprüche der Gäste in dieser Hinsicht relativ hoch sind, und die besten Leisurehotels der Republik weisen ihren Gästen mittlerweile 4.000 bis 5.500 qm große SPA-Bereiche aus. Der hier gebotene ist aber in Anbetracht der Gesamtgröße des Hauses durchaus akzeptabel. Immerhin steht ein 850 qm großer Schwimmbad- und Saunabereich mit finnischer Sauna, Dampfbad, Tepidarium, Laconium und Caldarium sowie einer Meerwassertherme zur Verfügung. Zusätzlich gibt es einen Anwendungsbereich, in dem man sich vor allem auf die Thalasso-Therapie spezialisiert hat. Mit dem Restaurant Sterneck ist man seit vielen Jahren auf absolutem Erfolgskurs. Markus Kebschull garantiert hier eine Haute Cuisine, die dem Guide Michelin neuerdings sogar zwei Sterne wert ist. Zu Recht, wie wir finden, denn Kebschull leistete sich zu keinem Zeitpunkt eine Schwächephase. Von einer solchen Auszeichnung profitiert nicht nur das Hotel, sie ist auch ein Aushängeschild für die Stadt und darüber hinaus für die gesamte Region. So konservativ das Badhotel Sternhagen auch sein mag, im Hinblick auf die „Neuen Medien" geht es mit der Zeit und hat verstanden, dass es bei einer Zimmerrate von über 230 Euro mehr als kleinlich ist, Gästen horrende Gebühren für die WLAN-Nutzung zu berechnen. Auch wenn das gefühlte Durchschnittsalter der Gäste bei über 60 Jahren liegt, möchten diese im Urlaub den E-Mail-Verkehr nicht abreißen lassen. Moderne Zahlungsmittel wie

Kreditkarten haben hier dagegen immer noch keinen Einzug gehalten. Zumindest darf der Gast seine Rechnung mit der EC-Karte begleichen.

Bewertung: ●●●◐ ◑

STRANDPERLE
(OT Duhnen)
Duhner Strandstraße 15
27476 Cuxhaven
Telefon: 0 47 21-40 06-0
Telefax: 0 47 21-40 06 1 96
Internet: www.strandperle-hotels.de
E-Mail: info@strandperle-hotels.de
Inhaber: Hans-Jürgen Heinrich
DZ ab € 149,00

Wer sich für dieses Leisurehotel entscheidet, der logiert in recht prominenter Lage, den Strand erreicht man mit wenigen Schritten. Viele Zimmer und Suiten gewähren einen uneingeschränkten Meerblick. Vor nicht allzu langer Zeit hätten wir die Strandperle noch in die Kategorie gepflegtes Mittelmaß eingestuft. Inzwischen hat sich aber vieles zum Besten verändert, man konnte sich in den letzten Jahren kontinuierlich weiterentwickeln, sowohl im Hinblick auf die Hardware als auch im Hinblick auf die Software. Hotelchef Hans-Jürgen Heinrich will es anscheinend wissen und gibt noch mal richtig Gas. Offenbar hat er vorhandene Potenziale erkannt und will sie entsprechend nutzen. Man kann durchaus den Eindruck gewinnen, dass ihn der Ehrgeiz gepackt hat, mit der bislang unangefochtenen Nummer eins in Cuxhaven, dem Badhotel Sternhagen, zumindest gleichzuziehen, jedenfalls was den Selbstanspruch betrifft. Dies weist Heinrich natürlich von sich, bescheiden und loyal, wie er nun einmal ist. Ein Faktum ist, dass er Jahr für Jahr Neuerungen vorweisen kann und offensichtlich permanent darüber nachdenkt, wie er „seine" Strandperle weiter optimieren und am Markt langfristig besser positionieren kann. Step by step renoviert er die Zimmer und Suiten. Vor allem im sogenannten Admiralsflügel logiert man auf einem recht hohen Niveau. Selbstverständlich zählt zum Gesamtangebot auch ein geschmackvoller SPA mit Schwimmbad- und Saunabereich. Mit der Queen-Mary-Suite, die man erst kürzlich konzeptionell neu gestaltet hat, ist man nunmehr auch in der Lage, Gäste mit höchsten Komfortansprüchen unterzubringen. Unter anderem wurde sie mit drei Schlafzimmern und zwei Bädern nebst Gäste-WC ausgestattet. Erfreulicherweise ist es Heinrich gelungen – und das halten wir für die weitere Entwicklung für ausgesprochen wichtig –, auch eine jüngere Gästeklientel anzusprechen, das sorgt für einen guten Mix. Nachvollziehbar, dass man Internetzugang

und Sky in den Zimmerpreis inkludiert hat. Gastronomisch möchte man zumindest mittelfristig in der Bundesliga mitspielen, auch wenn man keinen Michelin-Stern anstrebt. Die kulinarische Leistung von Küchenchef Heiko Prinzhorn-Köster darf man als überaus ambitioniert bezeichnen.

Bewertung: ●●●

DARMSTADT   Hessen

MARITIM
Am Kavalleriesand 6
64295 Darmstadt
Telefon: 0 61 51-3 03-0
Telefax: 0 61 51-30 3 111
Internet: www.maritim.de
E-Mail: info.dam@maritim.de
Direktorin: Tanja Knop
DZ ab € 93,00

Stagnation bedeutet langfristig Stillstand, diese Weisheit sollte das „Management" dieses Maritim-Hotels beherzigen. Nicht ohne Grund weisen wir an dieser Stelle darauf hin, denn nachdem Tanja Knop dieses Haus übernommen hatte, ging es mit der Dienstleistungsbereitschaft der Mitarbeiter steil bergab. Soll heißen, hier hat offensichtlich der Schlendrian Einzug gehalten. Wir berichteten ja bereits in den vergangenen Jahren, dass es Knop, seit sie für dieses First-Class-Hotel verantwortlich ist, bislang nicht gelungen ist, es weiterzuentwickeln. Ihrem Vorgänger Stephan Dick, der dieses Haus viele Jahre geführt und Maßstäbe gesetzt hat, lag vor allem am Herzen, ein gutes Dienstleistungsangebot und ein hohes Serviceniveau zu etablieren. Sein Qualitätsanspruch war dabei recht hoch. In Anbetracht der Tatsache, dass sich der Wettbewerb auf dem hiesigen Markt verschärft hat und man nicht gerade mit einem zeitgemäßen Zimmerprodukt aufwarten kann, war das sicherlich eine gute Strategie. Verwunderlich ist auch, dass es fast unmöglich ist, mit der Hoteldirektorin in Kontakt zu treten. Die Antwortpalette der Mitarbeiter, die ihre ständige Ortsabwesenheit entschuldigen, ist breit gefächert, sie reicht von „in einer Besprechung" über „noch nicht im Haus" oder „augenblicklich im Urlaub" bis zu „in einem Außentermin". Führend ist das Hotel nach wie vor im Tagungssegment, denn es verfügt über Tagungsräume, die Veranstaltungen und Meetings mit bis zu 300 Personen ermöglichen. Die Kapazitäten, auch im Hinblick auf Zimmerkontingente, sind noch erweiterbar durch das Schwesterhotel, das direkt gegenüber liegt. Stets einen guten Eindruck hinterlässt – wie im Übrigen in den meisten Häusern der Gruppe – das Frühstücksbuffet. Weniger beeindruckend sind die Zimmer und Suiten, die im bekannten gediegenen „Dr. Gommolla-Design" gehalten sind, aber Designeskapaden erwarten eingefleischte Maritim-Fans ohnehin nicht. Was die Lage der Zimmer angeht, hat man die Wahl zwischen Pest und Cholera: Will man es eher etwas ruhiger haben, logiert man zur Straßenseite, sonst zur Bahnseite. Natürlich wird den Gästen auch ein Schwimmbad- und Saunabereich geboten. Erfreulicherweise ist der Poolbereich, anders als in vielen Hotels üblich, nicht im Tiefgeschoss untergebracht, sondern in der 8. Etage und verfügt somit über Tageslicht. Gegen den Besuch des Restaurants gibt es keine Bedenken, die Küchenleistung ist mehr als akzeptabel. Nicht mehr ganz zeitgemäß ist, dass man sich die WLAN-Nutzung immer noch fürstlich entlohnen lässt, hier berechnet man selbstbewusst 8 Euro – pro Stunde wohlgemerkt.

Bewertung:

DORTMUND   Nordrhein-Westfalen

HILTON
(Stadtmitte)
An der Buschmühle 1
44139 Dortmund
Telefon: 02 31-10 86-0
Telefax: 02 31-10 86 7 77
Internet: www.hilton.de
E-Mail: info.dortmund@hilton.com
Direktor: Frank Rücker
DZ ab € 88,00

In Dortmund ist das Hilton eine verlässliche Größe. Man logiert eigentlich recht zentral in diesem First-Class-Hotel, liegt es doch unweit der Westfalenhallen. Der Wellnessbereich des Hauses verdient durchaus ein Lob. Obwohl das Hilton sich als ein lupenreines Businesshotel versteht und nicht als Leisurehotel, zählen zum Gesamtangebot ein großzügiger Poolbereich mit Ruheliegen sowie ein Saunabereich mit finnischer Sauna und Dampfbad. Im Active Club trainiert man auf modernen Kraft- und Cardiogeräten, auf Wunsch auch mit einem Personal Trainer, der gemeinsam mit dem Gast ein individuelles Fitnessprogramm erarbeitet. Außerdem kann man im Beautysalon Massage- und Kosmetikanwendungen buchen. Alle Zimmer und Suiten sind großzügig angelegt und bieten einen zeitgemäßen Komfort, wurden sie doch erst vor Kurzem renoviert und an die Hilton-Vorgaben angepasst. Wer sich ein komfortables Zimmer der Deluxe-Kategorie gegönnt hat, erhält nicht nur kostenfreien WLAN-Zugang, der ansonsten separat berechnet wird, sondern hat außerdem Anspruch auf einen Tiefgaragenstellplatz und findet zusätzlich auf den Zimmern eine Tee- und Kaffeezubereitungsmöglichkeit vor. Teilweise bieten diese Zimmer einen direkten Ausblick auf den Westfalenpark. Hervorragend sind in diesem Hilton die Tagungsmöglichkeiten: Die insgesamt 16 mit modernster Technik ausgestatteten Räumlichkeiten lassen Meetings und Kongresse mit bis zu 450 Personen zu. Auch mit dem professionellen Team, das die Tagungs- und Veranstaltungsteilnehmer betreut, ist man gut aufgestellt. Eine mediterrane Küche auf akzeptablem Niveau, nicht mehr, aber auch nicht weniger darf man im Restaurant L'Olivia erwarten. Nach wie vor ein Kuriosum ist aber, wie man in diesem Haus mit potenziellen Gästen umspringt. Das scheint bei Hilton aber schon fast üblich zu sein – man könnte meinen, die Kette habe eine Monopolstellung. So ist es kaum möglich, mit dem Hotel direkt Kontakt aufzunehmen, man wird grundsätzlich mit der zentralen Reservierung in „Absurdistan" verbunden. Seit Neuestem vertritt man offenbar die Auffassung, dass der Kunde sich gefälligst an feste Sprechzeiten zu halten habe. Und nicht nur, dass man zu Beginn der Telefonverbindung aufgefordert wird, auf seiner Tastatur die Nummer eins zu drücken, wenn man ein Zimmer für bis zu 9 Personen wünscht, die zwei für … und so weiter und so fort – nachdem man sich beispielsweise für die eins entschieden hat, wird man von einer freundlichen Stimme informiert, dass die deutschsprachige Reservierung nicht mehr besetzt sei, und zur englischsprachigen weiterverbunden. Verständlich, wenn man mit dieser Hotelgruppe, auch wenn sie immer noch einen großen Namen hat, die Geduld verliert und sich für einen Mitbewerber entscheidet.

Bewertung:

LENNHOF
(OT Barop)
Menglinghauser Straße 20
44227 Dortmund
Telefon: 02 31-7 58 19-0
Telefax: 02 31-7 58 19 60
Internet: www.der-lennhof.de
E-Mail: info@der-lennhof.de
Direktor: Arne Brügmann
DZ ab € 145,00

Wem die Kettenhotels der Stadt zu groß, zu unpersönlich und zu uniform sind, für den dürfte der Lennhof eine adäquate Alternative sein. Mit insgesamt 31 Zimmern und 4 Suiten, die allesamt recht originell gestaltet sind, ist dieses Vier-Sterne-Hotel doch sehr überschaubar und zeichnet sich durch einen eher intimen Charakter aus. Die Lage ist alles andere als zentral, der Lennhof befindet sich im Ortsteil Barop. Zumindest ist damit das Parken für die Gäste kostenfrei, da fallen in Innenstadthotels gut und gerne mal 20 Euro pro Tag an. Bei allen positiven Aspekten müssen wir unbedingt darauf hinweisen, dass die Professionalität der Mitarbeiter nicht durchgängig überzeugt. Hier muss der Gast gelegentlich über den einen oder anderen Servicepatzer hinwegsehen. Man gewinnt teilweise den Eindruck, dass das Personal überwiegend aus der Szenegastronomie rekrutiert wurde. Seit einigen Jahren ist Arne Brügmann für dieses First-Class-Hotel verantwortlich, das einst zum Traditions-Fußballligisten Borussia Dortmund gehörte und nach wie vor als Mannschaftshotel dient. Wen wundert es da, dass die Zimmer nach dem Thema Fußball gestaltet wurden. Am Kopfende jedes Betts findet man ein Fußballmotiv. Da der Zuschnitt der Zimmer variiert, sollte man sich bei der Reservierung nach der Größe erkundigen. WLAN-Nutzung hat man kostenfrei gestellt. Ein Wellnessbereich ist leider nicht vorhanden. Gemütlich wirkt das Restaurant, das im zentralen Fachwerkbau untergebracht ist. Wenig Überraschung bietet die Küchenleistung, die aber vermutlich den Erwartungen der meisten Gäste entspricht. Gemütlich sitzt es sich in der schicken Bar, hier genießt man einen Cocktail oder ein Glas Champagner.

Bewertung:

PULLMAN
(Stadtmitte)
Lindemannstraße 88
44137 Dortmund
Telefon: 02 31-91 13-0
Telefax: 02 31-91 13-999
Internet: www.pullmanhotels.com
E-Mail: H2833@accor.com
Direktor: Uwe Schlünsen
DZ ab € 80,00

Man logiert recht zentral in diesem First-Class-Hotel, das in unmittelbarer Nähe der Westfallenhallen liegt. Die Autobahnanbindung zur A1, A2 und A45 ist optimal. Einst ein Mercure und nunmehr seit einigen Jahren ein Pullman, zählt das Haus zu den ersten Adressen der Stadt. Nach dem Rebranding musste das gesamte Hotelprodukt an die Standards der Marke angepasst werden. Deshalb wurde natürlich auch umfangreich renoviert und das Service- und Dienstleistungsangebot optimiert. Man hat die insgesamt 212 Zimmer und 7 Suiten aber nicht vollständig neu konzeptioniert, sondern genau wie das Pullman Fontana in Stuttgart 2007 und 2008 einem aufwendigen Softlifting unterzogen. Die Suiten gelten im Übrigen als die größten der Stadt. Für Gäste, die ein Zimmer auf der sogenannten Deluxe-Etage gebucht haben, ist die Nutzung von Minibar und Sky-TV kostenfrei. WLAN-Nutzung

wird mit 12 Euro für 24 Stunden berechnet, in der Lounge steht den Gästen aber ein kostenfreier Internetzugang zur Verfügung. Durchaus zu empfehlen ist das Business Package für 19,90 Euro, das nicht nur das Frühstück, sondern auch den WLAN-Zugang beinhaltet. Dem Thema Wellness misst man in diesem Haus, anders als in den Schwesterhotels in Aachen und Stuttgart, keine allzu große Bedeutung zu, dennoch kann man den Gästen einen edlen, sehr ansprechenden Sauna- und Fitnessbereich bieten. In erster Linie versteht man sich als Businesshotel, entsprechend gut sind natürlich die Tagungs- und Veranstaltungsmöglichkeiten. 13 modernst ausgestattete Räumlichkeiten stehen zur Auswahl, um Meetings und Tagungen mit bis zu 300 Personen durchzuführen. Uwe Schlünsen, der seit Ende 2007 als Hoteldirektor für die weitere Entwicklung des Hauses verantwortlich ist, konnte es am hiesigen Markt, der sicherlich nicht einfach ist, sehr gut positionieren. Eine internationale Küche mit regionaler Couleur erwartet den Gast im Restaurant Davidis. Wenn es nur ein Snack sein soll, bietet sich die Bar Overbeck an. Fazit: Das Pullman hat sich unter der Führung von Uwe Schlünsen in den vergangenen Jahren positiv weiterentwickeln können.

Bewertung:

DRESDEN Sachsen

DORINT HOTEL DRESDEN
(Seevorstadt)
Grunaer Straße 14
01069 Dresden
Telefon: 03 51-4915-0
Telefax: 03 51-4915 100
Internet: www.dorint.com
E-Mail: info.dresden@dorint.com
Direktor: Michael Mollau
DZ ab € 77,00

Seit vielen Jahren führt Michael Mollau dieses Dorint-Hotel mit beeindruckendem Fleiß und großer Sorgfalt. Mollau ist ein Vertreter seiner Zunft, für den die Gastgeberrolle geradezu maßgeschneidert ist. Er ist ein Sympathieträger mit ausgeprägter Sozialkompetenz, packt bei Schwierigkeiten stets als Erster zu und ist daher für seine Mitarbeiter ein unumstrittenes Vorbild. In seinem Hause scheint der Hoteldirektor omnipräsent zu sein. Dies liegt aber in erster Linie an einem gut strukturierten Terminplan. Mal begrüßt er Gäste bei der Anreise, dann schaut er bei Tagungen und Veranstaltungen in den Pausen nach dem Rechten, erkundigt sich beim Veranstalter, ob alles zur Zufriedenheit ist, zu vorgerückter Stunde macht er seine Runde im Restaurant.

Gastkontakte sind ihm offensichtlich sehr wichtig, denn sie nehmen einen nicht unwesentlichen Teil seiner Zeit ein. Überhaupt, das Service- und Dienstleistungsniveau in diesem Dorint überzeugt. Mit ausgesuchter Freundlichkeit und Herzlichkeit kümmern sich die Mitarbeiter um die Anliegen der Gäste. Auf einem Hotelmarkt, in dem sich der Wettbewerb zunehmend verschärft, ist die Servicequalität immer ein Pfund, mit dem man wuchern sollte. Jahr für Jahr entstehen neue Häuser, nicht selten Dependancen großer, renommierter Hotelgruppen, die nicht nur an gute, sondern an herausragende Entwicklungsmöglichkeiten in der „Boomtown Dresden" glauben. Mag sein, dass in diesem Dorint die Zimmer und Suiten nicht mehr auf dem allerneuesten Stand sind, trotzdem garantieren sie eine mehr als gute Aufenthaltsqualität. Selbstverständlich zählt zum Angebot auch ein Freizeitbereich mit Schwimmbad, finnischer Sauna und Dampfbad. Zusätzlich steht den Gästen ein adäquater Fitnessbereich zur Verfügung. Man logiert zwar nicht mitten im touristischen Zentrum zwischen Frauenkirche und Semperoper, erreicht dieses jedoch ganz bequem in wenigen Gehminuten. Trotz des immensen und entsprechend vielfältigen gastronomischen Angebots in der weiteren Umgebung bietet es sich durchaus an, auch hier im Hotel zu essen.

Das Restaurant „Die Brücke" bietet eine attraktive Mischung aus regionaler und internationaler Küche. Mittwochs gibt es unter anderem ein Buffet, dessen Angebot monatlich wechselt. Das Dorint wird gern von kulturinteressierten Individualreisenden frequentiert, doch ist es vor allem ein Businesshotel mit guten Tagungs- und Veranstaltungsmöglichkeiten. Zur Auswahl stehen 14 mit modernster Technik ausgestattete Veranstaltungsräume und zusätzlich 4 Banketträume, deren größter bei parlamentarischer Bestuhlung Platz für bis zu 170 Personen bietet. Wir halten fest: Das Dorint hat sich mit seinem ausgewogenen Dienstleistungs- und Serviceangebot einen Spitzenplatz im Segment der First-Class-Häuser Dresdens erarbeitet und zählt zu den besten Adressen der Stadt. Guter Service ist hier eben keine Glückssache, sondern eine Selbstverständlichkeit – nicht zuletzt dank der langjährigen, kontinuierlichen Arbeit von Michael Mollau.

Bewertung:

HILTON
(OT Altstadt)
An der Frauenkirche 5
01067 Dresden
Telefon: 03 51-86 42-0
Telefax: 03 51-86 42 7 25
Internet: www.hilton.de
E-Mail: info.dresden@hilton.com
Direktor: Jan-Patrick Krüger
DZ ab € 94,00

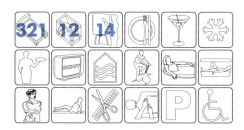

Dieses Hilton ist für uns, kurz gesagt, ein Luxus-Businesshotel ohne Seele. Hier fehlt ein Hoteldirektor, der sich nicht nur als Verwalter, sondern auch als Gastgeber versteht. Dennoch spricht zweifelsohne vieles für dieses Haus. Es bietet einerseits ein frisches, modernes Zimmerprodukt an und überzeugt andererseits mit hervorragenden Tagungs- und Veranstaltungsmöglichkeiten. Je nachdem, welche Kategorie man gebucht hat, genießt man entweder einen Ausblick auf die Frauenkirche oder einen Elbblick. Befände sich dieses Hotel nicht in Dresden, einer Stadt mit einem breit gefächerten touristischen und kulturellen Angebot, sondern in irgendeiner unbedeutenden C- oder D-Destination, müsste der Geschäftsreisende bzw. der Tagungsgast das Haus eigentlich gar nicht verlassen. Zahlreiche Restaurants, ein überdurchschnittlicher Freizeitbereich mit Schwimmbad, Open-Air-Whirlpool, drei unterschiedlich temperierten Saunen und Dampfbad und sogar ein Nachtclub zählen zum Gesamtangebot. So kommt keine Langeweile auf, auch wenn man sich für die bauhistorischen und kulturellen Kostbarkeiten in der Umgebung des Hotels nicht interessiert. Speziell das gastronomische Spektrum im Hause spricht für sich, von der anspruchsvollen italienischen Küche im Rossini über die vietnamesisch-thailändische Küche im Hot Wok bis zur gutbürgerlichen Küche im Bierhaus Dampfschiff. Ob das Restaurant Applaus – Steaks, Bar & More tatsächlich Applaus erhält, hängt selbstverständlich von den Erwartungen der Gäste ab. Es liegt direkt an der touristischen Hauptflaniermeile zwischen Frauenkirche und Elbe und bietet neben knackigen Salaten und Steaks auch Pasta in verschiedenen Variationen. Für den kleinen Hunger bietet sich die Balance Bar oder das Bistro im Hotel an. In Dresden längst eine Institution ist Yukio Ogura mit seinem gleichnamigen japanischen Restaurant. Hier genießt man Sushi und Sashimi sowie japanische Spezialitäten vom Teppanyaki-Grill. Alle Zimmer im Hilton sind mit einem Flachbildschirmfernseher, Bademantel und Slippern ausgestattet und verfügen über eine Möglichkeit zur Kaffee- und

Teezubereitung. Noch mehr Komfort versprechen die geräumigen Eckzimmer, die der Executive-Plus-Kategorie zugeordnet werden. Hier hat der Gast unter anderem Zugang zur Executive Lounge, wo ihn eine kontinentales Frühstück, Softdrinks, alkoholische Getränke, kleine Snacks und Kanapees erwarten. Zu erwähnen sind auch die guten Veranstaltungsmöglichkeiten. Insgesamt 14 mit moderner Tagungstechnik ausgestattete Räumlichkeiten inklusive eines Ballsaals ermöglichen Veranstaltungen mit bis zu 700 Personen. Der Zugang zum Living Well Health Club war bislang nur für Gäste kostenfrei, die mindestens ein Zimmer der Executive-Etage gebucht hatten, diese Einschränkung hat man aber im Januar 2012 aufgehoben. Zu guter Letzt der Hinweis, dass man die WLAN-Nutzung leider immer noch mit 17 Euro für 24 Stunden berechnet.

Bewertung:

HOLIDAY INN
(OT Dresden-Neustadt)
Stauffenbergallee 25a
01099 Dresden
Telefon: 03 51-8151-0
Telefax: 03 51-8151 333
Internet: www.holiday-inn-dresden.de
E-Mail: info@holiday-inn-dresden.de
Direktor: Johannes H. Lohmeyer
DZ ab € 80,00

Dresden ist berühmt für seine prachtvolle Barock-Silhouette, die nach dem Wiederaufbau der Frauenkirche wieder nahezu so erstrahlt wie auf Bildern aus dem 18. Jahrhundert. Die gründerzeitliche Stadterweiterung auf dem gegenüberliegenden Ufer der Altstadt tritt dadurch etwas in den Hintergrund, zumindest in der Aufmerksamkeit der internationalen Touristen. Dabei gilt die Dresdener Neustadt zumindest in Deutschland durchaus als der lebendigste Teil der Stadt. Denn hier wurde bei dem verheerenden Bombardement zum Ende des Zweiten Weltkriegs weit weniger Bausubstanz vernichtet als im Zentrum jenseits der Elbe. Wie im Berliner Stadtteil Prenzlauer Berg waren auch hier schon zu DDR-Zeiten neben den angestammten Bewohnern Studenten, Künstler und Kreative zu Hause, und deren Zahl nahm nach der Wiedervereinigung weiter zu. So findet sich hier heute ein bunter, quirliger

Stadtteil mit viel gründerzeitlicher Bausubstanz, während die Dresdener Altstadt stark von Touristen bevölkert ist und noch sehr im Zeichen des Wiederaufbaus nach dem Fall des Eisernen Vorhangs steht. Das Holiday Inn in der Neustadt ist ideal für Reisende, die auch diese Seite Dresdens erkunden wollen und dabei gern etwas abseits des Touristentrubels Quartier nehmen. Das garantiert jedenfalls eine angenehmere Nachtruhe und eine unkompliziertere Anreise. Geschäftsführer Johannes H. Lohmeyer, der auch die Best-Western-Hotels in Dresden und bei Frankfurt betreibt, ist ein Hotelchef besonderen Kalibers, der nicht müde wird, seinem Haus mit durchdachten Details den Feinschliff zu geben, der es von anderen Businesshotels dieser Kategorie unterscheidet. Tatsächlich ist das, was uns besonders für ihn eingenommen hat, gerade seine Detailversessenheit und seine vielen Ideen, die dem einen oder anderen nebensächlich erscheinen mögen, die wir aber in Hotels schon seit Ewigkeiten vermissen. Geben wir ein kleines Beispiel: Lohmeyer kam die Idee, die Fernbedienungen der Fernseher bei jedem neuen Gast zu desinfizieren und in eine Klarsichthülle zu legen. Das signalisiert dem Gast zum einen, dass das Gerät gesondert gereinigt wurde, zum anderen kann er, wenn er möchte, die Tasten durch die Hülle hindurch hygienisch sicher bedienen. Natürlich wollen wir hier keinem überbordenden Hygienewahn Vorschub leisten, aber Studien haben erwiesen, dass die Tastaturen von Computern und Fernbedienungen die bei Weitem größten Träger von Krankheitskeimen sind, und die Vorstellung, dass man diese Keime bei der Bedienung des Fernsehers aufnimmt, ist alles andere als angenehm. Lohmeyers Lösung ist so genial wie einfach und sollte eigentlich zumindest in guten Businesshotels zum Standard gehören wie das saubere Handtuch im Badezimmer. Natürlich werden auch die Telefonhörer gereinigt und in Zellophan gehüllt. Lohmeyer nutzt sein Hotel als Experimentierfeld und ist auch bereit, Konzepte kurzfristig über den Haufen zu werfen und durch neue zu ersetzen. So hat er etwa das Snack-Buffet in der Bar, an dem sich die Gäste ihre Knabbereien zum Drink bislang selbst zusammenstellen konnten, eingestellt, und den Gratis-Salat vom Salatbuffet im Restaurant gibt es jetzt nur noch für „Facebook-Freunde". Nicht ganz verständlich ist, dass man für WLAN-Nutzung neuerdings 9 Euro berechnet, und das in Zeiten, wo mehr und mehr Hotels bereits in der Drei-Sterne-Kategorie sie den Gästen kostenfrei stellen. Aber Lohmeyer wäre nicht Lohmeyer, wenn er dies nicht vorher genau ausgelotet hätte. Größter Beliebtheit erfreuen sich nach wie vor die exklusiv für das Haus hergestellten Marmeladenmischungen und Brotsorten, die die Gäste beim Frühstück geboten bekommen. Eine weitere Stärke des Hauses ist der Tagungs- und Veranstaltungsbereich, hier ist man mit insgesamt acht Räumlichkeiten relativ gut aufgestellt. Und da auch das Zimmerprodukt stimmt und laufend abschnittsweise erneuert wird, gibt es keinen Grund, das Holiday Inn bei der Planung eines Aufenthalts in Dresden zu übergehen.

Bewertung:

KEMPINSKI TASCHENBERGPALAIS
(OT Innere Altstadt)
Taschenberg 3
01067 Dresden
Telefon: 03 51-49 12-0
Telefax: 03 51-49 12 8 12
Internet: www.kempinski-dresden.de
E-Mail: reservations.taschenbergpalais@kempinksi.com
Direktor: Gerold Held
DZ ab € 143,00

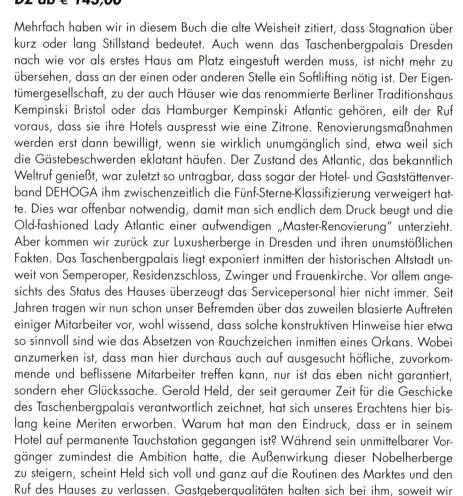

Mehrfach haben wir in diesem Buch die alte Weisheit zitiert, dass Stagnation über kurz oder lang Stillstand bedeutet. Auch wenn das Taschenbergpalais Dresden nach wie vor als erstes Haus am Platz eingestuft werden muss, ist nicht mehr zu übersehen, dass an der einen oder anderen Stelle ein Softlifting nötig ist. Der Eigentümergesellschaft, zu der auch Häuser wie das renommierte Berliner Traditionshaus Kempinski Bristol oder das Hamburger Kempinski Atlantic gehören, eilt der Ruf voraus, dass sie ihre Hotels auspresst wie eine Zitrone. Renovierungsmaßnahmen werden erst dann bewilligt, wenn sie wirklich unumgänglich sind, etwa weil sich die Gästebeschwerden eklatant häufen. Der Zustand des Atlantic, das bekanntlich Weltruf genießt, war zuletzt so unzumutbar, dass sogar der Hotel- und Gaststättenverband DEHOGA ihm zwischenzeitlich die Fünf-Sterne-Klassifizierung verweigert hatte. Dies war offenbar notwendig, damit man sich endlich dem Druck beugt und die Old-fashioned Lady Atlantic einer aufwendigen „Master-Renovierung" unterzieht. Aber kommen wir zurück zur Luxusherberge in Dresden und ihren unumstößlichen Fakten. Das Taschenbergpalais liegt exponiert inmitten der historischen Altstadt unweit von Semperoper, Residenzschloss, Zwinger und Frauenkirche. Vor allem angesichts des Status des Hauses überzeugt das Servicepersonal hier nicht immer. Seit Jahren tragen wir nun schon unser Befremden über das zuweilen blasierte Auftreten einiger Mitarbeiter vor, wohl wissend, dass solche konstruktiven Hinweise hier etwa so sinnvoll sind wie das Absetzen von Rauchzeichen inmitten eines Orkans. Wobei anzumerken ist, dass man hier durchaus auch auf ausgesucht höfliche, zuvorkommende und beflissene Mitarbeiter treffen kann, nur ist das eben nicht garantiert, sondern eher Glückssache. Gerold Held, der seit geraumer Zeit für die Geschicke des Taschenbergpalais verantwortlich zeichnet, hat sich unseres Erachtens hier bislang keine Meriten erworben. Warum hat man den Eindruck, dass er in seinem Hotel auf permanente Tauchstation gegangen ist? Während sein unmittelbarer Vorgänger zumindest die Ambition hatte, die Außenwirkung dieser Nobelherberge zu steigern, scheint Held sich voll und ganz auf die Routinen des Marktes und den Ruf des Hauses zu verlassen. Gastgeberqualitäten halten sich bei ihm, soweit wir erkennen können, bislang deutlich in Grenzen. Bei seinem Vorgänger dagegen kam durchaus der eine oder andere Gast in den Genuss seiner Charmeoffensiven – vorausgesetzt, er wurde als wichtig eingestuft. So weit, so schlecht. Ungeachtet der schwankenden Qualitäten der Direktoren garantieren alle Zimmer und Suiten zumindest derzeit noch eine hohe Aufenthaltsqualität. Klassische Dienstleistungen wie Valet Parking, 24-Stunden-Zimmer- und Schuhputzservice funktionieren erfreulicherweise ohne Fehl und Tadel. Nach einem anstrengenden Meeting oder einer Sightseeing-Tour relaxt man im schicken SPA-Bereich. Neben einem Pool stehen ein Sauna- und ein Fitnessbereich mit modernen Trainingsgeräten zur Verfügung. Einen guten Eindruck hinterlässt vor allem das reichhaltige Frühstücksbuffet. Lediglich akzeptabel ist hingegen das sonstige gastronomische Angebot. Fazit: Noch hat das Kempinski Taschenbergpalais alle Attribute, um die Position des besten Luxushotels der Stadt zu halten, doch wenn es diesen Status halten will, ist hier und da eine Renovierung unumgänglich.

Bewertung:

MARITIM
Devrientstraße 10–12
01067 Dresden
Telefon: 0351-216-0
Telefax: 0351-216 1000
Internet: www.maritim.de
E-Mail: info.dre@maritim.de
Direktor: Jörg Bacher
DZ ab € 100,00

Blickt man von dem der Dresdener Altstadt gegenüberliegenden Elbufer aus auf die in den letzten Tagen des Zweiten Weltkriegs zerstörte Barockstadt, mag man denken, dass das alte Sprichwort tatsächlich gilt und die Zeit alle Wunden heilt. Das einmalige Panorama der sächsischen Metropole ist heute nahezu vollständig wiederhergestellt, und der berühmte „Canaletto-Blick", benannt nach dem italienischen Rokoko-Künstler, der im 18. Jahrhundert erstmals Stadtansichten vom Elbufer aus malte, kann heute wieder fast unverändert genossen werden. Doch es ist eben nicht die Zeit, die hier Wunder vollbrachte und vollbringt, sondern das Engagement zahlreicher Menschen in Dresden und aller Welt, die dafür gesorgt haben, dass die im Krieg zerstörten Prachtbauten nach und nach wiederaufgebaut wurden und immer noch werden. Schon zu DDR-Zeiten machte man sich an die Arbeit, Zwinger und Semperoper sind beeindruckende Beispiele für den Wiederaufbauwillen, der hier auch unter wirtschaftlich schwierigen Bedingungen herrschte. Nach dem Fall der Mauer konnte dann mit internationalen Spenden die Frauenkirche rekonstruiert werden, und mit ihrer riesigen Steinkuppel erhielt Dresden seine Stadtkrone zurück. Auch einige hundert Meter flussabwärts, gleich neben der Semperoper, hat sich die Stadtsilhouette komplettiert und restauriert, und hier ist die deutsche Hotelgruppe Maritim involviert, wenn auch nur als Betreibergesellschaft eines modernen First-Class-Hotels. Als nämlich ein neues Kongresszentrum direkt an der Elbe und in unmit-

telbarer Nähe der Altstadt geplant wurde, entschied man sich, das Kongresszentrum selbst als imposanten Neubau zu errichten, das dazugehörige Hotel aber in einem riesigen Elbspeicher unterzubringen, der das Bombardement des Zweiten Weltkriegs überstanden hatte und unter Denkmalschutz stand. Der nach seinem Erbauer benannte Erlweinspeicher wurde aufwendig entkernt und zu einem beeindruckenden modernen Kongress- und Businesshotel umgebaut. Dabei fand erstaunlicherweise sogar ein Architekturelement Verwendung, das in den Häusern der Maritim-Kette oft wiederkehrt, nämlich das Atrium. Während dieses aber zum Beispiel in den Flughafenhotels in Hannover und Düsseldorf oder dem Haus in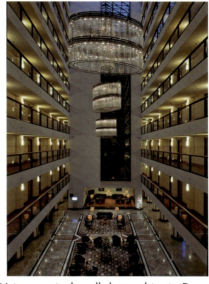
Magdeburg vor allem Großzügigkeit und Weite vermitteln soll, hat es hier in Dresden eine weitere praktische Funktion, denn damit lässt sich bei einem derart hohen Gebäude, das eigentlich für die Lagerung von Gütern vorgesehen war, Tageslicht und Luftigkeit in das Innere des massiven Bauwerks bringen. Durch den langgestreckten Grundriss und die beträchtliche Höhe des Gebäudes wirkt die Größe des innenliegenden Atriums nahezu schwindelerregend, und die umlaufenden gläsernen Balustraden der Hoteletagen tragen sicherlich nicht dazu bei, Besucher mit Höhenangst zu beruhigen. Für alle anderen aber ist die Wirkung sensationell. Ein glanzvoller Rahmen für Tagungen und Kongresse ist also nicht nur im benachbarten Kongressgebäude, sondern auch hier im Maritim-Hotel garantiert. Aber auch privat reisende Touristen, und auch unter diesen gibt es zahlreiche Maritim-Fans, finden hier unabhängig vom Kongressbetrieb alles, was sie an dieser immer noch privat geführten Hotelkette so schätzen: gediegen-elegante und in jedem Fall hochwertige Ausstattung ohne Hang zu modernistischen Inneneinrichtungs-Eskapaden, freundliches und zuvorkommendes Servicepersonal und eine qualitätsvolle Gastronomie. Seit einigen Jahren sorgt nun Jörg Bacher, der zuvor das Würzburger Maritim managte, als Direktor dafür, dass dieses Maritim, neben dem Berliner Haus und dem Düsseldorfer Flughafenhotel sicherlich eines der Flaggschiffe der Kette, deutschen wie internationalen Gästen ein nachhaltiges Hotelerlebnis garantiert. Das vor den Veranstaltungssälen und Hotelzimmern auf der Elbseite liegende Panorama der Dresdener Altstadt, das weiß der Österreicher Bacher genau, ist ein Pfund, mit dem er wuchern kann. Darüber hinaus müssen vor allem Service, Organisation und persönliche Ansprache dafür sorgen, dass die Gästezufriedenheit stimmt, bei der Maritim-Stammklientel wie bei internationalen Reisenden, die die Kette vielleicht bis zu ihrem Aufenthalt nicht kannten – aber das ist für Bacher kein Geheimnis, schließlich hat er mit Würzburg bereits ein Tagungs- und Kongresshotel an einer international beliebten Tourismus-Destination erfolgreich geführt. Und auch hier an

seinem neuen Wirkungsort scheint die Kombination von österreichischem Charme mit Erfahrung innerhalb der Hotelgruppe und Kenntnis ihrer Besonderheiten Erfolg zu haben. Insofern kann Bacher als glückliche Nachfolge für Hoteldiva Gerhard Riegger gelten, der das Haus zuvor leitete.

Bewertung:

RADISSON BLU GEWANDHAUS
(OT Innere Altstadt)
Ringstraße 1
01067 Dresden
Telefon: 03 51-49 49-0
Telefax: 03 51-49 49 4 90
Internet: www.radissonblu.com
E-Mail: info.dresden@radissonblu.com
Direktor: Roman Riedel
DZ ab € 103,00

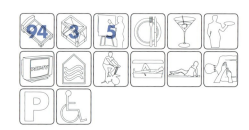

Nachdem sich Manfred Gabriel endlich in den sicherlich wohlverdienten Ruhestand verabschiedet hat, keimt die Hoffnung auf, dass sich hier vieles zum Besseren wenden kann. Gabriel war ein Technokrat, wie er im Buche steht, ein Zahlenmensch, der den Erfolg des Hotels an Eckdaten wie Durchschnittsbelegung und Durchschnittsrate maß. Die Weiterentwicklung seines Hauses dagegen lag ihm offenbar nicht besonders am Herzen. Überdurchschnittliche Gastgeberqualitäten konnten wir bei ihm beim besten Willen nicht entdecken. Wir halten daran fest, dass dieses Radisson für ihn einfach nicht das richtige Hotel war. Besser hätte man ihm die Verantwortung für ein anonymes Businesshotel übertragen, wo Gastkontakte nur eine periphere Rolle spielen. Auch Mitarbeitermotivation und positives Arbeitsklima waren wohl eher nicht seine Themen. Allerdings ist es überflüssig, seine mehr oder weniger vorhandenen Gastgeber- und Führungsqualitäten weiter zu analysieren, da sein Wirken hier nun endgültig der Geschichte angehört. Dieses First-Class-Hotel laborierte unter ihm auf jeden Fall weit unter seinen Möglichkeiten. Unumgänglich sind zudem baldige Renovierungsmaßnahmen; auch wenn die Zimmer und Suiten noch nicht als abgewirtschaftet eingestuft werden müssen, entsprechen sie in einer Stadt wie Dresden längst nicht mehr dem gängigen Standard in dieser Hotelkategorie. Komfortabel sind immer noch die Badezimmer, die zum größten Teil mit einer sogenannten Airpool-Badewanne ausgestattet sind. Zum Standard bei Radisson gehören darüber hinaus das sogenannte Grab & Run-Frühstück, die 100-prozentige Gästezufriedenheitsgarantie sowie die kostenfreie WLAN-Nutzung. Da man sich neben der Betreuung von Individualreisenden besonders auf Businessgäste eingestellt hat, stehen auch fünf recht gut ausgestattete Tagungsräume zur Verfügung. Nach einem anstrengenden Meeting oder einer Sightseeing-Tour kann man im Schwimmbad- und

Saunabereich relaxen oder im Fitnessbereich sein tägliches Pensum an Trainingseinheiten absolvieren. Was darf man vom Restaurant Weber's im Gewandhaus erwarten? Kurz und knapp gesagt: nicht viel. Wir empfehlen daher, die Ansprüche nicht allzu hoch zu schrauben, dann wird man zumindest nicht enttäuscht und kann mit dem hier gebotenen kulinarischen Durchschnitt vielleicht leben.

Bewertung:

DÜSSELDORF   Nordrhein-Westfalen

BREIDENBACHER HOF
(Altstadt)
Königsallee 11
40212 Düsseldorf
Telefon: 0211-16090-0
Telefax: 0211-16090 111
Internet: www.breidenbacherhofcapella.de
E-Mail: info.bbh@capellahotels.com
Direktor: Cyrus Heydarian
DZ ab € 216,00

Gestartet ist man vor wenigen Jahren mit dem Anspruch, den Breidenbacher Hof als bestes Luxushotel der Landeshauptstadt zu etablieren. Wir bezweifeln, dass dies wirklich gelungen ist, auch wenn Hotelchef Cyrus Heydarian ebendiesen Eindruck so gern vermitteln möchte. Heydarian, den der liebe Gott anscheinend mit einem unendlichen Selbstbewusstsein ausgestattet hat, konnte seine vollmundigen Ankündigungen in den vergangenen Jahren nur bedingt umsetzen. Mit unserer bisherigen konstruktiven Kritik hat er sich vermutlich nicht den Bruchteil einer Sekunde auseinandergesetzt, wahrscheinlich lässt ein Ego wie das seine dies einfach nicht zu, es lässt offensichtlich nicht den geringsten Platz für Selbstzweifel. Auch in diesem Jahr wollen wir wieder einen Blick in den Mikrokosmos dieses einst großspurig als Sechs-Sterne-Hotel angekündigten Luxushotels wagen und prüfen, ob Anspruch, Wunsch und Wirklichkeit hier nun endlich einigermaßen in Einklang gebracht sind. Gerade durch die Hochpreispolitik sind auch die Erwartungen der Gäste hoch. Und natürlich ist es nicht verwerflich, sich gegen eine Dumpingpreispolitik in belegungsschwachen Zeiten zu entscheiden und zu versuchen, in einem Luxussegment der Hotellerie auch hohe Zimmerraten durchzusetzen. Wer hier logiert, wir haben es bereits in den vergangenen Ausgaben erwähnt, muss bei seinem Aufenthalt generell etwas tiefer in die Tasche greifen. Das fängt schon mit den täglichen Parkgebühren an, die hier selbstbewusst mit 35 Euro berechnet werden. Reist man mit dem Flugzeug und möchte den Limousinentransfer in Anspruch nehmen, wird dies auf der Rechnung gesondert mit 120 Euro ausgewiesen. Ein wenig schwächlich ist der Freizeitbereich ausgefallen, hier würde man doch etwas mehr erwarten. Offensichtlich wurde dem

Thema Wellness keine allzu große Bedeutung beigemessen, denn man hat sich für einen recht überschaubaren Fitness- und Beautybereich entschieden. Eingeschränkt sind auch die Tagungsmöglichkeiten, hier stehen nur vier eher kleine Salons zur Verfügung. Was darf man nun angesichts der imaginären sechs Sterne vom Zimmerprodukt erwarten? Bereits in der Standardkategorie weisen die Zimmer, die wohlwollend als „plüschig-elegant" umschrieben werden können, eine Größe von 41 qm auf, die allein schon eine hohe Aufenthaltsqualität verspricht. Selbstverständlich wurden alle Räume mit zeitgemäßer Technik ausgestattet, verfügen über einen iPod-Anschluss und LCD-Fernseher und ermöglichen darüber hinaus einen kostenfreien WLAN-Zugang. Inkludiert hat man die Nutzung der Minibar (Softdrinks), die man hier als „Refreshment Center" ausweist. Eine nette Geste: Im sogenannten Living Room stehen den Gästen den ganzen Tag über Erfrischungs- und Heißgetränke sowie Gebäck zur Verfügung. Das „Gourmetrestaurant" überzeugt so gar nicht. Die Küchenleistung hat sich auf genau dem Niveau eingependelt, das man von einem Haus mit diesem Anspruch auch erwarten kann, aber von einem Michelin-Stern ist es unseres Erachtens doch weit entfernt. Neben der Küche schwächeln auch die Mitarbeiter, die sich immer wieder Servicepatzer leisten. Schulungsbedarf ist hier ganz offensichtlich. Die Hotelbar polarisiert: Während manche Gäste sie zu ihrem ganz persönlichen Wohnzimmer erklären, lehnen andere sie als zu düster und unpersönlich ab. Fakt ist, dass die Zigarrenauswahl, aber auch das Angebot an Single Malt Whiskys sich wirklich sehen lassen kann. Fazit: Angesichts des eigenen Anspruchs erscheint uns die Bilanz nicht gerade positiv und ganz sicher nicht als Grund, sich selbst einen Lorbeerkranz zu flechten.

Bewertung:

HYATT REGENCY
(OT Hafen)
Speditionsstraße 19
40221 Düsseldorf
Telefon: 02 11-91 34 12 34
Telefax: 02 11-91 34 12 35
Internet: www.hyatt.de
E-Mail: duesseldorf.regency@hyatt.com
Direktorin: Monique Dekker
DZ ab € 135,00

Inmitten des Düsseldorfer Medien-Hafens ragen zwei 19-stöckige Gebäude empor, von denen eines mit dem Hyatt Regency ein Fünf-Sterne-Hotel beherbergt. Letztes Jahr ist Hyatt in der nordrhein-westfälischen Landeshauptstadt mit dem Anspruch angetreten, sich langfristig als eines der fünf besten Luxus-Businesshotels der Stadt zu etablieren. Der Medienhafen ist bekanntlich ein moderner und hipper Stadtteil aus der Retorte. Hier haben sich nicht nur Medienunternehmen angesiedelt, sondern eine Vielzahl von Firmen und Dienstleistern bevölkert diese Stadtplaner-Fantasie, die irgendwie aus dem Zeitgeist der 1980er Jahre geboren wurde, als man vor dem Hintergrund des damals gerade erfolgreich gestarteten Privatfernsehens auch in Düsseldorf ein Stück vom so vielversprechenden Medienkuchen abhaben wollte. Schließlich konnte man den ja nicht einfach dem alten Konkurrenten Köln mit der Trumpfkarte RTL überlassen. Hyatt schmückt diesen Retorten-Stadtteil durchaus, denn die deutschen Häuser der Kette überzeugen vor allem mit einem modernen, komfortablen Zimmerprodukt, das auf unterschiedlichste Komfortanforderungen ausgerichtet ist, wobei in der Regel auf eine relativ hohe Servicekultur Verlass ist. In beeindruckende und verwirrende 10 Kategorien sind die Zimmer und Suiten unterteilt, die bereits in der Standardkategorie eine Mindestgröße von 35 qm haben. Teilweise bieten sie einen hervorragenden Ausblick auf die Skyline der Stadt bzw. des Medienhafens. Entsprechend schick sind auch die Badezimmer ausgefallen, die mit einer Regendusche und zusätzlich mit einer Badewanne ausgestattet wurden. Kaffee- und Teezubereitungsmöglichkeiten sind ebenso selbstverständlich wie das täglich frische Obst und Mineralwasser auf dem Zimmer. High-Speed-Internetnutzung ist bis zu 30 Minuten kostenfrei – immerhin. Auch die Tagungskapazitäten sind exzellent, denn der Conventionbereich bietet neben sieben unterschiedlich großen Tagungsräumen auch einen 445 qm großen Ballsaal. In diesem Haus wurde mit dem V.I.B. (Very Important Baby) ein spezielles Programm für den mitreisenden Nachwuchs aufgelegt. Man hat aber nicht nur ein Herz für Kinder – nein, auch die vierbeinigen Lieblinge der Gäste sind herzlich willkommen und genießen zusätzliche Annehmlichkeiten, vorausgesetzt, man bucht den zusätzlichen Service V.I.D. für 35 Euro. Auch der Freizeitbereich ist ansprechend und hochwertig gestaltet und bietet neben einer finnischen Sauna und einem Dampfbad auch einen Whirlpool. Auf einen Poolbereich wurde jedoch verzichtet. Zusätzlich kann man Beauty- und Massageanwendungen buchen. Verantwortlich für dieses Hyatt ist Monique Dekker, die zunächst den Eindruck einer jungen, dynamischen und progressiven Hotelmanagerin hinterlässt. Wenn man es nicht bei einer oberflächlichen Betrachtung belässt, wird man feststellen, dass sie ein wenig unsicher wirkt. Vor allem vermeidet sie es, sich in fachliche Diskussionen verwickeln zu lassen. Verlässt man die Ebene des nichtssagenden Smalltalks, könnte man fast den Eindruck gewinnen, dass sie eigentlich kein klares Konzept für dieses Luxus-Businesshotel hat, sondern sich zum einen auf den Brandnamen verlässt und zum anderen auf die Dynamik des Düsseldorfer Hotelmarkts. Fakt ist aber auch, dass es Frau Hotelmanagerin zumindest nicht an Möglichkeiten mangelte, Erfahrungen zu sammeln, war sie doch zuvor in den USA und in Asien tätig. Zuletzt bekleidete sie in Tokio die Position der Hoteldirektorin. Wir sind fest überzeugt, dass dieses Haus eine Erfolgsgeschichte schreiben könnte, vorausgesetzt, man verpflichtet, wie in deutschen Hyatt-Häusern eigentlich üblich, eine erfahrene, gast- und serviceorientierte Führungspersönlichkeit, die in der Lage ist, in Servicequalität, Mitarbeitermotivation und Außendarstellung Maßstäbe zu setzen, die der Hardware und der exponierten Lage des Hauses entsprechen.

Bewertung: ●●●◖

INTERCONTINENTAL
(Innenstadt)
Königsallee 59
40215 Düsseldorf
Telefon: 02 11-82 85-0
Telefax: 02 11-82 85 11 11
Internet: www.intercontinental.com
E-Mail: duesseldorf@ihg.com
Direktor: Ronald Hoogerbrugge
DZ ab € 152,00

Wie zu erwarten war, sind die Fußstapfen, die Jörg T. Böckeler hier hinterlassen hat, sehr groß. Der charismatische Hoteldirektor war für seine Konkurrenten auf dem Düsseldorfer Hotelmarkt so etwas wie ein Gradmesser und Maßstab. Unter seiner Führung galt das InterContinental als absolute Nummer eins unter den Luxus-Businesshotels der Stadt. Nun liegt es an Ronald Hoogerbrugge, da anzuknüpfen, wo sein Vorgänger aufgehört hat, dabei aber eigene Akzente zu setzen. Wir haben da allerdings zumindest im Moment noch leise Zweifel. Im Gespräch wirkt Hoogerbrugge verbindlich und freundlich, allerdings auch äußerst zurückhaltend und distanziert. Augenblicklich lässt er noch offen, welchen Kurs er künftig einschlagen wird. Man hat den Eindruck, dass er mit der Glorifizierung seines Vorgängers gewisse Probleme hat. Fakt ist: Immer noch spricht man über Böckelers Leistungen und sein Engagement für die Düsseldorfer Hotellerie sowie für den Tourismus Nordrhein-Westfalens insgesamt. Ein wenig erstaunlich ist das schon, immerhin hat er das Haus bereits im Januar 2011 verlassen. Zweifelsohne war Böckler zum Liebling der hiesigen Gesellschaft avanciert. Man schätzte seine freundliche, sehr diplomatische Art, aber auch seinen Humor und seine Eloquenz. Der liebe Gott hat ihn eben mit allen Attributen ausgestattet, die man braucht, um einen Gastgeber par excellence abzugeben. Für uns war dieses InterContinental im Segment der Luxus-Businesshotels in Düsseldorf bislang die absolute Nummer eins, und diesen Status kann es immer noch halten. Denn nach wie vor überzeugen nicht nur die Lage und die Hardware, sondern ganz besonders das Service- und Dienstleistungsniveau des Hauses. Valet Parking und Hilfe beim Gepäck sind hier ebenso selbstverständlich wie der Concierge-, der 24-Stunden-Zimmer- und der obligatorische Schuhputzservice. Wer sich für ein Zimmer der für anspruchsvollere Geschäftsreisende vorgesehenen Kategorie entschieden hat, erhält Zutritt zu einer separaten Lounge. Hier hält man für den Gast Getränke, kleine Snacks, eine gute Auswahl an nationalen und internationalen Zeitungen sowie täglich ein kleines Frühstücksbuffet bereit. Mit dem Tagungs- und Veranstaltungsbereich ist man hervorragend aufgestellt, insgesamt 14 mit modernster Technik ausgestattete Räumlichkeiten zählen zum Angebot, zusätzlich natürlich auch edle Boarding-Rooms für Besprechungen im kleineren Rahmen. Der Wellnessbereich, der sich über 4.500 qm erstreckt und neben einem 21-Meter-Pool einen akzeptablen Saunabereich zu bieten hat, geht bedauerlicherweise nicht ganz mit dem hohen Anspruch eines InterContinental-Hotels konform. Dies ist der Tatsache geschuldet, dass er von Holmes Place betrieben wird, einer bekannten Fitness-Company. Es liegt in der Natur der Sache, dass sich das Personal bevorzugt um seine Premiummitglieder kümmert, Gäste des InterContinental sind eher ein wenig lästig und stören nur den normalen Ablauf. Ein subjektiver Eindruck, der aber von einigen Gästen geteilt wird. Komfortabler relaxt man natürlich in der edlen, 200 qm großen Lifestyle-Suite. Sie ist mit allen Komfortmerkmalen einer exklusiven Suite ausgestattet; darüber hinaus steht dem Gast hier ein eigener Spa-Bereich mit Sauna, Eisbrunnen und großer Wellnessbadewanne für 2 Personen zur Verfügung, außerdem ein eigener Massageraum und eine 250 qm große Terrasse mit Außenduschen. So viel Luxus hat natürlich seinen Preis – 4.500 Euro für eine Übernachtung –, aber immerhin muss man dann nicht zusammen mit den Büroangestellten der Düsseldorfer Innenstadt schwitzen wie bei Holmes Place.

Bewertung:

MARITIM
(OT Lohhausen)
Maritim-Platz 1
40474 Düsseldorf
Telefon: 02 11-5209-0
Telefax: 02 11-5209 1000
Internet: www.maritim.de
E-Mail: info.dus@maritim.de
Direktor: Jens Vogel
DZ ab € 89,00

Dieses Maritim-Hotel ist eines der erfolgreichsten First-Class-Businesshotels in Nordrhein-Westfalens Landeshauptstadt. Es ist direkt verbunden mit dem Terminal 1 des Düsseldorfer Flughafens. Herausragend ist insbesondere der Tagungs- und Conventionbereich mit seinen insgesamt 33 Räumlichkeiten, darunter ein großer Ballsaal. Aufgrund der vielfältigen räumlichen Konstellationen sind Veranstaltungen, Kongressen, Tagungen und Banketten fast keine Grenzen gesetzt. Die Gesamtkapazität liegt bei nahezu 5.500 Personen. Jens Vogel und sein Stellvertreter Andreas Ewald, die seit der Eröffnung für dieses Hotel verantwortlich sind, haben hier nachweislich Akzente gesetzt. Vogel ist es vor allem gelungen, ein hohes Serviceniveau zu kultivieren. Kein leichtes Unterfangen in Anbetracht der Größe des Hauses. Der Hotelchef ist gut organisiert und setzt auch bei seinen Mitarbeitern auf strukturiertes und vor allem teamorientiertes Arbeiten. Für ihn ist es absolut unverzichtbar, persönlich alle Abteilungen des Hauses regelmäßig einer kritischen Prüfung zu unterziehen und die Abläufe wenn nötig anzupassen. Trotz der großen Herausforderungen durch dieses Haus und seine Größe hat er nie die Service- und Dienstleistungsqualität aus den Augen verloren. In unseren Berichten empfehlen wir kommunikationsscheuen Technokraten unter den Hoteldirektoren ja gerne, eher ein anonymes Flughafenhotel zu leiten. Solche Charaktere wären aber

zumindest für dieses Haus völlig unbrauchbar, denn der Name Maritim steht immer noch für eine vergleichsweise hohe Servicekultur und Gästeorientierung, vor allem für ein Businesshotel. Vogel legt allergrößten Wert darauf, insbesondere Stammgästen das Gefühl zu vermitteln, dass sie hier ganz persönlich und individuell betreut werden. Für uns ist er ein Hotelier wie aus dem Bilderbuch. Guest Relation, wie die Kontaktpflege und das persönliche Sich-Kümmern um die Gäste in der internationalen Hotelsprache genannt werden, nimmt daher sowohl bei ihm als auch bei Ewald einen erheblichen Teil ihrer Arbeitszeit ein. Vogel weiß, dass er sich auf einem wachsenden Hotelmarkt mit starken Mitbewerbern nur durch eine tagtäglich gelebte Service- und Dienstleistungskultur abheben kann. Ein besonderes Lob möchten wir

auch in diesem Jahr wieder den Mitarbeitern der Rezeption aussprechen, die auch bei größeren Gruppenanreisen die Gäste sehr souverän ein- und auschecken und dabei immer noch äußerst freundlich und zuvorkommend sind. Auch der Freizeitbereich kann sich sehen lassen, anders als in vielen Hotels ist er nicht im Untergeschoss ohne Tageslicht untergebracht, sondern in einer oberirdischen Etage. Im tageslichtdurchfluteten Poolbereich kann man hervorragend relaxen und seinen Jetlag kurieren. Für das tägliche Fitnessprogramm steht ein recht gut ausgestatteter Trainingsbereich zur Verfügung. Breit aufgestellt ist man mit der Gastronomie. Die Rheinische Stov bietet eine regionale Küche auf überdurchschnittlichem Niveau. Fast schon Kultstatus hat die Sushi-Bar. Wenn man Glück hat, kommt man in den Genuss einer Gesangseinlage vom Sushi-Meister – die wenigsten Gäste wissen, dass Mr. Rio Wakabayashi eine Ausbildung als Opernsänger genossen hat. „Dr.-Gommolla-Design" ist in der Hotelbranche fast schon ein feststehender Begriff, um das äußerst konservative, aber langlebige Design und die unverwüstlichen Materialien bei Maritim zu umschreiben, aber in Düsseldorf könnte man durchaus überrascht werden. Selbstverständlich hat sich die Hotelchefin auch hier für hochwertige und vor allem langlebige Materialien entschieden, dennoch wirkt das Interieur zeitlos-elegant und weitaus leichter und moderner als das, was man aus älteren Maritim-Häusern gewohnt ist. Alle Zimmer sind mit erstaunlich schicken Bädern ausgestattet. Besonders geschmackvoll sind die Suiten, deren Interieur im Vergleich zu anderen Suiten der Gruppe fast schon innovativ ist. WLAN-Nutzung ist im gesamten Haus möglich, wird aber grundsätzlich mit 19,95 Euro für 24 Stunden berechnet. Immerhin besteht im Businesscenter die Möglichkeit, den Internetzugang kostenfrei zu nutzen. Valet Parking und Hilfe beim Gepäck ist ebenso selbstverständlich wie ein 24-Stunden-Zimmerservice, denn schließlich frequentieren hier am Flughafen Gäste rund um die Uhr das Haus. Da wollen Urlauber, die ein Sleep & Fly gebucht haben, ebenso professionell betreut werden wie der Tagungs- oder der Business-Gast.

Bewertung: ● ● ● ◖ ◐ ↗

MELIÃ
(Derendorf)
Inselstraße 2
40479 Düsseldorf
Telefon: 02 11-5 22 84-0
Telefax: 02 11-5 22 84 2199
Internet: www.melia-dusseldorf.com
E-Mail: melia.duesseldorf@melia.com
Direktor: Markus Steiner
DZ ab € 184,00

In diesem 2009 eröffneten First-Class-Superior-Hotel gegenüber dem Düsseldorfer Hofgarten logieren die Gäste ausgesprochen zentral. Die Einkaufsmeile Königsallee sowie die Düsseldorfer Altstadt sind bequem fußläufig zu erreichen. Das moderne, progressive Interior Design des Meliã kann überzeugen, spricht dabei aber eher eine junge oder junggebliebene Gästeklientel an. Bei der Farbgebung hat man sich – in der Hotellerie eher die Regel als die Ausnahme – auf Erdtöne verlegt, abgesehen von den Premium-Zimmern, die überwiegend in Rot gehalten sind. Neben einer guten Ausstattung fällt vor allem die hohe Service- und Dienstleistungsbereitschaft im Meliã ins Auge. Ein Lob geht daher an die freundlichen, sehr zuvorkommenden Mitarbeiter, die gar nicht erst das Gefühl aufkommen lassen, dass man hier in einem anonymen Businesshotel logiert, dessen Gäste von den Hotelangestellten nur als durchlaufende Masse wahrgenommen werden. In der Standardkategorie haben die Zimmer eine Größe von 22 qm, in der Kategorie Meliã Premium, die sich überwiegend in der 8. bis 10. Etage befindet, immerhin 27 qm. Edel wirken hier die Badezimmer. High-Speed-Internetnutzung wurde erfreulicherweise gleich in den Zimmerpreis inkludiert. Hervorragend aufgestellt ist man mit dem 1.200 qm großen  Tagungs- und Conventionbereich. Insgesamt 9 Veranstaltungsräume, die alle über Tageslicht verfügen und mit modernster Technik ausgestattet sind, stehen zur Verfügung. Der größte, 250 qm große Tagungsraum ist für Meetings und Konferenzen mit bis zu 250 Teilnehmern geeignet. Ansprechend und edel gestaltet ist der 300 qm große Freizeitbereich. Der lässt vielleicht einen Pool vermissen, bietet dafür aber zwei unterschiedlich temperierte Saunen, eine Wellnessdusche, Eisbrunnen, ein Dampfbad sowie einen Ruhebereich. Mit modernsten Cardiogeräten ist der Fitnessbereich ausgestattet. Keine Bedenken haben wir gegen den Besuch des Restaurants Aqua, das eine ambitionierte mediterrane Küche auf überdurchschnittlichem Niveau bietet. Die Küchenleistung hat bei unseren Besuchen vollumfänglich überzeugt. Begeistert hat auch das wirklich üppige Frühstücksbuffet – nicht nur durch die Auswahl, sondern vor allem durch die Qualität. Eierspeisen werden nach dem Gusto der Gäste à la minute zubereitet. Verantwortlich für dieses First-Class-Hotel ist der Schweizer Markus Steiner, ein international erfahrener Hoteldirektor alter Schule.

 Wir haben den Eindruck, dass er dieses Haus mit vorbildlicher Empathie für Gäste und Mitarbeiter gleichermaßen führt und es ihm so gelingt, diese beiden menschlichen Pole im Hotel in Einklang zu bringen. Ihm zur Seite steht David Kirchmann; er ist offiziell für den Bereich Sales & Marketing verantwortlich, aber zusammen bilden er und der Hoteldirektor ganz offensichtlich ein perfekt eingespieltes Team. Es scheint, als würden sich die beiden mit guten Ideen und frischen Marketingkonzepten gegenseitig hochschaukeln. Steiner ist bei all seinen Gastgeberqualitäten alles andere als geschwätzig, er kann zuhören, Feedbacks analysieren und entsprechend verwerten. Zusammen mit seinen kreativen und innovativen Ideen, die er dann in

entsprechende Konzepte umwandelt, trägt das dazu bei, dass dieses First-Class-Hotel stets in Bewegung bleibt. Präsenz bei seinen Gästen zu zeigen ist für den sympathischen Direktor merklich eine Selbstverständlichkeit. Er verfügt über eine hohe Sozialkompetenz, versteht es gleichzeitig, seine Mitarbeiter entsprechend zu motivieren, und genießt hohes Ansehen, was an der allgemeinen Mitarbeiterzufriedenheit deutlich abzulesen ist. Wen wundert es da, dass die Dienstleistungsbereitschaft in diesem Haus überdurchschnittlich hoch ist? Keine Selbstverständlichkeit, wie der vielgereiste Gast weiß. Fazit: Dieses Haus der spanischen Hotelgruppe ist auf einem guten Weg und wird sich auf dem Düsseldorfer Hotelmarkt über kurz oder lang unter den besten Adressen im First-Class-Segment etablieren können. Für Meliã gilt es vor allem, eine weitere Marktdurchdringung zu erreichen und die Marke bundesweit weiter zu stärken und bekannt zu machen, um sich mittelfristig noch besser positionieren zu können.

Bewertung: ● ● ●

NIKKO
(Stadtmitte)
Immermannstraße 41
40210 Düsseldorf
Telefon: 02 11-83 40
Telefax: 02 11-16 12 16
Internet: www.nikko-hotel.de
E-Mail: info@nikko-hotel.de
Direktor: Bertold Reul
DZ ab € 98,00

Regelrecht ungehalten reagierte Bertold Reul auf unseren Bericht im letzten Jahr, hatten wir uns doch erlaubt, Serviceschwächen schonungslos anzusprechen. Damit verbunden war die Hoffnung, es möge dem sympathischen Hoteldirektor gelingen, die Kritik aufzunehmen und zum Anlass zu nehmen, den Ist-Zustand seines Hauses kritisch zu reflektieren. Dabei sind wir uns sicher, dass Reul die von uns angesprochenen Schwachpunkte selbst erkannt und teilweise bereits entsprechend reagiert hat. Nun, solche Unzulänglichkeiten möchte man eben nicht gern in der Öffentlichkeit besprochen haben. Eine Achillesferse des Hauses war bislang die Hotelvorfahrt. Hilfe beim Gepäck zu erhalten schien hier fast unmöglich. Bei keinem unserer Besuche ist es uns gelungen, an der Tür einen Doorman anzutreffen, obwohl sie erklärtermaßen Teil des Servicekonzepts sind – die seien gerade im Gastkontakt, war dann an der Rezeption zu erfahren. Hier hilft vielleicht eine personelle Aufstockung. Die Sache wäre nicht ganz so tragisch, nähme man nicht für sich in Anspruch, eines der besten Businesshotels der Stadt zu sein. Da sind die Erwartungen an dieses Haus doch recht hoch, auch wenn man, das muss an dieser Stelle ebenfalls gesagt sein, „nur" als Vier-Sterne-Superior-Hotel klassifiziert ist. Es gibt aber auch eine Menge Positives zu berichten. Lobenswert ist, dass man den einst eklatanten Renovierungsstau auf den Zimmern und Suiten step by step abgebaut hat. Im vergangenen Jahr wurden erneut 100 Zimmer aufgefrischt, in diesem Jahr wird man die Maßnahme mit den letzten 100 beenden. Auch für den SPA-Bereich, der sich über zwei Etagen erstreckt, hat man ein neues Konzept erarbeitet und ihn einer Modernisierung unterzogen. Der Besuch wird mit 15 Euro berechnet, wenn man sich nicht entschieden hat, mindestens ein Zimmer der Superior-Kategorie zu buchen. Nicht mehr zeitgemäß sind die horrenden Nutzungsentgelte für den WLAN-Zugang, die sich auf 24,50 Euro pro 24 Stunden belaufen. Ab der Business-Kategorie ist die Nutzung jedoch inklusive. Uneingeschränktes Lob, das hat fast schon Tradition, geht an das japanische Restaurant Benkay, das in Düsseldorf zu den besten Adressen zählt. Neben der hervorragenden Küche bleiben insbesondere die ausgesprochen höflichen und aufmerksamen Mitarbeiterinnen nachhaltig in Erinnerung. Voll des Lobes sind wir auch im Hinblick auf die Mitarbeiter der Rezeption. Der Gesamteindruck ist trotz der angesprochenen Defizite recht positiv, denn im Nikko hat sich nicht alles, aber vieles zum Positiven gewandelt. Für Bertold Reul bleibt dennoch eine Menge zu tun, aber man darf ihm bescheinigen, dass er mittlerweile auf einem sehr guten Weg ist.

Bewertung:

STEIGENBERGER PARKHOTEL
(Stadtmitte)
Königsallee 1a
40212 Düsseldorf
Telefon: 02 11-13 81-0
Telefax: 02 11-13 81 5 92
Internet: www.duesseldorf.steigenberger.de
E-Mail: duesseldorf@steigenberger.de
Direktor: Michael Kain
DZ ab € 174,00

Michael Kain ist ein Mann mit besten Umgangsformen, höflich, zuvorkommend und gesegnet mit Gastgeberqualitäten. Kurzum, als Hoteldirektor ein Segen für dieses etwas angeschlagene Traditionshotel und unseres Erachtens eine Idealbesetzung, nachdem es den vorherigen Direktoren nicht oder nur bedingt gelungen ist, hier Akzente zu setzen. Es gab Zeiten, da zählte das Steigenberger Parkhotel zu den drei besten Luxushotels der Stadt. Dann nahm man Kurs auf die Mittelmäßigkeit, gute Schlagzeilen über das Haus blieben aus, schlechte häuften sich. Managementfehler, schlechte Presse- und Öffentlichkeitsarbeit, Renovierungsstau und fehlende Konzepte

trugen dazu bei, dass der gute Ruf bröckelte. Am gewichtigsten war sicherlich, dass die Zimmer und Suiten deutlich in die Jahre gekommen waren. Lediglich einige Suiten, die noch unter Federführung der Designerin Gräfin Douglas umgebaut worden waren, konnten dem Anspruch dieses Fünf-Sterne-Hotels gerecht werden. Mit dem neuen Eigentümer Hamed El Chiaty kam dann Schwung in die angestaubte Hotelgesellschaft. Nach einer Sondierungsphase hat Chiaty zwischenzeitlich für dieses Traditionshotel intensive Renovierungsmaßnahmen verordnet. Aber auch Michael Kains bisherige Bilanz kann sich sehen lassen, ist es ihm doch gelungen, das Service- und Dienstleistungsniveau innerhalb kürzester Zeit wieder deutlich anzuheben. Vor allem konnte er die allgemeine Mitarbeiterzufriedenheit steigern, was dem Arbeitsklima insgesamt zuträglich ist, von dem wiederum vor allem die Gäste profitieren. Concierge-, Schuhputz- und 24-Stunden-Zimmerservice sind für ein Haus dieser Klasse selbstverständlich und bedürften eigentlich keiner Erwähnung. Besonders zu schätzen weiß man das Valet Parking, allein schon wegen der begrenzten Parkmög-

lichkeiten direkt vor dem Haus. Die beflissenen Wagenmeister kümmern sich nicht nur um das Gepäck, sondern bringen auch den Wagen der Gäste in das benachbarte Parkhaus. Zum Gesamtangebot zählt auch ein kleiner schicker SPA mit Sauna- und Fitnessbereich. Die Zimmer wurden zum Teil schon 2010 renoviert, im vergangenen Jahr folgten dann die übrigen. Das Ergebnis überzeugt. Erfreulicher-

weise hat man das Interieur-Konzept dem allgemeinen Stil des Hauses angepasst. Mit Hochdruck arbeitet man augenblicklich daran, auch die öffentlichen Bereiche aufzufrischen, etwa die Lobby oder die edlen Tagungsräume und Salons. Wieder auf Erfolgskurs ist auch das Restaurant Menuett. Für die Düsseldorfer Gesellschaft hat es so etwas wie die Funktion einer Kantine, wenn auch einer sehr edlen: Hier trifft man sich zum Lunch mit Geschäftspartnern, krönt den Geschäftsabschluss beim Dinner oder richtet seine privaten Feiern aus. Kurzum: Wenn die Renovierungsmaßnahmen komplett abgeschlossen sind, die neuen Konzepte voll zum Tragen kommen und das Serviceniveau nicht wieder stagniert, könnte es gelingen, an die Reputation vergangener Tage anzuknüpfen und wieder zur Spitze der Top Five aufzuschließen.

Bewertung:

VAN DER VALK AIRPORTHOTEL
(OT Rath)
Am Hülserhof 57
40472 Düsseldorf
Telefon: 02 11-20063-0
Telefax: 02 11-20063 200
Internet: www.airporthotelduesseldorf.de
E-Mail: info@airporthotelduesseldorf.de
Direktor: Adriaan A. van der Valk
DZ ab € 79,00

Er ist dynamisch und progressiv, mit einem großen Ego ausgestattet und sehr, sehr jung. Ein prominenter Name und selbstbewusstes Auftreten allein machen fehlende Erfahrung bei der Führung eines Businesshotels noch nicht wett. Im Augenblick hat van der Valk eine Menge zu tun. Unter anderem muss er sich mit starken Mitbewerbern direkt vor seiner Haustür auseinandersetzen, darunter Häuser, die sich besonders mit einem gut austarierten Service- und Dienstleistungsangebot bereits Meriten erworben haben wie etwa das Maritim, und gleichzeitig Servicedefiziten im eigenen Haus mit Schulungsmaßnahmen begegnen. Bei unseren Checks mussten wir wiederholt Kommunikationsprobleme feststellen; es scheint, als habe van der Valk noch immer nicht alle Mitarbeiter mit verbindlichen Standards vertraut gemacht. So kann es durchaus passieren, dass Rückrufe erst nach über einer Woche erfolgen oder dass Rezeptionsmitarbeiter nicht in der Lage sind, dem Gast über die unterschiedlichen Zimmerkategorien erschöpfend Auskunft zu geben. Offensichtlich hat van der Valk sich noch nicht ganz entschieden, welchen Kurs er einschlagen möchte. Sei's drum, der smarte „General Manager" ist von sich und seinen Fähigkeiten derart überzeugt, dass ihn diese Bemerkungen vermutlich kaum tangieren werden. Sehr selbstbewusst weist man dieses moderne, designorientierte First-Class-Hotel als „Airport Hotel" aus. Da ist es wichtig zu wissen, dass man das Haus nicht etwa über einen Terminal direkt erreicht wie das Maritim-Hotel, hier ist der Weg doch etwas weiter, bevor man nach einem anstrengenden Flug sein Bettchen erreicht. Zwischen dem Flughafen und diesem „Flughafenhotel" liegen gute 5 Kilometer, man muss sich also ein Taxi nehmen. Wen diese kleine Unannehmlichkeit nicht stört, den erwartet ein modern durchgestyltes Hotelprodukt, insbesondere die Suiten versprechen eine hohe Aufenthaltsqualität. Schon die Zimmer der Standardkategorie haben eine Größe von 38 qm. Die Badezimmer sind alle mit Badewanne und separater Dusche inklusive Regendusche ausgestattet. Wer ein Executive-Zimmer bucht, hat zusätzliche Annehmlichkeiten eingekauft; so sind die Badezimmer mit einer Whirlpool-Badewanne ausgestattet und die Nutzung der Minibar ist wie die Tageszeitung inkludiert. Schick ist der 350 qm große SPA-Bereich im 15. Stockwerk, der drei unterschiedlich temperierte Saunen, Erlebnisduschen und eine Ruhezone bietet. Von den Bänken der finnischen Sauna genießt man übrigens einen hervorragenden Ausblick. Sein tägliches Pensum Training absolviert man im angrenzenden Fitnessbereich. Auch im Tagungs- und Veranstaltungssegment ist das Airporthotel mit insgesamt 12 modernst ausgestatteten Tagungsräumen und Sälen sehr gut aufgestellt.

Bewertung:

EISENACH Thüringen

STEIGENBERGER THÜRINGER HOF
(Innenstadt)
Karlsplatz 11
99817 Eisenach
Telefon: 0 36 91-28-0
Telefax: 0 36 91-28 1 90
Internet: www.eisenach.steigenberger.de
E-Mail: eisenach@steigenberger.de
Direktor: Dr. Hans-Joachim Hook
DZ ab € 94,00

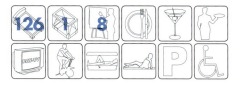

Man ist nicht allein auf weiter Flur. Zu dieser Erkenntnis ist offenbar auch Dr. Hans-Joachim Hook gelangt, der seit vielen Jahren dieses First-Class-Hotel für die renommierte Hotelkette Arcona führt. Wir haben nämlich den Eindruck, dass hier intensive Schulungsmaßnahmen stattgefunden haben, wie sie eigentlich in jedem guten Unternehmen üblich sind, und nunmehr Früchte tragen. Vor allem die freundlichen, sehr kompetenten Mitarbeiter der Reservierungsabteilung hinterlassen neuerdings einen guten Eindruck. Mit großer Begeisterung umschreiben sie dem potenziellen Gast die unterschiedlichen Zimmerkategorien mit ihren Annehmlichkeiten und machen damit Lust auf einen Aufenthalt in diesem Steigenberger. Die Lage könnte nicht prominenter sein, befindet sich dieses Businesshotel doch direkt in der City, genauer gesagt am Karlsplatz gegenüber dem mittelalterlichen Stadttor. Den ICE-Bahnhof erreicht man zu Fuß in wenigen Minuten. Der historische Teil des Hotels kann auf eine Geschichte verweisen, die bis ins 16. Jahrhundert zurückreicht. Das Zimmerprodukt bedürfte mittlerweile zumindest einer Auffrischung, das Interieur ist absolutes Mittelmaß. Wer statt eines Standard-Zimmers ein Zimmer der Superior-Kategorie wählt, das sich einzig in Bezug auf das Raumangebot und die Lage unterscheidet, der kommt zumindest in den Genuss eines direkten Ausblicks auf den Karlsplatz. Auch ein kleiner Sauna- und Fitnessbereich zählt zum Gesamtangebot. Keine allzu großen Erwartungen sollte der Gast an die Küchenleistung der Weinwirtschaft Leander stellen, die kann man freundlich als akzeptabel umschreiben. Ein wirkliches Konzept ist bedauerlicherweise nicht erkennbar. Beim Blick in die Karte stellt man fest, dass hier die halbe Welt zu Gast ist; geboten werden unter anderem Tapas, Cucina Italiana, eine mediterrane sowie eine euroasiatische Küche. Veranstaltungen und Meetings mit bis zu 200 Personen sind hier durchaus zu realisieren, insgesamt acht funktionale Tagungsräume stehen zur Auswahl. WLAN-Nutzung wird mit moderaten 5 Euro gesondert auf der Rechnung ausgewiesen.

Bewertung:

HOTEL AUF DER WARTBURG
**Auf der Wartburg 2
99817 Eisenach
Telefon: 0 36 91-797-0
Telefax: 0 36 91-797-200**
Internet: wartburghotel.arcona.de
E-Mail: info@wartburghotel.de
Direktor: Mathias Gerds
DZ ab € 165,00

Die wenigsten Besucher der Stadt Eisenach und ihres berühmtesten Bauwerks dürften bei der ersten Begegnung mit der Wartburg daran denken, dass die historische Anlage ein Hotel der Fünf-Sterne-Kategorie beherbergt, schließlich ist dies vor allem ein herausragender Schauplatz der Geschichte. Und nicht nur der deutschen. Mit Blick auf Martin Luther, der sich hier, als Junker Jörg getarnt, über Monate vor seinen Verfolgern versteckte und in dieser Zeit das Neue Testament ins Deutsche übersetzte, kann man sogar davon sprechen, dass hier Weltgeschichte geschrieben wurde. Denn Luther hat die von der römisch-katholischen Kirche beherrschte Welt des europäischen Mittelalters tiefgreifend verändert. Die reformatorisch-emanzipatorische Wirkung seiner Bibelübersetzung, seiner Predigten und Schriften führte nicht nur zur europaweiten Spaltung zwischen dem römischen Katholizismus und reformatorischen Kirchen, ihre politischen und gesellschaftlichen Auswirkungen leiteten auch das Ende des Mittelalters und den Beginn der Neuzeit ein. Dass sich in einem Bauwerk dieser historischen Dimension etwas so Profanes wie ein Hotel befinden soll, mag so mancher uninformierte Tourist kaum glauben wollen. Die Ursache hierfür liegt vor allem in dem beklagenswerten Zustand der Wartburg zu Beginn des 19. Jahrhunderts. Mit dem erwachenden Nationalbewusstsein war damals das Interesse an der Wartburg als zentralem Ort deutscher Geschichte stark gewachsen.

Ab 1853 wurde sie unter Einbeziehung der erhaltenen Gebäudeteile im historistischen Stil wiederaufgebaut. Zum Ende des Jahrhunderts wurde im Vorfeld der eigentlichen Burg abschließend ein Gasthaus errichtet, das heute das Hotel auf der Wartburg und eine Ausflugsgaststätte beherbergt. Die Hotelvorfahrt befindet sich im geschützten Innenhof des Gebäudes, wobei der anreisende Gast in der Regel nicht mit dem eigenen Wagen bis hierher vordringen kann. Dieser kann auf einem gesonderten Parkplatz unterhalb der Burg abgestellt werden. Ein Hotelshuttle befördert die Gäste und das Gepäck dann die letzten paar hundert Meter bergaufwärts. Ein anderes Vorgehen scheint angesichts der doch beträchtlichen Touristenströme, die sich tagsüber auf die Wartburg bewegen, auch schwer möglich. Glücklich im Hotel angekommen, einem ebenfalls im historistischen Stil gehaltenen Gebäudekomplex, ist man zunächst erstaunt, wie wenig man von den zahlreichen Tagestouristen hier wahrnimmt. Die immer gut besuchte Ausflugsgaststätte mit ihrer Außengastronomie liegt im Untergeschoss des Gebäudes, und ihre Besucher werden am Eingang zum Hotelinnenhof vorbei direkt dorthin geleitet, dadurch wird eine Störung des ruhigeren Hotelbetriebs vermieden. Der Hotelkomplex selbst bietet auf drei Seiten einen freien Blick auf die waldreiche thüringische Mittelgebirgslandschaft; diese Panorama-Aussicht aus zahlreichen Zimmern und selbstverständlich vom Hotelrestaurant aus stellt natürlich das eigentliche Highlight dieser Destination dar. Die Zimmer und Suiten waren zuletzt in einem Einrichtungsstil gehalten, der einem aktuellen Fünf-Sterne-Haus nicht mehr ganz angemessen war. Und wenn man diese Tatsache wegen der benannten Aussicht und des historischen Charakters des Hauses als Gast bisher auch gern tolerierte, nimmt man doch mit großer Erleichterung zur Kenntnis, dass alle Zimmer renoviert wurden und sich nunmehr frisch und modern präsentieren. Die in die Kategorien Prinzenzimmer, Landgrafenzimmer, Elisabethzimmer und Lutherzimmer unterteilten Räumlichkeiten bieten allesamt WLAN-Zugang und eine behagliche Atmosphäre, die sich durch einen farbenfrohen Landhausstil auszeichnet und auf keinen Fall durch kühlen Business-Schick. Diesem Einrichtungskonzept folgen auch die Tagungs- und Veranstaltungsräume, darunter der reich mit historischen Malereien verzierte Wappensaal. Der Freizeitbereich „Jungbrunnen" bietet zwar nur eine finnische Sauna, der angeschlossene Ruhebereich und die Sonnenterrasse mit uneingeschränktem Ausblick auf den Thüringer Wald machen dieses eher karge Angebot aber wieder wett. Dass einige aktuelle Fitnessgeräte vorhanden sind und es die Möglichkeit gibt, entspannende Beauty-Anwendungen und Massagen zu buchen, soll natürlich auch nicht verschwiegen werden. Interessant ist auf jeden Fall das Angebot, den „Jungbrunnen" ab 21 Uhr exklusiv für bis zu 8 Personen zu buchen und somit ungestört in kleiner Runde zu entspannen. Das gastronomische Angebot umfasst neben dem Hotelrestaurant Landgrafenstube mit anspruchsvoller, aktueller Küche auch die Burgschenke, wo Gemütlichkeit und rustikale Küche im Vordergrund stehen. Direktor Mathias Gerds kann zufrieden sein mit dem dank der renovierten Zimmer nun frischen Gesamteindruck seines Hauses. Und dass wir die Servicebereitschaft der Mitarbeiter hier in Thüringen ebenso wie im benachbarten südlichen Sachsen-Anhalt innerhalb der neuen Bundesländer als hervorstehend erleben, wird in diesem Hotel Guide immer wieder erwähnt. Das Hotel auf der Wartburg bildet da keine Ausnahme. So muss sich hier alles in allem kein Gast auf die einmalige Aussicht verlassen, wenn er sich bei der Buchung einen denkwürdigen Hotelaufenthalt in einem UNESCO-Weltkulturerbe erhofft.

Bewertung:

ELTVILLE Hessen

KEMPINSKI SCHLOSS REINHARTSHAUSEN
(OT Erbach)
Hauptstraße 41
65346 Eltville
Telefon: 06123-676-0
Telefax: 06123-676 400
Internet: www.schloss-hotel.de
E-Mail: info.reinhartshausen@kempinski.com
Direktor: Thomas Bonanni
DZ ab € 165,00

Man darf in der Tat behaupten, dass Schloss Reinhartshausen einst zu den besten Luxushotels der Republik zählte – die Zeiten sind lange vorbei. Damals, als die Welt hier noch in Ordnung war, konnte man den Gästen sogar ein Gourmetrestaurant ausweisen. Die Küchenleistung überzeugte sogar den Guide Michelin, so dass man sich mehrfach in Folge mit einem der begehrten Sterne schmücken durfte. Das Restaurant ist längst geschlossen, gastronomisch hat man den Rückwärtsgang eingelegt und garantiert augenblicklich „nur noch" eine überdurchschnittlich gute Küche. Weitreichende Renovierungs- und Umbaumaßnahmen sind mittlerweile unumgänglich, denn das Interieur kann den sehr hohen Erwartungen an ein Haus der renommierten Hotelgruppe Kempinski nicht mehr voll entsprechen. Die Zimmer sind wohlgemerkt alles andere als abgewirtschaftet, aber da man den Anspruch erhebt, in der Bundesliga der besten Hotels mitzuspielen, muss natürlich ein etwas strengerer Maßstab angelegt werden. Eine Vielzahl von Zimmerkategorien steht zur Auswahl. Bereits die Superior Rooms haben eine Mindestgröße von 30 qm. Durch ihr Designkonzept überzeugen derzeit vor allem die Zimmer im ehemaligen Weingutsgebäude, die 2007 neu entstanden sind. Die Betreibergesellschaft hat sich offenkundig für ein „Kostenmanagement" entschieden, nach dem im Moment nur unausweichliche Investitionen getätigt werden. Wie sonst ließe sich erklären, dass die überfälligen Renovierungsmaßnahmen regelmäßig angekündigt und dann doch immer wieder auf unbestimmte Zeit verschoben werden? Das ist offenbar in allen Häusern dieser Gesellschaft gängige Praxis, wie das Hotel in Dresden oder das Hamburger Atlantic leider unterstreichen. Thomas Bonanni, der dieses Kempinski seit vielen Jahren führt, hat sich offensichtlich mit der Lage abgefunden und ist auf Tauchstation gegangen. Man kann sich des Eindrucks nicht erwehren, dass er den Gastkontakt auf ein Minimum reduziert hat – vielleicht, um mit den Gästen nicht über den Renovierungsstau diskutieren zu müssen, aber wohl vor allem auch, weil er selbst „nichts Genaues weiß". Dabei bringt er alle Attribute eines perfekten Gastgebers mit. Wir hatten ihn als offenen, sehr freundlichen und vor allem humorvollen Menschen kennengelernt. Ausdrücklich loben möchten wir auch in diesem Jahr wieder die freundlichen und vor allem sehr höflichen Mitarbeiter, die mit ihrer Servicebereitschaft unterstreichen, dass man in einem Haus einer renommierten Hotelkette logiert. Nach wie vor überzeugend sind auch die Tagungsmöglichkeiten. Insgesamt 16 edle Salons und Festsäle stehen zur Verfügung, der schönste ist sicherlich der „Historische Schloss Saal" mit seinen Deckenmalereien, der Platz für bis zu 300 Personen bietet. In den Sommermonaten genießt man die Tagungspause auf der Terrasse mit Blick in den Schlosspark. Nicht üppig, aber für die Größe des Hauses durchaus angemessen ausgefallen ist der Schwimmbad- und Saunabereich. Auf Wunsch erarbeitet ein Fitnesstrainer mit dem Gast ein individuelles Trainingsprogramm. Bei optimalen Verkehrsbedingungen erreicht man von hier aus in einer guten halben Stunde den Frankfurter Flughafen, die Innenstadt von Frankfurt in 45 Minuten.

Bewertung:

KRONENSCHLÖSSCHEN
(OT Hattenheim)
Rheinallee
65347 Eltville
Telefon: 0 67 23-6 40
Telefax: 0 67 23-76 63
Internet: www.kronenschloesschen.de
E-Mail: info@kronenschloesschen.de
Direktor: Patrik Kimpel
DZ ab € 180,00

Für Patrik Kimpel, Gastgeber und Küchenchef des Kronenschlösschens, läuft es augenblicklich recht gut. Im vergangenen Jahr wurde er endlich mit dem begehrten Michelin-Stern ausgezeichnet, auf den er viele Jahre unermüdlich hingearbeitet hat. Nichtsdestotrotz wiederholen wir unsere Bitte, die gleiche Sorgfalt endlich auch im Hinblick auf das Service- und Dienstleistungsniveau aufzuwenden. Bislang haben die Mitarbeiter noch keine großen Lorbeeren errungen. Guter Service wird dem Gast mitunter nur in homöopathischen Dosen zuteil, insbesondere das Rezeptionsteam verärgert gelegentlich mit fachlicher Inkompetenz und Unfreundlichkeit. Intensive Schulungsmaßnahmen sind daher unumgänglich. Die Zimmer und Suiten sind klassisch-elegant gehalten, wirken vom Stil her eher konservativ, entsprechen aber in jedem Fall dem selbst auferlegten hohen Anspruch des Hauses. Sehr edel sind die

Marmorbadezimmer, die – vorausgesetzt, man hat eine Suite gebucht – sogar mit einem Whirlpool ausgestattet wurden. Obwohl das Hotel mit einem hochwertigen Zimmerprodukt sowie einer hervorragenden Gastronomie überzeugen kann, hat man darauf verzichtet, sich als Fünf-Sterne-Hotel klassifizieren zu lassen. Im Veranstaltungssegment hat das Haus sich nicht etwa auf klassische Tagungen spezialisiert, obwohl solche bis zu 60 Personen durchaus möglich wären, sondern insbesondere auf Hochzeiten. Im Grunde liegt das nahe, denn das Kronenschlösschen versprüht Romantik pur. Es ist eingebunden in einen privaten Park mit Blick auf den Rhein und verfügt auch sonst über alle Attribute, um hier Hochzeitsfeierlichkeiten auszurichten. Insgesamt drei edle Salons stehen zur Auswahl. Alternativ zum Gourmetrestaurant kann man im Bistro speisen, auf der Karte findet man Klassiker wie den Sauerbraten vom Hirsch oder die Rinderroulade mit Lauchgemüse und Kartoffelpüree.

Bewertung:

ERFURT Thüringen

**PULLMAN ERFURT
AM DOM**
**Theaterplatz 2
99084 Erfurt
Telefon: 0361-6445-0
Telefax: 0361-6445 100**
Internet: www.pullmanhotels.com
E-Mail: h3534@accor.com
Direktor: Hans-Peter Barthen
DZ ab € 89,00

Wenn von Erfurt die Rede ist, ob nun über die thüringische Landeshauptstadt berichtet wird oder die Stadt als Kulisse für Filmdrehs dient, darf ein architektonisches Accessoire nicht fehlen: der Erfurter Dom. Das charakteristische Ensemble aus dem Dom, der benachbarten Severikirche und der dazwischenliegenden Freitreppe ist das unumstrittene Wahrzeichen der Stadt. Kein Wunder also, dass man auch bei der Namensgebung für dieses ehrgeizige Hotelprojekt die Bekanntheit des Monuments nutzen wollte. Dennoch: Am Dom liegt dieser Hotelneubau aus dem Jahr 2004 beim besten Willen nicht. Dom und Hotel wenden einander die Rückseite zu und sind darüber hinaus durch mehrere Straßenblocks und gut 300 Meter Luftlinie voneinander getrennt. Dabei hat das Pullman eine wirklich attraktive Lage zu bieten, denn es liegt am wunderbaren Theaterplatz, der zusammen mit dem 2003 neu eröffneten Erfurter Theater angelegt wurde und eine moderne, attraktive Kulisse für dieses zeitgemäße Fünf-Sterne-Haus bietet. Die einmalige Festungsanlage des Petersbergs, die den Platz, die Oper und das Hotel überragt, vermittelt einen Eindruck davon, wie im 17. und 18. Jahrhundert fast alle deutschen Städte aussahen mit ihren damals errichteten Festungsanlagen, die fast überall im 19. Jahrhundert wieder abgetragen wurden, um dem mit der Industrialisierung einsetzenden Wachstum der Städte nicht im Wege zu stehen. Erfurt bietet überhaupt ein außergewöhnlich reiches architektonisches Erbe, und wer sich ob des Namensschwindels vom Pullman aus aufmacht, den Dom zu finden, wird überrascht und begeistert sein von Erfurts Vielfalt und Schönheit. Das Hotel selbst bietet ebenfalls eine beeindruckende Architektur, denn das Gebäude, das einen ganzen Straßenblock einnimmt, ist vollständig von einem gläsernen Atrium durchzogen, das über die gesamte Höhe des Bauwerks reicht. Dieses Atrium dient natürlich als Hotelhalle, wird aber auch als Kulisse für zahlreiche Veranstaltungen und Events genutzt, für die es einen großzügigen Rahmen und reichlich Platz bietet. Diese großzügige, moderne Architektur harmoniert durchaus mit dem nicht minder weitläufig und effektvoll inszenierten Theaterplatz und dem gegenüberliegenden Operngebäude, in dem an etwa 350 Abenden im Jahr Opern, Operetten, Konzerte, Tanztheater und Schauspielproduktionen geboten werden. Einem Fünf-Sterne-Haus kommt diese Nähe zu Kunst und Kultur natürlich zugute, dennoch entspricht der Charakter des Pullman eher dem eines First-Class-Businesshotels als dem Charme eines Luxushotels alter Schule. Mit der Einordnung in die Pullman-Familie, die gehobene First-Class-Business-Linie des Hotelkonzerns Accor, ist man hier schon den richtigen Weg gegangen, nachdem das Haus zuvor als Mercure-Hotel firmiert hatte. Ein kleiner Makel ist, dass trotz der Klassifizierung nur ein eher beschränkter Wellnessbereich ohne Schwimmbad geboten wird. Dem Servicepersonal ist hoch anzurechnen, dass es sich zumindest redlich bemüht, dem versprochenen Fünf-Sterne-Niveau gerecht zu werden. Dass dieses Hotel noch nicht ganz den Status des ersten Hauses am Platz für sich beanspruchen kann, ist nur einer einzigen Tatsache geschuldet: Auf der anderen Seite der Erfurter Altstadt steht das Radisson Blu, das ehemalige Interhotel, in dem sich schon seit DDR-Zeiten die wichtigsten Menschen der Stadt treffen. Das Hochhaus ist im Inneren auf einen modernen, anspruchsvollen Vier-Sterne-Standard gebracht worden, so dass sich für viele Erfurter hier einfach nach wie vor die „gute Stube" der Stadt befindet. Vor allem ist es dem Mitbewerber gelungen, mit intensiven Umbau- und Renovierungsmaßnahmen den einstigen Ruf zu halten. Dennoch bleibt das Pullman unbestritten ein empfehlenswertes Haus für diejenigen, die modern und komfortabel logieren möchten und denen ein Service auf zumindest angestrebtem Fünf-Sterne-Niveau wichtig ist.

Bewertung: ● ● ●

RADISSON BLU
(Altstadt)
Juri-Gagarin-Ring 127
99084 Erfurt
Telefon: 03 61-55 10-0
Telefax: 03 61-55 10 2 10
Internet: www.radisson-erfurt.de
E-Mail: info.erfurt@radissonblu.com
Direktor: Lutwin Wehr
DZ ab € 75,00

Dieses Radisson BLU bringt für uns alle Voraussetzungen mit, um den Status des ersten Hauses am Platz zu behaupten. Insbesondere das Zimmerprodukt, das in sechs Kategorien unterteilt und auf verschiedene Ansprüche zugeschnitten ist, kann sich sehen lassen. Busgruppen, Pauschalreisenden und Gästen mit schmalem Geldbeutel werden vorzugsweise die noch nicht renovierten Zimmer angeboten. Recht beengt, aber sehr modern sind die Business-Class-Zimmer, die mit USM Haller Möbeln und teilweise mit einer frei stehenden Badewanne ausgestattet wurden. Ein Highlight ist die sogenannte Suiten-Etage. Als Besonderheit wurden hier zwei der Badezimmer mit einer finnischen Sauna ausgestattet. Sicher ein Alleinstellungsmerkmal ist die Präsidentensuite, sie kann sich mit den größten Luxussuiten der Republik messen. Höchste Sicherheitsvorkehrungen wie Panzerglas und schusssichere Türen sind hier ebenso selbstverständlich wie ein Wellnessbadezimmer mit Whirlpool und finnischer Sauna, in der man beim Saunieren den tollen Ausblick auf die Stadt genießen kann. Standesgemäß wurde die Luxussuite natürlich auch mit zwei Schlafzimmern, einem großzügigen Essbereich, einer gemütlichen Sitzgruppe und darüber hinaus einem eigenen Kamin ausgestattet. Ein weiteres Highlight ist die Panorama-Etage im 17. Stock mit ihren fünf zusätzlichen Veranstaltungsräumen. Hier hat man einen fantastischen Ausblick auf die Stadt. Seit dem Weggang von Hoteldirektor Florian Meyer-Thoene im Jahr 2007 stagniert dieses Radisson ein wenig, denn Nachfolger Lutwin Wehr konnte hier nicht wirklich Akzente setzen. Meyer-Thoene, darüber haben wir früher schon berichtet, hat dieses Radisson nach der Übernahme in kürzester Zeit zum Wohnzimmer der Stadt entwickelt. Hilfsbereit und in der Regel freundlich treten die Mitarbeiterinnen und Mitarbeiter auf, auch wenn hier und da Schulungslücken zutage treten. Keine Bedenken haben wir gegen einen Besuch des Restaurants Classico, vorausgesetzt, man stellt keine allzu großen Erwartungen an die Küchenleistung.

Bewertung:

ESSEN   Nordrhein-Westfalen

SCHLOSSHOTEL HUGENPOET
(OT Kettwig)
August-Thyssen-Straße 51
45219 Essen
Telefon: 0 20 54-12 04-0
Telefax: 0 20 54-12 04 50
Internet: www.hugenpoet.de
E-Mail: info@hugenpoet.de
Inhaber: Michael Lübbert
DZ ab € 240,00

Schloss Hugenpoet, ein Wasserschloss mit einer über 350-jährigen Geschichte, ist das Lieblingshotel all derer, die an ihren Hotelaufenthalt hohe Ansprüche stellen und größten Wert auf eine hohe bis sehr hohe Service- und Dienstleistungsqualität legen. Mit 19 Zimmern und sieben Suiten, die klassisch-gediegen, teilweise mit Antiquitäten eingerichtet sind, wirkt der Charakter des Hauses sehr intim. Hotelchef Michael Lübbert versteht es, seine Gäste zu umgarnen, gern gibt er den vollendeten Gastgeber. Allerdings verschwendet er seine Gunst nur an Gäste, die ihm seiner Meinung nach auf Augenhöhe begegnen können. Für private Festlichkeiten oder Veranstaltungen stehen festliche Salons zur Verfügung. Schon lange angedacht, aber bislang nicht in die Tat umgesetzt ist ein Wellnessbereich, nicht einmal ein kleiner Saunabereich gehört bisher zum Angebot. Aber in diesem Jahr will man die Pläne endlich verwirklichen. Bis dahin beschränken sich die Möglichkeiten sportlicher Betätigung auf das Tennisspiel auf dem hoteleigenen Tennisplatz. Immerhin organisiert man einen Limousinen-Transfer zu einem renommierten Fitnesscenter. Außerdem ist eine Erweiterung geplant, in den Nebengebäuden des Schlosses sollen 15 zusätzliche Zimmer entstehen. Auf Erfolgskurs ist seit geraumer Zeit das Gourmetrestaurant Nero, das mittlerweile sogar in die gastronomische Bundesliga aufgestiegen ist, denn der Guide Michelin hat es inzwischen mit einem Stern geadelt. Viele, viele Jahre hat man auf diesen Ritterschlag hingearbeitet. Küchenchefin Erika Bergheim ist der Spagat gelungen, Bewährtes vom Vorgänger zu erhalten und dennoch ihren eigenen Stil zu etablieren. Fortschrittlich, dass man auf Schloss Hugenpoet die WLAN-Nutzung im gesamten Haus ermöglicht und diesen Service sogar kostenfrei stellt – noch längst keine Selbstverständlichkeit, viele Hotels lassen sich diesen Service immer noch fürstlich entlohnen.

Bewertung: ●●●◐

SHERATON
(OT Rüttenscheid)
Huyssenallee 55
45128 Essen
Telefon: 02 01-10 07-0
Telefax: 02 01-10 07 7 77
Internet: www.sheratonessen.com
E-Mail: essen@sheraton.com
Direktor: Roland Ohlberger
DZ ab € 99,00

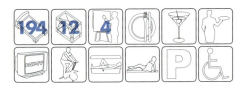

Nachdem die Ära Peter B. Kuntze zu Ende gegangen ist, hat die Konzernzentrale Roland Ohlberger zum Direktor dieses Sheraton bestellt. Der versucht sich hier seit geraumer Zeit als „General Manager", ohne dabei Akzente zu setzen. Kuntze war ein Patriarch wie aus dem Bilderbuch, er führte das Businesshotel vom sprichwörtlichen Elfenbeinturm aus und litt bedauerlicherweise unter der Betriebsblindheit verbunden mit stark ausgeprägter Kritikresistenz, die in der Branche weit verbreitet sind. Vor allem seine Eitelkeit stand ihm aus unserer Sicht gelegentlich im Wege. Menschen in ihrer Unterschiedlichkeit zu akzeptieren fiel ihm besonders schwer, für ihn gab es nur schwarz und weiß und natürlich seine vorgefertigten Schablonen. Da verwundert es kaum, dass unter seiner Führung die Dienstleistungs- und Servicebereitschaft der Mitarbeiter gelegentlich sehr zu wünschen übrig ließ. Dies ist sicherlich auf den Grad der Zufriedenheit mit dem hier etablierten Betriebsklima zurückzuführen, das sich nach unserem Eindruck im unteren Mittelfeld eingependelt hatte. Die wenigsten der Mitarbeiter werden traurig gewesen sein, als Herr Generaldirektor sich endlich in den Ruhestand verabschiedete. Ohlberger musste also ein Haus übernehmen, das nicht nur erhebliche Hardwareprobleme hatte, sondern auch erhebliche Softwareschwächen. Die Erwartungen an ihn waren und sind demnach recht hoch. Mittlerweile beschleicht uns allerdings das Gefühl, dass unsere Hoffnung, Ohlberger könne die Abläufe in allen Abteilungen kurzfristig neu strukturieren und optimieren, sich so schnell nicht erfüllen wird. Seine Erfolgsbilanz fällt bisher ernüchternd aus. Aber es gibt auch Positives zu vermelden, denn zumindest im Hinblick auf die Hardware hat sich einiges zum Besten gewendet. Vor nicht allzu langer Zeit war bereits der Freizeitbereich aufgefrischt worden, der über Sauna-, Ruhe- und Fitnessbereich verfügt. Die Zimmer und Suiten waren deutlich in die Jahre gekommen; mittlerweile hat man aber alle bis auf die Classic-Zimmer zumindest einer Auffrischung unterzogen. Daher empfehlen wir, mindestens ein Zimmer der Superior-Kategorie zu buchen. Übrigens bietet man hier, wie bei Sheraton allgemein üblich, einen Clubfloor in Verbindung mit zusätzlichen Annehmlichkeiten, beispielsweise dem Zugang zu einer eigenen Lounge, in der man kostenfrei Drinks, tagsüber kleine Snacks und abends ein Buffet bereithält. Ein weiterer Pluspunkt ist der Tagungs- und Conventionbereich, denn man verfügt nicht nur über vier eigene Tagungsräume, sondern kooperiert zusätzlich mit dem benachbarten Conference Center, somit stehen weitere 14 Räumlichkeiten zur Verfügung. Daher kann man Tagungen und Veranstaltungen mit bis zu 1.900 Personen realisieren. Gastronomisch laboriert man im guten Mittelfeld. Für WLAN-Nutzung veranschlagt man selbstbewusst 19 Euro pro 24 Stunden, im Lobbybereich ist sie jedoch kostenfrei.

Bewertung:

ETTLINGEN Baden-Württemberg

ERBPRINZ
(Stadtmitte)
Rheinstraße 1
76275 Ettlingen
Telefon: 07243-322-0
Telefax: 07243-322 322
Internet: www.erbprinz.de
E-Mail: info@erbprinz.de
Direktor: Bernhard Zepf
DZ ab € 175,00

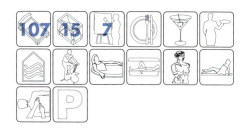

Erfreut nehmen wir zur Kenntnis, dass Hotelchef Bernhard Zepf das Erbprinz durch weitere Umbauten und Erweiterungen in den vergangenen Jahren vor allem in konzeptioneller Hinsicht weiterentwickeln konnte. Unter anderem sind 38 zusätzliche luxuriöse Zimmer und Suiten entstanden, und alle Zimmer wurden mit modernster Technik ausgestattet. Wer sich für ein Zimmer der Komfort-Kategorie entscheidet, braucht für die WLAN-Nutzung kein zusätzliches Entgelt zu zahlen. Auch der SPA-Bereich wurde aufgewertet, unter anderem ist ein neuer Schwimmbadbereich entstanden. Zum Gesamtangebot zählt darüber hinaus ein hochwertiger Tagungsbereich. Mit Hochdruck arbeitet man daran, mit dem Restaurant wieder an die Glanzzeiten anzuknüpfen, als man sich sogar mit einem Michelin-Stern schmücken durfte. Mag sein, dass Bernhard Zepf auf den einen oder anderen Gast distanziert wirkt, im Gespräch legt er jedenfalls alles andere als hanseatisches Understatement an den Tag, ist er doch von sich, seinem Haus und vor allem seinem Service- und Dienstleistungsangebot absolut überzeugt. So überzeugt, dass er konstruktive Kritik mit einer schweren Beleidigung gleichsetzt. Dabei überzeugt das Service- und Dienstleistungsverständnis der Mitarbeiter hier nicht immer. Wir haben bereits darauf hingewiesen, dass entsprechende Trainingsmaßnahmen wahre Wunder bewirken könnten. Dies würde aber voraussetzen, dass man Serviceschwächen erst einmal erkennt, sie sich eingesteht und dann entsprechende Konsequenzen zieht. Anzuraten wäre es, zumal man seit einiger Zeit in der Bundesliga der besten Hotels mitspielen möchte, schließlich hat man sich kürzlich als Fünf-Sterne-Haus klassifizieren lassen. Da wird man dann zwangsläufig an den besten Adressen der Republik gemessen.

Bewertung:

FRANKFURT   Hessen

HESSISCHER HOF
(OT Westend)
Friedrich-Ebert-Anlage 40
60325 Frankfurt
Telefon: 0 69-75 40-0
Telefax: 0 69-75 40 29 24
Internet: www.hessischer-hof.de
E-Mail: info@hessischer-hof.de
Direktor: Eduard M. Singer
DZ ab € 180,00

Seit dem Tag seiner Eröffnung ist der Hessische Hof, der in diesem Jahr sein 60-jähriges Jubiläum begeht, ein Grandhotel der Spitzenklasse. Und er ist vor allem im Hinblick auf das hier kultivierte Serviceniveau immer noch die absolute Nummer eins, auch nachdem im Segment der Luxushotellerie 2011 das Jumeirah auf dem hiesigen Markt angetreten ist. Eduard M. Singer konnte dem Haus erfreulicherweise weitere Impulse geben. Nachdem er viele Jahre erfolgreich verschiedene First-Class-Hotels geführt hatte, stellt er nun schon seit mehreren Jahren eindrucksvoll unter Beweis: Er „kann auch fünf Sterne". So hat er insbesondere die Außenwirkung dieser Luxusherberge deutlich verbessert und darüber hinaus die strukturellen Abläufe und nicht zuletzt das Serviceangebot weiter optimiert. Nicht selten beobachten wir bei unseren Recherchen, dass bei einem Direktorenwechsel Konzepte der Vorgänger über Bord geworfen werden, weil man glaubt, das Rad neu erfinden zu können. Singer dagegen hat erkannt, dass der Ruf des Hessischen Hofs vor allem auf dem hier kultivierten Service- und Dienstleistungsniveau basiert. Evolution, nicht Revolution ist das Leitbild im Hessischen Hof; nur dies gewährleistet Kontinuität, und das ist es, was der Gast erwartet. Dafür nimmt er auch kleine Abstriche in Kauf. So konnte man bislang keinen Wellnessbereich vorweisen. Ein Umstand, der jetzt geändert werden soll, als erster Schritt ist ein kleiner Sauna- und Fitnessbereich angedacht. Die Umsetzung war bereits für dieses Jahr geplant, musste dann aber aus verschiedenen internen Gründen auf das Jahr 2013 verschoben werden. Im Zuge der Bauarbeiten für den Sauna- und Fitnessbereich entsteht auch eine neue, exklusive Präsidentensuite. Nach wie vor kooperiert man mit einem renommierten Fitnessclub in unmittelbarer Nähe und übernimmt für Gäste selbstverständlich den Eintrittspreis und wenn gewünscht auch den Shuttleservice. In den vergangenen Jahren wurde das Augenmerk auf den Umbau und die Renovierung der sogenannten Executive-Zimmer gelegt. In diesem Jahr sollen zwei neue Zimmer entstehen. Zuletzt wurde der Nordflügel einer Master-Renovierung unterzogen, dabei wurden unter anderem die Badezimmer entkernt und neu gestaltet. Zu den Gepflogenheiten in diesem Grandhotel

zählt es, jeden Gast bei der Ankunft in die Hospitality-Lounge einzuladen; dies wurde noch unter dem ehemaligen Direktor Gerhard Köhler eingeführt. Hier genießt man nach dem Ankommen und Frischmachen auf dem Zimmer einen Drink und kleine Snacks auf Kosten des Hauses. Abgesehen von der zentralen Lage gegenüber der Messe und der Festhalle unweit des Hauptbahnhofs sprechen vor allem diese so geschätzten Serviceleistungen und Traditionen dafür, trotz der großen Konkurrenz in Frankfurt im Hessischen Hof Quartier zu beziehen. Hier ist es selbstverständlich, dass der Service bereits mit der Vorfahrt beginnt. Der Doorman nimmt den Wagen in Empfang, fährt ihn in die Tiefgarage und kümmert sich um das Gepäck. Nach Erledigung der Anmeldeformalitäten begleitet ein Mitarbeiter den Gast bis zu seinem Zimmer und erklärt bei Bedarf Zimmertechnik und Serviceeinrichtungen. Fast überflüssig zu erwähnen ist da der 24-Stunden-Zimmer- und der Schuhputzservice. WLAN und LAN sowie die Nutzung der Minibar sind ebenso in den Zimmerpreis inkludiert wie die Premium-Spielfilmkanäle, bereitgestelltes frisches Obst und Mineralwasser. Neuerdings kann sich jeder flugreisende Hotelgast hier einen Airport-VIP-Service buchen. Dieser kann über den Concierge des Hessischen Hofs organisiert werden und wird mit 298 Euro pro Fluggast und 110 Euro für jede mitreisende Person (zzgl. MwSt) berechnet. Der betreffende Gast wird am Flughafen von einem Mitarbeiter in Empfang genommen und zur Lounge begleitet, bevor der Check-in und die Ein- bzw. Ausreiseformalitäten für ihn erledigt werden. Selbstverständlich erfolgt der Transfer in einer Limousine oder in einem VIP-Bus direkt zum oder vom Flugzeug, egal welche Klasse der Passagier gebucht hat.

Bewertung: ●●●● ● ↗

SÈVRES
im Hotel Hessischer Hof
Telefon: 069-75 40-0
Telefax: 069-75 40 29 24
Internet: www.hessischer-hof.de
E-Mail: info@hessischer-hof.de
Chefkoch: Marco Wenninger
Hauptgerichte € 18,00 – 34,00

Sèvres ist eigentlich der Name eines Pariser Vororts unweit von Versailles, der unter anderem dafür bekannt ist, dass im hiesigen Bureau International des Poids et Mesures der Urmeter und das Urkilogramm aufbewahrt werden. Hier im Hessischen Hof bezieht er sich jedoch auf das gleichnamige Porzellan, das seit 1756 in einer Manufaktur im gleichen Ort hergestellt wird und neben dem Meißener als das edelste überhaupt gilt. Eine beeindruckende Sammlung dieses Porzellans, ausgestellt in beleuchteten Vitrinen, ziert die Wände des Restaurants im Hessischen Hof. Mit diesen exklusiven Schmuckstücken veredelt das Haus Hessen das Ambiente in seinem Spitzenrestaurant; das schimmernde Porzellan und die stimmungsvolle Beleuchtung der Vitrinen schaffen hier eine unvergleichliche Atmosphäre. Ohnehin ist für den neuen Gast das Interieur eines Grandhotels alter Schule eher überraschend nach dem eher schmucklosen Äußeren des Hessischen Hofs, der auf eine dem Inneren angemessene prachtvolle Gründerzeitfassade wegen der Kriegszerstörungen verzichten muss. Aber es ist nicht nur das unverwechselbare und behagliche Ambiente des Sèvres, das an die gute alte Zeit erinnert, sondern auch der unverwechselbare Service im Restaurant. Ein Maître d'Hôtel und seine Oberkellner treten hier nicht nur klassisch als solche gekleidet auf, sondern dirigieren auch in althergebrachter Weise mehrere Commis de Rang, die auf einen kurzen Wink alle Handgriffe im Service blitzschnell und mit schlafwandlerischer Sicherheit ausführen. Hier ist noch eine Hierarchie im Service anzutreffen, die dem Gast das unverwechselbare Gefühl eines perfekt funktionierenden Dienstleistungsablaufs gibt, der ihn bedingungslos in den Mittelpunkt stellt und ohne Unterwürfigkeit oder Anbiederung zum sprichwörtlichen König macht. Selbstverständlich wird hier auch noch das klassische Handwerk gepflegt, und so wird am Tisch flambiert, tranchiert und serviert, wie man es andernorts kaum noch erlebt. Da all dies ohne Aufregung, mit fehlerloser Routine und Selbstverständlichkeit geschieht, fühlt man sich hier im Restaurant sofort um Jahrzehnte zurückversetzt in eine Zeit, als das Dinieren in exquisiten Restaurants einigen Wohlhabenden vorbehalten war und eine gehobene oder gar internationale Küche noch nicht zum Standardrepertoire kochbegeisterter Hausfrauen und Amateure gehörte. Umso bemerkenswerter ist es daher, dass sich das Restaurant preislich zwar durchaus im gehobenen Bereich bewegt, das Preis-Leistungs-Verhältnis aber keineswegs unangemessen ist wie in so vielen neueren Restaurants mit höheren Ambitionen. Eine kleine Sensation ist in dieser Hinsicht das als „Verwöhn-Menü" betitelte Menu du Jour, das mit korrespondierenden Weinen sowie Wasser und Kaffee mittags für 39 Euro und abends für 45 Euro angeboten wird. Dass dabei ausschließlich Weine eigener Weingüter ausgeschenkt werden, ist für das Haus von Hessen ein guter Weg, sie weiter bekannt zu machen, und für den neuen Gast eine Gelegenheit, sich zu einem ausgesprochen bescheidenen Preis von ihrer Qualität zu überzeugen. Selbstverständlich kann man im Sèvres auch à la carte speisen. Küchenchef Marco Wenninger garantiert hier seit Jahren eine klassisch-konservative Küche auf überdurchschnittlich gutem Niveau.

Bewertung:

HILTON
(Innenstadt)
Hochstraße 4
60313 Frankfurt
Telefon: 069-1338-000
Telefax: 069-1338 20
Internet: www.hilton.de
E-Mail: info.frankfurt@hilton.com
Direktorin: Alexandra Staffler
DZ ab € 106,00

Der Frankfurter Hotelmarkt ist in Bewegung, das ist nicht zu übersehen. In unmittelbarer Nähe des Hilton hat im vergangenen Jahr das Jumeirah eröffnet mit dem Anspruch, sich ein dickes Stück vom Kuchen abzuschneiden. Wir hatten in der Vergangenheit berichtet, dass hier im Hilton ein Softlifting unumgänglich sei. Abgewetzte Teppichböden in den öffentlichen Bereichen und das zwischenzeitlich auch etwas angejahrte Zimmerprodukt waren nicht mehr zu übersehen. Erfreulicherweise hat man nicht allzu lange zugewartet und ein 7,5 Millionen Euro schweres Renovierungsprogramm aufgelegt, das im letzten Quartal des vergangenen Jahres abgeschlossen wurde. An der Lage gab und gibt es nichts zu deuten, die ist hervorragend, schließlich kann man die Alte Oper, die Börse, die Einkaufsmeile Zeil und andere Sehenswürdigkeiten bequem zu Fuß erreichen. Wer mit dem Auto anreist, muss wissen, dass die Parkgarage nicht frei zugänglich ist. Aus Raumgründen hat man sich bei der Planung des Hotels für eine Art Stapeltechnik entschieden, das Einparken kann daher nur von autorisiertem Personal vorgenommen werden. Das führt gelegentlich zu Engpässen im Anfahrtsbereich, nicht nur wegen der zuweilen etwas dünnen Personaldecke. Dies sollte man in jedem Fall ins Kalkül ziehen, wenn man einen dringenden Termin hat. In solchen Fällen empfiehlt es sich, rechtzeitig den Concierge zu kontaktieren, damit dieser veranlasst, dass der Wagen vorgefahren wird. Wenn der Freizeitbereich an externe Dienstleister verpachtet wird, ist der Ärger meist vorprogrammiert. Mal sind die Gäste verärgert, dass zusätzliche Nutzungsentgelte erhoben werden, dann wieder kommt Missstimmung auf über das Phlegma von Mitarbeitern, die ihre Aufmerksamkeit lieber den eigenen Clubmitgliedern schenken. So auch hier, wo der Bereich von der Fitness-First-Company betrieben wird. Die Entscheidung, ob es sich lohnt, ein Zimmer der Executive-Etage zu buchen, können wir nicht abnehmen. In jedem Fall genießen die Gäste hier zusätzliche Annehmlichkeiten. Außerdem erhalten sie Zugang zur eigens für sie eingerichteten Lounge, wo sie kostenfrei Drinks, kleine Snacks und das tägliche Interkontinental-Frühstück in Anspruch nehmen können. Wer übrigens mit der Deutschen Lufthansa reist, kann seine Bordkarte bereits im Hotel am Check-in-Automaten erwerben, vorausgesetzt, er reist nur mit Handgepäck. Abschließend erlauben wir uns eine ehrliche Anmerkung: Nach Friedrich Schäfer, der dieses Hilton schon als Pre-Opening-Director mit viel Engagement und Herzblut geführt hatte, konnte uns keiner seiner Nachfolger wirklich nachhaltig beeindrucken.

Bewertung:

INNSIDE
(Innenstadt)
Neue Mainzer Straße 66-68
60311 Frankfurt
Telefon: 069-2 10 88-0
Telefax: 069-2 10 88-222
Internet: www.innside.com
E-Mail: frankfurt@innside.com
Direktorin: Martina Müller-Frasch
DZ ab € 100,00

Bei Immobilien und Hotels zählen vor allem drei Aspekte: die Lage, die Lage und nochmals die Lage. Die könnte nun bei diesem First-Class-Hotel nicht besser sein, liegt das Innside doch mitten im Bankenviertel, zwischen dem Hauptbahnhof und der Einkaufsmeile Zeil, unweit der Börse und der Alten Oper. Ein Herausstellungsmerkmal ist, dass diese moderne, designorientierte Herberge in der 22. bis 29. Etage des Eurotheum untergebracht ist. Man logiert somit in schwindelerregender Höhe bei sensationellem Ausblick. Schon bei der Anreise gewinnt der Gast einen ersten Eindruck davon, was er hier erwarten darf. Der Aufzug am Außengebäude, der ihn in rasantem Tempo zur Hoteletage bringt, ist schon ein kleines Erlebnis für sich. Das Innside überzeugt nicht nur durch seine Lage und sein Raumkonzept, sondern vor allem dadurch, dass man hier gut geschützt vor der breiten Öffentlichkeit logieren kann. Kein Wunder, dass dieses Hotel ein Selbstläufer ist. In Anbetracht seiner Herausstellungsmerkmale ist es da eigentlich fast egal, wer es führt. Das sieht Direktorin Martina Müller-Frasch natürlich anders. Im Gespräch mit ihr gewinnt man den Eindruck, dass die Höhe sich auf ihr schier grenzenloses Selbstbewusstsein auswirkt. So will sie den Eindruck vermitteln, dass der Erfolg des Hauses ausschließlich ihren herausragenden Managementqualitäten zuzuschreiben ist. Warum nur meint Frau Direktorin, sie müsse von ihrer fehlenden Eloquenz und ihren wenig ausgeprägten Gastgeberqualitäten ausgerechnet mit Arroganz und Selbstherrlichkeit ablenken? Bei ihrem Auftreten könnte man meinen, sie leite kein Hotel, sondern die nur wenige Meter entfernte Deutsche Bank. In diesem Haus logieren in erster Linie Gäste, die alles andere als große Aufmerksamkeit wollen. Die 74 lichtdurchfluteten Design-Zimmer und -Suiten mit ihren bodentiefen Fenstern bieten einen uneingeschränkten Blick auf die Frankfurter Skyline. Die beiden Suiten wurden zusätzlich mit einer großen Whirlpool-Wanne ausgestattet. Ansonsten kann man im kleinen Freizeitbereich mit Sauna entspannen oder die Fitnessmöglichkeiten nutzen. In der 22. Etage befinden sich zwei Tagungsräume, die Meetings im kleineren Rahmen mit bis zu 35 Personen ermöglichen. In der gleichen Etage liegt die 22nd Lounge & Bar, die inzwischen nicht mehr als Geheimtipp gelten dürfte, hat sie doch längst einen kleinen Kultstatus erreicht. Zusätzlich weist man für Raucher eine eigene Lounge aus. Dem Parken sind hier Grenzen gesetzt, lediglich 11 Parkplätze stehen zur Verfügung, ansonsten muss man auf das öffentliche Parkhaus Junghofstraße ausweichen. Gäste parken für 25 Euro. WLAN-Nutzung ist gebührenpflichtig und wird mit 5 Euro pro Stunde berechnet.

Bewertung: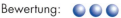

INTERCONTINENTAL
(Bahnhofsviertel)
Wilhelm-Leuschner-Straße 43
60329 Frankfurt
Telefon: 069-2605-0
Telefax: 069-252467
Internet: www.frankfurt.intercontinental.com
E-Mail: frankfurt@ihg.com
Direktor: Thomas R. Hilberath
DZ ab € 97,00

Einst eines der drei Luxus-Businesshotels der Bankenmetropole Frankfurt, ist dieses InterContinental, das in unmittelbarer Nähe des Hauptbahnhofs liegt, heute nur mehr eines von vielen. Unseres Erachtens hat es seinen Glanz längst verloren. Hier liegt vieles im Argen; zum einen ist das Zimmerprodukt nicht mehr auf der Höhe der Zeit, zum anderen schwankt der Service wie der Börsenkurs. Es gab Zeiten, da konnte man den Gästen einen akzeptablen Freizeitbereich mit Schwimmbad-

und Saunabereich ausweisen. Mittlerweile beschränkt man sich auf einen 300 qm großen Fitness-Club – durchaus schwach für ein Haus dieser Größe und dieses Anspruchs. Nicht nur eine Auffrischung, sondern besser gleich ein neues Interieur-Konzept könnten die Zimmer und Suiten gebrauchen, die mittlerweile ein wenig in die Jahre gekommen sind, Gott sei Dank aber nicht abgewohnt wirken. Vereinzelte Softliftings wurden in den vergangenen Jahren schon durchgeführt. Intensive Renovierungsmaßnahmen sind seit geraumer Zeit geplant, wurden aber bislang nicht realisiert. WLAN-Nutzung ist – angeblich aus technischen Gründen – nur im Lobbybereich und in der Clublounge möglich, dafür aber kostenfrei. Auf den Zimmern steht ein kabelgebundener High-Speed-Internetzugang zur Verfügung, den man allerdings auf der Rechnung mit 20 Euro pro Tag veranschlagt findet. Wer ein Zimmer auf der Clubetage gebucht hat, erhält Zugang zur Clublounge, wo ihn täglich ein kontinentales Frühstück, Snacks und Drinks erwarten. Alle anderen Gäste haben hier ebenfalls Zugang, sogar mit Gästen, allerdings erlaubt man sich, dafür pro Person 50 Euro zu berechnen. Parken schlägt hier mit „nur" 2,90 Euro pro Stunde oder 27 Euro für 24 Stunden zu Buche. Wagen wir einen Blick auf das gastronomische Angebot: Das Restaurant Signatures verspricht eine „Neue Deutsche Küche", in der Karte findet man das Schnitzel ebenso wie die Roulade oder das Steak. Der 2.300 qm große Conventionbereich mit seinen 19 unterschiedlich großen, modernst ausgestatteten Tagungsräumen inklusive eines Ballsaals unterstreicht die eigentliche Kernkompetenz des Hauses. Veranstaltungen, Meetings und Konferenzen mit bis zu 700 Personen sind hier ohne Weiteres möglich. Einen Premiumausblick auf die Skyline Frankfurts bietet der Salon Silhouette in der 21. Etage. Wir bleiben bei der Einschätzung, dass Hoteldirektor Thomas Hilberath nicht gerade einen Gastgeber wie aus dem Lehrbuch abgibt, sondern anscheinend eher die Funktion des Prokurators wahrnimmt.

Bewertung:

JUMEIRAH
(Innenstadt)
Thurn- und Taxis Platz 2
60329 Frankfurt
Telefon: 069-297237-0
Telefax: 069-297237-306
Internet: www.jumeirah.com
E-Mail: jfinfo@jumeirah.com
Direktorin: Dagmar Woodward
DZ ab € 220,00

Mit dem Jumeirah ist erstmals seit der Eröffnung der Villa Kennedy vor mehr als sechs Jahren wieder Bewegung in das Spitzensegment der Frankfurter Hotellerie gekommen. Baulich zieht das markante Hochhaus, das direkt hinter dem gleichzeitig wiederhergestellten Thurn-und-Taxis-Palais entstanden ist, seit geraumer Zeit die Blicke auf sich. Denn das Gebäude mit der eindrucksvoll geknickten Fassade überragt die Einkaufsmeile Zeil genau dort, wo das futuristische Einkaufszentrum „MyZeil" mit seiner trichterförmig gebogenen Glasfront schon länger die Passanten in den Bann zieht. Und genau an diese Shopping Mall schließt die Rückseite des Jumeirah an. Die Lage könnte somit zentraler kaum sein. Die Frankfurter Oper, die Hauptwache und die berühmt-berüchtigte „Fressgass" liegen dem neuen Haus sozusagen direkt zu Füßen. Ein 5-Sterne-Superior-Hotel in einer solchen Lage, noch dazu in einem Neubau dieser Größe eröffnen zu können, erfordert schon einen etwas längeren finanziellen Atem, und so nimmt es denn auch kaum Wunder, dass dafür ein Unternehmen aus dem derzeitigen Immobilien-Eldorado Dubai verantwortlich zeichnet, dem immerhin auch das weltberühmte Burj al Arab gehört. Wer nun arabische Opulenz befürchtet, die sich mit der europäischen „less-is-more"-Philosophie oft so gar nicht verträgt, den können wir beruhigen. Die Zimmer und Suiten bieten die bekannte, schlichte Eleganz und moderne Formenstrenge, die in der internationalen Spitzenhotellerie mittlerweile Standard ist, und auch die Farbgebung nutzt die gewohnten behaglich warmen Braun- und Erdtöne. Details der elektronischen Ausstattung zu kommentieren verbietet sich bei der Berichterstattung über Hotels oberhalb der Drei-Sterne-Kategorie mehr und mehr, denn Flachbildschirme und WLAN finden sich mittlerweile auch in jeder Studentenbude. Dieses Haus bietet jedoch eine lobenswerte technische Besonderheit: Gekühlt und beheizt werden die Zimmer und Suiten grundsätzlich über in den Zimmerdecken verlaufende Leitungssysteme. Die Klimatisierung der Räume erfolgt also nach neuestem technischem Standard, angenehm geräuschlos und frei von Zugluft. Jeder, der schon einmal wie gerädert in einem Hotelzimmer aufgewacht ist, weil ihn die Nebengeräusche der Klimaanlage nicht richtig schlafen ließen, weiß, welchen Luxus das bedeutet. Natürlich weiß auch jeder, der auch nur kurze Zeit in der Hotellerie beschäftigt war, dass internationale, vor allem amerikanische Gäste eine leistungsstarke Air Condition erwarten, die auf Knopfdruck einen Polarsturm entfachen kann. Um auch diesen Erwartungen zu entsprechen, bietet das Jumeirah zusätzlich eine manuell regelbare konventionelle Klimaanlage. Gastronomisch startet das Haus mit einem Dreiklang aus Bar, exklusivem Café und Gourmet-Restaurant. Martin Steiner wurde überzeugt, von Johann Lafers Stromburg hierher zu wechseln und das „Max on One" zu leiten. Somit leistet sich das Jumeirah hier keinen Patzer, nachdem bei der Eröffnung der Villa Kennedy bemängelt worden war, dass dort das Restaurant trotz der fünf Sterne des Hauses nicht mit ausgewiesenem Gourmet-Anspruch startete. Man ist mit dem sehr, sehr hohen Anspruch an den Start gegangen, auf dem hiesigen Hotelmarkt die absolute Nummer eins zu werden. Mit Dagmar Woodward glaubt man eine Idealbesetzung vorgenommen zu haben, um die selbst gesetzten Standards und Erwartungen zu erfüllen. Bereits in der Pre-Opening-Phase hat „Lady Woolworth", wie sie mittlerweile von einigen Kollegen hinter vorgehaltener Hand genannt wird, den einen oder anderen mit ihrer arroganten, überheblichen Art verärgert. So will sie den Branchenkennern weismachen, dass es ihr gelingen wird, die höchste Rate in Frankfurt durchzusetzen. Die liegt offensichtlich in ihrem Haus inzwischen bei mindestens 330 Euro. Zuletzt, bei der Messe Paperworld, konnte man die Einstiegskategorie aber bereits ab 240 Euro buchen. Trotzdem ist Woodward von ihrem Ziel weit entfernt, zumal es Häuser der Vier-Sterne-Kategorie gibt, die zu Messe- und Kongresszeiten Preise um die 500 Euro aufrufen. Übrigens: Der letzte, der diesem Irrglauben verfallen war, ist Cyrus Heydarian, Direktor des Breidenbacher Hofs, der lauthals verkündete, er wolle in Düsseldorf ein Sechs-Sterne-Hotel für Gäste mit höchsten Ansprüchen etablieren. Im direkten Vergleich schenken sich die beiden Hotelmanager wenig, beide sind mit einer unrealistischen Erwartung am Markt angetreten, beide glauben, irgendwann die Nummer eins zu werden, bei beiden ist nicht absehbar, ob und gegebenenfalls wann sie dieses Ziel erreichen werden. Heydarian schlägt mittlerweile schon sanftere Töne an. Woodward können wir zumindest bescheinigen, dass sie eine Menge Porzellan zerschlagen hatte, noch bevor die Luxusherberge ganz offiziell eröffnet wurde. Die Lady vermittelt den Eindruck, sie wolle ihre teilweise sehr renommierten Kollegen darin unterweisen, wie Luxushotellerie wirklich funktioniert. Damenhafte Arroganz dürfen sich in einem Spitzenhotel allenfalls die Gäste leisten, eine Direktorin mit einer solchen Attitüde wird Gäste und Mitarbeiter nur nerven und früher oder später scheitern. Hier sei die Frage erlaubt, ob eine Frau, die offenbar nicht einmal in der Lage ist, ihren Mitarbeitern die Grundbegriffe guter Kommunikation zu vermitteln, ein Vorbild sein kann. Geben wir ein Beispiel für diese Einschätzung. Nimmt man mit dem Haus telefonisch Kontakt auf, kann man durchaus an eine Mitarbeiterin geraten, die offensichtlich das falsche Kommunikationsseminar belegt hat und einem das Gefühl vermittelt, man habe im Bundeskanzleramt angerufen, wo man erst nach gründlicher Durchleuchtung durchgestellt wird. Hier ein Auszug einer solchen Kontaktaufnahme: Wie ist bitte Ihr Name? – Trebing-Lecost. – Können Sie das bitte buchstabieren? Sonst kann ich Sie nicht weiterverbinden. – Nein, das mache ich nicht. Mein Name ist (deutlich artikuliert) Trebing-Lecost. – Und wie heißt die Firma, für die Sie arbeiten? – Trebing-Lecost. – (misstrauisch) So heißen doch Sie! – Ja, richtig, bitte verbinden Sie mich. – Wie war der Name? – (der Ton wird schärfer) Trebing-Lecost. Und endlich: – Ja, ich versuche es einmal. – Nach wenigen Sekunden die Auskunft: Niemand da. Geben Sie mir Ihre Telefonnummer und buchstabieren Sie den Namen … Ein SOS an Madame Woodward: Bitte schulen Sie dringendst Ihre Mitarbeiter, sonst wird das nichts mit dem großen Traum vom ersten Haus der Stadt.

Bewertung:

MARITIM

(OT Bockenheim)
Theodor-Heuss-Allee 3
60486 Frankfurt
Telefon: 0 69-75 78-0
Telefax: 0 69-75 78 10 00
Internet: www.maritim.de
E-Mail: info.fra@maritim.de
Direktor: Horst Mayer
DZ ab € 117,00

Der Frankfurter Hotelmarkt hat sich in den vergangenen Jahren rasant entwickelt. In recht flottem Tempo haben hier in allen Segmenten neue Häuser eröffnet. Nur das Maritim bleibt seinem angestaubten Image treu und trotzt den neuen Marktgegebenheiten wie ein Fels in der Brandung. Dass etablierte Hotels der Stadt sich mit intensiven Umbau- und Renovierungsmaßnahmen für den zunehmenden Wettbewerb rüsten, beeindruckt Firmenchefin Dr. Monika Gommolla offensichtlich wenig, sie macht nicht die geringsten Anstalten, dem Haus zumindest eine Softrenovierung zu gönnen. Auch beim Service- und Dienstleistungsangebot bleibt man sich treu, setzt auf Bewährtes und begegnet neuen Trends eher zurückhaltend. Nur zu Messezeiten, so scheint es, werden die Preise signifikant angehoben, während gleichzeitig das Serviceangebot abflacht. Man kann schon den Eindruck gewinnen, dass der Standortvorteil, sprich die exponierte Lage direkt an der Messe, recht schamlos ausgenutzt wird. Zu Messezeiten werden für ein Standardzimmer schon mal über 500 Euro aufgerufen. Über diese Preispolitik sind ja schon öffentlich hitzige Debatten geführt worden. Andererseits haben wir eine freie Marktwirtschaft, da bestimmen eben Angebot und Nachfrage den Preis, auch wenn der in Richtung Unverschämtheit tendiert. Und dass man das Messegelände und die Festhalle mit wenigen Schritten erreichen kann, ist zweifelsohne ein klarer Vorteil, jedenfalls für den Messegast oder den Konzertbesucher. Mit ca. 30 qm bieten die Zimmer, die vom Interieur her als gediegen eingeordnet werden können, zumindest ein überdurchschnittlich gutes Platzangebot. Die Entscheidung, ob sich der Aufpreis für den sogenannten Superior Floor rechnet, können und wollen wir nicht abnehmen. In jedem Fall erhalten diese Gäste Zutritt zur sogenannten VIP-Lounge und dürfen sich über zusätzliche Annehmlichkeiten wie Drinks, kleine Snacks und eine gute Auswahl an Tageszeitungen freuen. Recht gut aufgestellt ist man mit dem Conventionbereich, der insgesamt

32 Tagungsräume bietet. Wie in fast allen Hotels der Maritim-Gruppe gehört außerdem ein Wellnessbereich zu den Regelleistungen. Das Restaurant bietet in der Küchenleistung akzeptables Mittelmaß, nicht mehr und nicht weniger. Sushi-Fans kommen hingegen voll auf ihre Kosten: Das SushiSho zählt längst zu den besten Adressen der Stadt. Dass das Serviceniveau in diesem Haus über dem Mittelmaß liegt, ist sicherlich Direktor Horst Mayer zu verdanken. Der erfahrene Hotelier hat zuvor renommierte Häuser im Fünf-Sterne-Segment geführt, unter anderem im Rhein-Main-Gebiet, und unter seiner Verantwortung ist das Niveau deutlich gestiegen. Übrigens war der eine oder andere Branchenkenner doch sehr verwundert, als bekannt wurde, dass Mayer künftig seine Erfahrung bei Maritim einbringen und das Frankfurter Haus der Gruppe übernehmen würde. Für uns ist er ein hervorragender Gastgeber mit besten Umgangsformen, der mit seinen Fähigkeiten und Erfahrungen hier weit unter seinen Potenzialen arbeitet. Wir sind uns aber absolut sicher, dass er sich sehr schnell neu orientieren wird, wenn er keine Weiterentwicklungsmöglichkeiten mehr ausloten kann. Schließlich ist es kein Geheimnis, dass bei Maritim viele Entscheidungen schon in der Firmenzentrale getroffen werden, und Mayer gehört kaum zu denen, die sich zum „Frühstücksdirektor" degradieren lassen.

Bewertung:

MÖVENPICK
(Innenstadt)
Den Haager Straße 5
60327 Frankfurt
Telefon: 0 69-78 80 75-0
Telefax: 0 69-78 80 75 888
Internet: www.moevenpick-hotels.com
E-Mail: hotel.frankfurt.city@moevenpick.com
Direktor: Bernhard Haller
DZ ab € 76,00

Das Frankfurter Mövenpick mit seiner leuchtend roten Fassade war einer der ersten Neubauten im neu entstehenden „Europaviertel". Bis vor wenigen Jahren war hier noch Bahngelände, mittlerweile sieht man hier jeden Tag deutlicher einen neuen Teil Frankfurts entstehen, der gemischte Nutzungen aufnehmen und zur Entwicklung der

Main-Metropole einen großen Beitrag leisten wird. Mit dem Tower 185 wurde Ende 2011 ein erstes Hochhaus auf dem Areal fertiggestellt, und nach und nach wird der einstige Pionier Mövenpick an diesem Standort von Neubauten umringt werden. Schließlich soll direkt auf der gegenüberliegenden Straßenseite eine riesige Shopping Mall erbaut werden. Auch als Hotel wird das Mövenpick im Europaviertel nicht allein bleiben. Trotz des Baustellen-Charakters der Umgebung, den diese Aktivitäten bedingen, konnte das moderne Vier-Sterne-Haus seit seiner Eröffnung von dem günstigen Standort profitieren. Es liegt nämlich direkt neben dem Frankfurter Messegelände, keine 150 m Luftlinie von der Messehalle entfernt. Um die zukünftige Entwicklung muss man sich hier also wirklich keine Gedanken machen. Aufgrund der Nähe zum Ausstellungsgelände wird man – zumindest augenblicklich – wie das Maritim neben dem Messeeingang mehr oder weniger als integraler Bestandteil der Messe betrachtet. Dabei erweitert das Mövenpick das Repertoire der Frankfurter Hotellerie um einen neuen Akzent. Die Marke mit dem vertraut klingenden, jedoch etwas eigenartig geschriebenen Namen geht ursprünglich auf ein 1948 in Zürich eröffnetes Restaurant zurück und steht für qualitativ hochwertige Lebensmittel. Die Eigenschaften Behaglichkeit, Solidität und Qualitätsbewusstsein, die man mit dem Herkunftsland Schweiz assoziiert, will es nun auch auf seine Hotels und Restaurants übertragen und damit innerhalb der Businesshotellerie ein unverwechselbares Profil bieten. Individuell und besonders ist schon die leuchtend rote Fassade des Gebäudes, die von Weitem auffällt und Modernität und Frische ausstrahlt. Farbigkeit und unaufdringliche Modernität kennzeichnen auch das Interieur des Hauses. Beispielsweise wird im Foyer sachliche Funktionalität mit großformatiger moderner Kunst kombiniert, die ebenfalls eher leuchtende Farben als gedeckte Eleganz bietet. Auch die 283 Zimmer und 5 Suiten vereinen moderne Sachlichkeit mit einer frischen Farbgebung und unterscheiden sich damit von vielen Konkurrenzprodukten in der Businesshotellerie. Gedeckte Farbgebung und dunkle, erdige Töne findet man hier nicht, vielmehr schaffen helle Holzelemente sowie warme Rot- und helle Grüntöne aus der Mövenpick-typischen Farbpalette ein freundliches Ambiente. Akzente setzen Fotografien von Ginkgo- oder Buchenblättern und Schriftzüge an den Wänden und Einbauelementen. Die positive Grundstimmung des Gebäudes und der Zimmer überträgt sich anscheinend sowohl auf die Gäste als auch auf die Mitarbeiter, denn der Umgang miteinander ist hier auffällig entspannt. Der Service ist verlässlich-freundlich, wie man es von einer Kette mit Schweizer Wurzeln erwartet. Dass auf ein hohes Niveau in der Tradition der Marke vor allem im Restaurant Wert gelegt wird, versteht sich fast von selbst, und so stimmen auch hier sowohl Qualität als auch Service. Dem Businessstandort angemessen und doch noch längst nicht selbstverständlich ist die kostenfreie WLAN-Nutzung im ganzen Hotel. Dieser Vorzug ist aber nur ein kleiner Aspekt im insgesamt überzeugenden Repertoire dieses empfehlenswerten Hauses.

Bewertung: ●●◐ ↘

RADISSON BLU
(OT Bockenheim)
Franklinstraße 65
60486 Frankfurt
Telefon: 0 69-77 01 55-0
Telefax: 0 69-77 01 55 10
Internet: www.radissonblu.com
E-Mail: info.frankfurt@radissonblu.com
Direktor: Andreas Stöckli
DZ ab € 76,00

Man kann diesem Radisson-Hotel auf den ersten Blick durchaus architektonische Effekthascherei vorwerfen. Die große blaue Scheibe, mögen Kritiker zu Recht einwenden, ist vor allem ein Marketing-Instrument, keine ernst zu nehmende Architektur. Denn das Grundgerüst des Gebäudes ist ein relativ schnödes, mehrgeschossiges und eigentlich rechtwinkliges Hochhaus, die gerundeten Gebäudeteile, die es erst zur Scheibe machen, wirken aufgesetzt wie reine Schmuckelemente und ohne konstruktive Bedeutung. Wie gesagt, ein Architekturkritiker mag das als unangemessenes Ringen um Aufmerksamkeit und als reine Investorenarchitektur abkanzeln. Fakt ist aber, dass Radisson mit diesem Bau sein Ziel erreicht hat, nämlich ein Haus mit Wiedererkennungswert für Kunden und Gäste zu schaffen, das in einer vor Architektur-Highlights überquellenden Stadt wie Frankfurt durchaus einen eigenen Kontrapunkt setzt. Aber auch wenn viele Gäste die markante Diskus-Form in Erinnerung behalten werden, sind es doch mehr noch die inneren Werte, die dieses Radisson so unverwechselbar machen. Dabei sind diesmal nicht so sehr immaterielle Werte wie ein guter Service oder ein freundlicher Umgang der Mitarbeiter mit den Gästen gemeint, sondern tatsächlich die Innenarchitektur und Ausstattung des Gebäudes. Ein eklektizistisches Nebeneinander von bunt-poppigen Gestaltungselementen wie Teppichen und Möbeln, Kunst und Kitsch sowie technisch-kühlen Elementen wie Glas, Stahl und Sichtbeton ist in den öffentlichen Bereichen Programm. Möbel wie aus einem Science-Fiction-Film der 1960er Jahre und entsprechendem Retro-Schick sind ebenso anzutreffen wie das High-Tech-Meisterwerk des über mehrere Etagen reichenden Wine Tower, in dessen gläserner Hülle kostbare Weine gleichbleibend kühl gelagert werden. Insgesamt ein eindrucksvolles, wenn auch ungewohntes Neben- und Miteinander unterschiedlichster Stile und Formensprachen, das jedoch ein abwechslungsreiches Ganzes ergibt und stärker in Erinnerung bleibt als die zeichenhafte äußere Form des Hauses. Auf den Zimmern setzt sich diese bunte Mixtur fort. So finden sich Schreibtische und Stühle mit geschwungenen, goldfarbenen Beinen wie bei Stilmöbeln neben modernen Hotelbetten mit den bekannten großflächig gepolsterten Kopfteilen. Die Farbpalette beinhaltet leuchtendes Rot und Orange ebenso wie gedecktere Töne. Da sich die Zimmer in Stil und Farbgebung stark unterscheiden, kann man bei mehreren Aufenthalten auch innerhalb der gleichen Zimmerkategorie ganz unterschiedliche Eindrücke gewinnen. Wer sich für ein sogenanntes Business-Class-Zimmer entscheidet, genießt zusätzliche Vorzüge, etwa die kostenfreie Nutzung einer Nespresso-Kaffeemaschine, Pay-TV-Spielfilme und eine Tageszeitung sowie das Frühstücksbuffet, das hier normalerweise separat mit 26 Euro berechnet wird. Selbstverständlich liegen im Badezimmer auch Bademantel und Slipper sowie eine höherwertige Pflegeserie bereit. Wie in allen Häusern der Gruppe ist die Nutzung des kabelgebundenen High-Speed-Internetanschlusses in allen Kategorien in die Zimmerrate inkludiert. Während Ausstattung und Interieur der Zimmer und öffentlichen Bereiche also durchaus gefallen, ist die Servicebereitschaft der Mitarbeiter nicht immer als untadelig einzustufen. Auch die Frankfurter Dependance wird vermutlich keinen Service Award gewinnen, allzu sehr schwankt hier die Servicequalität. Insbesondere die Front-Office-Mitarbeiter agieren gelegentlich doch eher phlegmatisch. Zumindest in dieser Hinsicht könnte man sich beispielsweise beim Konkurrenten Maritim noch einiges abschauen. Nach einem anstrengenden Tag kann der Gast aber auf jeden Fall im Wellnessbereich im obersten Stockwerk hervorragend relaxen. Vom Pool aus genießt er einen uneingeschränkten Blick auf die Frankfurter Skyline. Ansonsten stehen ein passabler Saunabereich mit finnischer Sauna, Dampfbad und Solarium sowie ein moderner Fitnessbereich zur Verfügung. Als kleines Manko bleibt nur die nicht ganz zentrale Lage, denn mag das Messegelände auch nah erscheinen, bis zum Tor 8 des Areals sind es zu Fuß gute 15 Minuten und weitere 10 Minuten bis zum Haupteingang. Seit einigen Jahren ist Andreas Stöckli für dieses Radisson verantwortlich. Für uns ist der Hoteldirektor ein Meister der Selbstdarstellung, der von sich und seinen großen Fähigkeiten absolut überzeugt zu sein scheint. Sein Talent zur Guest Relation ist und bleibt aus unserer Sicht wenig ausgeprägt. Daher lohnt es sich nicht, mit ihm eine Diskussion über diesbezügliche Themen anzufangen. Im Gespräch wirken seine geschliffenen Sätze nicht nur wie leere Worthülsen, sondern vor allem einstudiert. Für Selbstkritik gibt es bei ihm offenbar nicht den geringsten Platz.

Bewertung:

SHERATON
HOTEL & TOWERS
Flughafen Terminal 1
Hugo-Eckener-Ring 15
60549 Frankfurt
Telefon: 069-6977-0
Telefax: 069-6977 2209
Internet: www.sheraton.com
E-Mail: reservationsfrankfurt@sheraton.com
Direktor: Sascha Konter
DZ ab € 182,00

Dieses Sheraton ist auf eine internationale Businessklientel zugeschnitten. Über eine Fußgängerbrücke erreicht man bequem das Terminal 1 des Frankfurter Flughafens.

Auch mit dem PKW oder dem ICE ist die Verkehrsanbindung hervorragend. Wenn wir in den vergangenen Jahren auch die eine oder andere kleine Kritik an dem einen oder anderen Mitarbeiter anbringen mussten, sind wir doch im Großen und Ganzen nicht nur mit dem Dienstleistungsangebot zufrieden, sondern vor allem mit der hier gebotenen Servicebereitschaft der Mitarbeiter, darauf möchten wir an dieser Stelle deutlich hinweisen. Selbstverständlich sind hier auch die Größe und die damit verbundene Unübersichtlichkeit des Hauses zu berücksichtigen. Immerhin kann man mehr als 1.000 Zimmer und Suiten vorweisen, außerdem zwei Restaurants, ein Lobby-Café und eine Bar. Als herausragend darf der Conventionbereich bezeichnet werden. Insgesamt 60 Räumlichkeiten unterschiedlichster Größe vom Boardingroom bis hin zum Ballsaal ermöglichen Tagungen, Veranstaltungen oder Kongresse mit bis zu 1.200 Personen. Seit Sascha Konter als General Manager dieses Haus übernommen hat, ist es ihm gelungen, deutliche Akzente zu setzen. Während bei seinem Vorgänger das Serviceniveau zuletzt deutlich abgerutscht war, zeigt Konters stringenter Führungsstil hier nachhaltige Wirkung. Einen durchweg positiven Eindruck hinterlässt nicht nur die Küchenleistung des Restaurants, sondern insbesondere die aufmerksamen und beflissenen Servicemitarbeiter. Bei den Rezeptionsmitarbeitern hingegen müssen wir bedauerlicherweise an unserer Einschätzung festhalten, dass sie durchaus noch Schulungsbedarf haben, denn sie setzen die eigentlich sehr hohen Servicestandards der Hotelgruppe nicht durchgängig um. Gelegentlich wirken sie phlegmatisch und erwecken den Eindruck, der Gast mache ihnen Mühe. Allerdings darf man natürlich auch hier nicht alle über einen Kamm scheren. Das Wellnessangebot ist in Anbetracht der Größe des Hauses etwas bescheiden ausgefallen. Ein Schwimmbadbereich ist gar nicht vorhanden. Man beschränkt sich auf einen kleinen Sauna- und Fitnessbereich. Unterschiedliche Zimmerkategorien für verschiedene Anforderung stehen den Gästen zur Auswahl. Zur höchsten Kategorie zählen die sogenannten Tower-Zimmer. Wer ein solches bucht, kommt in den Genuss zusätzlicher Annehmlichkeiten, vom bevorzugten Check-in in der Tower Lounge über das tägliche Frühstück sowie kostenfreie Snacks und Drinks bis hin zum gesonderten Fitnessbereich. Nach wie vor erlaubt man sich, für die Nutzung des WLAN-Zugangs stolze 8 Euro pro Stunde bzw. 19 Euro für 24 Stunden in Rechnung zu stellen.

Bewertung:

STEIGENBERGER FRANKFURTER HOF

(Innenstadt)
Am Kaiserplatz
60311 Frankfurt
Telefon: 069-215-02
Telefax: 069-215 900
Internet: www.steigenberger.com
E-Mail: frankfurter-hof@steigenberger.de
Direktor: Armin Schroecker
DZ ab € 169,00

Zwischenzeitlich hatte man den Eindruck, die großen Zeiten dieses Steigenberger seien endgültig vorbei. Die Grande Dame der Frankfurter Hotellerie steht hier längst nicht mehr an der Spitze. Dennoch gibt es wieder Grund zu hoffen, dass sich an der Gesamtsituation etwas ändern könnte, denn innerhalb der Hotelgruppe ist mittlerweile einiges in Bewegung. Worauf beruht die bislang eher negative Einschätzung dieses Hauses? Das hat neben verschiedenen Ursachen wie strukturellen Problemen sicherlich auch damit zu tun, dass auf dem hiesigen Markt mittlerweile neue Häuser angetreten sind mit dem Anspruch, die einstigen Platzhirsche abzudrängen und sich an der Spitze zu positionieren, etwa die Villa Kennedy oder in jüngster Zeit das Jumeirah. Ein weiterer wichtiger Aspekt ist, dass renommierte Häuser wie beispielsweise der Hessische Hof sich weiterentwickelt haben und ihre Marktposition signifikant verbessern konnten. Vor allem wohl damit, dass sie beispielswiese ihre Konzepte den neuen Erwartungen angepasst und darüber hinaus das Serviceniveau weiter angehoben und das Zimmerprodukt aufgefrischt haben. Im Frankfurter Hof konnte in den letzten Jahren die Servicebereitschaft nicht in allen Abteilungen vollumfänglich überzeugen. Zudem wechselten die Direktoren in einem für ein Grandhotel recht flotten Tempo. Gäste vermissten hier vor allem eines: Kontinuität. Einigen Direktoren mangelte es schlichtweg an Gastgeberqualitäten. Aber die Hoffnung stirbt bekanntlich zuletzt, und seit März letzten Jahres liegt die Hoffnung bei Armin Schroecker, einem in der Hotellerie international erfahrenen Manager. Es bleibt abzuwarten, wie er dieses Traditionshaus künftig auf dem Markt positionieren wird. Wenig Sorgen bereitet das Gourmetrestaurant Français, das seit vielen Jahren eine konstant hohe Küchenleistung garantieren kann. Das wird belohnt; Patrick Bittner, der sich bislang keine Schwächephase leistete, gelingt es seit Jahren in Folge, einen Stern zu erkochen. Gediegen-elegant und ein wenig konservativ sind die Zimmer und Suiten gehalten. Edel und geschmackvoll dagegen ist der kleine Freizeitbereich, zu dessen Angebot eine finnische Sauna, eine Ruhezone und ein akzeptabler Fitnessbereich zählen. Auf ein Schwimmbad, das man in einem Fünf-Sterne-Superior-Hotel vielleicht auch erwarten würde, müssen die Gäste dagegen hier verzichten. Unbestritten ist natürlich die exponierte Lage, die Einkaufsmeile Zeil liegt sozusagen direkt vor der Haustür. In wenigen Schritten erreicht man auch die Alte Oper und die Börse. Standard sind Concierge-, Schuhputz- und 24-Stunden-Zimmerservice sowie Valet Parking.

Bewertung:

VILLA KENNEDY
(OT Sachsenhausen)
Kennedyallee 70
60596 Frankfurt
Telefon: 069-7 17 12-0
Telefax: 069-7 17 12 2000
Internet: www.villakennedy.com
E-Mail: info.villakennedy@roccofortecollection.com
Direktor: Georg Plesser
DZ ab € 179,00

Die Fußballweltmeisterschaft in Deutschland im Jahr 2006 war für die deutsche Hotellerie durchaus prägend. Es gab in diesem Zeitraum eine Flut von Neueröffnungen, vor allem in der Vier- und Fünf-Sterne-Kategorie. Wenn auch nicht jedes Haus, das zu der Zeit seine Pforten öffnete, sich ernsthaft Hoffnungen machte, eine der teilnehmenden Nationalmannschaften zu beherbergen, so glaubten doch viele, durch zahlreiche internationale Gäste von dem Großereignis profitieren zu können. Zudem gewannen zur Mitte des neuen Jahrzehnts Hotels als alternatives Immobilien-Investment gegenüber der Errichtung immer neuer Büroflächen mehr und mehr an Bedeutung. Viele Investoren setzten sich also selbst die Fußballweltmeisterschaft als Deadline, um ihr jeweiliges Hotelprojekt zu verwirklichen. So war es auch in Frankfurt. Im Stadtteil Sachsenhausen eröffnete der britische Hotelbetreiber Sir Rocco Forte in der ehemaligen Villa Speyer unter dem Namen Villa Kennedy sein erstes Luxushotel in Deutschland. Der denkmalgeschützte Gründerzeitbau blieb erhalten, wurde saniert, umgebaut und erweitert und beheimatet heute die Lobby sowie unter anderem eine 300 qm große Präsidenten-Suite, angeblich die größte in ganz Europa – behauptet zumindest Direktor Georg Plesser, wir ordnen das allerdings eher in die Kategorie Marketing-Blabla ein. Der ehemalige Parkplatz und ein jüngeres Gebäude im Garten der Villa mussten neuen Erweiterungsbauten weichen, die das Gros der Zimmer beherbergen. Auch die Lücke zum ebenfalls historischen Nachbargebäude wurde neu bebaut und dieses mit den zu beiden Seiten gelegenen Villen verbunden. Hier befindet sich heute der großzügige innenliegende Poolbereich des Hotels. Der eigentliche Clou aber ist der riesige Innenhof, der sich zwischen den Neubauten und der historischen Villa Speyer erstreckt. Geschützt vor dem Lärm der viel befahrenen Straße vor dem Haus hat man hier eine Lobby im Freien geschaffen, die ihre Funktion natürlich nur bei sommerlichen Temperaturen erfüllen kann. Was der eigentlichen Lobby in der Villa bedingt durch die denkmalgeschützten Räume an Großzügigkeit fehlt, macht dieser Innenhof mehr als wett.

Die oberen Geschosse der den Hof umgebenden Neubauten sind gegenüber dem Erdgeschoss um einige Meter zurückgesetzt, dadurch entstand eine umlaufende Terrasse, auf die man aus den dahinter liegenden Zimmern und Suiten heraustreten kann. Die darüber ansteigenden Fassaden wurden in einem dem Gründerzeitbau angepassten historisierenden Stil erbaut, so dass der Hof insgesamt ein stimmiges, großzügiges Architekturpanorama bietet, ein Alleinstellungsmerkmal, das sich natürlich gut vermarkten lässt. Und sicherlich ist ein sommerlicher Empfang unter freiem Himmel hier mit keinem Tagungsraum- oder Ballsaal-Event zu vergleichen. Die Terrasse der Villa Speyer mit zum Hof führender Freitreppe dient dann als Bühne, Rednerpodest oder Empfangsbereich, der mit kleinen Wasserflächen und Grünanlagen geschmückte Hof als „Saal". Aber auch wenn keine Veranstaltung stattfindet, kann man sich hier wie in einer Lobby niederlassen und das Treiben im Haus beobachten. Die Zimmer und Suiten dieses Fünf-Sterne-Hotels entsprechen dem modernen, gehobenen Standard der Luxus-Businesshotellerie und sind hochwertig und sachlich-modern ausgestattet. Allerdings weisen sie gegenüber neueren Businesshotels der Vier-Sterne- oder Vier-Sterne-Superior-Kategorie kaum noch Unterschiede auf. Gemessen an dem spektakulären Innenhof und dem luxuriösen Altbau der Villa wirken die Zimmer in den Neubauteilen vergleichsweise wenig aufregend. Weit gereiste Gäste werden den Stil des Hauses als angenehm und modern, aber nicht aufsehenerregend empfinden, was möglicherweise auch so gewollt ist. In der Gastronomie wird zwar eine gehobene Küche geboten, aber gemessen an dem eigenen Anspruch hätte man sicherlich mehr erwartet. Der SPA hingegen, vor allem der Schwimmbadbereich mit Tageslicht, der sich über zwei Stockwerke erstreckt, überrascht und gefällt gleichermaßen. Momentan ist die Villa Kennedy sicherlich noch ein Star unter den Frankfurter Luxushotels – auch wenn etwas mehr Mut zur Innovation beim Zimmerdesign nicht geschadet hätte. Das Berliner Rocco-Forte-Haus, das Grandhotel de Rome, zeigt, dass es in der gleichen Gruppe auch besser geht. Dennoch ist das Frankfurter Haus natürlich ein empfehlenswertes Luxushotel für den anspruchsvollen Businessgast, und der wunderbare Innenhof versöhnt im Sommer allemal mit den genannten kleinen Unzulänglichkeiten.

Bewertung: ●●●●

FREIBURG Baden-Württemberg

COLOMBI
(Innenstadt)
Rotteckring 16
79098 Freiburg
Telefon: 0761-2106-0
Telefax: 0761-31410
Internet: www.colombi.de
E-Mail: info@colombi.de
Inhaber: Roland Burtsche
DZ ab € 250,00

Das Colombi ist eine der letzten Bastionen der Luxushotellerie, die noch unter privater Führung stehen. Vor den Erfolg hat der liebe Gott den Fleiß gestellt. Damit, mit hohem Engagement und einer großen Portion Empathie hat Hotelchef Roland Burtsche erreicht, dass diese Luxusherberge vor allem im Hinblick auf die Service- und Dienstleistungskultur nicht nur als erste Adresse der Stadt gelten darf, sondern als eine der besten Adressen der Republik. In den vergangenen Jahren wurde eine Menge investiert, auch wenn man das beim Blick in die Zimmer vielleicht nicht sofort bemerkt. Diese wirken gediegen-elegant mit Tendenz zu gepflegter Langeweile – einen Designpreis werden sie sicher nicht gewinnen. Ganz anders der Wellnessbereich, der im Vergleich zum Interieur insgesamt recht modern daherkommt. Auch wenn er nicht gerade spektakulär ausgefallen ist, bietet er neben einem Schwimmbad auch einen Saunabereich mit finnischer Sauna und Dampfbad sowie einen zeitgemäßen Fitnessbereich. Natürlich darf auch eine kleine Beautyabteilung nicht fehlen. Eine Institution ist das Gourmetrestaurant Zirbelstube, das sich seit vielen Jahren des Ritterschlags des Guide Michelin gewiss sein darf, denn Küchenchef Alfred Kling garantiert hier eine konstant gute Haute Cuisine. Erfreulicherweise gehört er nicht zu den Vertretern seiner Zunft, die es danach drängt, ihre Weisheiten und angeblichen Geistesblitze einem breiten Fernsehpublikum zum Besten zu geben – das ist doch sehr sympathisch. Zum Servicestandard zählen Valet Parking sowie Concierge-, Schuhputz- und 24-Stunden-Zimmerservice.

Bewertung:

DORINT
AN DEN THERMEN
(St. Georgen)
**An den Heilquellen 8
79111 Freiburg
Telefon: 07 61-49 08-0
Telefax: 07 61-49 08 100**
Internet: www.dorint.com
E-Mail: info.freiburg@dorint.com
Direktorin: Christiane Förger
DZ ab € 158,00

Wer hier logiert, schätzt sicherlich auch den etwas abgelegenen Standort abseits der Innenstadt, eingebunden in das Landschaftsschutzgebiet Mooswald. Beste Voraussetzungen, wenn man dem allgemeinen Trubel ein paar Tage entkommen möchte. Das Dorint An den Thermen ist kein lupenreines Tagungs- und Geschäftsreisehotel, auch wenn zum Gesamtangebot unter anderem sechs Tagungsräume zählen. Denn zum einen überwiegt letztlich doch der Aspekt der Freizeitgestaltung, zum anderen ist diesem First-Class-Hotel die Mooswaldklinik angeschlossen, die sich auf orthopädische Rehabilitation spezialisiert hat. Zum Keidel Mineral-Thermalbad, das sich auf dem Areal der Anlage befindet, hat man einen direkten Zugang. Hier steht den Gästen neben einem Schwimmbadbereich auch eine großzügige Saunalandschaft zur Verfügung. Da es von der Stadt betrieben wird, ist die Nutzung nicht kostenfrei, Hotelgäste erhalten aber zumindest einen ermäßigten Eintritt. Seit einigen Jahren ist Christiane Förger für dieses Dorint verantwortlich. Wie wir bereits in der letzten Ausgabe angedeutet haben, ermangelt sie bedauerlicherweise gottgegebener Gastgeberqualitäten. Im Gespräch wirkt sie unsicher und macht den Eindruck, als seien direkte Kontakte mit Gästen ihr eher beschwerlich als eine angenehme Pflicht. Eine Pflicht sollten sie ihr dennoch sein, weil sie sich im direkten Kontakt über den Zufriedenheitsgrad ihrer Gäste und damit vor allem über die Qualität und Kontinuität des eigenen Service- und Dienstleistungsangebots informieren kann. Wenn sie ihr Haus präsentiert, verliert Frau Direktor sich schon mal in Nebensächlichkeiten. Man hat nach wie vor den Eindruck, dass ihr irgendwie ein tragfähiges Konzept oder eine Strategie fehlt. Welch glücklicher Umstand, dass Rüdiger Wörnle, Geschäftsführer der Mooswaldklinik, ihr mit Rat und Tat zur Seite stehen kann. Wörnle hat all die Attribute, die der Hoteldirektorin fehlen: Er ist kommunikativ und kreativ und verfügt über das Talent, Menschen zu motivieren und zu begeistern. Damit erklärt sich auch, weshalb das Service- und Dienstleistungsniveau hier trotzdem relativ hoch ist. Ein großer Teil der Zimmer entspricht dem aktuellen Mainstream. Keinen Grund zu Klagen gibt das gastronomische Angebot, Küchenchef Andreas Huber und sein Team liefern eine passable Leistung ab. Kurzum, dieses Dorint ist eine Mischung aus Business- und Leisure & Healthhotel. Man kann seinen Aufenthalt praktischerweise gleich mit einem sportmedizinischen Check-up verbinden. Selbstverständlich ist darüber hinaus eine ambulante Betreuung möglich, daher kann man hier – nach Bewilligung durch die gesetzliche Krankenkasse – eine sogenannte offene Badekur durchführen. Die Krankenkassen beteiligen sich in der Regel mit einem Unterkunftszuschlag von 13 Euro und übernehmen die Kosten für Untersuchungen und Behandlungen durch einen Badearzt oder Arzt für Physikalische Therapie, außerdem entsprechende Verordnungen wie etwa die Physiotherapie. Aufgrund der hervorragenden Verbindungen zur renommierten Universitätsklinik Freiburg können darüber hinaus Kontakte zu den Privatambulanzen verschiedenster Fachrichtungen hergestellt werden. Kurzum, wir können dieses First-Class-Hotel zumindest augenblicklich uneingeschränkt empfehlen.

Bewertung:

FULDA Hessen

ESPERANTO
Esperantoplatz
36037 Fulda
Telefon: 06 61-24291-0
Telefax: 06 61-24291 1151
Internet: www.hotel-esperanto.de
E-Mail: info@hotel-esperanto.de
Direktor: Dieter W. Hörtdörfer
DZ ab € 122,00

Dieses beeindruckende Kongress- und Wellnesshotel dürfte dem wahr gewordenen Traum vieler Städte und Gemeinden nahekommen, die danach trachten, selbst ein modernes Businesshotel mit angeschlossenem Kongresszentrum zu initiieren. Das

Konzept für ein solches Haus ist hier in Fulda wie nach dem Lehrbuch umgesetzt worden. Im Areal hinter dem Bahnhof angesiedelt, verwandelt der Komplex diesen ehemals abgelegenen Bereich in einen Premiumstandort. Nahezu im Halbstundentakt halten die ICE-Züge quasi direkt vor der Tür, nur eine alte Wagenhalle, als Baudenkmal stilgerecht saniert und zum Parkhaus für das Kongresszentrum umfunktioniert,

trennt den hinteren Ausgang des Bahnhofs vom Hotel. Zudem ist das Esperanto direkt an die gleichnamige Kongresshalle angebunden, so dass die Gäste trockenen Fußes zu ihrer Veranstaltung gelangen. Dies ist sicherlich vorbildlich, aber auch in vielen anderen Häusern gleicher Zweckbestimmung vorzufinden. Was das Esperanto darüber hinaus zum Vorbild macht, ist der clevere Weg, den man gewählt hat, um auch an Wochenenden Gäste anzuziehen – denn das muss ein Haus dieser Größe, um wirtschaftlich bestehen zu können. Es verfügt nämlich über einen mit 4.000 qm mehr als weitläufigen Spa, der neben zahlreichen Saunen (allein 4 finnischen Saunen) und Dampfbädern einen großzügigen Freiluftbereich mit Pool, Whirlpool und Ruhebereichen, Dampf- und Aromabad, Hamam und Wärmebänken sowie ein Soleschwimmbad bietet. Während also unter der Woche Tagungs- und Businessgäste das Haus bevölkern, ist das Esperanto am Wochenende ein Ziel für Wellnesshungrige der Region und darüber hinaus. Denn da auch die Stadt Fulda einige beeindruckende Sehenswürdigkeiten zu bieten hat und so ein lohnendes

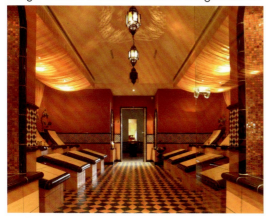

Ziel für Wochenendtouristen darstellt, kann man umso mehr auf Gäste zählen, die sowohl an einer Stadtbesichtigung als auch am Wellnessangebot interessiert sind. Spielt das Wetter nicht mit, kann der Gast kurzfristig umdisponieren und die Besichtigung der Barock- und Bischofsstadt zugunsten eines Wellnessnachmittags verschieben. Bislang war für Hotelgäste die Nutzung des Spa auf 2 Stunden beschränkt, mittlerweile hat man sich entschieden, dieses Zeitlimit aufzuheben. Auch bei der WLAN-Nutzung ist nunmehr die erste Stunde in den Zimmerpreis inkludiert, jede weitere wird dann mit 2 Euro berechnet. Das Zimmerprodukt ist modern und freundlich gestaltet, wenn es auch keine Besonderheiten bietet, dies ist angesichts der sonstigen Vorzüge sicherlich kein Anlass zu großer Kritik. Mehr als großzügig ist darüber hinaus der Tagungs- und Conventionbereich dimensioniert, insgesamt 19 Tagungsräume, 2 Hallen und eine glasüberdachte „Plaza" stehen zur Verfügung und ermöglichen Veranstaltungen mit bis zu 3.000 Personen. Bei Konzerten können sogar bis zu 5.000 Personen Platz finden. Hoteldirektor Dieter W. Hörtdörfer ist es in genauer Kenntnis der besonderen Möglichkeiten gelungen, das Esperanto sehr erfolgreich zu positionieren. Mit deutlichem Understatement berichtet er zwar auch von den Schwierigkeiten, ein Haus dieser Dimension in der vermeintlichen „Provinz" erfolgreich zu betreiben, dürfte dabei aber sehr wohl wissen, dass es in einer Großstadt viel mehr Mitbewerber zu fürchten hätte. Hier in Fulda trifft dies allenfalls auf das Maritim zu, das aber teilweise ganz andere Segmente abdeckt und damit eher eine Ergänzung darstellt als einen Nebenbuhler auf dem regionalen Hotelmarkt. Schließlich bietet das Esperanto noch ein hervorragendes Frühstück mit umfangreichem Buffet und einer Eierstation. Die Fuldaer schätzen die Gastronomie des Hauses offensichtlich ebenfalls, an Wochenenden wird das Frühstücksrestaurant gleich nach Beendigung des Frühstücks von Gästen in Beschlag genommen, die hier ausgiebig und bis weit in den Nachmittag hinein „brunchen". Angesichts dieser anscheinend völlig rund laufenden „Hotelmaschine" dürfte so mancher Direktor neidvoll nach Fulda blicken.

Bewertung:

MARITIM
AM SCHLOSSGARTEN
**Paulspromenade 2
36037 Fulda
Telefon: 0661-282-0
Telefax: 0661-282 499**
Internet: www.maritim.de
E-Mail: info.ful@maritim.de
Direktor: Wolfgang Sulzbacher
DZ ab € 89,00

Über viele Jahre hinweg hat Sandro Schmidt dieses Maritim sehr persönlich geführt. Oft überraschte er mit seinen individuell geschnürten Dienstleistungspaketen und Arrangements für verschiedenste Arten von Gästen. Schmidt verstand es, Schwachstellen geschickt zu kaschieren, und punktete nicht zuletzt mit einem guten Servicekonzept. Nachdem mit dem Esperanto ein Schwergewicht im Tagungs- und Veranstaltungssegment den Markt betreten hatte, das darüber hinaus mit einem herausragenden SPA aufwarten kann, galt es umso mehr, vorhandene Stärken und Alleinstellungsmerkmale hervorzuheben. Auch wenn das Maritim mit den Gesamtkapazitäten des Esperanto natürlich nicht mithalten kann, ist es doch in der Lage, Tagungen und Veranstaltungen mit bis zu 750 Personen zu realisieren. Glanzvoll sind alle Räumlichkeiten der Orangerie, an die im Übrigen ein großer öffentlicher Park angrenzt. Aufgrund der örtlichen Gegebenheiten bietet sich das Maritim somit auch als Hochzeitslocation an. Ein absolutes Highlight ist der Apollo-Saal mit seinen historischen Deckenmalereien und den imposanten Kronleuchtern. Komplettiert wird das Angebot des Hauses durch einen akzeptablen kleinen Schwimmbad- und Saunabereich. Die Zimmer und Suiten werden zwar mit an Sicherheit grenzender Wahrscheinlichkeit keinen Preis für innovatives Design gewinnen, doch dürfen wir feststellen, dass sie durchaus den Erwartungen an ein First-Class-Businesshotel entsprechen können. Wichtig zu wissen, dass vor nicht

allzu langer Zeit alle einem Softlifting unterzogen wurden. Nach dem Weggang von Schmitt wurde Wolfgang Sulzbacher mit der Position des Hoteldirektors betraut. Anfänglich hatte man den Eindruck, dass er hier nur auf seine Weiterversetzung in ein anderes Haus wartet. Mittlerweile scheint er aber angekommen zu sein und hat sich offensichtlich mit den hiesigen Gegebenheiten arrangiert. Sein Führungsstil ist zwar diametral zu dem seines Vorgängers, doch er führt dieses Maritim ganz passabel, wenn auch sehr leise und unauffällig. Presse- und Öffentlichkeitsarbeit

hat für ihn offenbar nicht denselben Stellenwert wie für seinen Vorgänger. Auffällig auch, dass seine Präsenz innerhalb der Stadt sich auf das Notwendigste beschränkt – hier wäre es seine Aufgabe, das Haus nach außen hin stärker zu vertreten und seine Außenwirkung weiter zu steigern.

Bewertung:

GLÜCKSBURG Schleswig-Holstein

ALTER MEIERHOF
(OT Meierwik)
Uferstraße 1
24960 Glücksburg
Telefon: 0 46 31-61 99-0
Telefax: 0 46 31-61 99 99
Internet: www.alter-meierhof.de
E-Mail: info@alter-meierhof.de
Direktor: Sven Sausmikat
DZ ab € 266,00

Dieses direkt an der Flensburger Förde gelegene Fünf-Sterne-Leisurehotel darf man getrost in die Rubrik Kleinod einordnen. Hier findet man gute Ausgangsbedingungen vor, wenn man ein paar Tage ausspannen möchte, etwa ein gutes Zimmerprodukt, einen schicken SPA-Bereich und nicht zuletzt eine hervorragende Gastronomie. Mittlerweile sind auch sogenannte Gourmettouristen auf dieses Haus aufmerksam geworden, spätestens seit die Küchenleistung von Dirk Luther mit zwei Michelin-Sternen ausgezeichnet wurde. Alternativ zum Gourmetrestaurant bietet sich die Brasserie mit ihrer Showküche an, wo man übrigens schon morgens sein Frühstück genießt. Es könnte also alles so schön sein. Leider haben in den vergangenen Jahren die Direktoren hier schneller gewechselt, als das in diesem Segment üblich ist. Zuletzt war Kai Kenngott für den Alten Meierhof verantwortlich, seit März letzten Jahres bemüht sich nun Sven Sausmikat gemeinsam mit seiner Ehefrau, die Aufgaben des Gastgebers zu erfüllen. Ganz ehrlich, wir konnten bislang nicht feststellen, dass es den Sausmikats gelungen ist, dem Haus neue Impulse zu geben. Die Hof-Therme mit ihrem 1.400 qm großen Wellnessbereich kann den Erwartungen an einen solchen sicherlich entsprechen. Neben einem Innen- und einem beheizten Außenpool bietet sie auch eine Saunalandschaft mit finnischer Sauna, Tepidarium, Heuaroma- und Steinaromabad. Im Anwendungsbereich folgt man aktuellen Trends, hier kann ebenso eine hawaiianische Massage gebucht werden wie einzelne Elemente aus Ayurveda, der traditionellen indischen Heilkunst. Ein wirkliches Konzept können wir leider nicht erkennen. Wie wir mehrfach angemerkt haben, ist gerade Ayurveda so komplex, dass man sich entweder schwerpunktmäßig damit beschäftigt oder es besser ganz bleiben lässt. Es gibt durchaus Hotels wie etwa das Radisson in Rötz oder den Schlierseer Hof, die so hoch spezialisiert sind, dass man dort wirklich eine komplette Ayurveda-Kur buchen kann, die in der Regel mindestens zehn Tage dauert. Beide Häuser arbeiten mit einem Arzt und Therapeuten aus dem Ursprungsland und gewährleisten auch die entsprechende Küche, die auf die Therapie abgestimmt wird. Komplettiert wird das Angebot des SPA im Alten Meierhof mit einem Beautybereich. In sechs Kategorien sind die insgesamt 54 Zimmer unterteilt, die im gemütlichen Landhausstil eingerichtet sind und teilweise einen direkten Ausblick auf die Förde bieten. Bereits in der Standardkategorie haben sie eine Mindestgröße von 25 qm.

Bewertung:

HALLE   Sachsen-Anhalt

DORINT CHARLOTTENHOF
(Innenstadt)
Dorotheenstraße 12
06108 Halle
Telefon: 0345-2923-0
Telefax. 0345-2923 100
Internet: www.dorint.com
E-Mail: info.halle-charlottenhof@dorint.com
Direktor: Dr. Bertram Thieme
DZ ab € 88,00

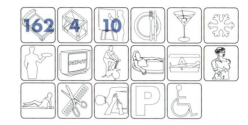

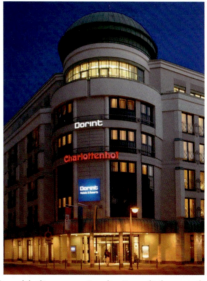

Man kann ohne Übertreibung behaupten, dass Halle an der Saale heute noch eine der am meisten unterschätzten Großstädte auf dem Gebiet der ehemaligen DDR ist. Das liegt nicht zuletzt an der großen Bedeutung, die die Chemiekombinate in der unmittelbaren Umgebung der Stadt hatten. Denn dieser boomende Wirtschaftszweig erforderte Arbeitskräfte, und um Wohnraum für diese Menschen zu schaffen, die aus allen Teilen der DDR hierherkamen, entschloss man sich, eine komplett neue Stadt zu errichten. Anders als bei anderen Städteneugründungen wie zum Beispiel Eisenhüttenstadt wählte man hier aber einen Standort in unmittelbarer Nachbarschaft einer historischen Stadt und verband die beiden über breite Autotrassen miteinander. Obwohl die neue Stadt eigentlich autark und von Halle verwaltungsmäßig getrennt war, übernahm sie auch den Namen der Nachbarstadt. So wurde Halle-Neustadt zu einem Paradebeispiel sozialistischen Städtebaus. Durch die enge Bindung der Städte erhoffte man sich offensichtlich Synergien, die dem historischen Teil der Innenstadt neue Impulse geben würden. Die breiten Magistralen und Hochstraßen, die die beiden Orte verbanden, belebten Halle jedoch nicht, sondern schnürten dem historischen Stadtkern gleichsam die Luft ab. Die Altstadt, an der die Autofahrer über Hochstraßen und Überführungen vorbeigeführt wurden, war als solche überhaupt nicht mehr wahrzunehmen. Die Konzentration der baulichen Aktivitäten auf den Wohnungsneubau und der damit einhergehende Verfall ostdeutscher Innenstädte taten ein Übriges, und so fand sich das historische Zentrum nach der Wende als graue Maus neben der sozialistischen Musterstadt Halle-Neustadt wieder. Heute, mehr als zwanzig Jahre nach  dem Mauerfall, ändert sich das nun zunehmend. Zu verdanken ist dies vor allem Pionieren, die die Altstadt wieder zum Identifikationsort für alle Hallenser machen wollten und sich mit neuen Geschäften und Unternehmungen hier niederließen. Einer dieser Pioniere war das Dorint Charlottenhof. Unweit des Hauptbahnhofs und des zentralen Verkehrsknotenpunkts Riebeckplatz, in einer ruhigen Seitenstraße der zur Fußgängerzone umgestalteten Leipziger Straße mit ihren zahlreichen Gründerzeitbauten, logiert man hier absolut zentral und doch in ruhiger Lage. Der Gebäudekomplex beherbergt seit 15 Jahren das beste Businesshotel der Stadt. Wichtigster Aspekt für den andauernden Erfolg des Hauses ist das unschlagbare Team rund um die Hallenser Hotellegende Dr. Bertram Thieme. Bereits zu DDR-Zeiten hatte sich Dr. Thieme als Direktor des Interhotel (heute Maritim) Erfahrung und Anerkennung erworben und sich das sozusagen grenz- und systemübergreifende Vertrauen seiner Gäste erarbeitet. Denn er war nicht nur bei den örtlichen Größen aus Politik und Gesellschaft angesehen, auch zu Spitzenpolitikern wie etwa Hans-Dietrich Genscher verbindet ihn seit dieser Zeit ein vertrauensvolles, fast schon freundschaftliches Verhältnis. Dabei zeigt er eine beispielhafte Integrität und Solidarität gegenüber Gästen wie Mitarbeitern. Kein schlechtes Wort verliert er über die politischen, wirtschaftlichen und kulturschaffenden Größen der DDR-Zeit, die schon früher im Interhotel bei ihm ein- und ausgingen, wenn sie sich ihm gegenüber menschlich-integer gezeigt hatten und sich nichts hatten zuschulden kommen lassen. Dr. Thieme lässt niemanden fallen, der sich einmal als vertrauenswürdige Person erwiesen hat. Das wissen auch seine Mitarbeiter. Und so bildet sein Team im Charlottenhof eine Einheit, die uneingeschränkt hinter ihrem Chef, ihrem Hotel und ihrer Arbeit steht. Der Gast profitiert merklich von diesem hervorragenden Betriebsklima, was nicht nur die Dorint-intern vergebenen Awards belegen, die das Haus wiederholt gewonnen hat, sondern auch mehrfache externe Auszeichnungen, etwa als eines der zehn familienfreundlichsten Hotels in Deutschland. Die richtige Mischung aus jungen, engagierten Mitarbeitern und erfahrenen Abteilungsleitern überzeugt zahlreiche Gäste immer öfter davon, dass man hier am besten logiert, wenn man im Raum Halle und Leipzig ein Quartier auf Zeit bezieht, und so kann das Haus auf zahlreiche Stammgäste unter anderem aus Politik, Wirtschaft und der Kulturszene verweisen. Hans-Dietrich Genscher wurde sogar eine eigene Suite gewidmet, die seinen Namen trägt. Neben Zeugnissen seiner politischen Karriere zeugt hier auch einer seiner legendären gelben Pullunder in einer Vitrine davon, wie eng der gebürtige Hallenser dem Dorint verbunden ist. Aber auch die anderen Zimmer können sich sehen lassen, sie sind modern, hell und freundlich ausgestattet. Und seit einiger Zeit genießt man hier sogar ein perfekt justiertes TV-System mit Flachbildfernsehern, das dem Gast sofort nach dem Einschalten unverzerrte, gestochen scharfe Fernsehbilder liefert. Doch man sollte nicht nur fernsehen, wenn man abends noch ein wenig entspannen möchte, denn der Sauna- und Erholungsbereich im obersten Stock des Hotels bietet nicht nur eine Sauna mit Außenfenster, sondern auch eine Dachterrasse mit beheiztem Whirlpool, wo man zu jeder Jahreszeit unter freiem Himmel hervorragend entspannen kann. In den oberen Etagen liegen auch die meisten Tagungs- und Veranstaltungsräume, die Feiern, Tagungen und Seminare unterschiedlichster Art und Größe möglich machen. Das Erdgeschoss bietet weitere Tagungsräume, beherbergt jedoch vor allem das geschmackvoll und behaglich ausgestattete Hotelrestaurant, die Bar und den großzügigen Frühstücksbereich. Alles in allem bietet das Dorint Charlottenhof also ein nahezu perfektes Paket für den Gast der Händel-Stadt Halle, der auf hohem Niveau in einem attraktiven Zimmer mit makellosem Service und einem qualitativ guten gastronomischen Angebot logieren möchte. Und wer dabei die Gelegenheit hat, ein paar Worte mit Dr. Bertram Thieme zu wechseln, sollte sich dies nicht entgehen lassen.

Bewertung:

DORMERO
HOTEL ROTES ROSS
(Innenstadt)
Franckestraße 1
06110 Halle
Telefon: 03 45-2 33 43-0
Telefax: 03 45-2 33 43 6 99
Internet: www.dormero-hotel-rotes-ross.de
E-Mail: halrro@gold-inn.de
Direktor: Arno Majewski
DZ ab € 77,00

Das Rote Ross in Halle an der Saale ist ohne Zweifel ein kleines Schmuckstück. Denn in den Jahren nach dem Fall der Mauer, als im Zuge der generellen Nachwende-Euphorie unzählige dubiose Investoren und Glücksritter, aber auch seriöse Geschäftsleute die damals neuen Länder durchstreiften in der Hoffnung, verborgene Immobilienschätze zu heben und langfristig lohnenswerte Anlageobjekte zu entdecken, wurde man auch in Halle fündig. So kam Halles traditionsreichstes Haus, das Rote Ross, an einen neuen Besitzer und wurde von Grund auf saniert. Zusammen mit dem sich auf der Rückseite des Gebäudes anschließenden K & K Kongress- und Kulturzentrum wurde hier eine klassische Symbiose aus Hotel und Kongresszentrum neu belebt. Das ebenfalls neu errichtete Parkhaus dient für beide, so dass der Gast das Haus trotz seiner innerstädtischen Lage an einer Fußgängerzone direkt mit dem eigenen Wagen anfahren und über die moderne Parkgarage trockenen Fußes betreten kann. Bei der Renovierung und Sanierung wurden keine Kosten gescheut und unter anderem aufwendige Marmorbäder eingebaut. Obwohl das Gebäude wegen seiner eher bescheidenen Größe und des verwinkelten Grundrisses nicht wirklich die Attribute eines Grandhotel par excellence mitbringt, hat es doch mit seiner schönen Gründerzeitfassade im vorderen Gebäudeteil, dem wunderbaren, ellipsenförmigen Treppenhaus in seinem Zentrum und der klassisch-eleganten Zimmerausstattung viel historischen Charme. Auch Details wie die behagliche Hotelhalle unter gläsernem Dach und das sich anschließende moderne und dennoch gemütliche Restaurant machen das Haus durchaus zu einer kleinen Luxusherberge. Thies Bruhn als langjähriger Direktor hatte das frühere Kempinski-Hotel mit nahezu weltmännischer Grandezza gelenkt, ganz so, als leite er hier ein Grandhotel in St. Moritz oder Marbella, in dem der internationale Jetset ein- und ausgeht. Natürlich eckte er bei Kleingeistern vor allem mit seinem selbstbewussten Auftreten gelegentlich an, aber er sorgte auch dafür, dass das Kempinski einen wirklich erstaunlichen Standard bieten und auch anspruchsvollere Gäste zufriedenstellen konnte. Sein selbstironischer Lieblingssatz „Halle ist nicht Monaco!" amüsierte Mitarbeiter wie Gäste, deutete aber auch an, dass er sich von dieser Tatsache nicht beirren lassen und einen erstklassigen Service gewährleisten wollte, den viele in Halle nicht erwartet hätten. Seit über drei Jahren ist das Rote Ross aber nun kein Kempinski-Hotel mehr und alle hochfliegenden Pläne des ehemaligen Direktors sind Geschichte. Das Haus und das K & K Kongress- und Kulturzentrum werden seit Sommer 2009 von Gold Inn betrieben, einer Hotel-Managementgesellschaft, an der neben ihrem Gründer Aleksej Leunov auch der bekannte Unternehmer Rudolf Wöhrl zu 50 Prozent beteiligt ist. Unverändert blieb bislang die hochwertige Ausstattung der Zimmer und Suiten, ein großes Plus, denn somit geht auch der historische Charme des Hauses nicht verloren. Mit dem Namen Kempinski büßte man jedoch den Status des Fünf-Sterne-Hotels ein. Dies ist aber offensichtlich so gewollt, denn wie die Dumpingpreispolitik signalisiert, beabsichtigt man, sich neu aufzustellen. Eine eigene Reputation konnte man sich bislang noch nicht erarbeiten. Das benachbarte Dorint Charlottenhof, ein First-Class-Businesshotel mit herausragender Position in Halle, hat somit einen eher unberechenbaren Konkurrenten erhalten, denn ein wirkliches Konzept ist bislang nicht erkennbar. Kempinski hatte mit seiner 5-Sterne-Positionierung eindeutig einen ganz anderen Gästekreis angesprochen. Die höheren Zimmerpreise sorgten – zumindest weitgehend – dafür, dass zwischen den beiden gleichermaßen beliebten Häusern kein schädlicher Preiskampf ausbrechen konnte. Domero versucht nun sehr wohl, über Preise Marktanteile zu gewinnen. Derzeit profitiert das Haus teilweise noch von den hervorragend agierenden Mitarbeitern, Strukturen und Ausstattungen, die unter Bruhn hier etabliert wurden. Ob das langfristig so bleiben wird, muss beobachtet werden. Die Hardware ist die gleiche geblieben, aber ob

Servicequalität, Ambiente und Anspruch des Hauses langfristig erhalten werden können, ist zumindest fraglich.

Bewertung:

MARITIM
(Innenstadt)
Riebeckplatz 4
06110 Halle
Telefon: 0345-5101-0
Telefax: 0345-5101 777
Internet: www.maritim.de
E-Mail: info.hal@maritim.de
Direktor: Sandro Schmidt
DZ ab € 69,00

Vieles hat sich bewegt in Halle an der Saale, der Großstadt an der Grenze zwischen dem südlichen Sachsen-Anhalt und Sachsen, die zu Unrecht neben der großen Nachbarstadt Leipzig bisher kaum wahrgenommen wird. Nur wenige Autobahnminuten sind es über die Landesgrenze bis zur traditionellen Messestadt Leipzig, und der hier gelegene internationale Flughafen trägt sogar den Namen beider Städte. Zudem liegt Halle innerhalb eines dichten Autobahnnetzes, nahe der Nord-Süd-Magistrale der A9. Seit zwei Jahren besteht mit der A38 sogar eine direkte Autobahnverbindung nach Westen, die südlich des Harzes verläuft und unweit von Göttingen an die A7 anschließt. An der verkehrlichen Infrastruktur kann die mangelnde Bekanntheit der Stadt also nicht liegen. Sehr gelitten hat Halles Renommee sicherlich durch das ehemalige Chemiekombinat vor den Toren der Stadt, denn „Plaste und Elaste aus Schkopau" war dank der auffälligen Werbung an den Transit-Autobahnen auch westdeutschen Reisenden wohlbekannt. So verbindet man mit dem Namen Halle heute eher die sozialistische Retortenstadt Halle-Neustadt als das historische Zentrum. Autofahrer werden über die Magistralen und Hochstraßen aus DDR-Zeiten am Zentrum vorbeigeführt, ohne es überhaupt zu Gesicht zu bekommen. Besonders der zwischen Altstadt und Hauptbahnhof gelegene zentrale Verteilerknoten Riebeckplatz negierte die direkt benachbarte historische Stadtstruktur Halles und machte sie mit riesigem Kreisverkehr, Hochstraßen und sozialistischer Hochhausarchitektur für den durchfahrenden Besucher völlig unsichtbar. Genau hier wurde einst ein Interhotel errichtet, das als imposantes Großgebäude Teil der sozialistischen Stadtinszenierung war. Mit dem Ende der DDR übernahm die Maritim-Gruppe das Haus und investierte in die Neugestaltung der Zimmer wie der übrigen Innenausstattung. Bevor Ende der 1990er Jahre in unmittelbarer Nachbarschaft Konkurrenten wie das Dorint Charlottenhof und das Rote Ross eröffneten, war man damit über lange Jahre die erste Adresse am Platz. Seitdem haben Gäste, die in Innenstadtlage abseits der beschriebenen sozialistischen Stadtstrukturen auf modernem Niveau logieren wollen, hier jedoch eine attraktive Alternative. Für das Maritim ist die Lage daher heute weniger einfach als noch vor zehn Jahren. Immerhin schreitet die Stadterneuerung in der Umgebung mittlerweile voran. Der Riebeckplatz wurde fußgängerfreundlich umgestaltet, die verwahrlosten Punkthochhäuser am Platz wurden bzw. werden abgerissen, dadurch rückt das Hotel wieder näher an die sehenswerte Altstadt heran. Aber auch im Haus selbst hat man in den letzten Jahren versucht, die Vergangenheit zu überwinden, auch wenn das angesichts der baulichen Gegebenheiten schwierig war. Die noch vorhandenen Einzelzimmer wurden, wo möglich, jeweils paarweise zu Doppelzimmern umgebaut, so dass eine annehmbare Zimmergröße entstand. Die verbliebenen Einzelzimmer, und davon gibt es hier immer noch eine Menge, sind aufgrund ihres sehr engen Zuschnitts nur für den Übernachtungsgast tragbar, der nicht mehr als ein frisches Bett, einen Fernseher und ein akzeptables Bad erwartet. Für einen längeren Aufenthalt sind sie definitiv zu klein und entsprechen nicht mehr heutigen Anforderungen, auch wenn die Ausstattung den üblichen Maritim-Standard bietet. Die Doppelzimmer hingegen bieten in dieser Hinsicht keinen Anlass zu Kritik, und auch die öffentlichen Bereiche sind großzügig gestaltet, wenn auch dem Stil der Kette entsprechend äußerst konservativ. Das Restaurant im Erdgeschoss bietet ebenfalls ein angenehm großzügiges und sogar elegantes Ambiente, die Küchenleistung hat sich allerdings im unteren Mittelfeld eingependelt. Einen nachhaltigen Eindruck hinterlässt das Restaurant, allerdings in negativer Hinsicht. Schon beim Studium der Speisekarte, die das Prädikat „Ostalgie" verdient, muss man sich in Erinnerung rufen, dass die Mauer bereits 1989 gefallen ist. Es drängt sich die Frage auf, wer das eigentlich essen möchte. Eine Empfehlung können wir an dieser Stelle nicht aussprechen. Realistischerweise muss man aber wohl davon ausgehen, dass das Haus in seiner jetzigen Form ohnehin keine allzu große Zukunft mehr hat. Wir erwähnten bereits in den vergangenen Jahren, dass im Grunde genommen ein millionenschweres Renovierungsprogramm aufgelegt werden müsste, das jedoch käme angesichts der augenblicklichen Entwicklung des Hallenser Hotelmarkts einer Geldvernichtung gleich. Zum Glück hat nun Sandro Schmidt, der zuvor für das Maritim in Fulda verantwortlich war, das Haus übernommen. Man darf sicher sein, dass er hier neue Impulse geben wird. Kein einfaches Unterfangen, denn die Ausgangslage ist sehr schwierig. Der Hotelmarkt ist wie gesagt angespannt, die Durchschnittsbelegung, die hier bei entsprechender Zimmerrate erzielt werden kann, dürftig. Ein Alleinstellungsmerkmal sind die relativ guten Tagungsmöglichkeiten: Insgesamt 13 Räumlichkeiten, darunter ein festlicher Ballsaal, stehen zur Verfügung. Ein weiteres Herausstellungsmerkmal ist sicherlich, dass man den Gästen als einziges Hotel in Halle einen Schwimmbadbereich ausweisen kann. Serviceschulungen waren hier in den vergangenen Jahren offensichtlich kein Thema, das lassen zumindest die unkoordiniert und unstrukturiert agierenden Mitarbeiter vermuten. Wir sind uns sicher, dass Schmidt im Rahmen der bestehenden Möglichkeiten einiges verändern wird, vor allem wird er vermutlich alle Abteilungen neu strukturieren und das Service- und Dienstleistungsniveau merklich anheben. Dennoch drängt sich die Frage auf, ob das alles ausreichen wird.

Bewertung:

HAMBURG

DORINT
(OT Eppendorf)
Martinistraße 72
20251 Hamburg
Telefon: 0 40-570150-0
Telefax: 0 40-570150 100
Internet: www.dorint.com
E-Mail: info.hamburg@dorint.com
Direktor: Andreas Rühlicke
DZ ab € 144,00

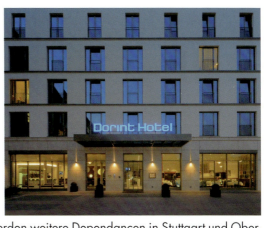

Endlich ist die renommierte Hotelkette in der Hansestadt wieder vertreten. Einst zählten zu ihrem Portfolio das Hotel Alter Wall sowie das heutige Mercure an der Messe, beide Häuser wurden dann von der Accor-Gruppe übernommen. Für die Marke Dorint ist es ein richtiger und nicht zuletzt ein strategisch wichtiger Schritt, hier wieder Flagge zu zeigen, vor allem im Hinblick auf die Gesamtvermarktung aller Häuser. In den nächsten Jahren werden weitere Dependancen in Stuttgart und Oberursel folgen. Mit dem gebürtigen Lübecker Andreas Rühlicke hat Dorint für dieses First-Class-Haus einen erfahrenen, ambitionierten Hoteldirektor verpflichtet. Rühlicke ist engagiert, ehrgeizig und hoch motiviert und hat sich hier eine Menge vorgenommen. Auch wenn der Hotelmarkt in Hamburg weitaus entspannter ist als beispielsweise in Berlin, kann man sich darauf keinesfalls ausruhen, Hamburg hat schließlich eine große Auswahl an guten Vier-Sterne-Häusern. Rühlicke ist sich dessen bewusst und wird daher nicht mit einer Dumpingpreispolitik von sich reden machen, sondern vielmehr durch ein gutes Service- und Dienstleistungsangebot überzeugen. Das unmittelbar an der Universitätsklinik (UKE) gelegene Dorint ist mit dem Anspruch angetreten, sich mittelfristig einen Platz unter den besten Adressen im entsprechenden Segment zu erarbeiten. Die Martini-Klinik, die sich auf dem Klinikgelände befindet, zählt übrigens zu den renommiertesten urologischen Kliniken bundesweit. Nicht nur aus der halben Republik, sondern auch aus dem europäischen Ausland pilgern Patienten hierher, um sich von Professor Hartwig Huland operieren zu lassen. In die vier Kategorien Standard, Komfort, Juniorsuiten und Suiten sind die insgesamt 195 Zimmer unterteilt. Alle verfügen über eine iPod-Docking-Station, WLAN sowie Kaffee- oder Teezubereitungsmöglichkeiten. Auch ein kleiner Freizeitbereich wird

den Gästen ausgewiesen. Auf einen Pool wurde zwar verzichtet, doch bietet er immerhin eine finnische Sauna, ein Dampfbad und eine Ruhezone. Ein Fitnessbereich ist ebenfalls vorhanden. Ganz gut aufgestellt ist man mit den sechs Tagungsräumen, die Veranstaltungen, Meetings und Konferenzen mit bis zu 200 Personen ermöglichen. Damit die Gäste ihre E-Mails checken können, ist der WLAN-Zugang bis zu 15 Minuten kostenfrei gestellt. Es ist aber geplant, diese Serviceleistung zumindest mittelfristig nicht mehr zu berechnen. Das Restaurant Eppo bietet eine hervorragende saisonale Frischeküche mit regionalen Einflüssen. Küchenchef Jan Filter, der auch zuvor schon in renommierten Häusern tätig war, möchte hier gastronomisch einiges bewegen. Seine Küchenleistung hat uns jedenfalls überzeugt, daher können wir eine uneingeschränkte Empfehlung für das Restaurant aussprechen. Fazit: Hier möchten wir gern einmal Vorschusslorbeeren verteilen. Aber nur, weil wir um das Engagement und die hohe Motivation von Andreas Rühlicke wissen. Man darf gewiss sein, dass er versuchen wird, alle vorhandenen Potenziale auszuschöpfen und in jedem Fall ein überdurchschnittlich hohes Service- und Dienstleistungsniveau zu kultivieren.

Bewertung:

EAST
(OT St. Pauli)
Simon-von-Utrecht-Straße 31
20359 Hamburg
Telefon: 0 40-30 993-0
Telefax: 0 40-30 993 200
Internet: www.east-hamburg.de
E-Mail: info@east-hamburg.de
Direktorin: Anne-Marie Bauer
DZ ab € 144,00

Wer sich dem East im Hamburger Stadtteil Sankt Pauli nähert, mag zunächst etwas enttäuscht sein. Zwar ist die berühmte Reeperbahn nur eine Querstraße entfernt, am Ende der Straße liegt das Heiligengeistfeld und gleich um die Ecke der Millerntorplatz, aber echte Kiezatmosphäre kommt hier nicht auf. Stattdessen drängen sich vis-à-vis Ibis- und Etap-Hotel neben dem Holiday Inn Express. Mit den Billig-Unterkünften für Musical-Touristen muss man halt leben. Das East darf durchaus als Speerspitze der Hamburger Design-Hotellerie gelten. Zugegeben, die Außenfassade ist zurückhaltend. Bis auf einen mit Glas abgesetzten historischen Fassadenteil dominiert dunkler norddeutscher Klinker das Äußere des Komplexes. Aber hier zählen natürlich die inneren Werte, und die sorgen für kontroversen Gesprächsstoff.

In der ehemaligen Eisengießerei, die den Kern der Anlage bildet, und rund um sie herum wurde ein Konzept verwirklicht, das Club- und Szenegastronomie mit Tagungs- und Entertainmentbereichen und nicht zuletzt mit einem Vier-Sterne-Haus verbindet. Die Dimensionen beeindrucken, und wer unter dem Titel „Designhotel" lediglich ein exklusives Boutiquehotel mit geschmackvollen Möbeln erwartet, wird sehr überrascht werden, denn das East bietet weitaus mehr: Bars, Restaurant, Lounges und Innenhof, außerdem ein riesiges Areal zum Essen, Trinken und Feiern. Über 200 Mitarbeiter kümmern sich um das Wohl der Gäste, was bei 127 Zimmern und Suiten und einem großen Spektrum an Events und Veranstaltungen auch notwendig ist. Innenarchitektur und Ausstattung strotzen vor einzigartigen Gestaltungs-

ideen und Rauminszenierungen, die sich jedoch immer stimmig ins Gesamtkonzept des Hauses einfügen, nichts wirkt konstruiert. Seit der Eröffnung im Herbst 2004 riss der Zuspruch für dieses Konzept nicht ab, und so bietet man mittlerweile auch ein Privatkino, eine „Private Kitchen" für Koch-Events und den Club Upper East, der sich mit Videowänden und aktueller LED-Technik hervortut. Das mehrfach preisgekrönte East hat damit für die Hotellerie der Hansestadt einiges bewegt. Man mag einzig kritisieren, dass man als Gast hier einem Großgastronomie-Konzept – wenn auch auf hohem Niveau – ausgeliefert ist, das einfach wenig mit klassischer Hotelgastronomie zu tun hat. Dem kann man auch nicht wirklich entfliehen, wenn einem das alles zu viel wird, es sei denn, man bleibt auf seinem Zimmer. Hier logiert also eher ein junges oder junggebliebenes Publikum, das sich nicht ruhige Beschaulichkeit erhofft, wenn es im Herzen des traditionellen Hamburger Vergnügungsviertels ein Zimmer bucht, und das mit dem East genau die Event- und Szene-Gastronomie im edlen Design-Gewand vorfindet, die es sucht. Das Zimmerprodukt ist auf unterschiedliche Erwartungs- und Komfortansprüche abgestimmt, selbst mit einer spektakulären großen Suite kann man aufwarten. Da die meisten Gäste erwarten, in jedem Fall immer und überall ihren E-Mail- und Internetverkehr aufrechterhalten zu können, lag es nahe, WLAN kostenfrei zu stellen. Der toughen, sehr eloquenten Direktorin Anne-Marie Bauer, die für dieses Design-Hotel verantwortlich ist, gelingt es, ihren Mitarbeitern zu vermitteln, dass der Gast zwar das moderne und teilweise unkonventionelle Interior Design sehr schätzt, nicht aber einen unkonventionell saloppen Service. Entsprechend ist das Serviceniveau überdurchschnittlich hoch.

Bewertung:

FAIRMONT
VIER JAHRESZEITEN
(Innenstadt)
Neuer Jungfernstieg 9–14
20354 Hamburg
Telefon: 0 40-34 94-0
Telefax: 0 40-34 94 26 00
Internet: www.fairmont-hvj.de
E-Mail: hamburg@fairmont.com
Direktor: Ingo C. Peters
DZ ab € 250,00

Es freut uns, wie sich dieses Grandhotel mit seiner 115-jährigen Geschichte in den vergangenen Jahren weiterentwickelt hat. Nach einer millionenschweren Renovierung entsprechen nunmehr auch die Zimmer und Suiten wieder den hohen Erwartungen der Gäste. In mehreren Etappen wurden die Maßnahmen durchgeführt, die sich über drei Jahre erstreckten. Vorher hatte man wie das Atlantic bisweilen auf den guten Ruf gesetzt und geglaubt, sich darauf ausruhen zu können. Allerdings ließ man es hier nicht bis zum Äußersten kommen. Neben den Zimmern und Suiten, die teilweise einen direkten Alsterblick ermöglichen, wurden auch die öffentlichen Bereiche aufwendig aufgefrischt. Das Gesamtergebnis kann sich wirklich sehen lassen. Ingo Peters, der das Vier Jahreszeiten seit vielen Jahren führt, mussten wir in den vergangenen Jahren eine gewisse Kritikresistenz bescheinigen, und daran hat sich bis heute nichts geändert. Statt sich mit unserer konstruktiven Kritik auseinanderzusetzen, ließ er sogar verlautbaren, dass Mitarbeiter des Verlags bei ihm grundsätzlich Hausverbot hätten. Erstaunlich, dass dieses Hausverbot uns gegenüber bislang nie direkt ausgesprochen wurde. Offenbar haben wir einen Nerv getroffen. Bedauerlicherweise überzeugen nach wie vor nicht alle Abteilungen des Hauses gleichermaßen mit einer kontinuierlichen Service- und Dienstleistungsbereitschaft. Einige Mitarbeiter vermitteln dem Gast eher das subjektive Gefühl, es sei ein Gnadenakt, dass sie in diesem „Luxushotel der Superlative" logieren dürften. Sicherlich ein Aushängeschild ist das Gourmetrestaurant Haerlin, das unter Küchenchef Christoph Rüffer zu einer der ersten kulinarischen Adressen der Stadt avanciert ist. Seine klassisch-französische Haute Cuisine wurde nun erstmals mit zwei Michelin-Sternen ausgezeichnet. Zum Gesamtangebot zählt selbstverständlich ein SPA, auch wenn dieser sich auf einen Sauna- und Fitness- und einen Kosmetikbereich beschränkt. Für ein Hotel dieser Klasse vielleicht ein wenig enttäuschend, man würde durchaus auch einen schicken Poolbereich erwarten. Aber das ist natürlich Ansichtssache. Für Tagungen und Veranstaltungen stehen festliche Salons und Säle zur Verfügung, der größte bietet Platz für bis zu 600 Personen. Valet Parking, 24-Stunden-Zimmer- und Conciergeservice zählen zum Standard, den man in einem Haus dieser Klasse aber auch als selbstverständlich erachten darf.

Bewertung: ●●●● ↗

GRAND ELYSEE
(OT Rotherbaum)
Rothenbaumchaussee 10
20148 Hamburg
Telefon: 0 40-4 14 12-0
Telefax: 0 40-4 14 12 7 33
Internet: www.grand-elysee.de
E-Mail: info@grand-elysee.de
Direktor: Paul Kernatsch
DZ ab € 144,00

Bei der wunderbar zentralen Lage dieses seit Jahrzehnten fest auf dem Hamburger Hotelmarkt etablierten Hauses geht jedem Hamburger das Herz auf. In unmittelbarer Nähe des Bahnhofs Dammtor direkt an der renommierten Rothenbaumchaussee gelegen, galt und gilt das Elysée als eine Lieblingsherberge vieler „eingeborener" Hamburger. Bei seiner Gründung in den 1980er Jahren waren das Vier Jahreszeiten und das Atlantic, die Flaggschiffe der Luxushotellerie, bereits Klassiker und neben dem noch traditionsreicheren Louis C. Jacob an der Elbchaussee unbestritten die ersten Adressen der Hansestadt. Das moderne Bistro-Konzept, die Außengastronomie und die urbane Lage unweit der Alster und in direkter Nähe zu den Medienschaffenden vom NDR machten das Elysée aber dennoch zu einem außerordentlich beliebten Treffpunkt für Hamburger und ihre Gäste. Dieser Erfolg war für Hoteleigentümer und Unternehmer Eugen Block sicherlich eine Bestätigung seines Unternehmer-Egos, hatte er doch zunächst mit seiner Steakhaus-Kette Erfolge gefeiert und erst dann mit dem Elysée erkennbar so etwas wie ein Liebhaber-Projekt gestartet. Ganz offensichtlich ist das Haus bis heute seine ganz persönliche unternehmerische Spielwiese. Dass Block mit seiner Idee von einem Fünf-Sterne-Hotel nach seinen ganz eigenen Vorstellungen in den 1980er Jahren derart reüssieren konnte, hat wohl dazu geführt, dass der charismatische Unternehmer an Ratschlägen und Tipps von Branchenkennern keinerlei Interesse hatte. In der Folge erarbeitete er sich einen nahezu legendären Ruf als Hoteleigentümer, der seine Direktoren so oft wechselte wie andere Leute ihre Schlüpfer. Nie ließ er sich die Entscheidungen in seinem Hause aus der Hand nehmen, seine Konzepte wie das schon genannte Bistro-Design im Frühstücksbereich oder die Hotelhalle, an der Restaurant, Zeitschriftenkiosk und Friseursalon wie an einem Marktplatz angeordnet sind, haben ja schließlich Erfolg. Mit der Erweiterung des Hauses um immense Zimmer- und Tagungskapazitäten entstanden dann aber doch offensichtliche Probleme. Der Neubau bietet beispielsweise eine riesige, zentrale Eingangshalle und einen zusätzlichen Eingang – die Rezeption befindet sich jedoch unverändert in der alten Hotelhalle, die über einen Durchgang mit dem Neubau verbunden ist. Bei großen Veranstaltungen, zum Beispiel im neuen Ballsaal, sicherlich eine vorteilhafte Lösung, denn so kann der normale Hotelbetrieb nahezu unbehelligt hier abgewickelt werden, während die neue Halle als Foyer für den Ballsaal und die neuen Tagungsräume genutzt werden kann. Im Alltagsbetrieb aber fragt sich der Gast, warum die neue lichte Hotelhalle bis auf eine skurrile Dschungel-Bar in einer Ecke nicht als solche genutzt wird, sondern man ihn durch diese hindurch in die alte Halle geleitet, wo er dann schließlich einchecken kann. Offensichtlich will Block trotz der Erweiterung des Hauses zum „Grand Elysée" an Bewährtem festhalten und Stammgästen keine grundlegenden Veränderungen, sondern nur eine Erweiterung zumuten. Gott sei Dank wurde der unbeschreibliche, Schwindel auslösende Teppichboden im großen Ballsaal, den Block angeblich nach dem Vorbild von ihm entdeckter Kirchenfenster aus Muranoglas hatte anfertigen lassen, mittlerweile ausgetauscht. Die blaubunte Designkatastrophe hätte den Saal vermutlich über kurz oder lang unvermietbar gemacht. Auch Blocks Idee eines Frühstücksrestaurants, in dem die Gäste des Morgens der Duft frisch gebackenen Brotes umschmeicheln sollte, resultierte in einem wenig überzeugenden Gastraum mit heller Kiefernholzausstattung, die jegliches Fünf-Sterne-Ambiente vermissen ließ. Dass Hoteldirektoren es unter einem derart eigensinnigen Unternehmer schwer haben, liegt auf der Hand. 15 Direktoren hatte das Elysée in den 26 Jahren seines Bestehens, so lautet die Bilanz Mitte 2011. Selbst Sohnemann Dirk E. Block wurde die Zusammenarbeit mit dem Vater wohl zu viel, denn im letzten Jahr zog Eugen Block ihn vom Direktorenposten der Blockhouse-Restaurants ab und versetzte ihn auf einen wohl nicht gerade abendfüllenden Posten im Aufsichtsrat des Unternehmens. Auch im Beirat darf der Sohn mitwirken. Zurzeit versucht Block es mit Paul Kernatsch, der zuvor für Sheraton das Elephant in Weimar geführt hat. Die Wetten laufen bereits auf Hochtouren, wann er das Haus von sich aus oder unfreiwillig wieder verlassen wird. Trotz des ständigen Wirbels um neue Direktoren bleibt das Elysée aber eines der beliebtesten Hamburger Hotels, denn das Zimmerprodukt wie auch der Service stimmen hier einfach. Vor allem die Zimmer und Suiten im Seitentrakt, einem großbürgerlichen Stadthaus der Gründerzeit, gefallen mit ihrem großzügigen Platzangebot und den beeindruckenden Raumhöhen. Und auch die im Neubautrakt gelegenen Zimmer und Tagungsräume lassen keinerlei zeitgemäße Standards vermissen. Selbstverständlich kann man auch einen Schwimmbad- und

Saunabereich ausweisen. Am erstaunlichsten bleibt vielleicht die Tatsache, dass Eugen Blocks frühe Ideen wie der platzähnliche Aufbau der Hotellobby mit Restaurant, Café, Blumenladen usw. immer noch funktionieren und vor allem das Frühstücksrestaurant im Bistro-Stil an der Rothenbaumchaussee auch heute noch gefällt. Alles in allem also vielleicht verständlich, dass Block sich die Entscheidungsgewalt über sein Haus nicht aus der Hand nehmen lassen will – auch nicht bei kleinen Details. Die Stammgäste freut das sicherlich, denn Kontinuität schätzen sie an „ihrem" Elysée wohl am meisten.

Bewertung: ●●●◐

KEMPINSKI ATLANTIC
(OT St. Georg)
An der Alster 72–79
20099 Hamburg
Telefon: 0 40-28 88-0
Telefax: 0 40-24 71 29
Internet: www.kempinski.atlantic.de
E-Mail: hotel.atlantic@kempinski.com
Direktor: Peter Pusnik
DZ ab € 209,00

In den vergangenen Jahren sorgte in diesem Haus eigentlich nur noch Dauergast Udo Lindenberg für positive Schlagzeilen. Insbesondere die Zimmer und Suiten waren erheblich in die Jahre gekommen oder, um es noch deutlicher zu sagen, einfach abgewirtschaftet. Das Kempinski-Flaggschiff mit Weltruf nahm steilen Kurs in Richtung Mittelmaß. Wohin das Auge auch blickte, verwohnte Möbel und Teppiche, hier und da kamen einem schon die Tapeten entgegen. Man ruhte sich ganz gemütlich auf dem glanzvollen Namen aus und machte nicht die geringsten Anstalten, den Renovierungsstau abzubauen. Bei der Außendarstellung der Nobelherberge nutzte man geschickt die Themensuiten und versuchte zu suggerieren, dass alle Zimmer auf diesem Stand seien. Das hatte aber weitreichende Konsequenzen, denn der Hotel- und Gaststättenverband DEHOGA weigerte sich, die große alte Dame weiterhin als Fünf-Sterne-Superior-Hotel zu klassifizieren. Erfreulicherweise hat man dann ein millionenschweres Renovierungsprogramm aufgelegt. Inzwischen wurden alle Zimmer und Suiten aufwendig erneuert und entsprechen nun wieder den Erwartungen an ein Haus dieser Kategorie, auch wenn der Stil Raum für Diskussion lässt. Insgesamt 13 Tagungsräume stehen zur Auswahl, die Veranstaltungen und Meetings mit bis zu 1.200 Personen ermöglichen. Mit dem PrivateMax, das einst gemeinsam mit Udo Lindenberg entwickelt wurde, steht ein weiterer multifunktionaler Veranstaltungsraum zur Verfügung, der nicht nur als Privatkino genutzt werden kann. Nach wie vor garantiert man in diesem Luxushotel ein hohes Service- und Dienstleistungsniveau. Service beginnt hier mit der Vorfahrt. Man kümmert sich nicht nur um das

Fahrzeug der Gäste und deren Gepäck, sondern begleitet sie auch zur Rezeption und nach Erledigung der Meldeformalitäten zu ihrem Zimmer. Auf Wunsch organisiert der Concierge einen Limousinen-Transfer zum Bahnhof oder Flughafen, einen Babysitter oder doch noch eine Theaterkarte für eine längst ausverkaufte Veranstaltung. Hoteldirektor Peter Pusnik hat, seit er die Verantwortung für dieses Traditionshaus übernommen hat, wenig Akzente gesetzt. Man gewinnt den Eindruck, dass es ihm an kreativen Konzepten und Ideen fehlt. Auch seine öffentliche Präsenz hält sich sehr im Rahmen. Regelrecht begeistert haben uns dagegen die freundlichen, sehr zuvorkommenden Mitarbeiter.

Bewertung:

LOUIS C. JACOB
(OT Nienstedten)
Elbchaussee 401–403
22609 Hamburg
Telefon: 040-8 22 55-0
Telefax: 040-8 22 55 444
Internet: www.hotel-jacob.de
E-Mail: jacob@hotel-jacob.de
Direktor: Jost Deitmar
DZ ab € 230,00

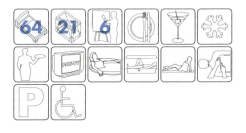

Das Louis C. Jacob kann ohne Zweifel als das hamburgischste Luxushotel der Stadt gelten, auch wenn bekannte Häuser an der Alster wie das fürstliche Vier Jahreszeiten oder das prächtige Atlantic den landläufigen Vorstellungen einer großstädtischen Nobelherberge auf den ersten Blick viel eher entsprechen. Aber das ist eben nur der erste Blick, denn das Louis C. Jacob verkörpert jene Qualitäten, die

der Hamburger als typisch hanseatisch schätzt, viel stärker als die großen und glamourösen Häuser im Zentrum der Stadt. Das beginnt schon mit der Lage. Die Elbchaussee hat einen legendären Ruf als Wohnadresse der High Society. Denn die parallel zur Elbe stromabwärts verlaufende Straße wird von Grundstücken flankiert, die einen unverstellten Blick auf den Fluss als Lebensader der Stadt und die hamburgischen Häfen bieten. Hier hatten die tonangebenden Honoratioren und Wirtschaftslenker schon immer bevorzugt ihren Wohnsitz, denn ein Blick aus dem

Fenster bietet ein Panorama all dessen, was die Geschichte und den Wohlstand der Hansestadt bestimmt hat. Schon seit 1791 findet sich hier an der Elbchaussee auch das Louis C. Jacob als Gasthaus mit Weinstube. Damit sind schon zwei Fixpunkte benannt, die das Haus zur „inoffiziellen" ersten Adresse Hamburgs machen: die Lage mit Blick über Fluss, Stadt und Hafen und die Tradition eines Hauses, das über Jahrhunderte an gleicher Stelle als Treffpunkt der Hamburger Gesellschaft dient. Merkwürdig genug angesichts der Verbundenheit der Hansestadt mit dem britischen Kulturkreis, war es ausgerechnet ein Franzose, der diese Institution gründete, nachdem er vor der Französischen Revolution nach Norddeutschland geflohen war und in Hamburg die Witwe des Vorbesitzers des Hauses geehelicht hatte. Daniel Louis Jacques benannte sich in Louis Jacob um und ließ seinen alten Beruf als Landschaftsgärtner hinter sich. Dass er bereits die berühmte Lindenterrasse auf der Elbseite des Hauses angelegt hat, ist nicht verbürgt, auch wenn diese später auf den bekannten Bildern von Max Liebermann, dem Hauptvertreter des deutschen Impressionismus, festgehalten wurde und dort so ausgesprochen an die französischen Bilder der gleichen Epoche erinnert. Dass das Haus spätestens seit der Zeit Liebermanns der bildenden Kunst verbunden ist, davon zeugen die über 500 Werke aus dem 19. und 20. Jahrhundert, die heute hier versammelt sind, auch wenn viele Bilder schlicht als Bezahlung für ausstehende Hotel- und Restaurantrechnungen der Künstler in den Besitz des Hotels kamen. Trotz der Kunstschätze ist es aber neben Lage und Tradition eine dritte urhanseatische Eigenschaft, die das Haus so unverwechselbar hamburgisch macht und für die es keine passende deutsche Bezeichnung gibt, sondern nur die englische, nämlich das typische Understatement. Die wörtliche Übersetzung „Untertreibung" trifft kaum jenes feine Verständnis der alteingesessenen Hamburger dafür, welches Maß an Zurschaustellung von Reichtum, Status und Einfluss angemessen ist, ohne als aufdringlich, indiskret oder gar eitel zu erscheinen. Im Louis C. Jacob zeigt sich Understatement in dem wunderschönen, aber alles andere als protzigen Gebäude aus dem 18. Jahrhundert. Notwendige Erweiterungen wurden in jüngerer Vergangenheit auf der gegenüberliegenden Straßenseite realisiert, und hier befindet sich auch die Zufahrt zu der heute unvermeidlich zu einem Fünf-Sterne-Hotel gehörenden Tiefgarage, die die Erweiterungsgebäude unterirdisch mit dem Haupthaus verbindet. Noch wichtiger für das Understatement als die wenig pompöse historische Fassade ist jedoch der natürliche, zuvorkommende und von jeder Arroganz oder Überheblichkeit freie Service. Hier werden Gäste mit einer Freundlichkeit und Offenheit empfangen, die für die Luxushotellerie in Deutschland nicht typisch ist. Gerade der sonst so zurückhaltende Norddeutsche schätzt die fein abgestimmte Freundlichkeit, die niemals aufdringlich wirkt. Es scheint fast, als habe der langjährige Hotelchef Jost Deitmar ein Geheimrezept für die Führung und Ausbildung seiner Mitarbeiter, so verlässlich und reibungslos funktioniert hier der Service. Aber auch abseits der Gästekontakte leistet der Service Erstaunliches. So serviert man beispielsweise im Michelin-Stern-gekrönten „Jacobs Restaurant" die kulinarischen Kunstwerke im Sommer auch auf der Lindenterrasse und vollbringt dabei das Meisterstück, die empfindlichen Arrangements richtig temperiert und genauso perfekt wie im Restaurant selbst zu servieren. Die Zimmer und Suiten des Louis C.

Jacob sind mit Antiquitäten, Kunst und Stilmöbeln ausgestattet und bieten ein individuelles Ambiente, das dem Charakter des gesamten Hotels bestens entspricht. Auch ein Wellnessbereich mit Sauna, Whirlpool und Dampfbad gehört zum Gesamtangebot. Die größte Attraktion neben dem Gourmetrestaurant und der Lindenterrasse ist aber der vor einigen Jahren freigelegte ehemalige Eiskeller mit seinem zehn Meter hohen Gewölbe, der mit seinen Backsteinmauern eine rustikale Umgebung und eine interessante Alternative zum eleganten Ambiente des übrigen Hauses bietet. Dass zahlreiche Prominente bereits hier logiert haben, versteht sich von selbst, aber das Louis C. Jacob bietet eben eine Atmosphäre, in der sich einfach jeder wohlzufühlen scheint, der etwas mit hanseatischer Lebensart anzufangen weiß.

Bewertung:

JACOBS RESTAURANT
im Hotel Louis C. Jacob
Telefon: 040-82255-0
Telefax: 040-82255 444
Internet: www.hotel-jacob.de
E-Mail: jacob@hotel-jacob.de
Chefkoch: Thomas Martin
Hauptgerichte € 29,00–59,00

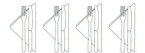

Das Gourmetrestaurant im Louis C. Jacob ist natürlich unverzichtbarer Teil des Traditionshauses an der Elbchaussee. Schließlich ist man es schon der französischen Provenienz des Gründers Louis Jacob schuldig, hier eine Haute Cuisine der Spitzenklasse zu bieten. Der elegante Salon des Restaurants, der moderne Kunst an den Wänden im Rahmen eines klassischen, lichten Interieurs bietet, ist bei aller Exklusivität ein behaglicher Ort, an dem man sich sofort wohlfühlt. Sowohl der konservative Gast als auch moderner orientierte Liebhaber eines hochklassigen Ambientes werden sich hier zu Hause fühlen. Aber natürlich ist das eigentliche Highlight nicht der Salon, sondern ein Ort, der sonst in kaum einem Gourmetrestaurant eine Rolle spielt: die Außenterrasse. Dabei handelt es sich natürlich auch nicht um eine beliebige Plattform an der Elbe, sondern um die berühmte Lindenterrasse und damit auch eine Ikone des Impressionismus. Denn das berühmte Motiv einiger Gemälde der deutschen Maler-Legende Max Liebermann ist jedem bekannt, der sich auch nur in seiner Schulzeit mit deutscher Kunstgeschichte beschäftigt hat. Dass man hier das Kunststück fertigbringt, eine Gourmetküche internationaler Spitzenklasse unter freiem Himmel zu servieren, ist mehr als bewundernswert. Und dass man für diese Küche jetzt auch endlich mit dem lange erhofften zweiten Michelin-Stern ausgezeichnet wurde, freut uns und bestätigt unsere an dieser Stelle seit Langem vertretene Einschätzung, dass Thomas Martin und sein Team hier seit Jahren kontinuierlich kulinarische Höchstleistungen vollbringen. Jacobs Restaurant ist also einer der seltenen Fälle, in denen man kaum sagen kann, ob man einen Besuch eher wegen der Örtlichkeit empfehlen soll, der Terrasse mit der sensationellen Elbaussicht, oder wegen der beispielhaften Küchenleistung. Nicht zu diskutieren ist aber aus unserer Sicht, dass für jeden, der Hamburgs beste Seiten kennenlernen möchte, ein Besuch hier unumgänglich ist.

Bewertung:

MARITIM REICHSHOF
(OT St. Georg)
Kirchenallee 34–36
20099 Hamburg
Telefon: 040-248 33-0
Telefax: 040-248 33 888
Internet: www.maritim.de
E-Mail: info.ham@maritim.de
Direktor: Ralf Adamczyk
DZ ab € 102,00

Der Reichshof ist für uns ein Paradebeispiel dafür, wie man von einem guten Renommee viele Jahre profitieren kann, bevor es schließlich bröckelt. Dieses First-Class-Hotel direkt gegenüber dem Hamburger Hauptbahnhof ist eines der abgewirtschaftetsten Häuser der Gruppe. Ein Renovierungsstau von mehr als zwei Jahrzehnten wäre hier abzutragen, mit einem Softlifting könnte man wenig ausrichten, eigentlich nur leichte Kosmetik betreiben. Hoteldirektor Ralf Adamczyk ist eher ein Sachverwalter, der mehr und mehr Zeit damit verbringen muss, die Beschwerden aufgebrachter Gäste zu kanalisieren, und offensichtlich längst resigniert hat. Geschickt wird immer wieder mal das Gerücht gestreut, man werde zeitnah mit umfangreichen Renovierungsmaßnahmen beginnen. Dieses Taktieren dient erkennbar einzig dem Ziel, treuen Stammgästen das Gefühl zu vermitteln, dass zumindest mittelfristig etwas passieren wird. Offensichtlich drückt die Eigentümergesellschaft Blackstone sich um eine Renovierung, die vermutlich Millionen im zweistelligen Bereich verschlingen würde. Spätestens wenn der Pachtvertrag mit der Maritim-Hotelgruppe ausläuft, wird man um entsprechende Maßnahmen aber keinesfalls herumkommen. Wie gesagt, dieses Traditionshaus hat Potenzial, man muss es aber nutzen. Ein Manko ist, dass es sehr viele kleine Einzelzimmer vorhält, die man früher als Fahrerzimmer bezeichnete, heutzutage aber wegen der Enge und der spartanischen Einrichtung allenfalls als Klosterzelle ausweisen kann. Wer dieses Maritim betritt, der glaubt, eine Zeitreise in die frühen 1980er Jahre anzutreten. Mit den Möbeln etwa würde man auf dem Flohmarkt überwiegend keine großen Gewinne mehr erzielen. Auf den Schreck nimmt man am besten einen Drink an der Bar. Die wiederum hat Kultstatus und wird insbesondere wegen ihrer guten Auswahl an Whiskysorten sehr geschätzt. Durchaus beeindruckend ist das Restaurant, das mit seinen Marmorsäulen, den großen Lüstern und der Empore sehr imposant wirkt. Nicht ganz so spektakulär ist die Küchenleistung, sie hat sich im guten Mittelmaß eingependelt, hätte aber weitaus mehr Potenzial. Ob man im Schwimmbadbereich Ruhe und Erholung findet, hängt vom Auge des Beschauers ab, wirkt er doch sehr antiquiert und bedarf ebenfalls einer Auffrischung. WLAN-Nutzung schlägt hier mit 4,95 Euro pro Stunde zu Buche.

Bewertung: **ohne Note**

MÖVENPICK
**(OT Schanzenviertel)
Sternschanze 6
20357 Hamburg
Telefon: 0 40-33 44 11-0
Telefax: 0 40-33 44 11 33 33**
Internet: www.moevenpick-hotels.com
E-Mail: hotel.hamburg@moevenpick.com
Direktorin: Annette Hammer
DZ ab € 140,00

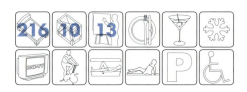

Wir sind mehr als begeistert, wie sich das Mövenpick in den vergangenen Jahren entwickelt hat. Hoteldirektorin Annette Hammer ist es gelungen, dieses Haus unter den besten Adressen in Hamburg zu positionieren, wie wir an dieser Stelle schon mehrfach betont haben. Für uns steht außer Frage, dass die positive Gesamtentwicklung dem toughen Führungsstil von Hammer zuzuschreiben ist, die ziel- und

erfolgsorientiert arbeitet. Innerhalb der Stadt ist sie natürlich hervorragend vernetzt und kennt den Markt wie ihre Westentasche. Ihre Leistung ist umso beachtlicher, als die Hansestadt eine Vielzahl interessanter Vier-Sterne-Hotels zu bieten hat. Wir sind ja felsenfest überzeugt, dass Annette Hammer durchaus auch das Potenzial hätte, sich für eine weitaus höhere Position in der Hotellerie zu empfehlen. Und da meinen wir nicht eine regionale Aufgabe, wir sehen sie durchaus an der Spitze einer Hotelgruppe, bringt sie doch alle Attribute mit, die für eine solche Position unverzichtbar sind: Ausdauer, Ehrgeiz, die Fähigkeit, analytisch und strategisch zu denken, und nicht zuletzt eine hohe Sozialkompetenz. Wir sind uns aber fast sicher, dass sie eine solche Position weder anstrebt noch annehmen würde. Kommen wir zurück zur Realität: Eine Dumpingpreispolitik, um kurzfristig die Belegung zu steigern, lehnt die Direktorin ab. Sie will durch Qualität überzeugen. Von ihren Mitarbeitern, egal welche Position sie bekleiden, erwartet sie die Fähigkeit, teamorientiert zu arbeiten, sowie den Anspruch und die Bereitschaft, die ihnen anvertrauten Aufgabenbereiche weiterzuentwickeln. Mitarbeiter, die dem Irrglauben unterliegen, man könne sich auf seiner Position bequem ausruhen, holt sie schnell auf den Boden der Tatsachen zurück. Man sagt Annette Hammer nach, ihr Führungsstil sei knallhart. Das

kann man so oder so sehen. Fakt ist, dass ihre Vorgaben, insbesondere die von ihr ausgegebenen Leitlinien in jedem Fall umzusetzen sind. Ungeachtet dessen trägt ihre bereits erwähnte hohe Sozialkompetenz dazu bei, dass die Mitarbeiterzufriedenheit recht hoch ist. Das wirkt sich natürlich wiederum auf das Serviceniveau spürbar positiv aus. Dieses direkt am Schanzenpark gelegene First-Class-Hotel, das sich in einem aufwendig sanierten ehemaligen Wasserturm befindet, ist eben kein Hotelprodukt von der Stange. Vor allem begeistert es mit einer authentischen Atmosphäre und bietet anspruchsvolle Zimmer und Suiten mit einem hervorragenden Ausblick auf die Stadt. Die größten Suiten sind die beiden Turmsuiten, die sich jeweils über zwei Etagen erstrecken. Die Hotelgruppe steht auch für eine gute Gastronomie. Das Restaurant überzeugt nicht nur mit regionalen und internationalen Spezialitäten, sondern vor allem mit einer klassischen Schweizer Küche. In der hippen Bar mit ihren gemütlichen Sitzecken genießt man seinen Cocktail und lässt ganz gemütlich den Abend ausklingen. Besonders unterstreichen möchten wir an dieser Stelle die Dienstleistungsbereitschaft der Mitarbeiter, die sich in der Regel mit größter Aufmerksamkeit und Gewissenhaftigkeit um die Gäste kümmern. So gehört es zum Service, dass ein Mitarbeiter auf Wunsch den Wagen des Gastes einparkt, sich um dessen Gepäck kümmert und ihn zur Rezeption begleitet. WLAN-Nutzung wird mit 12 Euro für 24 Stunden berechnet. Ab der Businesskategorie ist die Nutzung kostenfrei. Im Lobbybereich steht den Gästen ein kostenloser Internetzugang zur Verfügung. Insgesamt 13 Räumlichkeiten ermöglichen Meetings und Veranstaltungen mit bis zu 180 Personen.

Bewertung: ●●●◖ ◎

PARK HYATT
(Innenstadt)
Bugenhagenstraße 8
20095 Hamburg
Telefon: 040-33321234
Telefax: 040-33321235
Internet: www.hamburg.park.hyatt.de
E-Mail: hamburg.park@hyatt.com
Direktor: Tashi Takang
DZ ab € 225,00

Dieses Luxus-Businesshotel ist direkt an der Einkaufsmeile Mönckebergstraße und unweit des Hauptbahnhofs gelegen. Die Parksituation ist, wie sie ist, das Park Hyatt verfügt leider nicht über eine eigene Tiefgarage. Da weiß man das Valet Parking umso mehr zu schätzen. Der zuvorkommende Doorman kümmert sich darum, dass der PKW des Gastes zum benachbarten öffentlichen Parkhaus verbracht wird. Recht unauffällig führt Tashi Takang dieses Haus seit einigen Jahren. Besondere Gastgeberqualitäten können wir bei ihm bedauerlicherweise nicht feststellen. Großzügig wirken die komfortablen Zimmer, die bereits in der Kategorie „Park Queen" eine Größe von 32 qm haben und mit edlem Kirschholz ausgestattet sind. Alle verfügen über eine schickes Marmorbadezimmer mit Dusche und separater Badewanne. Einige bieten einen Ausblick auf die Mönckebergstraße, andere in den Innenhof oder direkt auf die Bugenhagenstraße. Überlegenswert ist, ob man ein Zimmer auf der Clubetage bucht, denn hier werden zusätzliche Annehmlichkeiten versprochen. Beispielsweise erhält man Zugang zur Clublounge, wo man täglich sein kontinentales Frühstück sowie abends Drinks und Snacks genießt. Zu den verlässlichen Dienstleistungen zählen nach wie vor Concierge-, Schuhputz- und 24-Stunden-Zimmerservice. WLAN-Nutzung wird mit zusätzlichen 18 Euro für 24 Stunden berechnet, wobei die erste halbe Stunde kostenfrei ist. Im Businesscenter steht den Gästen rund um die Uhr ein kostenfreier High-Speed-Internetzugang mit Drucker und Kopierer zur Verfügung. Neun mit modernster Technik ausgestattete Tagungsräume stehen bereit, der größte erlaubt Veranstaltungen mit bis zu 250 Personen. Auch der 1.000 qm große SPA muss sich nicht verstecken, er ist unter anderem mit einem Pool sowie einem Sauna- und Fitnessbereich ausgestattet. Ein gutes Standing hat das Restaurant Apples mit offener Showküche. Hier genießt man eine regionale Küche mit Produkten regionaler Anbieter.

Bewertung: ●●●◐

RADISSON BLU
(OT Neustadt)
Marseiller Straße 2
20355 Hamburg
Telefon: 0 40-35 02-0
Telefax: 0 40-35 02 35 30
Internet: hamburg.radissonblu.com
E-Mail: info.hamburg@radissonblu.com
Direktor: Oliver Staas
DZ ab € 145,00

Keine Frage, die Hardwarefakten des Hauses sind stimmig und können absolut überzeugen. Nach umfangreichen Umbau- und Renovierungsmaßnahmen, für die man sogar mehrere Monate lang geschlossen hat, um den Gästen Unannehmlichkeiten zu ersparen, ist dieses Radisson nun auf dem neuesten Stand. Unterschiedliche Zimmertypen stehen zur Auswahl, die vom Stil besonders den jungen, dynamisch-progressiven Geschäftsreisenden ansprechen. Selbstredend kann man den Gästen auch einen kleinen SPA mit Sauna- und Fitnessbereich ausweisen. Radisson war eine der ersten Hotelgruppen in Deutschland, die den Gästen die Nutzung des High-Speed-Internetzugangs kostenfrei gestellt hat. Zu den sonstigen Dienstleistungen zählen die Hundert-Prozent-Gästezufriedenheitsgarantie, der 24-Stunden-Zimmerservice sowie das Grab & Run-Frühstück. Für die Neukonzeptionierung und die Begleitung der Renovierungsphase und der Neupositionierung war Wolfgang Wagner verantwortlich. Wagner ist eine Direktorenpersönlichkeit, die den Blick für Details nicht verloren hat, auch wenn ihn insbesondere große Aufgaben und Herausforderung reizen. Er gilt als Hardliner, der seinen Mitarbeitern eine Menge abverlangt, und ist ein kompromissloser Verfechter einer herausragenden Servicekultur. Bei allen ihm anvertrauten Häusern ist es ihm recht schnell gelungen, Leistungsträger und freizeitorientierte Mitarbeiter zu differenzieren und so ein gutes Service- und Dienstleistungsniveau zu garantieren. Für uns ist er einer der besten deutschen Hotelmanager; egal welches Haus er übernommen hat, er schaffte es sehr schnell, ihm eine persönliche Note zu geben und es zeitnah auf Erfolgskurs zu bringen. Sein Nachfolger Oliver Staas dagegen konnte auch nach mehr als einem Jahr bisher wenig oder genau genommen keine Akzente setzen. Dabei ist er durchaus mit einem großen Selbstbewusstsein ausgestattet. Er selbst sieht sich gern in der Rolle des „Machers", versucht gelegentlich auch mal den Hardliner herauszukehren und verärgert damit nicht nur seine Mitarbeiter, sondern auch die Gäste. Zum direkten Kontakt mit Gästen lässt er sich ungern herab – es sei denn, diese sind in seinen Augen in die Rubrik „sehr, sehr wichtig" einzustufen. Dass er jemanden persönlich begrüßt oder sich während des Aufenthalts nach seiner Zufriedenheit erkundigt, hat eher Seltenheitswert.

Bewertung: ● ● ●

SIDE
(OT Neustadt)
Drehbahn 49
20354 Hamburg
Telefon: 0 40-3 09 99-0
Telefax: 0 40-3 09 99 3 99
Internet: www.side-hamburg.de
E-Mail: info@side-hamburg.de
Direktion: Theda J. Mustroph & Michael Lutz
DZ ab € 153,00

Mittlerweile nagt der Zahn der Zeit an diesem Fünf-Sterne-Hotel, aber wen wundert das ernsthaft? Das Haus wurde 2001 eröffnet, und Designer Matteo Thun hat bei der Auswahl der Farben und Materialien keinerlei Rücksicht auf Pflegeleichtigkeit genommen, sondern konsequent sein Designverständnis umgesetzt. Mittlerweile gibt es weitaus spektakulärere Designhotels. Das Zimmerprodukt ist in die Kategorien Superior, Business und Executive unterteilt, die sich in erster Linie durch ihre Größe unterscheiden. Grundsätzlich sind in die Rate auch drei Stunden WLAN-Nutzung inkludiert, und außer in der Superior-Kategorie gibt es auch eine Möglichkeit der Kaffeezubereitung. Sehr geschmackvoll sind die lichtdurchfluteten Suiten (L bis XL), die mit schicken Holzfußböden und weißen Hochglanzmöbeln begeistern. Man kann auch eine Suite mit eigenem Dampfbad buchen. Hotels, die sich vom üblichen Einrichtungseinerlei deutlich abheben, werden in der Regel kontrovers diskutiert, das liegt in der Natur der Sache. Gelungen ist der SPA-Bereich, der sich stimmig in das Gesamtkonzept des Interieurs einfügt. Neben einem Schwimmbad und einem Saunabereich steht den Gästen auch ein moderner Trainingsbereich zur Verfügung. Beim Konzept dieser Luxusherberge scheint man sich völlig auf den Aspekt „Design" konzentriert zu haben. Wahrer Luxus aber ist guter Service, und diesen dosiert man sehr sparsam. Wir erlauben uns, darauf hinzuweisen, dass die Servicebereitschaft der Mitarbeiter nicht durchgängig überzeugt. Den Rezeptionsmitarbeitern kann man keine fachlichen Fehler anlasten, aber das „Serviceteam" des Restaurants (m)eatery schwächelt gelegentlich. Irgendwie erinnert es an Szenegastronomie. Passend zum mittelmäßigen Service muss man sich auf gastronomisches Mittelmaß einstellen, denn das Angebot beschränkt sich auf Steaks und Burger. Natürlich kann man im Haus auch tagen und konferieren, und das sogar mit bis zu 300 Personen. Neun unterschiedlich große Räumlichkeiten stehen zur Auswahl, die alle über Tageslicht verfügen und mit modernster Kommunikationstechnik ausgestattet sind.

Bewertung: ●●●◖

HANNOVER   Niedersachsen

KASTENS HOTEL LUISENHOF
(Innenstadt)
Luisenstraße 1–3
30159 Hannover
Telefon: 05 11-30 44-0
Telefax: 05 11-30 44 807
Internet: www.kastens-luisenhof.de
E-Mail: info@kastens-luisenhof.de
Direktor: Michael Rupp
DZ ab € 109,00

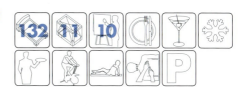

Lob, wem Lob gebührt. Auch wenn es so aussieht, als hätte das Kastens Hotel Luisenhof in dieser Hinsicht ein Dauerabo. Solchen Einwänden möchten wir entgegnen, dass sich dieses Haus über die Jahre kontinuierlich weiterentwickelt hat. Wir bleiben dabei, dass Hoteldirektor Michael Rupp sich für dieses mittlerweile als Fünf-Sterne-Superior-Hotel klassifizierte Traditionshotel als eine Idealbesetzung erwiesen hat. Teil seiner Strategie war und ist ein gewisses Understatement, um die Gäste dann positiv zu überraschen. Der Luisenhof gilt nicht erst seit der Fünf-Sterne-Klassifizierung als erste Wahl in Hannover, wenn man von seiner Unterkunft auf Zeit mehr als nur ein zeitgemäßes Zimmerprodukt erwartet. Mit einem herausragenden Service- und Dienstleistungskonzept hat er sich in den letzten Jahren einen exzellenten Ruf erarbeitet. Noch vor gar nicht langer Zeit verstand man sich lediglich als First-Class-Hotel, dennoch konnten Gäste Serviceleistungen wie etwa Valet Parking, Hilfe beim Gepäck oder den traditionellen Conciergeservice in Anspruch nehmen, die man eigentlich nur in Luxushotels erwarten darf. Da man die eigene Messlatte schon damals sehr hoch gelegt hatte, konnte man, als die Rufe der Politik nach einem Fünf-Sterne-Hotel in Hannover immer lauter wurden, diese Lücke füllen und sich somit als erste Adresse der Stadt positionieren. Das ging recht problemlos, denn das Serviceniveau war sowieso schon recht hoch angesiedelt und das Zimmerprodukt wurde in den vergangenen Jahren Schritt für Schritt aufgewertet. Zuletzt sind neue, schicke Juniorsuiten entstanden. Höchste Komfortansprüche erfüllt nach wie vor die edle Turmsuite, die sich über zwei Etagen erstreckt und über ein exklusives SPA-Badezimmer mit eigenem Whirlpool und Fernseher verfügt. Mittlerweile sind alle Zimmer in einem zeitgemäßen Zustand, einmal abgesehen von einigen wenigen

Badezimmern, die noch aus den 1980er Jahren stammen. Diese werden aber mittelfristig ebenfalls komplett neu gestaltet. Eine nette Geste ist, dass die Minibar mit Softdrinks grundsätzlich im Zimmerpreis inkludiert ist. Ab der Deluxe-Kategorie erhalten die Gäste sogar einen kostenfreien WLAN-Zugang, ansonsten berechnet man für die Nutzung ein moderates Entgelt von 9 Euro für 24 Stunden. Auch einen recht neuen schicken Spa mit Sauna und Dampfbad bietet das Haus sowie einen Trainingsbereich mit modernsten Cardiogeräten, der selbstverständlich allen Gästen kostenfrei zur Verfügung steht. Der Frühstücksbereich, der uns früher irgendwie an einen Wartesaal erinnerte und zu allem Übel auch noch recht düster wirkte, wurde ebenfalls aufgefrischt. Die Kuppel, die nunmehr Tageslicht spendet, lässt den Raum jetzt freundlich und hell wirken. Bei sommerlichen Temperaturen bietet sich die Terrasse direkt vor der Tür an. Hier nimmt man einen Drink oder trifft sich zum Lunch. Im historischen Kellergewölbe mit den schönen Lichtbögen werden neuerdings Weinproben angeboten. Die ohnehin überdurchschnittliche Küchenleistung im Restaurant Luise konnte sich sogar noch steigern. Das liegt zweifelsohne vor allem an Küchenchef Christian Becker, der im September 2010 hier die Verantwortung übernommen und für einen kreativen Schub gesorgt hat. Zu guter Letzt hat man auch dem Georgensaal, dem größten der Veranstaltungsräume, eine aufwendige Renovierung verordnet, und so wirkt er nun weitaus freundlicher.

Bewertung:

MARITIM AIRPORT HOTEL
(OT Langenhagen)
Flughafenstraße 5
30669 Hannover
Telefon: 05 11-97 37-0
Telefax: 05 11-97 37 590
Internet: www.maritim.de
E-Mail: info.hfl@maritim.de
Direktor: Dirk Breuckmann
DZ ab € 86,00

Über die unbestreitbaren Vorzüge der Maritim-Kette ist in diesem Hotel Guide schon regelmäßig geschrieben worden. Die auffallend hohe Servicebereitschaft und

Freundlichkeit der Mitarbeiter und die hochwertigen, wenn auch nicht immer dem neuesten Trend folgenden Materialien in der Ausstattung sind aber nicht alles, was diese Hotels in Deutschland so unverwechselbar macht. Seit Anbeginn, schon mit dem imposanten Hotelhochhaus in Timmendorfer Strand, setzte man auch auf für ihre Zeit spektakuläre Architektur. Der weiße Riese mit der herausragenden Position direkt am Ostseeufer wurde ebenso zu einer Ikone der Hotelarchitektur wie das in den 1980er Jahren eröffnete Haus in Bonn mit seinem gläsernen Turm im Zentrum des Gebäudes, der sogar der TV-Sendung „Talk im Turm" ihren Namen gab. In dieser Hinsicht ist das Maritim Airport Hotel in Hannover ein weiterer Meilenstein im Portfolio der Kette, denn mit seinem riesigen, glasüberdachten Atrium mit umlaufenden Gängen vor den Zimmern setzte es für Maritim neue Maßstäbe. Die Grandezza einer riesigen, über alle Stockwerke reichenden offenen Hotelhalle wurde hier erstmals in einem Maritim-Haus realisiert und inszeniert und dient bis heute als Vorbild für zahlreiche weitere Hotels dieser und anderer Ketten. Mit seinen Häusern in Magdeburg, am Düsseldorfer Flughafen und sogar in Dresden, wo es in einen riesigen historischen Speicher eingepasst ist, wiederholte Maritim dieses Konzept des zentralen und das ganze Gebäude durchmessenden Atriums immer wieder. Und in der Tat gibt es wohl kaum eine Bauform, die zu einem Flughafenhotel oder einem beeindruckenden Kongresshotel besser passt. Licht und Weite bieten diese Atrien auch noch bei voll belegten Häusern und riesigen Kongressen – selbst wenn es am Boden der Hotelhalle einmal eng und turbulent zugehen sollte. Und wer wollte schon gern in einer beengten Hotelhalle einchecken und durch schmale, dunkle Gänge zu seinem Zimmer irren, wenn er gerade im Flugzeug durch die Weiten der Lüfte Länder und Kontinente durchmessen hat. Die Großzügigkeit eines solchen Atriums ist dem viel angemessener. Mit seinen umfangreichen Tagungsmöglichkeiten und einem Zimmerangebot, das dem in nichts nachsteht, bietet das Airport Hotel Hannover darüber hinaus die typischen Merkmale, die die meisten Maritim-Häuser als herausragende Tagungs- und Kongresshotels qualifizieren. Die keinesfalls modern gestylten, sondern eher konventionell und Maritim-typisch hochwertig ausgestatteten Zimmer dürften dem Geschmack vieler Stammgäste entsprechen. Die Aufenthaltsbereiche, Restaurants und Bars im Atrium laden zum Verweilen und Beobachten ein und geben einem auch im Winter ein wenig das Gefühl, unter freiem Himmel zu sitzen. Der Grundriss des Gebäudes ähnelt durch das zentrale Atrium und die beiden angeschlossenen Seitenflügel mit weiteren Zimmern einem Flugzeugrumpf; das ist allerdings nur aus der Luft zu erkennen. Ein weiteres Plus sind die Mitarbeiter, die dem Gast von Anfang an das Gefühl geben, dass er persönlich willkommen ist und nicht nur eine Nummer – das kann gerade in der Anonymität eines großen Flughafenhotels nicht hoch genug geschätzt werden. Und auch die durchgängig solide Qualität der Küche in den verschiedenen Restaurants sowie die Reichhaltigkeit des Frühstücksbuffets sind Pfunde, mit denen dieses Hotel wuchern kann. Jetzt weht hier aber auch ein ganz frischer Wind. Nachdem sich Michael Cieslewicz – aus welchen Gründen auch immer – innerhalb der Hotelkette für eine höhere Position empfohlen hat, nämlich die des Regionaldirektors im Rhein-Main-Gebiet, ist nunmehr Dirk Breuckmann für dieses Flughafenhotel verantwortlich. Breuckmann bringt zwar einige Jahre Berufserfahrung mit, es ist ihm aber unseres Erachtens noch nicht gelungen, zumindest mit einem besonderen Service- oder Dienstleistungskonzept irgendwelche Meriten zu erwerben. Ganz im Gegenteil – wir erinnern uns, dass Breuckmann, schon als er für das Dorint in Bad Neuenahr tätig war, mit seiner arroganten, sehr überheblichen Art nicht nur bei den Gästen, sondern auch bei seinen Mitarbeitern gerne mal Porzellan zerschlagen hat. Breuckmann traut sich sehr viel zu. In Bad Neuenahr richtete er seinen Fokus auf die Presse- und Öffentlichkeitsarbeit – die aber nicht nur das Hotel in Szene setzen sollte –, statt sich mit internen Problemen des ihm anvertrauten Hauses zu beschäftigen. Will man sich aber mit ihm über Themen wie zukünftige Positionierung und Weiterentwicklungsmöglichkeiten unterhalten, blockt er ab, erschöpft sich in Gemeinplätzen wie „wir müssen das Haus neu positionieren" oder „den Fokus unserer Marketingaktivitäten müssen wir ausschließlich auf die sozialen Netzwerke richten, hier liegt die Zukunft" oder – ein immer wieder gern geäußerter Satz – „wir sind auf einem guten Weg, wenn wir auch noch nicht da angekommen sind, wo wir hinwollen". Für uns sind das Worthülsen, zu einem Satz geformt. Breuckmann, so hat man den Eindruck, ist ein Mann, der zuallererst sich selbst in Szene setzt.

Bewertung:

MARITIM GRAND HOTEL
(Innenstadt)
Friedrichswall 11
30159 Hannover
Telefon: 05 11-36 77-0
Telefax: 05 11-36 77 141
Internet: www.maritim.de
E-Mail: info.hgr@maritim.de
Direktor: Oliver Risse
DZ ab € 110,00

Das Maritim Grand Hotel in Hannover gehört sicherlich zu den Häusern, die man freundlich als Klassiker bezeichnen muss. Gemein ist ihnen, dass sie in ihrem jeweiligen Marktsegment über lange Zeit eine Spitzenposition einnehmen konnten, so zu einer festen Größe in ihrem lokalen Umfeld wurden und diese Position bis in die Gegenwart hinein im Wesentlichen verteidigen konnten. Dieses im Zentrum der niedersächsischen Landeshauptstadt gelegene Maritim war zu Beginn seiner Geschichte Anfang der 1970er Jahre das bedeutendste Hotel der Stadt. Zu jener Zeit hatte Hannover kaum ein größeres Problem als das Fehlen ausreichender Hotelkapazitäten. Vor allem während der Hannover-Messe platzte die boomende Stadt aus allen Nähten, und nicht wenige der damaligen Besucher erinnern sich noch an Zeiten, als Privatzimmer, von Hannoveraner Bürgern nur zu Messezeiten vermietet, zur Normalität gehörten. Auch wurde es zunehmend wichtig, riesige Delegationen ausländischer Regierungen unterzubringen, die unter anderem regelmäßig als Partnerländer der Hannover-Messe eingeladen wurden. In dem damals neuen Haus konnten sie nun auf der Höhe der Zeit unter einem Dach untergebracht werden. Bis heute gehört es hier zur Normalität, dass ganze Etagen von internationalen Delegationen gemietet und manchmal sogar über lange Zeit bewohnt werden. Dass  das Gebäude nicht nur aufgrund des damaligen Architekturgeschmacks, sondern auch zugunsten der rationalen Organisation einer großen Zahl von Hotelzimmern sachlich-funktional gestaltet wurde, mag man dem Maritim heute anlasten. Denn den romantisierenden Vorstellungen einer glamourösen Luxuswelt, die die Bezeichnung „Grand Hotel" heraufbeschwört, entspricht das Äußere des Gebäudes so gar nicht – nach heutiger Ästhetik ist es eher als architektonischer Schandfleck zu sehen. Umso mehr wird der reibungslose, professionelle Service dieser Bezeichnung gerecht. Geschult und erfahren, durch die ständig variierenden Anforderungen geübt im Umgang mit Gästen jeder Art, vom eiligen Manager bis zur schwierigen Potentaten-Gattin, kann man den Mitarbeitern in diesem Hause nichts vormachen. Sie wissen, wie man auch in schwierigen Situationen die Ruhe bewahrt und mit der Maritim-typischen Freundlichkeit Missverständnisse ausräumt, Gäste beruhigt oder einfach nur genau auf deren Wünsche eingeht. Dass man auf den Zimmern den traditionellen Maritim-Standard antrifft und nicht etwa ein modernes Zimmerprodukt, ist der Tatsache geschuldet, dass die Firmenzentrale Renovierungsmaßnahmen erst dann genehmigt, wenn sie unumgänglich sind. Um die Gäste auch langfristig zufriedenstellen zu können, wäre hier eine grundlegende Erneuerung sicherlich nicht verkehrt. Dennoch, durch die genannten Vorzüge kann das Haus am Markt immer noch bestehen, denn viele Stammgäste legen offenbar weniger Wert auf ein zeitgemäßes Zimmerprodukt als auf die typische Kombination von freundlichem Service, durchgängig solider Hotelküche und einem unkompliziert-herzlichen Umgang. Entscheidend für den Status als eines der wichtigsten Hotels der Stadt ist aber natürlich auch die Lage direkt gegenüber dem eindrucksvollsten Wahrzeichen der Leine-Metropole, dem Neuen Rathaus am Maschsee. Der grandiose Bau aus der Gründerzeit ist eines der vergleichsweise wenigen Relikte aus der Vorkriegszeit und ein beeindruckendes Zeugnis des hannoverschen Bürgerstolzes. Vor dieser Kulisse präsentiert sich Hannover gern, um sich seiner Geschichte vor den Zerstörungen im Zweiten Weltkrieg zu versichern und ein wenig zu vergessen, dass die Stadt lange Zeit als eins der Musterbeispiele für den misslungenen Wiederaufbau einer Großstadt aus den Kriegstrümmern galt. Das Grand Hotel bietet den Gästen auf seiner gesamten Breite einen unverstellten Panoramablick auf dieses architektonische Schmuckstück.

Man würde sich wünschen, dass Maritim-Chefin Dr. Monika Gommolla hier einmal ein Exempel statuiert und beispielhaft zeigt, wie man ein solches ehemaliges Flaggschiff der Kette wieder ganz auf die Höhe der Zeit bringt und dabei seinem Stil treu bleibt. Dies würde sicherlich weder die zahlreichen Stammgäste verschrecken noch die Tradition des Hauses in Frage stellen. Im Gegenteil: Hier gäbe es die

Chance zu zeigen, dass auch die heute viel geschmähte Moderne in der Architektur der 1960er und 1970er Jahre, erneuert und mit Rücksicht auf den besonderen Charakter und die Funktion des Hauses ergänzt, wieder zum alten Glanz zurückgeführt werden und neue Wertschätzung gewinnen kann. Seit einigen Jahren führt Oliver Risse dieses Maritim. Er ist für uns ein Mensch, der sich selbst nicht allzu wichtig nimmt. Damit hat er denjenigen seiner Kollegen etwas voraus, die meinen, sie seien selbst zu einer prominenten Persönlichkeit aufgestiegen, nur weil sie in schöner Regelmäßigkeit die Schönen, Reichen und Mächtigen begrüßen dürfen. Risse ist aber durchaus kommunikativ, er führt das Gespräch routiniert lässig und gibt hier einen recht passablen Gastgeber ab.

Bewertung:

RADISSON BLU
(OT Laatzen)
Expo Plaza 5
30539 Hannover
Telefon: 05 11-3 83 83-0
Telefax: 05 11-3 83 83 80 00
Internet: www.radissonblu.com
E-Mail: info.hannover@radissonblu.com
Direktor: Frank Raspe
DZ ab € 95,00

Zu Messezeiten – und die sind in Hannover trotz aller Prominenz der Messe bekanntermaßen begrenzt – ist dieses Radisson BLU natürlich die erste Wahl. Ansonsten logiert man hier nicht gerade zentral. Die Innenstadt erreicht man je nach Verkehrslage in ca. 20 Minuten, in der Rush Hour kann die Fahrt auch schon mal doppelt so lange dauern. Um die belegungsschwachen Zeiten kompensieren zu können, sind tragfähige Konzepte nötig; die aber fehlen bisher. Hier wäre Direktor

Frank Raspe gefragt. Ihm darf man lediglich bescheinigen, dass er dieses Haus bislang leidlich gut verwaltet hat, durch besondere Gastgeberqualitäten ist er aber nicht gerade aufgefallen. Der direkte Gastkontakt ist offenbar nicht so seine Sache. Betrachtet man die Hardwarefakten, gibt es auch 12 Jahre nach der Eröffnung im EXPO-Jahr 2000 wenig Anlass zu klagen. Die Zimmer und Suiten, die in drei Kategorien und vier Stilrichtungen unterteilt sind, wirken mit ihrer Farbgebung hell und freundlich. Egal für welche Kategorie man sich entscheidet, der kostenfreie Internetzugang sowie die Möglichkeit der Tee- und Kaffeezubereitung auf dem Zimmer sind grundsätzlich inkludiert. Entscheidet man sich für ein Business-Class-Zimmer, darf man sich zusätzlich über höherwertige Amenities freuen, außerdem liegen ein Bademantel und Slipper bereit. Darüber hinaus ist in der Business-Class und den Suiten die Nutzung des Pay-TV kostenfrei gestellt. Der Freizeitkomplex beschränkt sich auf einen Sauna- und einen Fitnessbereich. Gastronomisch wird man hier, auch darauf haben wir schon mehrfach hingewiesen, keine positiven Überraschungen erleben, eher im Gegenteil. Beste Voraussetzungen bietet das Haus hingegen für Tagungen, Meetings und Konferenzen: 15 Tagungsräume stehen zur Auswahl, so dass Veranstaltungen mit bis zu 400 Personen problemlos zu realisieren sind.

Bewertung:

HEIDELBERG Baden-Württemberg

DER EUROPÄISCHE HOF
(Altstadt)
Friedrich-Ebert-Anlage 1
69117 Heidelberg
Telefon: 06221-515-0
Telefax: 06221-515 506
Internet: www.europaeischerhof.com
E-Mail: reservations@europaeischerhof.com
Inhaber: Ernst-F. von Kretschmann
DZ ab € 148,00

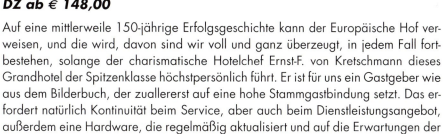

Auf eine mittlerweile 150-jährige Erfolgsgeschichte kann der Europäische Hof verweisen, und die wird, davon sind wir voll und ganz überzeugt, in jedem Fall fortbestehen, solange der charismatische Hotelchef Ernst-F. von Kretschmann dieses Grandhotel der Spitzenklasse höchstpersönlich führt. Er ist für uns ein Gastgeber wie aus dem Bilderbuch, der zuallererst auf eine hohe Stammgastbindung setzt. Das erfordert natürlich Kontinuität beim Service, aber auch beim Dienstleistungsangebot, außerdem eine Hardware, die regelmäßig aktualisiert und auf die Erwartungen der Gäste abgestimmt wird. Da Kretschmanns Büro sich in unmittelbarer Nähe zur Hotellobby befindet und er die „Open Door"-Politik verfolgt, ist er für seine Gäste und Mitarbeiter jederzeit ansprechbar. Nach wie vor ist dieses privat geführte Luxus-

Grandhotel die erste Adresse in Heidelberg. Ein absolutes Alleinstellungsmerkmal ist die hier gepflegte herausragende Service- und Dienstleistungskultur. Dem hohen Anspruch des Hauses entsprechend sind die Zimmer und Suiten luxuriös, teilweise sogar mit edlen Antiquitäten ausgestattet. Einige sind in den vergangenen Jahren aufwendig renoviert worden, ohne dabei allzu weit in den Charme und  den Charakter des Hauses einzugreifen. In diesem Jahr sind weitere Maßnahmen geplant. Überhaupt leistet sich der Hotelier den Luxus, eigene Polsterer, Schreiner und Maler zu beschäftigen, die ausschließlich und ohne Unterlass dafür sorgen, dass das ganze Hotel und seine Ausstattung in einem guten Zustand bleiben. Gäste genießen hier besonders die vorbildliche Aufmerksamkeit der Mitarbeiter, die sich mit ausgesuchter Höflichkeit um ihre kleinen und großen Anliegen kümmern, vom Valet Parking über den 24-Stunden-Zimmer- bis zum Conciergeservice. Entgegen

 dem klassischen Stil des Hauses ist der Wellnessbereich modern ausgefallen. Neben einem Pool und einem Saunabereich mit finnischer Sauna und Dampfbad steht den Gästen auch ein mit modernsten Trainingsgeräten ausgestatteter Fitnessbereich zur Verfügung. Eine Institution in der Stadt und so etwas wie die „Gute Stube" der Heidelberger Gesellschaft ist das Gourmetrestaurant Kurfürstenstube, das man bei einem Aufenthalt auf jeden Fall besuchen sollte. Fassen wir zusammen: Der Europäische Hof ist ein Grandhotel, wie es im Buche steht. Hier wird dem Gast zuteil, was er in vielen neuen Häusern der vorgeblich gleichen Kategorie vermisst: rückhaltlose Aufmerksamkeit verbunden mit einem herausragenden Service.

Bewertung: ●●●◐ ◉

HEILBAD HEILIGENSTADT Thüringen

HOTEL AM VITALPARK
In der Leineaue 2
37308 Heilbad Heiligenstadt
Telefon: 03606-6637-0
Telefax: 03606-6637 999
Internet: www.hotel-am-vitalpark.de
E-Mail: info@hotel-am-vitalpark.de
Direktor: Sven Penzel
DZ ab € 120,00

Schade, dass der junge und umtriebige Direktor Stefan Uhlmann dieses wunderbare Wellnesshotel nicht mehr führt. Mit seiner Erfahrung aus der anspruchsvollen Ferienhotellerie und viel Engagement hat er erheblich zu dessen bisherigem Erfolg beigetragen. Nun hat er beschlossen, sich einer neuen interessanten Herausforderung zu stellen. Natürlich weiß man, dass Direktoren in der heutigen Zeit zumeist keine Lebensstellung antreten, wenn sie ein Hotel übernehmen. Erfahrungen zu sammeln und in andere Häuser weiterzuziehen, muss natürlich das Ziel jedes jungen Direktors sein, der sich eine Karriere aufbauen möchte. Dennoch bleibt es zu bedauern, dass Uhlmann geht, der mit Offenheit und Empathie auch noch dem schwierigsten Hotelgast und dem stursten Mitarbeiter gegenüber die richtigen Worte fand und mit unverblümter, aber immer wohltemperierter Direktheit in jeder Situation zu überzeugen wusste. Denn das Eichsfeld, katholische Enklave mit dem Heilbad Heiligenstadt als Zentrum, ist sicherlich ein Standort, der von einem Direktor den richtigen Umgang mit regionalen Eigenheiten und das entsprechende Fingerspitzengefühl im Umgang mit Gästen und Mitarbeitern verlangt. Zu DDR-Zeiten war das Eichsfeld eine Region abseits der großen Zentren und Verkehrswege, dem der Staat aufgrund des vorherrschenden Katholizismus misstrauisch gegenüberstand. Kein Wunder also, dass man hier lokale Eigenheiten und Traditionen pflegt und neuen Einflüssen von außen mit einem gesunden Selbstbewusstsein entgegentritt. Hilfreich war für die Region sicher, dass der langjährige thüringische Ministerpräsident aus dem Heilbad Heiligenstadt stammt und auch noch hier wohnt; auch dadurch hat man nach dem Fall der Mauer den Anschluss an die neuen Zeiten nicht verpasst und hat heute eine sehenswerte historische Altstadt mit zahlreichen hervorragend restaurierten Bauten aus allen Epochen zu bieten. Seit Neuestem sind Stadt und Region mit der A38 zwischen Göttingen und Halle auch perfekt und an zentraler Stelle an das deutsche Autobahnnetz angebunden. In weniger als einer halben Stunde ist man nun mit dem Auto in Göttingen oder Kassel. Eine der eindrucksvollsten Neuerungen seit dem Ende der DDR ist aber das Vital-Center, eine attraktive Kombination aus Spaßbad, Sole-Heilbad und Sportbad nebst beeindruckend großer Sauna- und Wellnesslandschaft. In dieses Zentrum wurde mit diesem Best-Western-Hotel am Vitalpark eine moderne Vier-Sterne-Hotellerie integriert. Darüber hinaus gibt es ein nicht weniger großzügig ausgefallenes Zentrum für Physiotherapie, außerdem einen Beauty-SPA mit Kosmetik- und Wellnessanwendungen jeder Art. Ergänzt wird das Angebot durch einen Fitnessbereich mit modernsten Geräten für Cardio- und Muskelaufbautraining und natürlich eine Bäderabteilung mit Behandlungen durch Sole, das hiesige Traditions-Heilmittel. Einen Vergleich mit renommierten deutschen Kuradressen muss man da wirklich nicht scheuen, wobei Heiligenstadt den Titel Heilbad schon seit den 1950er Jahren führt und mit einem 1929 errichteten Kneippbad schon vorher ein Kurangebot zu bieten hatte. Für einen Kuraufenthalt ist man hier ebenso gut untergebracht wie für einen eher touristischen Besuch im landschaftlich wunderschönen Eichsfeld. Auch für ein Bade- und Saunawochenende bietet sich das Hotel am Vitalpark an und aufgrund der natürlich ebenfalls vorhandenen gut ausgestatteten Veranstaltungsräume ebenso für Seminare und Tagungen. Die mit hellen Hölzern und sonnigen Farben ansprechend ausgestatteten Zimmer verfügen über einen kostenfreien Internetzugang per LAN und moderne Flachbildfernseher. Zusätzlich zählen zum Angebot eine großzügige Lobby-Bar, die auch tagsüber geöffnet hat und auch alkoholfreie Cocktails bietet, und direkt gegenüber gelegen ein Loungebereich mit Ledersitzgruppe und offenem Kamin, wo man sich wunderbar zur Zeitungslektüre zurückziehen kann. WLAN ist hier kostenlos verfügbar. Das Restaurant Theodor Storm bietet ein ebenso freundlich-sonniges Ambiente wie der Rest des Hauses. Man ist hier bestrebt, dem Gast auch Eichsfelder Spezialitäten nahezubringen, und wer Rustikales schätzt, sollte sich darauf ruhig einlassen.

Bewertung:

HELGOLAND Schleswig-Holstein

ATOLL OCEAN RESORT
Lung Wai 27
27498 Helgoland
Telefon: 04725-800-0
Telefax: 04725-800 444
Internet: www.atoll.de
E-Mail: info@atoll.de
Direktor: Christian Langer
DZ ab € 170,00

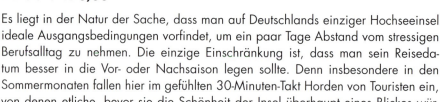

Es liegt in der Natur der Sache, dass man auf Deutschlands einziger Hochseeinsel ideale Ausgangsbedingungen vorfindet, um ein paar Tage Abstand vom stressigen Berufsalltag zu nehmen. Die einzige Einschränkung ist, dass man sein Reisedatum besser in die Vor- oder Nachsaison legen sollte. Denn insbesondere in den Sommermonaten fallen hier im gefühlten 30-Minuten-Takt Horden von Touristen ein, von denen etliche, bevor sie die Schönheit der Insel überhaupt eines Blickes würdigen, zuallererst die Duty-free-Shops ansteuern – Helgoland ist die letzte Bastion des zollfreien Einkaufs in Deutschland. Doch wenn das Klima rauer wird, ebben die

Touristenströme ab und man ist mit der Natur und den Einheimischen allein. Es gibt vereinzelte Flugverbindungen, aber in der Regel reist man per Schiff an (Reederei Cassen Eils). Von Cuxhaven aus dauert die Fahrt zweieinhalb Stunden, ab Bremerhaven knappe drei Stunden. Zwischen April und Oktober kann man aber auch eine Verbindung mit Katamaran (Helgoline) nutzen, dann verkürzt sich die Fahrt auf 75 Minuten. Auf der Insel gibt es etliche Hotels und Privatunterkünfte, dennoch möchten wir unsere Empfehlung für einen geplanten Aufenthalt auf dieses First-Class-Hotel beschränken. Das Atoll bietet zum einen ein gutes Zimmerprodukt, zum anderen ein recht hohes Service- und Dienstleistungsniveau. Erstaunt sind wir darüber, dass immer noch Christian Langer das Hotel leitet, denn in den vergangenen Jahren wechselte die Direktion hier meist von Saison zu Saison und mit ihr oft auch die Abteilungsleiter. Diese Tradition wurde mit Langer offenbar gebrochen. Ob das für oder gegen ihn spricht, können wir nach wie vor nicht einschätzen. Fakt ist: Der Eigentümer dieses Designhotels, Arne Weber, ein erfolgreicher Hamburger Unternehmer mit Helgoländer Wurzeln, zieht hier im Hintergrund die Fäden. Es ist kein Geheimnis, dass er seinen Direktoren kaum Spielraum lässt, neue Konzepte und Ideen zu etablieren. Vielmehr gibt er ihnen unmissverständlich vor, welchen Kurs das Haus zu nehmen hat, und überprüft dann auch höchstpersönlich, ob diese Zielvorgaben denn auch eingehalten werden. Führungspersönlichkeiten unter seinen Direktoren haben dann sehr schnell die Segel gestrichen, als ihnen klar wurde, dass sie hier lediglich Vollstrecker und Verwalter sind. So viel zu den Strukturen des Hotels. Die Hardware indessen verdient ein Lob. Die Zimmer sind in zwei Kategorien unterteilt: „futuristisch" und klassisch. In Ersteren könnte das Interior Design dem einen oder anderen Gast vielleicht eine Spur zu puristisch sein. Zum Gesamtangebot zählen auch ein schicker SPA mit Pool und Sauna, ein Beautybereich und eine Massageabteilung, die mehr bietet als eine klassische Massage. Kurz nach Redaktionsschluss erreichte uns die Meldung, dass man in diesem Hotel ab Januar 2013 nicht mehr logieren kann, weil ein Energiekonzern es für die nächsten zehn Jahre exklusiv gebucht hat. Man sollte die Chance also dieses Jahr noch nutzen.

Bewertung: ● ● ●

HERZOGENAURACH   Bayern

HERZOGSPARK
Beethovenstraße 6
91074 Herzogenaurach
Telefon: 09132-778-0
Telefax: 09132-778 778
Internet: www.herzogspark.de
E-Mail: info@herzogspark.de
Direktoren: Michael und Martina Bläser
DZ ab € 120,00

Man setzt in diesem Haus auf zwei tragende Säulen: Wellness und Tagungen. Acht modernst ausgestattete Tagungsräume stehen zur Auswahl, darunter ein Ballsaal, der Veranstaltungen mit bis zu 300 Personen ermöglicht. Verantwortlich für dieses Haus war bislang Sven von Jagemann, ein Mann mit besten Umgangsformen, für den der direkte Kontakt zu seinen Gästen und das Gespräch mit ihnen einen sehr hohen Stellenwert haben. Leider hat er das Haus im letzten Jahr verlassen, um sich einer neuen und weitaus interessanteren Aufgabe zu stellen. Wir dürfen ihm bescheinigen, dass es ihm gelungen ist, den Herzogspark deutlich nach vorn zu bringen. Der smarte Hoteldirektor ist nicht nur ein Sympathieträger, er verfügt auch über eine hohe Sozialkompetenz und versteht es, seine Mitarbeiter zu motivieren. Da das Zimmerprodukt nicht mehr ganz auf der Höhe der Zeit ist, setzte er insbesondere auf eine hohe Servicebereitschaft seiner Mitarbeiter. Die geplante Renovierung

der Zimmer und Suiten sowie der Außenbereiche wurde bedauerlicherweise auf unbestimmte Zeit verschoben. Auch der 1.200 qm große Wellnessbereich, der neben einem Schwimmbad auch über einen akzeptablen Saunabereich verfügt, sollte aufgewertet werden. WLAN-Nutzung wird den Gästen augenblicklich mit 12,50 Euro berechnet. Golfbegeisterte können im benachbarten Golfclub auf dem 18-Loch-

Parcours an ihrem Handicap feilen. Im guten Mittelfeld hat sich augenblicklich die Küchenleistung eingependelt. Bleibt zu hoffen, dass die geplanten Renovierungsmaßnahmen doch noch zeitnah realisiert werden. Und dass von Jagemanns Nachfolger da anknüpfen, wo er aufgehört hat, und dem Haus gleichzeitig neue Impulse geben, denn der Herzogspark laboriert derzeit noch unter seinen Möglichkeiten.

Bewertung:

HOHEN DEMZIN Mecklenburg-Vorpommern

**SCHLOSSHOTEL
BURG SCHLITZ**
**17166 Hohen Demzin
Telefon: 0 39 96-12 70-0
Telefax: 0 39 96-12 70 70**
Internet: www.burg-schlitz.de
E-Mail: info@burg-schlitz.de
Direktor: Armin Hoeck
DZ ab € 198,00

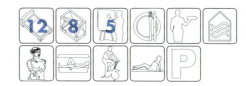

Das Schlosshotel Burg Schlitz hat eine geschichtsträchtige Vergangenheit, im Übrigen auch im Hinblick auf sein „Führungspersonal". Wir erinnern uns mit einem Schmunzeln an die Ära von Maja und Thomas Kilgore. Frau Hoteldirektorin hatte zwei große Leidenschaften: Mode und Public Relations. Letztere trieb sie immer wieder vor die Kameras, mit der erklärten Absicht, die Außenwirkung dieses Fünf-Sterne-Hotels zu verbessern. Gern gab sie Boulevardmagazinen Interviews, nahm zu unterschiedlichsten Themen Stellung und rückte dabei nicht nur das Schlosshotel, sondern vor allem ihre Person in den Fokus eines breiten Fernsehpublikums. Richtig peinlich wurde es, als sie ihre Leidenschaft für teure Schuhe outete und ganz ungeniert einräumte, dass diese gern ein kleines Vermögen kosten dürften. Solche Neigungen sollte man in einer strukturschwachen Region mit hoher Arbeitslosigkeit schon aus Taktgefühl für sich behalten. Im Hotel war ihre Gesamtbilanz auch eher ernüchternd, vor allem das Serviceniveau hatte sich auf Mittelmaß eingependelt. Legendär ist ihre Idee, besonders am Abend einen Anrufbeantworter vorzuschalten, der dem Anrufer mitteilte, er möge doch bitte zu einem anderen Zeitpunkt wieder anrufen. Anrufbeantworter sind eigentlich Relikte aus dem letzten Jahrtausend, das könnte man allenfalls bei einer Privatpension vielleicht noch akzeptieren. Als der Posten dann mit Helmuth Mahnkopf besetzt wurde, einem sehr erfahrenen Hoteldirektor, keimte kurzfristig die Hoffnung auf, dass das Haus unter seiner Führung endlich wieder dem eigenen Anspruch gerecht werden könnte. Doch auch er hat hier wenig bewirkt, das muss man klar sagen. Seit letztem Jahr sind für dieses angebliche Fünf-Sterne-Hotel nun Manuela und Armin Hoeck verantwortlich. Seitdem hat sich erfreulicherweise vieles zum Positiven verändert. Hoeck hat immerhin damit begonnen, alle Abteilungen einer kritischen Prüfung zu unterziehen und entsprechend neu zu strukturieren. Vorbei scheinen nun die Zeiten, als Gäste von mürrischen, schlecht geschulten Mitarbeitern empfangen wurden. Tatsächlich ist es so, dass es mit diesem Haus eigentlich nur noch bergauf gehen kann – und muss, ansonsten wird man mit dem bislang kultivierten mittelmäßigen Service über kurz oder lang auch den letzten Gast in die Flucht schlagen. Und diesem Kleinod wäre zu wünschen, dass hier Kontinuität Einzug hält. Diese Hoffnung schwindet allerdings, wenn man sich auf einschlägigen Bewertungsportalen umsieht. Hoeck ist ein ambitionierter und ehrgeiziger Hoteldirektor, leider hat er den Hang, Kritik persönlich zu nehmen. So drohte er einem Gast, der sich erlaubt hatte, seine Erfahrungen auf einem Hotelbewertungsportal zu veröffentlichen, allen Ernstes mit rechtlichen Schritten und Hausverbot! Einfach nur peinlich und unprofessionell. Und wir erinnern uns auch, dass Hoeck, als er noch für den Richtershof an der Mosel tätig war, äußerst aggressiv reagierte, als wir ihn auf Serviceschlampereien hinwiesen. Man konnte den Eindruck gewinnen, dass er dies mit einer Kriegserklärung gleichsetzte. Vielleicht sollte er mal ein Seminar zu Beschwerdemanagement besuchen. Konstruktive Kritik sollte jeder Dienstleister als Antrieb verstehen, denn nur so lässt sich der Service verbessern. Mag sein, dass der eine oder andere Gast an dieses Relais & Chateaux-Hotel überzogene Erwartungen stellt, doch sollte es für den Hoteldirektor höchste Priorität haben, auch diese Gäste zufriedenzustellen. Es gibt aber auch Positives zu berichten: Das Frühstück wird hier mittlerweile regelrecht zelebriert, sogar mit einem Gläschen Champagner zu à la minute zubereiteten Eierspeisen. Zum Gesamtangebot zählt auch ein edler SPA, und wir reden hier nicht von einer kleinen Kellersauna mit Planschbecken, sondern von einem ansprechend gestalteten Schwimmbad- und Saunabereich mit Ruhezone und Anwendungsbereich. Das Schlosshotel Burg Schlitz hat Potenzial, dieses gilt es zu nutzen.

Bewertung:

HOHWACHT Schleswig-Holstein

HOHE WACHT
Ostseering 5
24321 Hohwacht
Telefon: 04381-9008-0
Telefax: 04381-9008 88
Internet: www.hohe-wacht.de
E-Mail: info@hohe-wacht.de
Direktor: Hans Martin Drews *(-01/2012)*
DZ ab € 71,00

Manchmal kann man sich als Hoteldirektor hier ein wenig allein fühlen. Nicht etwa weil es an Gästen mangelte – ganz im Gegenteil, das Hotel Hohe Wacht hat sich den Status eines der besten First-Class-Leisurehotels in Schleswig Holstein hart erarbeitet und erfreut sich großer Beliebtheit, die Gästezufriedenheit ist hier ausgesprochen hoch. Nein, der sympathische Hotelchef Hans Martin Drews würde sich gern, wie es in der Branche üblich ist, mit Mitbewerbern austauschen und an gemeinsamen Projekten in der Region arbeiten. Bedauerlicherweise gibt es im Umkreis von 50 Kilometern nicht einen einzigen ernst zu nehmenden Mitbewerber. Viele der hiesigen Hotels sind deutlich in die Jahre gekommen. Einige Häuser ope-

rieren sehr unprofessionell, teilweise fehlt es an verbindlichen Strukturen. Diesem Ferienhotel hingegen können wir bescheinigen, dass es sich in den vergangenen Jahren stets weiterentwickelt hat. Überzeugen können vor allem die höflichen und zuvorkommenden Mitarbeiter. Hoteldirektor Hans Martin Drews und Eigentümer Richard Anders legen höchsten Wert auf eine hervorragende Servicekultur und tauschen sich mehrmals in der Woche aus. Entscheidungen können schnell getroffen und umgesetzt werden, ein klarer Vorteil, wenn der Eigentümer regelmäßig vor Ort ist. Erfreulich, dass Anders für konstruktive Kritik offen ist und gern in eine Diskussion einsteigt, wenn er die Chance sieht, dass diese ihn weiterbringen kann. Das Hotel hat er einst aus Gastsicht konzipiert. So wurden beispielsweise die Zimmer, die alle eine Mindestgröße von 39 qm haben, durchgängig mit einer Zwischentür ausgestattet, um zu verhindern, dass Geräusche vom Hotelflur ins Zimmer dringen. Die Bade-

zimmer verfügen über Tageslicht und sind großzügig gehalten. Die Zimmer selbst bieten viele Abstellflächen, einige haben eine Terrasse oder einen kleinen Balkon – kurzum, sie garantieren eine recht hohe Aufenthaltsqualität. Entspannen kann der Gast im SPA-Bereich, zu dem neben einem großen Pool auch eine kleine Saunalandschaft mit finnischer Sauna und Dampfbad gehört. In der Beautyabteilung bietet man eine gute Auswahl an Anwendungen. WLAN-Nutzung ist in den öffentlichen Bereichen möglich und für Gäste des Hauses kostenfrei. Ambitioniert ist die Küchenleistung von Thorsten Scheffauer. Kurz vor Redaktionsschluss wurde bekannt, dass nunmehr Horst Hensel die Gastgeberrolle übernommen hat.

Bewertung:

KARLSRUHE Baden-Württemberg

**NOVOTEL
KARLSRUHE CITY**
**(Südweststadt)
Festplatz 2
76137 Karlsruhe
Telefon: 07 21-35 26-0
Telefax: 07 21-35 26 100**
Internet: www.novotel.com
E-Mail: h5400@accor.com
Direktor: Axel Hoffmann
DZ ab € 120,00

Im Segment der First-Class-Businesshotels ist das Novotel zweifelsohne eine der ersten Adressen in Karlsruhe. Die Ausgangslage ist optimal. Denn neben zehn eigenen Tagungsräumen verfügt das Haus mit dem angrenzenden Kongresszentrum über weitere Kapazitäten. Angenehm auch, dass sowohl der Bahnhof als auch die Messe recht bequem zu erreichen sind. Gerne nutzen die Gäste den kleinen Wellnessbereich, der sich

über zwei Etagen erstreckt und neben einem kleinen Saunabereich mit finnischer Sauna, Dampfbad und Ruhezone einen gut ausgestatteten Trainingsbereich mit modernen Cardiogeräten bietet. Modern ist auch das Zimmerprodukt, das in die drei Kategorien Standard, Superior und Executive unterteilt ist. Letztere beinhaltet zusätzliche Annehmlichkeiten; so sind Minibar und Zimmerservice inkludiert, die WLAN-Nutzung ist um 5 Euro ermäßigt, außerdem liegen Bademantel und Slipper bereit. Intensive Schulungsmaßnahmen scheinen mittlerweile Früchte zu tragen; insbesondere die Mitarbeiter der Rezeption haben uns in diesem Jahr wirklich überzeugt. Souverän und mit ausgesuchter Höflichkeit gelingt es ihnen, auch große Gruppen reibungslos ein- und auszuchecken. Ebenfalls einen guten Eindruck hinterlässt das reichhaltige Frühstücksbuffet mit seiner separaten Eierstation, wo Eierspeisen nach dem Gusto der Gäste zubereitet werden. Hoteldirektor Axel Hoffmann hat hier unseres Erachtens in den vergangenen Jahren einen guten Job gemacht. Er ist kein Mann großer Worte, der sich selbst gern reden hört, sondern von seiner Persönlichkeit her eher zurückhaltend. Dafür ist er mit der notwendigen Portion Selbstkritik ausgestattet, die ihm ermöglicht, Schwachstellen zu erkennen und ihnen entgegenzuwirken.

Bewertung:

SCHLOSSHOTEL
(OT Südweststadt)
Bahnhofplatz 2
76137 Karlsruhe
Telefon: 0721-3832-0
Telefax: 0721-3832 333
Internet: www.schlosshotel-karlsruhe.de
E-Mail: mail@schlosshotel-karlsruhe.de
Direktor: Karl Brüggemann
DZ ab € 109,00

Die ganz großen Zeiten des Schlosshotels liegen unserer Ansicht nach schon weit zurück, nämlich im letzten Jahrtausend. Das haben wir in den vergangenen Jahren mehrfach angemerkt. Geschickt verweist man auf die Tradition des Hauses, das ist natürlich legitim, aber wir haben den Eindruck, dass sich bei Karl Brüggemann längst eine gewisse Betriebsblindheit eingestellt hat, die den Blick auf das eigene Produkt ein wenig verklärt. Stagnation bedeutet über kurz oder lang Stillstand, darüber sollte Brüggemann nachdenken. Dieses First-Class-Hotel nutzt sein Potenzial bei Weitem nicht. Intensive Mitarbeiter-Trainings im Hinblick auf die Service- und Dienstleistungsbereitschaft, aber auch weitere Renovierungsmaßnahmen sind unumgänglich. In den vergangenen Jahren wurden zwar einige Zimmer und Suiten durch ein Softlifting aufgewertet, aber das reicht bei Weitem nicht aus. Als durchschnittlich ist der Sauna- und Fitnessbereich zu bewerten, auch hier könnte eine kosmetische Auffrischung wahre Wunder bewirken. Für Veranstaltungen oder ein Bankett im kleineren Kreise steht der Spiegelsaal zur Verfügung. Weitere Tagungs- oder Veranstaltungsräume sind nicht vorhanden, sieht man einmal von der Weinstube oder der Bibliothek ab. Gastronomisch ist man hingegen mit zwei Restaurants sehr gut aufgestellt, das verspricht zumindest Abwechslung.

Bewertung:

> ### *HINWEIS:*
> *Die Recherche wurde nach bestem Wissen und Gewissen durchgeführt. Es besteht trotzdem die Möglichkeit, dass Daten falsch oder überholt sind. Eine Haftung kann auf keinen Fall übernommen werden. Es wird darauf hingewiesen, dass es sich bei den geschilderten Eindrücken oder Erlebnissen ausschließlich um Momentaufnahmen handelt, die nur eine subjektive Beurteilung darstellen können.*

KASSEL Hessen

LA STRADA
(OT Niederzwehren)
Raiffeisenstraße 10
34121 Kassel
Telefon: 0561-2090-0
Telefax: 0561-2090 500
Internet: www.lastrada.de
E-Mail: reservation@lastrada.de
Inhaber: Herbert Aukum
DZ ab € 115,00

Das La Strada ist für uns eine Mogelpackung. Hotelchef Herbert Aukum will nur zu gern den Eindruck vermitteln, dass Gäste hier „fünf Sterne wohnen und drei Sterne zahlen". Dieser selbstbewusste Werbeslogan entpuppt sich bei genauerem Hinsehen als eine Täuschung. Die Zimmer entsprechen unseres Erachtens – abgesehen von einigen Suiten – dem Anspruch einer Mittelklasseherberge, nicht weniger, aber auch nicht mehr. Vor allem hat man den Eindruck, dass das Zimmerprodukt ebenso wie das Service- und Dienstleistungsangebot eher auf eine Busreisegästeklientel abgestimmt wurde. Das Angebot und die Küchenleistung der Gastronomie verstärken diesen Eindruck. Gelegentlich verschrecken die Hotelmitarbeiter den potenziellen Gast durch fachliche Fehler. Man darf bei telefonischer Kontaktaufnahme durchaus erwarten, dass die Mitarbeiter über das Produkt, das sie verkaufen möchten, auch erschöpfend Auskunft geben können. Uns gelang es jedoch bei keinem unserer Checks, umfassende Informationen einzuholen. Über Größe und Ausstattungsvarianten der Zimmer und Suiten hatten die Mitarbeiter nur rudimentäre Kenntnisse, und bei den Tagungsmöglichkeiten wollte sich die Mitarbeiterin erst recht nicht festlegen, ob der größte Tagungsraum nun 700 oder 1.000 Personen fasst. Hier könnten intensive Trainings sicherlich einiges bewirken. Hotelchef Aukum will allerdings von Serviceschwächen nichts wissen. Der Freizeitbereich ist in Anbetracht der Größe des Hauses recht klein ausgefallen. Zum Angebot zählen neben einem 600 qm großen oder besser gesagt kleinen Schwimmbad- auch ein Sauna- und Fitnessbereich. Der Pool erinnert an ein Planschbecken oder einen etwas groß geratenen Whirlpool. Hervorragend sind hingegen die Veranstaltungsmöglichkeiten, die Tagungen und Konferenzen mit bis zu 700 Personen ermöglichen. Zumindest in dieser Hinsicht ist das La Strada im Raum Kassel führend. WLAN-Nutzung ist fast im gesamten Haus möglich, wird jedoch mit 4,95 Euro pro Stunde berechnet.

Bewertung:

KIEL Schleswig-Holstein

MARITIM HOTEL BELLEVUE
(OT Düsternbrook)
Bismarckallee 2
24105 Kiel
Telefon: 0431-3894-0
Telefax: 0431-3894 790
Internet: www.maritim.de
E-Mail: info.bki@maritim.de
Direktor: Joachim Ostertag
DZ ab € 93,00

Joachim Ostertag, seines Zeichens Direktor dieses Vier-Sterne-Hotels, nimmt unsere Kritik und Bewertung – besser gesagt: die fehlende Bewertung – sehr persönlich. Wir können ihm bei aller Kritik zumindest bescheinigen, dass er dieses Maritim mit viel Herzblut und Enthusiasmus führt. Zumindest an den Hardwarefakten gibt es aber wenig zu deuten. Aufgrund des desolaten Allgemeinzustands der Zimmer und Suiten sowie der öffentlichen Bereiche ist eine Benotung, die dem Haus gerecht werden kann, nicht möglich. Auch wenn der DEHOGA diese Übernachtungsherberge mit vier Sternen klassifiziert und die freundlichen und zuvorkommenden Mitarbeiter in der Tat überzeugen können, ist der Renovierungsstau erschreckend. Beim Betreten seiner Unterkunft hat man das Gefühl, eine Zeitreise in die 1970er Jahre angetreten zu haben. Wenn der erste Schreck sich gelegt hat, beginnt man gründlich darüber nachzudenken, ob die rosafarbenen Kacheln und die Schiffchenmuster der Tapeten sowie die Farbgestaltung in Braun und Grün vielleicht mittlerweile Kultstatus haben könnten oder ob sie einfach mit der Geschmacksverirrung einer längst vergangenen Zeit zu erklären sind. Überhaupt nicht akzeptabel und fast schon unverzeihlich, weil geschmacklos, sind hässliche Plastikmöbel auf den Balkonen. Ob man im ebenfalls angejahrten Schwimmbad- und Saunabereich entspannen kann, ist schwer zu sagen, Fakt ist, dass er wie alle Bereiche dieses Maritim-Hotels einer aufwendigen Renovierung bedarf. Lobenswert ist hingegen das reichhaltige Frühstücksbuffet. WLAN-Nutzung ist möglich, wird den Gästen aber gesondert in Rechnung gestellt. Bleibt uns auch in diesem Jahr nur die ernüchternde Feststellung, dass eine rein kosmetische Auffrischung wenig bewirken würde, eine Masterrenovierung ist hier unausweichlich.

Bewertung: **ohne Note**

**ROMANTIK HOTEL
KIELER KAUFMANN**
(OT Düsternbroock)
Niemannsweg 102
24105 Kiel
Telefon: 0431-8811-0
Telefax: 0431-8811 135
Internet: www.kieler-kaufmann.de
E-Mail: info@kieler-kaufmann.de
Direktor: Carl-Heinz Lessau
DZ ab € 131,00

In den Kieler Hotelmarkt scheint mittlerweile Bewegung gekommen zu sein. Mit der Eröffnung des Atlantic gibt es nun endlich einen ernstzunehmenden Mitbewerber, der sicherlich für eine gewisse Dynamik sorgen wird und vor allem als eine Art Vorbild fungiert. So können sich das Maritim und dieses Haus nicht länger auf den Lorbeeren und dem Renommee längst vergangener Jahre ausruhen. Der Kieler Kaufmann galt bislang als die unangefochtene Nummer eins, das könnte sich nun aber schnell ändern. Bleibt nur zu hoffen, dass das Haus sich künftig nicht über den Preis behaupten möchte. Eingebunden in einen schönen Park direkt an der Kieler Förde, versprüht dieses First-Class-Hotel einen noblen Charme. Damit bietet es sich unter anderem als Hochzeitslocation an. Die 33 Zimmer und 6 Suiten sind im englischen Landhausstil eingerichtet. Man logiert entweder im Stammhaus oder im sogenannten Parkflügel. Wir empfehlen Letzteres, hier weisen die Zimmer einen neueren Renovierungsstand auf. Trotz seiner geringen Größe bietet das Haus seinen Gästen einen durchaus respektablen Wellnessbereich mit Schwimmbad, finnischer Sauna, Dampfbad und Ruhezone. Die Küchenleistung des Restaurants rangierte bislang auf akzeptablem Niveau, in nachhaltiger Erinnerung blieb ein Besuch hier jedoch nicht. Im April letzten Jahres hat der Küchenchef gewechselt, nunmehr liegt die kulinarische Verantwortung bei Mathias Apelt. Diese Neubesetzung unterstreicht, dass man künftig in der gastronomischen Bundesliga mitspielen möchte, denn Apelt ist in der Branche kein Unbekannter. Er war zuvor in der Villa Mittermeier in Rothenburg ob der Tauber tätig und erkochte dort sogar einen Michelin-Stern. Man darf also gespannt sein, ob es ihm gelingen wird, hier Akzente zu setzen. WLAN-Nutzung wird im Hotel erfreulicherweise nicht gesondert berechnet.

Bewertung:

KÖLN Nordrhein-Westfalen

DORINT AM HEUMARKT
(Altstadt-Süd)
Pipinstraße 1
50667 Köln
Telefon: 0221-2806-0
Telefax: 0221-2806 1111
Internet: www.dorint.com
E-Mail: info.koeln-city@dorint.com
Direktor: Volker Windhöfel
DZ ab € 128,00

Eine ereignisreiche Zeit liegt hinter diesem Luxus-Businesshotel. Einst gestartet unter dem Management von InterContinental, steht es nunmehr unter der Regie der renommierten Hotelgruppe Dorint und versucht, den Status, den es sich bereits erarbeitet hat, zu halten. Zuletzt war Robert van der Ham als Direktor für dieses Haus verantwortlich. Ihm können wir bescheinigen, dass er zumindest im Hinblick auf das Service- und Dienstleistungsniveau einen sehr guten Job gemacht hat. Nachfolger Volker Windhöfel macht auf uns keinen so guten Eindruck. Im Gespräch will er sich als tougher, erfolgsorientierter Manager verkaufen und lässt immer wieder durchblicken, dass er aufgrund seiner weitreichenden Erfahrung in der Spitzenhotellerie für dieses Fünf-Sterne-Hotel die Idealbesetzung sei. Bescheidenheit ist nicht gerade eine Tugend von Windhöfel, der mit einem ganz, ganz großen Ego ausgestattet ist. Uns kann das jedoch wenig beeindrucken. Wie viele Jahre Berufserfahrung ein Hoteldirektor auch immer mitbringt, man wünscht sich von ihm doch zuallererst eine große Portion Empathie, Sozialkompetenz und nicht zuletzt Gastgeberqualitäten. Drei wesentliche Eigenschaften, die auch das Serviceniveau eines Hauses nachweislich beeinflussen. Natürlich ist für eine Hotelgruppe entscheidend, ob ein Hotelmanager ziel- und erfolgsorientiert arbeitet. Wie er dieses Dorint auf dem sehr angespannten Hotelmarkt künftig positionieren möchte, lässt Windhöfel aber bislang offen. Wir erinnern uns an ein Gespräch mit ihm, in dem der Herr General Manager nicht ein Mal das Wort „Service" in den Mund genommen hat. Er scheint einer der Vertreter seiner Zunft zu sein, der aus der durchschnittlichen Zimmerrate und der Belegungssituation auch gleich die Zufriedenheit seiner Gäste ableitet. Wir bezweifeln, dass er auch nur annähernd die Gastgeberqualitäten entfalten kann, die sein Vorgänger van der Ham hier unter Beweis gestellt hat. Kommen wir zu Erfreulicherem, nämlich der Ausstattung. Dieses Dorint in bester Citylage ist alles andere als ein Hotelprodukt von der Stange. Die Innenarchitekten Klein & Haller haben hier ganze Arbeit geleistet und mit ihrem Einrichtungskonzept Akzente gesetzt. Hier erwarten den Gast unter anderem geschmackvolle Zimmer und Suiten. Verschiedene Kategorien für unterschiedliche Ansprüche stehen zur Wahl. Gäste, die sich für ein Zimmer auf der Club-Etage entscheiden, erhalten Zugang zur Club-Lounge in der obersten Etage, die zusätzliche kostenfreie Annehmlichkeiten gewährleistet wie das tägliche

Frühstücksbuffet, Drinks und Snacks. Keinen positiven Eindruck hat dagegen der Wellnessbereich hinterlassen, der über einen gesonderten Aufzug von jeder Etage aus erreicht werden kann. Der Begriff „Wellness" treibt ja mittlerweile Blüten und weckt hohe Erwartungen, führt aber zumindest bei dem hier Gebotenen eher zu Enttäuschung. Der Bereich wurde an die Fitnesscompany Holmes Place verpachtet, somit ist der Besuch für Hotelgäste nicht kostenfrei. Dass dafür 15,20 Euro berechnet werden, wäre ja vielleicht noch zu verschmerzen, wenn man wirklich etwas geboten bekäme. Das Schwimmbad erinnert an ein mittelmäßiges öffentliches Hallenbad, ebenso der nüchterne Saunabereich. Hervorragend ist hingegen der Fitnessbereich mit einer guten Auswahl an Cardio- und Muskelaufbautrainingsgeräten. Die Harry's New York Bar darf als eine der besten Bars der Stadt gelten und hat mittlerweile so etwas wie Kultstatus erreicht. Diese Akzeptanz muss sich das Restaurant Faveo erst noch erarbeiten, wobei wir gegen die Küchenleistung keine Einwände haben. Gott sei Dank funktionieren Serviceleistungen wie Valet Parking, 24-Stunden-Zimmer- und Conciergeservice nach wie vor tadellos.

Bewertung:

DORINT AN DER MESSE
(OT Deutz)
Deutz-Mülheimer-Straße 22–24
50679 Köln
Telefon: 02 21-8 01 90-0
Telefax: 02 21-8 01 90 800
Internet: www.dorint.com
E-Mail: info.koeln-messe@dorint.com
Direktor: Achim Laurs
DZ ab € 109,00

Seit Jahren berichten wir über dieses Dorint, allerdings nicht durchgängig positiv. Dies hatte einen guten Grund, denn bis Ende 2010 stand das First-Class-Businesshotel unter der Führung von Christa Reinartz. Ihr Führungsstil war nicht unumstritten, ebenso wie ihr Drang, sich permanent medial darzustellen. Natürlich immer im Interesse des Hauses. Dann trennte sich die Hotelgruppe überraschend von

Lady Reinartz, die sich so gern als ungekrönte „Mrs. Dorint" feiern ließ. Nach ihrem Weggang brodelte die Gerüchteküche, sogar von Unregelmäßigkeiten war die

Rede. Unbestritten ist, dass die so „charmante Gastgeberin" im Hinblick auf die Außenwirkung des Hauses eine Menge bewirken konnte. Dies darf sie gern auf ihrer Habenseite verbuchen. Die extrovertierte Hotelmanagerin verstand es, sich und das Hotel stets im Gespräch zu halten. Wir hatten ja früher schon angemerkt, dass hier ihre eigentlichen Qualitäten liegen. Sie sollte darüber nachdenken, ihr Wirkungsfeld künftig in den Bereich Presse- und Öffentlichkeitsarbeit zu verlegen. Über Themen wie Service konnte man sich hingegen mit ihr nicht unterhalten, die waren für sie offenbar nebensächlich. Da vertrat sie die Auffassung „Wofür hat man gut ausgebildetes Personal?". Ihr Nachfolger Achim Laurs hat die Gesamtproblematik dieses Dorint-Hotels erkannt und will sich künftig verstärkt um die Optimierung der Service- und Dienstleistungsabläufe kümmern. Erste Erfolge zeichnen sich bereits ab, vor allem in Bezug auf die allgemeine Mitarbeiterzufriedenheit. Kommen wir zu den nüchternen Fakten: Das in unmittelbarer Nähe zur Messe gelegene Haus verspricht einen guten First-Class-Standard. Alle Zimmer und Suiten sind auf einem aktuellen Stand. Während der allgemeine Trend wohl dahin gehen wird, den Gästen WLAN-Nutzung kostenfrei zu stellen, berechnet man diesen Service hier immer noch gesondert, wenn auch mit sehr moderaten 7,50 Euro pro Tag. Insgesamt 13 mit modernster Technik ausgestattete Tagungsräume ermöglichen Veranstaltungen und Meetings mit bis zu 550 Personen. Zum Gesamtangebot zählt ein kleiner, edler SPA, ohne Schwimmbad, dafür aber mit einem Sauna- und einem gut ausgestatteten Fitnessbereich.

Bewertung:

EXCELSIOR ERNST

(Innenstadt)
Trankgasse 1–5
50667 Köln
Telefon: 02 21-270-1
Telefax: 02 21-270 3333
Internet: www.excelsiorhotelernst.com
E-Mail: info@excelsior-hotel-ernst.de
Direktor: Wilhelm Luxem
DZ ab € 159,00

Das Excelsior Ernst ordnet sich selbst als die erste Adresse der Stadt ein. Vieles spricht für dieses Grandhotel alter Schule, einiges aber auch dagegen. Ungünstig ist in jedem Fall die etwas beengte Vorfahrt, aber auch die Parksituation, denn man verfügt nicht über eine eigene Tiefgarage. Die Lage darf als zentral bezeichnet werden, der Dom und der Hauptbahnhof befinden sich in direkter Nachbarschaft. In der Regel erwarten den Gast ein vortrefflicher Service und eine außergewöhnliche Dienstleistungsqualität. Dies sind die eigentlichen Alleinstellungsmerkmale eines Luxushotels, die auch bei nicht mehr ganz taufrischer Hotelausstattung dafür sorgen, dass ein Haus seinen Top-Status über Jahrzehnte halten kann. Und genau das bietet dieses Kölner Traditionshaus: einen präzise abgestimmten Service und alle für ein Luxushotel typischen Dienstleistungen in bester Manier, wie etwa Valet Parking, einen 24-Stunden-Etagen-, einen Schuhputz- sowie einen vorbildlichen Conciergeservice. Dennoch wird man auch hier auf die immer schneller steigenden Hardware-Standards in der Spitzenhotellerie reagieren müssen. Die andauernden weltweiten Finanzkrisen werden es auch weiterhin mit sich bringen, dass immer mehr Geld in große Hotelprojekte fließt, denn gerade in Krisenzeiten sind Immobilien und insbesondere Hotelimmobilien eine Investitionsform, die relative Sicherheit verspricht. Und in Deutschland, das als vergleichsweise sicherer und stabiler Standort gilt, wird die Investition in immer neue Hotels der Spitzenklasse auch weiterhin boomen. Daher sehen sich etablierte Hotels dieser Kategorie einer immer stärker werdenden Konkurrenz gegenüber. Zudem verschwimmen die Grenzen zwischen den Sterne-Kategorien des DEHOGA-Systems immer mehr. Vier- und Fünf-Sterne-Häuser bieten oft schon weitgehend gleichwertige Hardware, und ein exklusives Businesshotel der neuesten Generation bietet unter Umständen einen Freizeitbereich, ein gastronomisches Angebot und eine Zimmerausstattung, mit denen ein älteres Fünf-Sterne-Haus nicht mithalten kann. Angesichts der immer besseren Hardware, mit der die Mitbewerber aufwarten, wird der perfekt funktionierende Service der alten Schule, den das Excelsior Ernst bieten kann, immer wichtiger, um Gäste noch dauerhaft an sich zu binden. Der plüschige Charme der öffentlichen Bereiche und die zentrale Lage unterhalb des Kölner Doms sind für viele Stammgäste nach wie vor Grund genug, dem Haus die Treue zu halten. Und auch die Investitionen in Zimmer und Suiten, die in den vergangenen Jahren hier und da getätigt wurden, sowie das

Restaurant Taku mit seinem modernen Ambiente und gehobener, asiatisch inspirierter Küche waren wichtige Schritte auf dem Weg in die Zukunft des Hauses. Eine gewisse Patina über dem Hotel und dem Service ist aber sicherlich das, was dem Excelsior Ernst am besten zu Gesicht steht, denn gerade dieser vielleicht etwas angestaubte Charme verleiht dem Haus Charakter und Persönlichkeit. Die Zimmer und Suiten sind fern jeder standardisierten Einheitlichkeit teilweise mit Antiquitäten, teilweise mit hochwertigen Stilmöbeln ausgestattet und spiegeln die lange Geschichte des Hotels wider, erscheinen dabei aber immer hochwertig und elegant. Die kulinarischen Angebote des Excelsior sind, wie man weiß, hervorragend. Das Restaurant „Hanse Stube" ist eine gastronomische Institution und ein Treffpunkt der Kölner Gesellschaft. Eine Alternative bietet das bereits erwähnte Taku, das im Übrigen im vergangenen Jahr erstmals mit einem Michelin-Stern ausgezeichnet wurde. Da der Druck auf dieses Flaggschiff der Luxushotellerie alter Schule weiter wachsen wird, ist es nicht unwahrscheinlich, dass früher oder später über ein komplett neues Interior Design nachgedacht wird; das sollte dann aber Rücksicht auf die Patina und den Charme des vergangenen Jahrhunderts nehmen.

Bewertung: ●●●◖

PULLMAN COLOGNE
(Innenstadt)
Helenenstraße 14
50667 Köln
Telefon: 0221-275-0
Telefax: 0221-275 1301
Internet: www.pullmanhotels.com
E-Mail: h5366@accor.com
Direktor: Rolf Slickers
DZ ab € 116,00

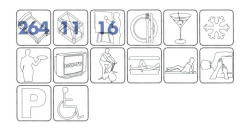

Man logiert in diesem Businesshotel sehr zentral, Hauptbahnhof, Kölner Dom und Innenstadt sind fußläufig zu erreichen. Immer für eine Überraschung gut ist Hoteldirektor Rolf Slickers. Der Mann mit dem messerscharfen analytischen Verstand und der Fähigkeit zu kritischer Selbstreflexion ist für dieses Haus genau der Richtige. Wie wir ja schon mehrfach berichtet haben, ist es ihm gelungen, das Pullman als eine der besten Adressen der Domstadt zu etablieren. Erfolg bekommt man bekanntlich nicht geschenkt, man muss ihn sich hart erarbeiten, diese Einsicht hat sich der Hoteldirektor zu eigen gemacht. Als er dieses Haus übernahm, lag hier einiges im Argen, und da meinen wir nicht nur das Zimmerprodukt, das den Anforderungen an ein First-Class-Hotel nicht mehr entsprach, sondern insbesondere das schwankende Serviceniveau. Slickers hat alle Abteilungen des Hauses neu strukturiert und darüber hinaus neue tragfähige Konzepte entwickelt; der Erfolg ist mittlerweile am Service-

und Dienstleistungsniveau abzulesen. Ein wenig stolz ist er auf das „George M", das insbesondere durch seine Küchenleistung überzeugt. Der Küchenchef, der sich nicht nur durch ein überdurchschnittliches Maß an Kreativität auszeichnet, sondern auch durch hervorragende Gastgeberqualitäten, lässt es sich nicht nehmen, dem Gast persönlich ein Menü zu empfehlen und es mit ihm abzusprechen. Ganz neben-

bei genießt man hier bei gutem Essen und sehr guten Weinen auch einen hervorragenden Ausblick auf den Kölner Dom. Wen wundert es da, dass Firmen das George M nicht selten als Veranstaltungslocation buchen. Ansonsten ist man auch im Tagungssegment hervorragend aufgestellt, denn zum Portfolio zählt neben 15 unterschiedlich großen Räumlichkeiten auch ein großer Ballsaal – der größte der Stadt, das sei nur am Rande bemerkt. Die Zimmer und Suiten wurden vor einiger Zeit vollständig renoviert und alle mit einem Flachbildfernseher ausgestattet. Auch für den Wellnessbereich hat man ein neues Konzept entwickelt. Der Pool wurde zugunsten

einer Erweiterung des Fitnessbereichs geopfert. Abgesehen vom Komfort des Zimmers hat für die meisten Gäste natürlich das Frühstücksbuffet Priorität. Das kann hier begeistern, einerseits durch die gebotene Auswahl, andererseits durch seine Frische. Fast überflüssig zu erwähnen, dass Eierspeisen auf Wunsch à la minute zubereitet werden.

Bewertung:

RADISSON BLU
(OT Deutz)
Messe-Kreisel 3
50679 Köln
Telefon: 02 21-2 77 20-0
Telefax: 02 21-2 77 20 10
Internet: www.radissonblu.com
E-Mail: info.cologne@radissonblu.com
Direktor: Jürgen Wirtz
DZ ab € 107,00

Zu Messezeiten logiert man im Radisson BLU sehr zentral, denn es liegt in unmittelbarer Nähe zur Messe. Den Gast erwartet ein modernes, dynamisch-progressives Hotel, das alles andere als gewöhnlich ist, sowohl in Bezug auf die Hardware als auch in seiner Führung. Verantwortlich für diese First-Class-Herberge ist nämlich Jürgen Wirtz, ein Mann, der von sich und vor allem seinen fachlichen Qualitäten voll und ganz überzeugt ist und sich zur Elite der deutschen Hotelmanager zählt. Das ist natürlich erst einmal nichts Negatives. Doch der Mann mit dem großen Ego und der mangelnden Fähigkeit zur Selbstkritik will einfach nicht wahrhaben, dass die Dienstleistungsbereitschaft seiner Mitarbeiter nicht durchgängig überzeugt. Intensive Schulungsmaßnahmen könnten hier durchaus etwas bewirken. Wobei wir keinesfalls alle Mitarbeiter über einen Kamm scheren möchten – das wäre nicht korrekt, denn man kann durchaus fast überall im Haus auf aufmerksame und zuvorkommende Mitarbeiter treffen. Durchgängig nicht überzeugen konnte bei unseren Checks jedoch die Reservierungsabteilung, hier besteht dringender Handlungsbedarf. Man würde sich wünschen, dass Wirtz seinen Fokus stärker auf die internen Probleme richtet. Stattdessen setzt er – natürlich stets im Interesse des Hotels – vor allem auf Außendarstellung und gibt ganz ungeniert und ungefiltert seine Weisheiten zum Besten. Einen nachhaltigen Eindruck hinterlässt die Hotellobby mit ihren an die Wand gerasterten Bildern und den riesigen Stores, die den Barbereich separieren. Hier kann man tagsüber einen Kaffee oder ein Glas Champagner nehmen, aber auch hervorragend nach einem guten Essen den Abend ausklingen lassen. Gute selbst gemachte Pasta, Pizza und Fisch werden im Restaurant Paparazzi serviert. Gewohnte Radisson-Standards sind das Grab & Run-Frühstück, der kostenfreie kabelgebundene Internetzugang sowie die 100-Prozent- Gästezufriedenheitsgarantie. Das Interior Design der Zimmer ist im Vergleich zu anderen Häusern der Gruppe ein wenig enttäuschend, insbesondere die Badezimmer sind recht klein ausgefallen. Der Freizeitbereich beschränkt sich auf eine finnische Sauna, ein Dampfbad und einen kleinen Fitnessbereich.

Bewertung:

KÖNIGSTEIN Hessen

KEMPINSKI
(OT Falkenstein)
Debusweg 6–18
61462 Königstein
Telefon: 06174-90-0
Telefax: 06174-90 9090
Internet: www.kempinski-falkenstein.com
E-Mail: info@kempinski-falkenstein.com
Direktor: Stefan Massa
DZ ab € 164,00

Letztes Jahr hat hier in Königstein erneut ein Managementwechsel stattgefunden. Henning Reichel hatte, nachdem Cyrus Heydarian dem Ruf nach Düsseldorf in den Breidenbacher Hof gefolgt war, hier die Position des Hoteldirektors übernommen und das Haus seitdem in recht blasser Manier geführt. Ihm ist es unseres Erachtens nicht gelungen, hier fest etablierte Serviceschwächen auszumerzen. Seit September vergangenen Jahres führt nun Stefan Massa dieses Fünf-Sterne-Hotel, und wir würden uns wünschen, dass er zunächst alle Abteilungen des Hauses auf den Prüfstand stellt. Dabei bliebe der Schulungsbedarf einiger Mitarbeiter sicher nicht unbemerkt. Teamorientiertes Arbeiten und gegenseitige Unterstützung werden hier offensichtlich nicht gepflegt. Die Anreise des Gastes scheint häufig unbemerkt zu bleiben, was vermutlich an der etwas ausgedünnten Personaldecke liegt. Wer Hilfe beim Gepäck wünscht, stellt das Auto am besten direkt vor dem Eingang ab, bemüht sich zur Rezeption und bittet dort um Unterstützung. Die wird dann immerhin auch gewährt. Überhaupt muss man sich, wie wir bei unseren Besuchen immer wieder bitter erfahren mussten, die Aufmerksamkeit der Mitarbeiter regelrecht erkämpfen. Diese auffällige Unaufmerksamkeit zieht sich wie ein roter Faden durch das ganze Hotel. Sie beginnt bereits in der Lobby, wo man von den Mitarbeitern in der Regel ignoriert wird. Bei keinem unserer Besuche hat sich irgendjemand mal erkundigt, ob wir vielleicht einen Getränkewunsch hätten. Auf der Terrasse ist es noch schlimmer. Meist muss man längere Zeit warten, bis sich ein Mitarbeiter an den Tisch bequemt, um Getränkewünsche zu eruieren. Wenn man anschließend noch einen weiteren Wunsch hat, hilft nur noch, wild zu gestikulieren oder aufzustehen und die Servicemitarbeiter direkt anzusprechen. Dieses Manko hatte sich schon zu Zeiten von Cyrus Heydarian etabliert und wurde auch unter der Führung von Henning Reichel nicht abgestellt. Auf diese Serviceschlampereien angesprochen, reagierten beide Direktoren mit der gleichen, offenbar einstudierten Floskel: „Ich bin mir bewusst, dass wir noch nicht da angekommen sind, wo wir hinwollen." Immerhin, Einsicht soll ja der erste Schritt zur Besserung sein. Erfreulicherweise hat man mittlerweile das Zimmerprodukt aufgefrischt. Zum Angebot dieser „Nobelherberge" zählt außerdem ein SPA mit Sauna und Außenpool. Küchenchef Oliver Heberlein strebt offenbar danach, in den Kocholymp der Sternegastronomie aufzusteigen, seine bemühte Küche überzeugt aber nur bedingt und kann nicht als Highlight dieses Hauses gelten. Fazit: Auf Stefan Massa wartet eine Menge Arbeit, denn dieses Kempinski weckt große Erwartungen. Die kann das Zimmerprodukt zwar mittlerweile durchaus erfüllen, das Serviceniveau aber bei Weitem noch nicht.

Bewertung: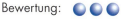

KRONBERG Hessen

SCHLOSSHOTEL KRONBERG
Hainstraße 25
61476 Kronberg
Telefon: 06173-701-01
Telefax: 06173-701 267
Internet: www.schlosshotel-kronberg.de
E-Mail: info@schlosshotel-kronberg.de
Direktor: Franz Zimmermann
DZ ab € 215,00

Schlösser und Burgen haben für ihre heutigen Besitzer mehr Nach- als Vorteile. Schließlich wurden diese Gemäuer einst völlig anders genutzt. Repräsentativ und architektonisch wertvoll sind die meisten immer noch, nur steht die Darstellung von Reichtum und Macht beim heutigen Adel nur noch selten ganz oben auf der Liste. Unterhalt und Pflege eines solchen Anwesens sind kaum noch zu leisten, wenn man nicht jährlich ein kleines Vermögen investieren möchte oder kann. So werden viele dieser in Deutschland durchaus zahlreichen Bauwerke heute alternativ genutzt und nicht selten als Schlosshotel, um das Problem des Unterhalts historischer Prachtbauten zu lösen. Das Schlosshotel in Kronberg bei Frankfurt reiht sich formell in diese Kategorie Häuser ein, aus der Nähe betrachtet übertrifft es die meisten von ihnen jedoch bei Weitem. Schon der weitläufige Park, in den man durch ein beeindruckendes Tor und vorbei an einem sehr britisch wirkenden Nebengebäude einfährt, stimmt auf die exklusive Abgeschiedenheit des Anwesens ein, das gleichzeitig in unmittelbarer Nähe zur Finanzmetropole Frankfurt liegt. Das Schloss selbst befindet sich inmitten des Parks zwischen uralten Bäumen. Als ehemaliger Ruhesitz der Witwe des deutschen 99-Tage-Kaisers Friedrich III. und Mutter des deutschen Kaisers

Wilhelm II., die sich selbst als „Kaiserin Friedrich" bezeichnete, ist das Gebäude keineswegs ein mittelalterliches Gemäuer. Der Prachtbau wurde Ende des 19. Jahrhunderts errichtet und ganz auf die Erfordernisse als Wohnsitz einer ehemaligen Kaiserin abgestimmt. Bei aller imperialen Pracht bleibt der Maßstab menschlich, das Gebäude wurde nicht etwa als übergroßes Symbol kaiserlicher Macht errichtet.

Der heutigen Nutzung als Luxushotel kommt das sehr entgegen, denn die Atmosphäre im Schloss ist trotz der Größe erstaunlich wohnlich und behaglich. Die Empfangshalle beispielsweise wird nicht etwa von einer pompösen Freitreppe dominiert, ihr Herzstück ist ein wunderbarer Kamin, der Besucher mit Behaglichkeit und Wärme empfängt. Auch die daran anschließende Bibliothek mit ihren hohen Fenstern zum Park sollte nicht repräsentieren, sondern diente einzig dazu, der ehemaligen Kaiserin eine angenehme Umgebung zu bieten. Dass dies gelungen ist, davon kann sich jeder Gast überzeugen. Und mit Voranmeldung übrigens auch andere Gäste, die an bestimmten Terminen in der Bibliothek einen original britischen Afternoon Tea mit Gurkensandwiches, Scones, Sherry und weiteren Spezialitäten einnehmen können. Im Erdgeschoss befinden sich außerdem mehrere Salons. Sie werden für Veranstaltungen genutzt, beherbergen aber auch das Gourmetrestaurant, dessen Küchenqualität dem exklusiven Ambiente in nichts nachsteht. Auf der Terrasse sitzt man im Sommer vor herrlicher Kulisse mit Blick auf den Golfplatz, der direkt an das Gebäude angrenzt. Dass Kaiserin Victoria, wie die „Kaiserin Friedrich" eigentlich hieß, als Tochter der legendären Queen Victoria britische Wurzeln besaß, erklärt nicht nur das bereits erwähnte britisch wirkende Nebengebäude an der Zufahrt durch den Park, sondern das insgesamt in vielem englisch wirkende Ambiente im Hause. Da größtenteils noch das Originalmobiliar und zahlreiche Gemälde der Kaiserin das Schloss zieren, ist die Umgebung, in der eine britische Prinzessin und spätere deutsche Kaiserin sich wohlfühlte, heute noch perfekt zu erleben. Auch auf den Zimmern und Suiten des Schlosshotels, das zur Allianz „Small Luxury Hotels" gehört, dominieren Originale die Ausstattung. Heute befindet sich Schloss Friedrichshof, wie die Kaiserin es im Gedenken an ihren verstorbenen Mann benannte, im Besitz einer Stiftung des Hessischen Fürstenhauses, der royale Einfluss auf das Schloss und auch den Hotelalltag ist also ungebrochen. Der Prinz von Hessen sorgt persönlich dafür, dass das Haus nicht zum Spielball innovationswütiger Direktoren wird, denn er weiß, dass für die Gäste vor allem Tradition und ein authentischer Service der alten Schule zählen. Daher gehören die weiß livrierten Hausdiener, die in der Kaminhalle Tee oder Kaffee servieren, ebenso zum Stil des Hauses wie der Doorman am Eingang. Das Schlosshotel existiert bereits seit 1954, man kann also sicher sein, dass hier im Service und in der Ausstattung auch in Zukunft nichts kurzfristigen Trends geopfert wird. Verständlich, dass der Prinz auch bei der Wahl des Direktors keine Kompromisse eingeht und in den vergangenen Jahren einige Manager, die seinen Ansprüchen nicht genügten, wieder ziehen ließ. Nun aber scheint sich mit Franz Zimmermann ein Direktor etabliert zu haben, der Geist und Tradition des Hauses respektiert. Mit dem Wohlwollen des Prinzen und der Gäste leitet er dieses einzigartige Schlosshotel bereits seit drei Jahren. Anfangs schien Zimmermann, der zuvor in der Businesshotellerie zu Hause war, sich selbst nicht sicher zu sein, ob dieses Segment für ihn wirklich das richtige ist. Hier sind eben Gastgeberqualitäten gefragt, und ein regelmäßiger direkter Gastkontakt ist unverzichtbar. Mittlerweile ist er aber in die Gastgeberrolle hineingewachsen, wirkt parkettsicher und legt eine mitreißende Begeisterung für das Hotel und seine Gäste an den Tag. Spricht man ihn auf die gute Entwicklung des Hauses an, sprudelt es regelrecht aus ihm heraus, und von seiner Leidenschaft wie auch seinem Fleiß profitiert inzwischen das ganze Schlosshotel. Wir gehen davon aus, dass er dessen Potenziale voll ausschöpfen wird. Auch seine neuen gastronomischen Konzepte überzeugen. Das Schlosshotel darf uneingeschränkt als eine Top-Empfehlung für anspruchsvolle Gäste der Finanzmetropole Frankfurt gelten. Übrigens sind hier ebenso wie im Hessischen Hof die Nutzung der Minibar, der Obstkorb sowie ein kleiner Willkommensgruß und die WLAN-Nutzung in den Zimmerpreis inkludiert. Es gibt aber noch weitere Neuigkeiten. In diesem Jahr werden 13 Zimmer aufwendig renoviert und dabei auf den neuesten technischen Stand gebracht, etwa mit neuen Flachbildschirm-Fernsehern oder einer Klimaanlage ausgestattet. Im Zuge dieser Maßnahme entstehen unter anderem zwei neue Suiten, bei deren Interieur man selbstverständlich dem klassischen Stil des Hauses treu bleibt. Weitere Zimmer und Suiten sollen 2013 folgen, und wenn die Gerüchte stimmen, wird in naher Zukunft auch ein neuer SPA-Bereich entstehen, selbstverständlich mit Pool. Auf ein neues Lichtkonzept für alle Etagen und die Tagungssalons hat man sich jetzt schon festgelegt. In der nächsten Zeit wird sich hier also viel bewegen.

Bewertung:

SCHLOSSRESTAURANT
im Schlosshotel Kronberg
Telefon: 0 61 73-7 01-01
Telefax: 0 61 73-7 01 2 67
Internet: www.schlosshotel-kronberg.de
E-Mail: info@schlosshotel-kronberg.de
Chefkoch: Oliver Preding
Hauptgerichte € 23,00 – 48,00

Das Gourmetrestaurant im Schlosshotel Kronberg steht dem Rest des Hauses in Bezug auf klassische Eleganz und luxuriöse Behaglichkeit in nichts nach. Der große

Salon am Ende des Gangs, der von der Eingangshalle wegführt, bietet ein intimes Ambiente zwischen historischen Gemälden und holzgetäfelten Wänden. Wie in dem anderen Hotel des Prinzen von Hessen, dem Hessischen Hof in Frankfurt mit seinem Restaurant Sèvres, legt man auch hier Wert auf einen Service der alten Schule mit einem würdig auftretenden Maître und weiß livrierten Commis de rang. Das ist auch zu erwarten, schließlich sollte diese Qualität, die man in einem Businesshotel nicht unbedingt erwartet, in einem Schlosshotel der Luxusklasse auf jeden Fall geboten werden. Und das ist hier der Fall: Das reibungslose Zusammenspiel von Ober- und Hilfskellner, das lautlose Funktionieren aller Serviceab-  läufe lässt die Gäste entspannt und ohne Hektik ihr Menü genießen. Ebenso tadellos präsentiert sich die an der traditionellen französischen Haute Cuisine orientierte Küche von Oliver Preding. Natürlich werden auch aktuelle kulinarische Trends geboten, der Grundtenor ist jedoch, den Erwartungen der Gäste entsprechend, klassisch französisch. So findet sich auf der Karte auch einmal ein klassischer Hummer-Cocktail als Vorspeise – der auch unverblümt so bezeichnet wird, in einem Gourmetrestaurant heute durchaus eine Seltenheit. Auch Köstlichkeiten wie gebratenes Filet vom Red Snapper werden klar benannt, ohne die so häufigen ausschweifenden Beschreibungen des Gerichts, bei denen noch jedes beiliegende Kresseblättchen Erwähnung findet (mit der französischen Bezeichnung, versteht sich). Hier im Schlossrestaurant ist die Karte wie auch die Küche unmissverständlich, unverschnörkelt und hochklassig – wie es die Gäste schätzen. Auch das im Hessischen Hof zu Ruhm und Beliebtheit gekommene Verwöhn-Menü, ein 3-Gang-Menü mit korrespondierenden Weinen aus dem Hause von Hessen, wird hier angeboten, mittags für nur 39 Euro und abends für 54 Euro. Eine echte Rarität in hochklassigen Restaurants wie diesem und ein weiterer Beleg dafür, dass man diese einzigartigen Häuser trotz der Eigentümer aus dem europäischen Hochadel, die die Hotelgeschicke aktiv mit leiten, nicht abgehoben betreibt, sondern pragmatisch und mit einem Gespür für die richtige Mischung aus Exklusivität und Business-Kompatibilität. Die beiden Häuser und ihre Gourmetrestaurants werden so auch weiterhin Institutionen in der Rhein-Main-Metropole bleiben. Bei sommerlichen Temperaturen luncht oder diniert man übrigens auf der vorgelagerten Terrasse mit einem sensationellen Ausblick.

Bewertung:

KÜHLUNGSBORN   Mecklenburg-Vorpommern

AQUAMARIN
Hermannstraße 33
18225 Kühlungsborn
Telefon: 038293-402-0
Telefax: 038293-402 77
Internet: www.hotel-aquamarin.de
E-Mail: reservierung@hotel-aquamarin.de
Direktor: Stephan Giersberg
DZ ab € 90,00

Kühlungsborn hat bekanntlich ein breites Spektrum an Hotels zu bieten. Wer sich für das Aquamarin entscheidet, schätzt insbesondere die zentrale Lage. Das Haus befindet sich direkt an der Strandpromenade, man muss nur die Straße überqueren und ist direkt am Strand. Die Zimmer und Suiten, die eine überdurchschnittliche Aufenthaltsqualität gewährleisten, wirken durch ihre Farbgebung in Blau-, Beige- und Gelbtönen recht freundlich, einige wenige bieten sogar einen uneingeschränkten Meerblick. Sehr komfortabel logiert man in der Turmsuite, die großzügig gestaltet ist und über ein Bad mit Tageslicht verfügt. Wir sind insgesamt zufrieden mit der Entwicklung dieses angenehmen Leisurehotels. In den vergangenen

Jahren wurde fleißig investiert, die Zimmer und Studios wurden teilweise renoviert und bei dieser Gelegenheit mit neuen Flachbildschirm-Fernsehern ausgestattet. Auch dem Schwimmbad- und Saunabereich hat man eine kleine Auffrischung gegönnt. Im gesamten Hotel ist WLAN-Zugang möglich, die Nutzung wird allerdings separat in Rechnung gestellt. Immerhin steht den Gästen in der Hotellobby ein kostenfreier Internetzugang zur Verfügung. Wir möchten auch in diesem Jahr unsere Empfehlung erneuern, bei einem geplanten Aufenthalt die Vor- und Nachsaison zu bevorzugen. Wenn die Touristenströme abgeebbt sind und das Klima etwas rauer wird, ist der Erholungswert hier besonders hoch. Nach wie vor engagiert sich das Aquamarin bei den Kühlungsborner Gourmettagen, die jedes Jahr im November stattfinden. Somit gibt es neben der Möglichkeit, bei Strandspaziergängen einmal richtig durchzuatmen, einen weiteren guten Grund, einen Kurzurlaub in Kühlungsborn in diesem Zeitraum einzuplanen. Die Küchenleistung kann den Erwartungen, die der Gast an ein Leisurehotel der First-Class-Kategorie stellt, durchaus entsprechen, wobei immer noch weiteres Potenzial zu erkennen ist, das Küchenchef Chris

Buhr nutzen sollte. Ein Lob geht an Direktor Stephan Giersberg, der das Aquamarin in den vergangenen Jahren sichtlich weiterentwickeln konnte. Und auch für dieses Jahr hat er sich eine Menge vorgenommen. Weitreichende Modernisierungs- und Umbaumaßnahmen sind geplant. Unter anderem beabsichtigt man, die Gesamtzimmerzahl zu erhöhen. Beispielsweise sollen, unter anderem durch geschickte Umstrukturierungsmaßnahmen, 22 neue Zimmer entstehen. Und in jedem Fall wird ein weiterer Veranstaltungsraum realisiert.

Bewertung:

EUROPA HOTEL
**Ostseeallee 8
18225 Kühlungsborn
Telefon: 0 38293-88-0
Telefax: 0 38293-88 444**
Internet: www.europa-hotel.de
E-Mail: info@europa-hotel.de
Inhaber: Axel Matzkus
DZ ab € 75,00

Wir halten an unserer Einschätzung fest, dass dieses First-Class-Hotel zu den ersten Adressen in Kühlungsborn zu zählen ist. Man logiert zentral, nämlich direkt an der Strandpromenade. Zimmer und Suiten sind komfortabel ausgestattet. All jenen Gästen, die ein Zimmer im Haupthaus gebucht haben, steht kostenfrei Sky-Cinema zur Verfügung. Zum Angebot zählt auch ein kleiner Freizeitbereich mit Sauna und Fitnessmöglichkeiten. Jahr für Jahr konnten wir von neuen Ideen berichten, die Hoteleigentümer Axel Matzkus umgesetzt hatte. Matzkus zählt zu den Vertretern seiner Zunft, die bestehende Konzepte permanent auf den Prüfstand stellen und sie dann zeitnah den Marktgegebenheiten und den Erwartungen seiner Gäste anpassen. Vor allem weiß er nur zu genau, dass Stagnation über kurz oder lang Stillstand bedeuten würde. In diesem Sinne hat er das Haus in den vergangenen Jahren sehr strategisch navigiert. So wurden die Zimmer und Suiten aufgewertet, neue Gastronomiekonzepte sind entstanden. Ein „Weiter wie bisher" oder „Das machen wir hier schon immer so" wird es mit ihm nicht geben. Matzkus ist, das muss an dieser Stelle auch angemerkt werden, kein Gastgeber par excellence. Vermutlich kommen die wenigsten Gäste in den Genuss seiner Aufmerksamkeit; seine Stärke ist vielmehr, neue Entwicklungen voranzutreiben. Nicht immer einverstanden sind wir mit der Dienstleistungsbereitschaft der Mitarbeiter, die manchmal ein gewisses Phlegma an den Tag legen. Aber auch darauf wird Matzkus zeitnah mit entsprechenden Trainingseinheiten reagieren, da sind wir uns sicher – vorausgesetzt, das Problem wird ihm bewusst. Zwei Restaurants versprechen Abwechslung: das Fischers Fritze, im Hinblick auf die Küchenleistung nicht zu verwechseln mit dem gleichnamigen Berliner Gourmetrestaurant am Gendarmenmarkt (zwei Michelin-Sterne), und das sehr empfehlenswerte Steakhaus Ribs & Bones. Längst Kultstatus hat der Nightclub Shark's Bar & Lounge, der auch von Gästen aus der Region frequentiert wird.

Bewertung:

NEPTUN
**Strandstraße 37
18225 Kühlungsborn
Telefon: 038293-63-0
Telefax: 038293-63 299**
Internet: www.neptun-hotel.de
E-Mail: info@neptun-hotel.de
Inhaber: Wolfgang Dierck
DZ ab € 85,00

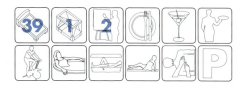

Man darf Hotelchef Wolfgang Dierck gratulieren: Mit seinem großen Engagement ist es ihm gelungen, das Neptun zu einer der ersten Adressen in Kühlungsborn zu entwickeln. Vor den Erfolg hat der liebe Gott bekanntlich den Fleiß gesetzt, und den hat Dierck in beeindruckendem Maße aufgewendet. Mittlerweile unterstützt ihn sein Sohn Kristian, der, bevor er in den Betrieb seines Vaters eingetreten ist, eine klassische Ausbildung zum Hotelfachmann abgeschlossen hat. Mehrere Stationen folgten; zuletzt war er im Park Hyatt in Hamburg tätig und hat sich damit zunächst ein umfangreiches Basiswissen für seinen Beruf erarbeitet. Viele Eltern mit eigenem Unternehmen wünschen sich, dass ihre Sprösslinge irgendwann den Betrieb übernehmen und somit die Unternehmensnachfolge sichern. Dieser Wunsch könnte sich hier erfüllen. Mit dem Sohn wird sicherlich nochmals ein frischer Wind Einzug halten. Inwieweit er Akzente setzen kann, liegt indes auch an Wolfgang Dierck und seiner Bereitschaft, neue Ideen und Konzepte zuzulassen. Dieses First-Class-Hotel hat durchaus noch Potenzial und somit Möglichkeiten zur Weiterentwicklung, vorausgesetzt, diese werden erkannt und entsprechend genutzt. Im Gegensatz zu Hotels großer Ketten kann man in privaten Häusern schnell Entscheidungen treffen und somit auf aktuelle Entwicklungen zeitnah reagieren. Dierck achtete bislang höchstpersönlich darauf, dass seine Mitarbeiter die Vorgaben nach seinen Vorstellungen umsetzen. Dies wirkt sich auf das Dienstleistungs- und Serviceniveau natürlich positiv aus. Bei einer Gesamtzahl von 40 Zimmern erwartet der Gast hier sicherlich keinen 1.000 qm großen Wellnesstempel. So kann er mit dem Freizeitbereich, der neben finnischer Sauna, Whirlpool und Ruhebereich auch eine elektrische Massageliege bietet, durchaus zufrieden sein. Auch die Lage spricht für dieses Haus: Zentraler kann man fast nicht logieren, befindet sich das Neptun doch direkt an der Strandstraße mit ihren vielen Cafés, Restaurants und Einzelhandelsgeschäften. Vom Hotel aus erreicht man mit wenigen Schritten direkt die Seebrücke und den Strand. Alle Zimmer und Suiten sind komfortabel ausgestattet. Das Restaurant Wilhelms ist für Feinschmecker sicherlich die erste Adresse in Kühlungsborn und Umgebung. Küchenchefin Ulrike Günther garantiert hier eine respektable Frischeküche. Nach einem guten Dinner kann man sich dann auf einen Digestif in das gemütliche Kaminzimmer zurückziehen. Selbstredend wird bei kühleren Temperaturen der Kamin befeuert.

Bewertung:

**TRAVEL CHARME
OSTSEEHOTEL**
**Zur Seebrücke 1
18225 Kühlungsborn
Telefon: 038293-415-0
Telefax: 038293-415 555**
Internet: www.travelcharme.com
E-Mail: ostseehotel@travelcharme.com
Direktor: Reinhard Antrich
DZ ab € 126,00

Manchmal hat man den Eindruck, Travel-Charme-Hotels verließen sich einzig und allein auf ihre hochwertige Ausstattung und den damit verbundenen Aufenthaltskomfort. Die Auswahl der Direktoren lässt darauf schließen, dass diese in der zentralisiert agierenden Hotelkette lediglich Weisungsempfänger sind. Denn nicht selten verpflichtet die Travel-Charme-Firmenzentrale Personen aus der zweiten Reihe oder solche, die sich noch keine Meriten erworben haben. Nach unserem Eindruck bleibt für sie wenig Spielraum, um eigene Ideen und Konzepte zu etablieren. Das wäre aber wichtig, da sie vor Ort den Markt natürlich viel besser einschätzen können und auf regional bedingte Veränderungen oder aktuelle Entwicklungen zeitnah reagieren könnten. Wie eingangs schon erwähnt, setzt man offensichtlich in erster Linie auf eine hervorragende Hardware. Zweifelsohne überzeugen die komfortablen Zimmer und Suiten, die durch ihre Farbgebung hell und freundlich wirken und je nachdem, welche Kategorie man gebucht hat, zum Teil sogar einen uneingeschränkten Meerblick ermöglichen. Hochwertig ist auch der SPA-Bereich ausgefallen, der in jedem Fall dem Selbstanspruch des Hauses gerecht wird. Neben einem Indoor-Pool steht den Gästen ein beheizter Außenpool zur Verfügung, außerdem eine großzügige Saunalandschaft mit finnischer Sauna, Dampfbad, Saunarium, Blütengrotte, Erlebnisdusche und Ruhebereichen sowie ein großzügiger Trainingsbereich. Die Gäste dieses Travel-Charme-Hotels buchen in der Regel das Halbpensions-Arrangement, das ein reichhaltiges Buffet mit Vor- und Nachspeise beinhaltet. Der Hauptgang, bei dem aus drei Angeboten gewählt werden kann, wird direkt am Tisch serviert. Darüber hinaus steht den Gästen das À-la-carte-Restaurant Papageno zur Verfügung, allerdings hinterlassen hier weder die Küchenleistung noch die Serviceabläufe einen nachhaltigen Eindruck. Es ist an Hotelchef Reinhard Antrich, nicht nur im Restaurantbereich, sondern in allen Abteilungen des Hauses die Abläufe und Strukturen zu optimieren und somit die Software endlich der guten Hardware anzupassen.

Bewertung:

LEIPZIG Sachsen

FÜRSTENHOF
(Zentrum-Nord)
Tröndlinring 8
04105 Leipzig
Telefon: 0341-140-0
Telefax: 0341-140 3700
Internet: www.hotelfuerstenhofleipzig.com
E-Mail: fuerstenhof.leipzig@luxurycollection.com
Direktor: Jörg Müller
DZ ab € 150,00

Der Fürstenhof ist und bleibt eine der ersten Adressen Leipzigs. Zwar liegt das historische, palaisartige Gebäude am Trödlinring, einer Hauptverkehrsstraße des Leipziger Innenstadtrings, und damit nicht gerade ruhig. Dafür sind es aber nur wenige Schritte zum Leipziger Hauptbahnhof, dem größten und sicherlich schönsten unter Deutschlands historischen Bahnhöfen. Wer die Wahl hat, sollte unbedingt mit dem Zug hier ankommen, denn die monumentalen Hallen des nach der Wende renovierten und daher immer noch in frischem Glanz erstrahlenden Bauwerks suchen ihresgleichen und sind sicherlich eine der großen Sehenswürdigkeiten der Stadt. Vom Westportal des Bahnhofs erreicht man bereits nach wenigen Schritten den Fürstenhof, ein ehemaliges großbürgerliches Stadtpalais, das heute als Fünf-Sterne-Hotel mit über 90 Zimmern und Suiten genutzt wird. Im Originalzustand erhalten ist der aus dem Jahr 1885 stammende Serpentinsaal; er verdankt seinen Namen dem Serpentinstein, dem „Marmor der sächsischen Könige", mit dem die Wände verkleidet wurden. Das Haus und die historischen Innenräume sind großbürgerlich opulent bemessen, wirken aber durch die ursprünglich private Nutzung immer noch behaglich und menschlich dimensioniert. Und so empfängt den Gast bereits in der Hotelhalle eine Atmosphäre von dezentem Luxus, gleichzeitig aber auch das angenehm persönliche Ambiente eines klassischen kleinen Grandhotels mit einem Service alter Schule. Denn das Service- und Dienstleistungsniveau des Fürstenhofs entspricht fast durchweg hohen Ansprüchen. Valet Parking, 24-Stunden-Zimmer-, Schuhputz- und Conciergeservice sind hier Standard. Auf den Zimmern gefällt zum einen die durch die historische Bauweise bedingte Raumhöhe, die die Großzügigkeit der Räume zur Geltung bringt, zum anderen die schönen Marmorbadezimmer. Zur Entspannung lädt der exklusive SPA des Hauses ein, zu dem neben dem Schwimmbad auch ein personell besetzter Saunabereich mit finnischer Sauna und Dampfbad gehört. Gerade alleinreisende Damen schätzen das Gefühl, beim abendlichen Aufenthalt in einem SPA in den unübersichtlichen Räumen nicht allein zu sein, sondern immer einen Ansprechpartner vom Personal in Rufweite zu haben. Als Veranstaltungsräume dienen die noblen Salons des Fürstenhofs; den Serpentinsaal haben wir ja bereits vorgestellt. Das Restaurant Villers liefert seit der Eröffnung des Hotels eine der besten Küchenleistungen der Stadt ab, was man angesichts des luxuriösen Niveaus des ganzen Hauses fast schon erwartet. Für Geschäftsreisende, die ein klassisches Ambiente mehr schätzen als kühle Business-Ästhetik, ist der Fürstenhof somit genauso zu empfehlen wie für den anspruchsvollen Städtetouristen, der in seiner Unterkunft auf Zeit ein unverwechselbares, hochklassiges Ambiente wünscht. Hier bleibt ihm Leipzig ganz bestimmt in guter Erinnerung.

Bewertung: ●●●◐

STEIGENBERGER GRAND HOTEL HANDELSHOF

(Zentrum-Mitte)
Salzgäßchen 6
04109 Leipzig
Telefon: 0341-350581-0
Telefax: 0341-350581888
Internet: www.steigenberger.com
E-Mail: leipzig@steigenberger.de
Direktor: Hans J. Kauschke
DZ ab € 99,00

Mit der Eröffnung des Steigenberger Grand Hotel Handelshof im April letzten Jahres ist eine weitere Luxusunterkunft auf dem Leipziger Hotelmarkt angetreten. Sie liegt direkt am Handelshof und am Naschmarkt, man logiert hier also sehr zentral und erreicht fußläufig die interessantesten Sehenswürdigkeiten der Stadt. Geschmackvoll ist das Zimmerprodukt ausgefallen. Zum Gesamtangebot zählt eine luxuriöse, 220 qm große Präsidentensuite, die sich über zwei Etagen erstreckt und neben einem Wohn- auch einen Arbeits- und Besprechungsbereich bietet. Außerdem ist sie mit einem Privat-SPA mit finnischer Sauna und Wellnessdusche ausgestattet. Die eher gedeckten Farben der Zimmer und Suiten in Braun, Beige und Schwarz wirken behaglich und schaffen eine elegante Atmosphäre. Edel ist auch der SPA-Bereich gestaltet. Zum Angebot zählen hier unter anderem eine finnische Sauna, ein Dampfbad, ein Ruhebereich mit Wärmeliegen und eine Eisdusche. Auch Beauty- und Massageanwendungen sind möglich. Auf einen Schwimmbadbereich hat man bedauerlicherweise verzichtet. Schwimmbäder zu unterhalten ist doch sehr kostenintensiv, und auch wenn viele Gäste sich bei der Reservierung explizit nach einem Pool erkundigen, nutzen ihn während des Aufenthalts letztlich die wenigsten. Die Brasserie Le Grand verspricht eine anspruchsvolle, französisch inspirierte Küche. Das Valet Parking, das genau wie Concierge-, 24-Stunden-Zimmer- und Schuhputzservice zum Angebot zählt, weiß man hier ganz besonders zu schätzen, da dieses Hotel nicht über eine eigene Parkgarage verfügt und man deshalb auf ein öffentliches Parkhaus ausweichen muss. Tagen und konferieren kann man hier mit bis zu 260 Personen, sieben hervorragend ausgestattete Räumlichkeiten unterschiedlichster Größe stehen zur Auswahl. Halten wir fest: Dieses Steigenberger hat großes Potenzial, schon dadurch, dass man hier beim Interior Design wirklich Geschmack bewiesen hat. Es liegt nun an Hans J. Kauschke, das Haus dort am Markt zu positionieren, wo es unseres Erachtens hingehört, nämlich unter die drei besten Adressen der Stadt.

Bewertung: ● ● ●

THE WESTIN LEIPZIG
(Zentrum-Nord)
Gerberstraße 15
04105 Leipzig
Telefon: 0341-988-0
Telefax: 0341-988 1229
Internet: www.westin-leipzig.com
E-Mail: info@westin-leipzig.com
Direktor: Andreas Hachmeister
DZ ab € 80,00

Nicht nur die zentrale Lage am Stadtring und die Nähe zum Bahnhof können bei diesem Luxus-Businesshotel überzeugen, auch das moderne Hotelprodukt spricht für dieses Haus. Ganz zu schweigen von den aufrichtig freundlichen Mitarbeitern, die sich um die kleinen und großen Anliegen der Gäste kümmern. Völlig unaufgeregt führt Direktor Andreas Hachmeister dieses Westin. Man darf ihm bescheinigen, dass es ihm gelungen ist, das Haus konzeptionell neu zu positionieren. Natürlich kam ihm dabei entgegen, dass erhebliche Geldmittel für Umbau- und Renovierungsmaßnahmen bereitgestellt wurden. Hachmeisters Vorgänger mussten sich noch mit einem erheblichen Renovierungsstau herumplagen, besonders das Zimmerprodukt war deutlich in die Jahre gekommen. Seither wurden die Räume sukzessive aufwendig renoviert, in hellen Beige- und Brauntönen sind die Zimmer und Suiten nun gehalten. Zuletzt hat man ein neues Konzept für die exklusiven Junior- und Deluxe-Suiten erarbeitet, die mit edlen Materialien gestaltet wurden. Eine kulinarische Institution in Leipzig und Umgebung ist das Gourmetrestaurant Falco unter der Leitung von Peter Maria Schnurr, der hier Maßstäbe gesetzt hat. Seine ambitionierte Haute Cuisine wird mittlerweile sogar mit zwei Michelin-Sternen honoriert. Von hier oben in der 27. Etage hat man zudem einen hervorragenden Ausblick auf die Stadt. Auch das japanische Restaurant Yamato hat in Leipzig fast schon Kultstatus, in jedem Fall zählt es zu den ersten Adressen der Stadt. Nach einem anstrengenden Meeting kann man im Schwimmbad- und Saunabereich entspannen. Im Tagungssegment ist das Haus führend in der Region, das kann man mit Fug und Recht behaupten angesichts des 4.000 qm großen Conventionbereichs mit 32 Konferenz- und Bankettäumen sowie Boarding-Rooms und des über 600 qm großen Ballsaals. Besprechungen in kleinem Rahmen sind hier ebenso möglich wie große Konferenzen mit bis zu 700 Personen. Kurzum: Derzeit darf das Westin als bestes Luxus-Businesshotel der Stadt gelten.

Bewertung:

LÜBECK Schleswig-Holstein

A-ROSA TRAVEMÜNDE
(OT Travemünde)
Außenallee 10
23570 Lübeck
Telefon: 04502-3070-0
Telefax: 04502-3070 700
Internet: www.a-rosa.de
E-Mail: travemuende@a-rosa.de
Direktorin: Jana Lührmann
DZ ab € 236,00

„Dem Phantom auf der Spur" könnte die Überschrift für diesen Artikel lauten. Hoteldirektorin Jana Lührmann, die dieses A-Rosa seit einigen Jahren führt, ist wirklich schwer zu erreichen. Dabei dürfte man eigentlich erwarten, dass sie als Gastgeberin jederzeit ansprechbar ist. Mal ist sie nach Angaben der Mitarbeiter in einem Meeting, dann wieder bei einem Außentermin, krank oder einfach im Urlaub. Lührmanns Gastgeberqualitäten scheinen sich in Grenzen zu halten, denn ihr Interesse an einem direkten Kontakt mit ihren Gästen tendiert ganz offensichtlich gegen null. Die mangelnde Präsenz der Direktorin ist übrigens ein offenes Geheimnis, das nicht nur ihre Kollegen hinter vorgehaltener Hand diskutieren. Anyway. Zumindest die Hardwarefakten können hier vollumfänglich überzeugen, und auch das gebotene Dienstleistungsniveau kann sich sehen lassen. Der Gast hat die Wahl, ob er im Kurhaus selbst oder im sogenannten Anbau logieren möchte. Entsprechend der gebuchten Kategorie genießt er entweder einen direkten Meerblick oder muss mit dem Blick auf den Park vorliebnehmen. Als wirklich herausragend ist der SPA zu bezeichnen, der sich über 4.500 qm erstreckt. Allein die Poolanlage mit ihrem Innen- und Außenpool mit Meerwasser, Kinder- und Bewegungsbecken hat eine Größe von 540 qm. Ebenso großzügig ist die Saunalandschaft gestaltet. Sieben unterschiedlich temperierte Saunen stehen zur Auswahl, außerdem eine Eisgrotte sowie ansprechende Ruhezonen mit Kamin. Insgesamt 26 Anwendungsräume umfasst die Beauty- und Massageabteilung, und entsprechend breit gefächert ist natürlich das Angebot. Thalasso und Ayurveda haben einen großen Stellenwert, und man kann während seines Aufenthalts nicht nur Einzelanwendungen, sondern auch ganze Packages buchen. Der aktiven Freizeitgestaltung sind praktisch keine Grenzen gesetzt: Ob Golf, Tennis, Tauchen, Wasserski oder Segeln, hier ist vieles möglich. Beim Restaurant haben die Gourmets unter den Reisenden mittlerweile die Qual der Wahl. Denn seit diesem Jahr darf sich neben Küchenchef Kevin Fehling vom Hotel Columbia auch Christian Scharrer, der das Buddenbrooks im A-Rosa leitet, mit zwei Michelin-Sternen schmücken. Zwei interessante Alternativen zu diesem Gourmetrestaurant bieten die Gastronomiekonzepte der „Weinwirtschaft" und des Wintergarten-Restaurants.

Bewertung:

COLUMBIA CASINO TRAVEMÜNDE

(OT Travemünde)
Kaiserallee 2
23570 Lübeck
Telefon: 04502-308-0
Telefax: 04502-308 333
Internet: www.columbia-hotels.de
E-Mail: travemuende@columbia-hotels.de
Direktor: Ralph Hosbein
DZ ab € 200,00

Seit Ralph Hosbein für dieses kleine Hideaway verantwortlich ist, geht es nicht nur im Hinblick auf die Servicequalität steil bergauf. In allen Abteilungen des Hauses hat er die Abläufe spürbar optimiert. Überhaupt kann man Hosbein bescheinigen, dass er sich und sein Haus regelmäßig einer kritischen Betrachtung unterzieht – eine wichtige Strategie, wenn man ein Luxushotel wie dieses langfristig erfolgreich am Markt positionieren möchte. Schwachpunkte zu erkennen und ihnen entgegenzuwirken ist Teil seines Führungskonzepts. Daneben kann das Columbia mit einem ausgewogenen Service- und Dienstleistungsangebot glänzen. Wagen wir einen Blick auf die Ausstattung dieses Fünf-Sterne-Hotels: Hier werden wir ebenfalls nicht enttäuscht. Die edlen Zimmer und Suiten sind mit Schiffsbodenparkett ausgestattet und garantieren eine hohe Aufenthaltsqualität, einige bieten sogar einen direkten Meerblick. Auch gastronomisch ist man auf Erfolgskurs. Spitzenkoch Kevin Fehling sorgt mit seiner kreativen Spitzenküche für Furore – wohl auch deshalb, weil es ihm innerhalb relativ kurzer Zeit gelungen ist, die Küchenleistung weiterzuentwickeln und die Qualität zu steigern. Dies juriert der Guide Michelin neuerdings sogar mit einem weiteren Stern, Fehling darf sich also seit letztem Jahr mit zwei der begehrten Symbole für Spitzenkulinarik schmücken. Diejenigen, denen das A-Rosa zu groß und unpersönlich ist und die eher eine persönliche und individuelle Betreuung schätzen, werden in Travemünde vermutlich dem Columbia den Vorzug geben und sich hier besonders wohlfühlen. Die immerhin vier Tagungsräume bieten Kapazitäten für bis zu 350 Personen, Besprechungen im kleineren Rahmen sind hier ebenso möglich wie ein festliches Bankett. Der schönste Raum ist sicherlich der Ballsaal, der jeder Veranstaltung einen edlen Rahmen verleiht. Der SPA ist für die Größe des Hauses angemessen ausgefallen. Neben einem Schwimmbad bietet er einen Sauna- und einen Fitnessbereich. Und als besonderer Vorzug ist der Willkommenscocktail ebenso in den Zimmerpreis inkludiert wie die fünf Premiumkanäle von SKY sowie die Minibar.

Bewertung:

MARITIM
(OT Travemünde)
Trelleborgallee 2
23570 Lübeck
Telefon: 04502-89-0
Telefax: 04502-89 2020
Internet: www.maritim.de
E-Mail: info.trv@maritim.de
Direktor: Oliver Gut
DZ ab € 155,00

Es gibt Neues zu vermelden aus dem Maritim-Hotel in Travemünde. Im letzten Sommer wurde innerhalb weniger Monate ein neuer Freizeitbereich geschaffen. Nunmehr kann man den Gästen neben einem adäquaten Pool auch eine kleine Saunalandschaft mit finnischer Sauna und Biosauna bieten, nicht zu vergessen den Beauty- und Massagebereich mit vier Behandlungskabinen, in denen Anwendungen genossen werden können. Diese Investition lässt sich die Hotelgruppe angeblich über eine Million Euro kosten. Dass dies ein richtiger Schritt in die Zukunft ist, liegt angesichts der starken Mitbewerber in unmittelbarer Nachbarschaft auf der Hand, auch wenn das Maritim ein ganz anderes Segment bedient. Direktor Oliver Gut legt allergrößten Wert darauf festzustellen, dass man keinesfalls in Konkurrenz zu A-Rosa oder dem Casino Travemünde treten möchte, die sich bekanntlich als lupenreine Leisurehotels verstehen. Nur am Rande bemerkt: Das wäre auch ein aussichtsloses Unterfangen. Mit der Erweiterung des Wellnessbereichs hofft man, sich zukünftig besser positionieren zu können. Zielgruppe im touristischen Segment sind die Silver Ager, wie man neudeutsch sagt, also die Generation 65 plus. Ein jüngeres Publikum anzusprechen wäre auch unsinnig, die könnten sich mit dem konservativen Zimmerprodukt vermutlich nicht anfreunden. Wenn die Gerüchte stimmen, will man den Zimmern in diesem Jahr eine kleine kosmetische Auffrischung gönnen. Klare

Stärke dieses Hauses, das haben wir hier schon mehrfach unterstrichen, ist das Tagungs- und Veranstaltungssegment. Insgesamt 12 Räumlichkeiten erlauben Veranstaltungen mit bis zu 1.200 Personen. Ebenfalls unbestritten ist die exponierte Lage. Die Zimmer gewähren einen Ausblick entweder auf die Trave, den Skandinavien-Kai oder die Lübecker Bucht. Ein kleines Highlight ist das Café in der 35. Etage,

das natürlich nicht nur Hotelgästen offensteht: Von hier aus genießt man einen sensationellen Ausblick. Oliver Gut hat hier, wie wir finden, in den vergangenen Jahren einen sehr guten Job gemacht. Insbesondere von seinem großen Kommunikationstalent konnte das Haus profitieren. Stammgäste schätzen seine verbindlich-freundliche Art, denn Gut versteht es, seine Gäste nach allen Regeln der Kunst zu hofieren und zu charmieren.

Bewertung:

MAGDEBURG Sachsen-Anhalt

MARITIM
(Innenstadt)
Otto-von-Guericke-Straße 87
39104 Magdeburg
Telefon: 0391-5949-0
Telefax: 0391-5949 990
Internet: www.maritim.de
E-Mail: info.mag@maritim.de
Direktorin: Andrea Imwalle
DZ ab € 98,00

Nach wie vor darf dieses Maritim in der Landeshauptstadt Sachen-Anhalts als erste Adresse gelten. Dies beruht zum einen auf der zentralen Lage, denn der Bahnhof ist nur 200 Meter entfernt. Zum anderen, und das ist wohl der wichtigste Aspekt, sind die Tagungs- und Veranstaltungsmöglichkeiten hervorragend. Seine größten Zeiten hatte das Haus unter dem Management von Henrik Müller-Huck. Dieses Kompliment ist keinesfalls als Lobhudelei einzuordnen – im Frankfurter Hotel der Gruppe hat Müller-Huck von uns auch schon harte Kritik einstecken müssen. Fakt ist, dass er es geschafft hat, das Renommee dieses Hauses zu steigern, es an der Spitze zu positionieren und sozusagen zum Wohnzimmer der Stadt zu entwickeln. Stets zeigte er Flagge, er verstand sich sozusagen als Botschafter dieses First-Class-Hotels und repräsentierte es in der Öffentlichkeit, wann immer es möglich war. Sein unmittelbarer Nachfolger Hartmut Korthäuer hielt im Vergleich zu ihm den Ball eher flach. Leider erwiesen sich seine Gastgeberqualitäten ebenso wie seine Kommunikationsbereitschaft als begrenzt. Im vergangenen Jahr wurde Korthäuer nun von Andrea Imwalle abgelöst – im Grunde ein fließender Übergang, denn sie hatte für die Hotelgruppe bereits ein Haus in Bremen geführt, ohne dort nachweisliche Akzente zu setzen, insofern wird der Direktorenwechsel von den meisten Gästen eher unbemerkt bleiben. Was darf man von diesem Maritim erwarten? Selbstverständlich das gewohnt konservative Interior Design, das man nicht nur auf den Zimmern und Suiten, sondern auch in den öffentlichen Bereichen vorfindet. Wobei der Begriff Design für den Stil des Hauses eher unpassend ist: großblumige Teppiche, große Lüster und natürlich Messing, wohin das Auge blickt. Zum Angebot zählt auch ein akzeptabler Schwimmbad- und Saunabereich. Überzeugend ist nicht nur das Frühstücksbuffet, das in allen Häusern der Gruppe einen recht hohen Standard hat, sondern auch das gastronomische Angebot.

Bewertung:

MAINZ   Rheinland-Pfalz

HILTON
(Altstadt)
Rheinstraße 68
55116 Mainz
Telefon: 06131-245-0
Telefax: 06131-245 3099
Internet: www.hilton.de
E-Mail: info.mainz@hilton.com
Direktor: Roland Rößler
DZ ab € 112,00

Nach einer umfangreichen Renovierung, die im vergangenen Jahr abgeschlossen wurde, stehen die Zeichen im Mainzer Hilton auf Neuanfang, und der Wille, wieder an die einstigen Erfolge anzuknüpfen, wächst sichtlich. Denn es gab durchaus Zeiten, da zählte dieses Haus zu den besten der Stadt, war sogar so etwas wie der Platzhirsch der Hotellerie in Mainz. Da waren wir aber im letzten Jahrtausend und Helmut Kohl noch Bundeskanzler. Spätestens nachdem Hyatt mit einem hochwertigen Hotelprodukt und einem wirklich ausgefeilten Serviceangebot hier Maßstäbe gesetzt hatte, konnte man bei Hilton nicht einmal mehr vom Ruf vergangener Jahre zehren. Vor allem der Renovierungsstau, den man nicht nur auf den Zimmern und Suiten, sondern auch in den öffentlichen Bereichen vorfand, kratzte am Image dieses einstigen Top-Businesshotels. Nun ist es endlich wieder up do date, vorbei sind die Zeiten, als die Hilton-Reservierungszentrale auf Nachfrage das Hilton City empfehlen musste. Die Umbau- und Renovierungsmaßnahmen ließ man sich immerhin 30 Millionen Euro kosten, und das Ergebnis kann sich wirklich sehen lassen. Die Zimmer und Suiten überzeugen durch ihr frisches Interieur, wirken durch die Farbgebung warm und behaglich und sind nunmehr selbstverständlich alle mit einem Flachbildschirm-Fernseher ausgestattet. Wer auf den Rheinblick Wert legt, sollte sicherstellen, dass er ein entsprechendes Zimmer im Rheinflügel fest bucht. Der Freizeitbereich ist allerdings nach wie vor kaum der Rede wert, er ist praktisch nicht vorhanden. Weder ein Schwimmbad noch einen Saunabereich kann man den Gästen anbieten, lediglich ein überschaubarer Fitnessbereich ist vorhanden. Die Tagungsmöglichkeiten waren und sind überdurchschnittlich gut. Im Rahmen der Renovierung wurde auf der Fläche des ehemaligen Casinos ein hochmoderner Meeting-Bereich eingerichtet. Dem Hotel ist das Kongresszentrum mit der Rheingoldhalle angegliedert, daher sind selbst große Kongresse, Konferenzen oder Tagungen mit bis zu 5.000 Personen ohne Weiteres möglich. Zwei Restaurants stehen zur Auswahl. In der Brasserie kann der Gast von Mittwoch bis Samstag unter anderem täglich ein speziell kalkuliertes Drei-Gänge-Menü inklusive Wein, Softgetränken, Wasser und Kaffeespezialitäten genießen. Die Weinstube dagegen bietet das tägliche Mittags- und Abendbuffet, zusätzlich kann man auch à la carte speisen.

Bewertung:

HYATT REGENCY
(Altstadt)
Malakoff-Terrasse 1
55116 Mainz
Telefon: 06131-731234
Telefax: 06131-731235
Internet: www.mainz.regency.hyatt.de
E-Mail: mainz.regency@hyatt.de
Direktor: Otto Steenbeek
DZ ab € 251,00

Hier trifft Moderne auf Historie, denn Teile des historischen Fort Malakoff aus dem 19. Jahrhundert wurden geschickt in die Hotelarchitektur integriert. Auch die Lage spricht für dieses als Fünf-Sterne-Hotel klassifizierte Haus. Man logiert absolut zentral, der Mainzer Hauptbahnhof sowie die Rheingoldhalle befinden sich in unmittelbarer Nähe. Seinen Status als erstes Haus am Platz verteidigt das Hyatt nicht nur mit einem guten Zimmerprodukt, sondern insbesondere mit einem hervorragend austarierten Service- und Dienstleistungsangebot. Standardleistungen sind Valet Parking, 24-Stunden-Zimmer-, Concierge- und Schuhputzservice. Hoteldirektor Otto Steenbeek hat dieses Businesshotel zweifelsohne fest im Griff. Offensichtlich hervorragend geschulte, freundliche und kompetente Mitarbeiter überzeugen mit hoher Dienstleistungsbereitschaft. Ein breit gefächertes Angebot an Zimmerkategorien – es sind insgesamt 12 – trägt den unterschiedlichen Ansprüchen der Gäste Rechnung. Einige Zimmer ermöglichen einen direkten Rheinblick. High-Speed-Internet wird freundlicherweise für 30 Minuten kostenfrei gestellt, für jede weitere Stunde werden 3 Euro, für 24 Stunden 18 Euro berechnet. Wer sich auf der Clubetage einbucht, genießt zusätzliche Annehmlichkeiten. So erhält man unter anderem Zutritt zur eigens eingerichteten Lounge, wo neben dem täglichen kontinentalen Frühstück tagsüber Getränke, Snacks und eine Auswahl an Tageszeitungen bereitgehalten werden. Auf allen Zimmern steht eine Tee- und Kaffeezubereitungsmöglichkeit zur Verfügung, außerdem erwarten den Gast Bademantel, Slipper sowie eine hochwertige Pflegeserie im Badezimmer. Mehr als passabel ist der Wellnessbereich ausgefallen, vor allem in Anbetracht dessen, dass dieses Hyatt kein Leisure-, sondern ein Businesshotel ist. Er bietet neben einem Schwimmbad- und einem Saunakomplex mit finnischer Sauna, Dampfbad, Tauchbecken und Whirlpool auch einen gut ausgestatteten Fitnessbereich mit modernsten Trainingsgeräten.

Bewertung:

MANNHEIM Baden-Württemberg

DORINT KONGRESSHOTEL
(Innenstadt)
Friedrichsring 6
68161 Mannheim
Telefon: 0621-1251-0
Telefax: 0621-1251 100
Internet: hotel-mannheim.dorint.com
E-Mail: info.mannheim@dorint.com
Direktor: Kirsten Stolle
DZ ab € 72,00

Dieses Dorint ist ein lupenreines Businesshotel. Seit hier Ende 2010 ein Direktorenwechsel stattgefunden hat, geht es mit dem Haus in vielerlei Hinsicht bergauf. Hoteldirektor Kirsten Stolle ist alles andere als ein Dampfplauderer, der an die Macht großer Worte allein glaubt, er überzeugt lieber durch nachhaltiges und tatkräftiges Handeln. Wir sind sicher, dass es ihm gelingen könnte, mit entsprechenden Konzepten und einer Neustrukturierung aller Abteilungen dieses First-Class-Hotel wieder an der absoluten Spitze des hiesigen Hotelmarkts zu positionieren. Längst hat man erkannt, dass Renovierungsmaßnahmen unumgänglich sind. Die Zimmer und Suiten konnten aktuellen Erwartungen, objektiv betrachtet, nicht mehr entsprechen – wobei die Räumlichkeiten alles andere als abgewohnt wirken, sie sind gut gepflegt, das muss korrekterweise gesagt werden. Wie auch immer, dieses Zimmerdesign ist bald Geschichte, im vergangenen Jahr wurde bereits mit der Renovierung begonnen. Stolles unmittelbarer Vorgänger führte das Haus wie ein Patriarch und ließ sich auch gern mal zu cholerischen Anfällen hinreißen. Das sorgte nicht gerade für ein entspanntes Betriebsklima und wirkte sich entsprechend negativ auf das Serviceniveau aus. Eine seiner Position entsprechende Sozialkompetenz fehlte diesem  Direktor offenbar. Der Führungsstil von Kirsten Stolle ist das genaue Gegenteil. Stolle schlägt leisere Töne an, er versteht es, seine Mitarbeiter zu motivieren und sie zu einem Team zu verschmelzen. Ein Herausstellungsmerkmal des Hauses ist zweifelsohne der Tagungs- und Conventionbereich. Hier stehen schon 13 Tagungsräume

 zur Verfügung, und da man mit der angegliederten Kongresshalle kooperiert, sind die Kapazitäten noch erweiterbar. Somit können Veranstaltungen mit bis zu 10.000 Personen organisiert werden. Zusätzlich stehen 10.000 qm Ausstellungsfläche zur Verfügung, man könnte also auch kleinere Messen realisieren. Wirklich hervorragend ist das Frühstücksbuffet. Eierspeisen werden selbstverständlich à la minute zubereitet. Angenehm, dass man bei sommerlichen Temperaturen sein Frühstück im Außenbereich genießen kann. Komplettiert wird das Angebot durch einen passablen Freizeitbereich mit Pool und Saunen sowie einem Fitnessbereich für das tägliche Pensum an Trainingseinheiten.

Bewertung:

MARITIM PARKHOTEL
(Innenstadt)
Friedrichsplatz 2
68165 Mannheim
Telefon: 0621-1588-0
Telefax: 0621-1588 800
Internet: www.maritim.de
E-Mail: info.man@maritim.de
Direktor: Bernd Ringer
DZ ab € 98,00

Mag man über sein Interior Design auch streiten, eins steht fest: Dieses Maritim ist alles andere als gewöhnlich. Es liegt prominent direkt am Friedrichsplatz, man logiert also recht zentral. Von außen betrachtet lässt das Gebäude im Renaissance-Stil vielleicht auf ein Grandhotel schließen, beim Betreten entpuppt es sich aber als ein First-Class-Businesshotel. Die Zimmer, die in fünf Kategorien unterteilt sind, wurden vor einigen Jahren etwas aufgefrischt. Wie in den meisten Häusern der Hotelgruppe wirken sie etwas bieder. Die meisten gehören zur Kategorie Classic, sind mit 18 qm jedoch etwas klein ausgefallen. Eine höhere Aufenthaltsqualität versprechen die Superior-Zimmer mit einer Größe zwischen 28 und 39 qm. Auch in diesem Jahr können wir Hoteldirektor Bernd Ringer bescheinigen, dass die Service- und Dienstleistungsbereitschaft seiner Mitarbeiter wenig Grund zum Klagen gibt. Ringer, der hier seit vielen Jahren verantwortlich ist, führt das Parkhotel sehr souverän und hat es im Rahmen der Möglichkeiten gut positioniert. Er verfügt über gute Kontakte und Netzwerke und hat sich am Markt überhaupt einen recht guten Ruf erarbeitet. Wir wollen nicht behaupten, er sei ein Gastgeber par excellence, der seine Gäste nach allen Regeln der Kunst umschmeichle. Dennoch lässt er es sich natürlich nicht nehmen, zumindest seine Stammgäste zu begrüßen, und selbstverständlich zeigt er bei wichtigen Veranstaltungen Präsenz, um das Hotel angemessen zu vertreten. Ringer gilt als korrekt und geradlinig. Viele schätzen vor allem seine manchmal sarkastische Art, bei der man zumindest nicht Gefahr läuft, auf einer Schleimspur von Höflichkeiten und falschen Komplimenten auszurutschen. Das macht ihn jedenfalls den Gästen sympathisch, die mit aufgesetzter, unverbindlicher Freundlichkeit wenig anfangen können. Im Gegensatz zu einigen seiner Kollegen, über die wir in diesem Hotel Guide schon berichtet haben, nimmt er sich selbst nicht zu wichtig und hält sich schon gar nicht für unersetzbar. Das gastronomische Angebot des Hotels ist akzeptabel. Eine internationale Küche garantiert man im Parkrestaurant, in der Bier- und Weinstube Papageno eine gutbürgerliche Küche. In guter Erinnerung bleibt den meisten das Frühstücksbuffet, das durch seine Auswahl und Frische überzeugt. Eierspeisen werden auf Wunsch à la minute zubereitet. Das Tagungssegment mit sechs Räumen und Salons ist im Vergleich zum Dorint allerdings nur im guten Mittelfeld einzuordnen.

Bewertung:

MARBURG   Hessen

VILA VITA ROSENPARK
(Innenstadt)
Anneliese Pohl Allee 7-17
35037 Marburg
Telefon: 06421-6005-0
Telefax: 06421-6005 100
Internet: www.rosenpark.com
E-Mail: info@rosenpark.com
Direktorin: Petra Roggenkämper
DZ ab € 180,00

Nach wie vor darf das Vila Vita Rosenpark behaupten, es sei in und um Marburg die absolute Nummer eins. Dazu muss man allerdings wissen, dass es in weitem Umkreis keinen ernstzunehmenden Mitbewerber gibt. Die meisten Häuser in der Region sind privat geführt, viele weisen einen deutlichen Renovierungsstau auf. Somit ist dieses Fünf-Sterne-Hotel sozusagen der Einäugige unter den Blinden. Das Vila Vita versteht sich als Luxusherberge, daher wird es natürlich zwangsläufig mit den besten Adressen der Republik gemessen, entsprechend hoch sind die Erwartungen. Im ganzen Haus trifft man als wiederkehrendes Motiv die Rose, die Königin der Blumen: auf dem Treppengeländer, an den Wänden, vom Wellnessbereich bis zu den Zimmern. Das Konzept des Vila Vita Rosenpark fußt auf drei Säulen: zum einen dem Tagungsgeschäft, zum anderen dem Bereich Wellness und Beauty und schließlich, zumindest bislang, auf der gebotenen Spitzenküche. Bislang konnte das Haus den Gästen immerhin drei Restaurants bieten. Leider sind offensichtlich die Zeiten vorbei, als man bereit war, das Restaurant mit der hervorragenden Haute Cuisine von Küchenchef Bernd Siener zu subventionieren – der nebenbei bemerkt für uns ein Kandidat für einen zweiten Michelin-Stern war. Die Begründung, man beabsichtige eine „strategische Neuausrichtung", klingt doch etwas konstruiert. Nachmittags wird „konditort": Im Café Rosenpark genießt man Torten, Kuchen und Pralinen aus der hauseigenen Patisserie. Der SPA verdient eine gewisse Anerkennung, erstreckt er sich doch über insgesamt 1.000 qm. Wenn der Pool auch etwas klein ausgefallen ist und eher an ein Planschbecken erinnert, kann die Saunalandschaft doch überzeugen. Neben finnischer Sauna, Dampfbad, Erlebnisduschen und Wärmebänken bietet sie einen künstlichen Soleheilstollen. Ein gutes Angebot stellt auch die Beauty- und Massageabteilung bereit. Mittlerweile durchaus beachtlich sind die Tagungsmöglichkeiten. Die bisherigen 14 mit modernster Tagungstechnik ausgestatteten Räume wurden mit einem neuen Kongresszentrum noch erweitert.

Bewertung:

MÖNCHENGLADBACH Nordrhein-Westfalen

DORINT PARKHOTEL
(Innenstadt)
Hohenzollernstraße 5
41061 Mönchengladbach
Telefon: 02161-893-0
Telefax: 02161-87231
Internet: hotel-moenchengladbach.dorint.com
E-Mail: info.moenchengladbach@dorint.com
Direktor: Hans-Hermann Duderstadt
DZ ab € 89,00

Wir sind uns absolut sicher, dass dieses First-Class-Hotel mit seinem fast schon düsteren Außengebäude keinen Architekturpreis gewinnen wird. Dem einen oder anderen Gast könnte sich bei der Anreise kurzfristig die Frage aufdrängen, ob er sich bei der Auswahl seiner Unterkunft wirklich richtig entschieden hat. Diese Bedenken zerstreuen sich aber beim Betreten des Parkhotels. Fakt ist, dass hier in den vergangenen Jahren fleißig renoviert wurde, daher sind die Zimmer und Suiten auf einem zeitgemäßen Stand. Prägend für dieses Dorint war Ben Lambers, der hier viele Jahre die Gastgeberfunktion wahrgenommen und es fast wie ein Patron geführt hat. Stammgästebindung stand auf seiner Prioritätenliste ganz oben. Vielversprechend erschien auch die Nachfolge durch Kai Zerr im letzten Sommer. Und so war man doch sehr überrascht, als dann durchsickerte, er werde das Haus wieder verlassen, um sich – so zumindest die offizielle Version – einer neuen Aufgabe zu stellen. Welche das ist, konnten wir allerdings bis Redaktionsschluss nicht eruieren. Zerr ist es nicht gelungen, Akzente zu setzen – kaum verwunderlich, schließlich war er hier nur wenige Monate lang tätig. Nunmehr nimmt Hans-Hermann Duderstadt die Geschicke des Hauses in die Hand. Die kleinen Turbulenzen auf Direktionsebene haben sich aber zumindest im operativen Bereich nicht nennenswert ausgewirkt, denn die Schlüsselpositionen sind nach wie vor mit langjährigen Mitarbeitern besetzt. Entsprechend hoch ist hier das Serviceniveau, die freundlichen und zuvorkommenden Mitarbeiter können in der Regel überzeugen. Das Parkhotel verlangt nach einer Führungspersönlichkeit mit hoher Sozialkompetenz und vor allem ausgeprägten Gastgeber-

qualitäten. Ob eine solche mit Duderstadt gefunden wurde, können wir derzeit noch nicht einschätzen. Kommen wir zu den unumstößlichen Fakten: Vieles spricht für dieses Dorint. Da sind zunächst die recht guten Tagungsmöglichkeiten, immerhin stehen 15 modernst ausgestattete Räumlichkeiten zur Verfügung, die kürzlich aufgefrischt wurden. Auch der SPA ist für ein Businesshotel recht üppig ausgefallen. Er umfasst neben einem Schwimmbadbereich eine Saunalandschaft mit finnischer Sauna, Dampfbad, Frigidarium und Aromasauna. Im lichtdurchfluteten Fitnessbereich trainiert man auf modernsten Cardio- und Muskelaufbaugeräten. Zudem befindet sich im Haus die renommierte Physiotherapeutische Praxis Richter & Lopez, die sogar über eine Kassenzulassung verfügt. Zu erwähnen ist auch die gute Verkehrsanbindung: Wie wir schon in den vorigen Ausgaben dieses Hotel Guide bemerkt haben, erreicht man den Düsseldorfer Airport und die Messe in relativ kurzer Zeit.

Bewertung:

MÜLHEIM   Nordrhein-Westfalen

VILLA AM RUHRUFER
(Mitte)
Dohne 105
45468 Mülheim an der Ruhr
Telefon: 02 08-94 13 97-0
Telefax: 02 08-94 13 97-50
Internet: www.villa-am-ruhrufer.de
E-Mail: info@villa-am-ruhrufer.de
Inhaberin: Susanne Schmitz-Abshagen
DZ ab € 195,00

Im letzten Jahr hat in Mülheim Deutschlands kleinstes Fünf-Sterne-Hotel eröffnet. Erstaunlicherweise konnte es sofort Mitglied der renommierten Hotelkooperation

"Small Luxury Collection" werden, ohne sich erst Meriten erwerben zu müssen. Die Klassifizierung schürt allerdings hohe Erwartungen in Bezug auf das Dienstleistungs- und Serviceangebot, denen ein so kleines Haus kaum entsprechen kann, denn es kann weder das dafür erforderliche Personal noch die entsprechende Infrastruktur vorhalten. Mögen die sechs Zimmer und sechs Suiten noch so geschmackvoll gestaltet sein, noble Hardware allein reicht nicht aus. Man logiert entweder in den komfortablen Deluxe-Zimmern im modernen Anbau oder in einer der noblen Suiten, die in der Villa selbst untergebracht sind. Letztere sind alle mit einem Kamin ausgestattet und in Schwarz-Weiß gehalten. Selbstverständlich bieten alle Zimmer einen Arbeitsplatz mit kostenlosem High-Speed-Internetzugang. Auch die Nutzung der Minibar ist in den Zimmerpreis inkludiert. Zum Gesamtangebot zählt außerdem ein kleiner Private SPA mit Trockensauna, Dampfsauna, Massageraum und sogar einem Pool. Der Schwimmbadbereich ist durch eine Glaswand vom Restaurant separiert. Ob es wirklich angenehm ist, hier seine Runden zu drehen, während die Restaurantgäste zusehen und dabei speisen oder ihren Cocktail genießen, sei dahingestellt. Dieses Konzept kannten wir bisher nur von der Bielefelder Universität, vielleicht ist es ja davon inspiriert? Golffans kommen hier voll auf ihre Kosten. Zwei 18-Loch-Plätze befinden sich wenige Autominuten entfernt: der Golfclub Mülheim an der Ruhr und der renommierte Kosaido International Golfclub Düsseldorf. Angenehm ist, dass Gäste einen kostenfreien Shuttleservice in Anspruch nehmen können. Der sogenannte Living Room ist sozusagen der kulinarische Treffpunkt des Hotels, wo man nicht nur sein Frühstück genießt, sondern auch speisen kann. Ein besonderer Service ist, dass ein Menü ganz nach den Wünschen des Gastes zubereitet wird, vorausgesetzt, man gibt dem Küchenchef 24 Stunden Vorlaufzeit. Die Homepage des Hotels verspricht weitere Restaurants, beispielsweise das „Restaurant in der Müller Flora". Dessen Konzept erschließt sich auch auf den zweiten Blick nicht, denn laut Karte bietet es einerseits original thailändische Küche, andererseits regionale Gerichte. Alternativ empfiehlt sich das Japanische Bistro des Kosaido-Golfclubs. Da es sich auf dem Gelände des Clubs befindet, wird selbstverständlich auch ein kostenfreier „Dinner Shuttle Service" organisiert. Bleibt als Fazit: Wir halten es für sehr gewagt, dass man sich als Fünf-Sterne-Hotel hat klassifizieren lassen. Echter Luxus ist vor allem herausragender Service, darüber sollte man nachdenken. Hier wäre etwas Understatement geschickter gewesen, denn so wird man zwangsläufig an den Besten der Besten gemessen. Entsprechend hoch müssen die Maßstäbe sein, die man anlegt.

Bewertung: ●●●

MÜNCHEN Bayern

BAYERISCHER HOF
(Innenstadt)
Promenadeplatz 2–6
80333 München
Telefon: 089-2120-0
Telefax: 089-2120 906
Internet: www.bayerischerhof.de
E-Mail: info@bayerischerhof.de
Inhaberin: Innegrit Volkhardt
DZ ab € 255,00

Der Bayerische Hof hat in der Landeshauptstadt München immer noch den Ruf der absoluten Nummer eins. Man versteht sich als ein Luxushotel der Spitzenklasse. Aber kann das Traditionshotel den entsprechenden Erwartungen tatsächlich genügen und hält vor allem das Zimmerprodukt, was die Klassifizierung verspricht? In Bezug auf die Service- und Dienstleistungsbereitschaft der Mitarbeiter erlebten wir bei unseren Besuchen jedes Mal einer Achterbahnfahrt. Wir bleiben dabei, dass das Maß der Aufmerksamkeit, die dem Gast zuteilwird, von dessen Status abhängt. Der Otto-Normalverbraucher-Gast, der sich für diese Nobelherberge vielleicht auch wegen ihrer recht zentralen Lage entscheidet, könnte hier enttäuscht werden. Geben wir ein Beispiel: Gesellschaftlicher Treffpunkt und Mittelpunkt des Hauses ist die Empore, die hier die Funktion der Lobby übernimmt. Nimmt man hier Platz, kann man sehr schnell beobachten, was wir mit unterschiedlichem „Gast-Status" meinen. Um einzelne Gäste kümmern sich Mitarbeiter mit größter Aufmerksamkeit und ausgesuchter Höflichkeit, andere wiederum werden einfach nicht wahrgenommen. Dann kann Minute um Minute vergehen, während die Mitarbeiter geschäftig hin und her eilen, aber keine Anstalten machen, einen eventuellen Getränkewunsch aufzunehmen. Man muss sich ihre Aufmerksamkeit mit wildem Gestikulieren regelrecht erkämpfen. Während für einen anscheinend sehr, sehr wichtigen Gast ein „großer Bahnhof" veranstaltet wird, verblassen alle anderen Gäste zu Statisten. Diese Beobachtungen Innegrit Volkhardt mitzuteilen lohnt sich nicht, an ihr beißen selbst Fachjournalisten sich die Zähne aus. Die Hotelchefin zeigte sich uns gegenüber unverbindlich-freundlich. Auf solche Eindrücke angesprochen, verliert sie sich in Höflichkeitsfloskeln wie „Wir sind an konstruktiver Kritik immer interessiert" oder „Gästezufriedenheit hat bei uns höchste Priorität, jede Beschwerde wird entsprechend analysiert". Dass dies leere Worte sind, wird spätestens dann klar, wenn man sich konkret nach einer bestimmten Beschwerdeangelegenheit erkundigt und dann erfahren muss, dass das Haus mit dem verärgerten Gast noch nicht einmal Kontakt aufgenommen hat. Positiv hervorzuheben ist in jedem Fall, dass hier in den vergangenen Jahren regelmäßig renoviert, umgebaut und erweitert wurde. Für einen Teil der Zimmer und Suiten wurden neue Konzepte erarbeitet. So ist unter anderem eine sogenannte VIP-Etage entstanden. Allerdings wird ein Teil der Zimmer unseres

Erachtens dem eigenen Anspruch nicht (mehr) gerecht. Bei einer Reservierung sollte man sich daher nach dem Renovierungsstand der jeweiligen Zimmer erkundigen. Vor einiger Zeit wurde der SPA, der sich über mehrere Etagen erstreckt, neu konzipiert. Dafür hat man eigens Star-Innenarchitektin Andrée Putman verpflichtet.

Bewertung:

KEMPINSKI
HOTEL VIER JAHRESZEITEN
(Innenstadt)
Maximilianstraße 17
80539 München
Telefon: 089-21 25-0
Telefax: 089-21 25 2000
Internet: www.kempinski.com
E-Mail: reservations.vierjahreszeiten@kempinksi.com
Direktor: Axel Ludwig
DZ ab € 208,00

Dieses Kempinski ist ein Grandhotel wie aus dem Bilderbuch. Von außen lässt der Prachtbau an der noblen Maximilianstraße bereits erahnen, was man im Inneren erwarten darf. Das Traditionshotel verspricht einen exzellenten Service und ein edles Zimmerprodukt, das auf unterschiedlichste Ansprüche zugeschnitten ist. Wer sich für dieses Fünf-Sterne-Superior-Hotel entscheidet, weiß um die hier gepflegte Service- und Dienstleistungskultur. Es ist noch nicht lange her, da schleppte das Haus einen erheblichen Renovierungsstau mit, insbesondere die Badezimmer hätten auch einem Sozialbau zugeordnet werden können. Aber wir wollen uns nicht mit der Vergangenheit aufhalten und lieber in die Zukunft blicken. Alle Zimmer und Suiten wurden inzwischen aufwendig umgebaut und renoviert, auch die Badezimmer sind endlich eines Fünf-Sterne-Superior-Hotels würdig. Valet Parking, Schuhputz- und 24-Stunden-Zimmerservice sind eine Selbstverständlichkeit. Von Hoteldirektor Axel Ludwig haben wir uns eine Menge versprochen, unter anderem, dass er dem Haus merklich neue Impulse gibt. Üben wir uns noch ein wenig in Geduld. Böse Zungen behaupten ja, dass man hier als Hotelmanager nur über durchschnittliche Gastgeberqualitäten und akzeptable Managementfähigkeiten verfügen müsse, denn man müsse, überspitzt formuliert, nur die Eingangstür aufschließen, die Gäste kämen von allein. Natürlich ist das ein wenig polemisch, aber im bundesweiten Vergleich ist der Münchener Hotelmarkt sehr gesund und man kann hervorragende Hotelraten erzielen. Fast paradiesisch sind die Zustände hier verglichen mit dem Berliner Hotelmarkt, der zwar boomt, aber nicht einmal ansatzweise solche Hotelraten ermöglicht. Für Tagungen und Veranstaltungen bietet das Kempinski edle Salons, modern ausgestattete multifunktionale Räumlichkeiten sowie edle Boarding-Rooms. Selbstverständlich darf man auch einen entsprechenden SPA erwarten, der nicht nur einen Schwimmbad- und Saunabereich, sondern auch eine anspruchsvolle Beauty-abteilung zu bieten hat.

Bewertung:

MANDARIN ORIENTAL
(Innenstadt)
Neuturmstraße 1
80331 München
Telefon: 089-29098-0
Telefax: 089-222539
Internet: www.mandarinoriental.com
E-Mail: momuc-reservations@mohg.com
Direktor: Lars Wagner
DZ ab € 475,00

Allein der Name Mandarin Oriental dürfte für viele internationale Gäste Grund genug sein, in diesem exquisiten Haus im Münchener Zentrum zu buchen. Schließlich steht er für eine Gruppe der hochrangigsten Luxushotels in internationalen Metropolen. Entstanden aus dem Zusammenschluss des legendären Hotels Oriental in Bangkok und dem Mandarin in Hongkong, existiert die Hotelkette unter diesem Namen seit 1974. Im Moment ist sie aber offensichtlich auf einem weitreichenden Expansionskurs: Fast 30 neue Häuser unter diesem Namen sind derzeit in Planung. In fast allen Mandarin-Oriental-Häusern wird den zahlungskräftigen Gästen vermittelt, „on top of the town" zu logieren, denn zumeist liegen sie absolut zentral, nicht selten mit bekannten Sehenswürdigkeiten in unmittelbarer Nachbarschaft. Businessreisende, Politiker auf Auslandsreise, internationale Stars oder auch arabische Scheichs mit ihren mitreisenden Familien haben natürlich Schwierigkeiten, morgens beim Aufstehen zu realisieren, in welcher Metropole sie sich gerade befinden. Berühmte Sehenswürdigkeiten in Sichtweite machen da einen großen atmosphärischen Unterschied und geben den Gästen trotz Jetlag und Termindruck Orientierung. So können sie in ihrer Hatz von Termin zu Termin, zwischen immer gleichen Flughäfen, Hotelzimmern und Businessmeetings zumindest für kurze Zeit durchatmen und etwas Lokalkolorit aufnehmen, wenn sie ans Fenster oder vor die Tür ihres Hotels treten. Hier im Münchener Mandarin Oriental finden sie gleich auf der Rückseite des Gebäudes das Hofbräuhaus. Zentraler und aus touristischer Sicht typischer könnte die Lage also kaum sein. Das Haus selbst ist ein eher intimes historisches Gebäude, das vor der Übernahme durch Mandarin Oriental lange Jahre das beliebte Hotel Raffles beherbergte. Cooles Businessambiente muss man hier nicht erwarten, denn die Fassade und die innere Struktur des Hauses lassen dessen Geschichte allenthalben durchblicken. Den in unseren Breiten viel gelobten Service nach asiatischem Vorbild, der in Mandarin-Oriental-Hotels geboten wird, kann man innerhalb Deutschlands bisher nur hier in München genießen. Dass dieser Ruf berechtigt ist, davon kann man sich auch bei einem kurzen Aufenthalt überzeugen. Schon beim Frühstück, das in der Regel à la carte am Platz serviert wird, werden dem Gast seine Wünsche fast von den Augen abgelesen. Ein zusätzliches Buffet wird natürlich trotzdem geboten, aber der Service am Platz ist natürlich die kultivierteste Form eines Hotelfrühstücks. Das Zimmerprodukt ist mittlerweile wieder auf der Höhe der Zeit, denn sämtliche Zimmer und Suiten wurden erst vor Kurzem aufwendig renoviert. Das Haus ist inzwischen eine Institution auf dem Münchener Hotelmarkt und zieht trotz der starken Konkurrenz im Luxussegment sowie einer konsequenten Hochpreispolitik immer noch zahlreiche internationale Gäste an.

Bewertung:

SOFITEL BAYERPOST
(Innenstadt)
Bayerstraße 12
80335 München
Telefon: 0 89-5 99 48-0
Telefax: 0 89-5 99 48 1000
Internet: www.sofitel.com
E-Mail: h5413@accor.com
Direktor: Gregory Maliassas
DZ ab € 176,00

Die Idee, ein ehemaliges Postgebäude direkt neben dem Münchener Hauptbahnhof in ein Luxus-Businesshotel umzugestalten, kann auch heute noch als Pionierleistung der deutschen Ausnahme-Hotelkette Dorint gelten. Der Verdacht liegt nahe, dass es kostenträchtige Unternehmungen wie diese waren, die Dorint schließlich in die Übernahme durch die französische Accor-Gruppe trieben. Schaut man sich aber die sensationellen Auslastungszahlen der Bayerpost an, die hier seit der Eröffnung vor über sieben Jahren nahezu selbstverständlich sind, muss man zu einem anderen Schluss kommen. Bei der Vorfahrt beeindruckt zunächst die herrschaftliche Fassade des historischen Postgebäudes, eine typische Großstadtarchitektur der Gründerzeit und Reminiszenz an die ehemalige Gestalt des heute eher schmucklosen Hauptbahnhofs. Mit dem Betreten der Lobby taucht man dann in eine ganz andere Welt ein: Hier haben die Architekten ein Ambiente geschaffen, das sie etwas dramatisch als „mystisch" beschreiben. Die dunklen Farben und Materialien haben in der Tat wenig mit der lichtdurchfluteten Transparenz zu tun, nach der die Hotelarchitektur der vergangenen Jahre oder gar Jahrzehnte so oft strebte. Man denke nur an die zahlreichen gläsernen Hotelatrien großer Businesshotels. Hier vermitteln die dunklen Erdtöne und Materialien Behaglichkeit und Geborgenheit – ein ganz anderes, aber sehr schlüssiges Konzept für die Gestaltung einer Lobby. An diese schließt sich die ehemalige Schalterhalle des Postgebäudes an, die über mehrere Stockwerke reicht. Auch hier sind Wände und Säulen schwarz oder dunkel gehalten, durch das gläserne Dach fällt jedoch viel Tageslicht in den Raum, und die seitlichen Außenfenster sorgen für zusätzliche Helligkeit. Mit dieser Halle verfügt die Bayerpost über einen zentralen Saal, der mit seiner außergewöhnlichen Gestaltung ein beliebter Ort für Events und Veranstaltungen, selbst für Indoor-Messen ist. Unternehmen aus den Bereichen Mode, Werbung und Medien, die sich als besonders modern und auf der Höhe der Zeit verstanden wissen wollen, buchen hier natürlich besonders gern. Der unauffällig an das historische Bauwerk angeschlossene Neubau mit den Zimmern und Suiten passt sich stilistisch dem Tenor der Lobby und der ehemaligen Schalterhalle an. Farblich dominieren Braun und Anthrazit in den Gängen wie innerhalb der Räume. Eine absolute Besonderheit sind die einzigartigen Maisonnette-Suiten in den oberen Etagen des Neubautrakts. Sie bieten im Erdgeschoss Wohnbereich und Gäste-WC, auf der oberen, offenen Etage Schlafbereich und Bad, aber vor allem einen atemberaubenden Blick über die Stadt. Denn die gesamte Front ist verglast und kann je nach Bedürfnis und Sonnenstand elektrisch verdunkelt werden. So schaut man über die Dächer der Stadt bis zu den Alpen, die sich am Horizont erheben. Diese legendäre Stadtansicht kann man sonst nur von den Kirchtürmen der Stadt aus genießen, da die bekanntlich recht strengen Bauvorschriften in der Münchener Innenstadt den Bau von Hochhäusern weitgehend verhindert haben. Unseres Wissens kann kein anderes Luxushotel der Stadt diese Aussicht bieten. Ein weiteres Highlight der Bayerpost ist der Wellnessbereich. Hier findet der Gast keinen gewöhnlichen babyblauen Pool vor, sondern eine mit Bisazza-Mosaikkacheln ausgekleidete Schwimmgrotte. Diese umfasst zwar auch ein rechteckiges Becken zum Schwimmen, ihre Besonderheit besteht aber in einem schneckenförmig verlaufenden Schwimmtunnel, der in einem kleinen Becken mit Luftsprudeln mündet. Nichts für Menschen mit Klaustrophobie, aber eine einmalige und originelle Abweichung vom Einerlei sonstiger Hotelpools. Sauna und Dampfbad sowie Ruheräume sind ebenfalls vorhanden und brechen aus dem dunkel-gedeckten Gestaltungskanon des Hotels nicht aus. Das Sofitel Bayerpost ist und bleibt Avantgarde, und jeder, der sich für moderne Hotellerie interessiert, sollte es einmal besucht haben. Auch gastronomisch kann man überzeugen. Nachhaltig in Erinnerung bleibt das opulente Frühstücksbuffet, auf dem man natürlich auch regionale Spezialitäten findet.

Bewertung: ● ● ● ◖

THE CHARLES
(Innenstadt)
Sophienstraße 28
80333 München
Telefon: 089-54 45 55-0
Telefax: 089-54 45 55 20 00
Internet: www.charleshotel.de
E-Mail: info.charles@roccofortecollection.com
Direktor: Frank Heller
DZ ab € 280,00

Das Charles ist das neueste Haus der britischen Rocco-Forte-Hotelgruppe, die seit einigen Jahren in Deutschland sehr umtriebig ist. Es muss gewiss nicht befürchten, Gäste der bayerischen Landeshauptstadt – auch anspruchsvolle – negativ zu überraschen. Die Lage könnte besser kaum sein, wenn man auf oberstem Niveau mitten in München logieren möchte, nahe zentralen touristischen Attraktionen und in direkter Nähe des Hauptbahnhofs. Trotzdem liegt das Haus an der ruhigen Sophienstraße neben dem Alten Botanischen Garten fast schon idyllisch. Nach dem Sofitel Bayerpost hat damit innerhalb weniger Jahre schon das zweite Luxushotel in direkter Nachbarschaft zum Bahnhof eröffnet. Das verweist eindeutig auf eine Entwicklung, welche die früher nicht sehr angesehenen Lagen um die Hauptbahnhöfe größerer Städte wieder aufwertet und neue, hochwertige Nutzer anzieht. Mit der steigenden Qualität der Bahnhöfe, die heute vielfach schon eher Shopping-Centern ähneln, und dem wachsenden Ansehen des Bahnverkehrs ist es nach und nach attraktiver geworden, mit dem ICE anzureisen. Gerade in München macht es der meilenweit außerhalb der Stadt liegende Flughafen für viele attraktiver, über mittelweite Strecken direkt mit dem Zug nach München anzureisen, anstatt im Erdinger Moos zu landen und dann noch lange Taxi- oder S-Bahn-Fahrten auf sich zu nehmen (jeder erinnert sich wohl noch an Edmund Stoibers krude Rede, in der er für eine neue Bahnverbindung und einen neuen Bahnhof damit warb, dass der Flughafen dadurch näher an die Stadt heranrücken und man praktisch schon am Hauptbahnhof ins Flugzeug steigen würde). Wie überall in den Hotels der Gruppe stellt die Schwester von Eigentümer Sir Rocco Forte als Innenarchitektin Geschmack und Stilsicherheit unter Beweis und überzeugt mit einem noblen Interieur, das sich irgendwo zwischen klassischer Moderne und Art déco bewegt. Ihr Talent ist unumstritten, wie vor allem das Haus in Berlin eindrucksvoll unterstreicht. Wie es sich für ein Luxushotel gehört, bietet man hier einen edlen SPA, der unter anderem mit einem stattlichen 15-Meter-Pool, einer Saunalandschaft und einem Fitnessbereich mit modernsten Geräten aufwarten kann. Komplettiert wird das Angebot durch interessante Beauty- und Massageanwendungen. Ebenfalls stilsicher gestaltet sind die luxuriösen Zimmer und Suiten, die in Sand- und Erdtönen gehalten sind und mit einer Mindestgröße von 40 qm einen hohen Komfort versprechen. Großzügig präsentieren sich auch die edlen Badezimmer, in denen anstelle von Marmor ansprechender heller Naturstein verwendet wurde. In den Zimmerpreis inkludiert sind eine Flasche Mineralwasser zur Begrüßung, täglich eine Tageszeitung, der Besuch des Wellnessbereichs sowie alle Telefonate innerhalb von München. Im Ganzen bildet das Charles die ideale Alternative für alle, denen das direkte Konkurrenzhotel, das Sofitel Bayerpost neben dem Hauptbahnhof, zu architekturbetont und modernistisch ist, an einem zu belebten Ort liegt oder einfach zu sehr quirliges Businesshotel ist. Hier im Charles geht es ruhiger und klassischer, vielleicht sogar ein wenig luxuriöser zu, denn wie in allen Häusern der Gruppe wurde beim Interieur und bei der Architektur an nichts gespart. Man logiert also auf Fünf-Sterne-Niveau nahe dem Hauptbahnhof, aber dennoch eher zurückgezogen und mit Abstand zum bunten und lauten Umfeld des Bahnhofs. Münchens Portfolio an Luxushotels wurde mit diesem Haus auf jeden Fall um ein individuelles und geschmackvolles Haus auf aktuellstem Niveau bereichert.

Bewertung:

MÜNSTER Nordrhein-Westfalen

KAISERHOF
(Mitte)
Bahnhofstraße 14
48143 Münster
Telefon: 02 51-41 78-0
Telefax: 02 51-41 78 666
Internet: www.kaiserhof-muenster.de
E-Mail: hotel@kaiserhof-muenster.de
Inhaber: Peter Cremer
DZ ab € 99,00

Vor noch gar nicht langer Zeit hatte dieses Traditionshotel Kurs in Richtung Bedeutungslosigkeit gesetzt. Nun aber kümmert sich seit einer Weile Eigentümer Peter Cremer höchstpersönlich um die Geschicke des Hauses. Mit intensiven Umbau- und Renovierungsmaßnahmen und neuen, tragfähigen Konzepten konnte er den Abwärtstrend erfreulicherweise stoppen, und inzwischen ist es ihm gelungen, den Kaiserhof

wieder unter den ersten Adressen der Stadt zu positionieren. Überzeugen können insbesondere die Zimmer und Suiten, die in drei Kategorien unterteilt sind und teilweise ein neues Interieur erhielten. Zusätzlich werden zwei großzügige, 50 qm große Suiten geboten, die mit allem zeitgemäßen Komfort ausgestattet sind. Lobenswerterweise ist der WLAN-Zugang für Gäste kostenfrei. Ebenfalls zum Service gehört das „Kopfkissen-Menü", das mittlerweile in vielen Hotels Standard ist: Man trägt den unterschiedlichen Schlafgewohnheiten der Gäste durch eine breite Auswahl an Kopfkissen Rechnung. Mit großem Engagement und spürbarer Empathie füllt Cremer die Gastgeberrolle aus. Der charismatische Hotelchef hat verstanden, dass er sich vom Gros der Häuser in Münster nur durch ein ausgewogenes  Serviceangebot abheben kann. Man hat sich zwar „nur" als Vier-Sterne-Hotel klassifizieren lassen, leistet sich aber dennoch einen Wagenmeister, der sich einerseits um das Auto, andererseits um das Gepäck der Gäste kümmert. Im ganzen Haus finden sich Gemälde bekannter und weniger bekannter Künstler, im Kaminzimmer ist sogar ein echter Modersohn zu bewundern. Geschmackvoll und edel ist der 500 qm große SPA mit Bio-Sauna, finnischer Sauna und Dampfbad ausgefallen, der erst vor Kurzem mit einem neuen Design- und Lichtkonzept aufgewertet wurde. Im Beautybereich kann man aus einer großen Bandbreite von Massagen und kosmetischen Anwendungen wählen. Selbstverständlich steht den Gästen auch ein kleiner Fitnessbereich mit modernsten Trainingsgeräten zur Verfügung. Mit dem „Gourmet 1895" verfolgt der Kaiserhof große Ziele. Die Fähigkeiten und die Kreativität des Küchenchefs geben Anlass zu der Hoffnung, dass man bald in die kulinarische Bundesliga aufsteigen wird. Eine Alternative bietet das Restaurant Gabriel. Mit insgesamt acht Tagungsräumen ist das Haus auch im Segment Tagungen & Veranstaltungen recht gut aufgestellt. Der größte Tagungsraum bietet Platz für bis zu 100 Personen.

Bewertung:

MAURITZHOF
(Innenstadt)
Eisenbahnstraße 17
48143 Münster
Telefon: 0251-4172-0
Telefax: 0251-4172 99
Internet: www.mauritzhof.de
E-Mail: info@mauritzhof.de
Direktor: Stefan Stahl
DZ ab € 102,00

Stefan Stahl können wir bescheinigen, dass er seinen Job in den vergangenen zwei Jahren sehr gut gemacht hat. Bevor er das Haus von Torsten Neumaier übernommen hat, einem Selbstdarsteller vor dem Herrn, war dieses Designhotel auf dem Weg zum Mittelmaß. Stahl setzte nach einer kurzen Konsolidierungsphase zunächst auf die Optimierung der Serviceabläufe. Dies war und ist wichtig, weil einige Mankos wie ein fehlendes Restaurant oder der nicht vorhandene SPA kompensiert werden müssen. Zudem ist es ihm gelungen, das Renommee des Hauses weiter zu steigern. Der

erfahrene Hotelier mit dem Blick für Details hat verstanden, dass von einem sehr guten Arbeitsklima vor allem die Gäste profitieren. Die Mitarbeiter sind freundlich und zuvorkommend und bemühen sich, auch auf besondere Wünsche der Gäste einzugehen. Die designorientierten Zimmer und Suiten, die in vier Kategorien unterteilt sind, entsprechen dem Selbstanspruch des Hauses, alle sind selbstverständlich mit einem Flatscreen-Fernseher ausgestattet. Vor allem wird dem Thema Schlafkultur ein hoher Stellenwert eingeräumt. Neben einem Angebot an unterschiedlichen Kissen hat man bei den Matratzen größtenteils auf Röwa gesetzt, zusätzliche Unterbetten sorgen für einen hohen Schlafkomfort. Die Badezimmer verfügen größtenteils über Tageslicht, was in deutschen Hotels eher die Ausnahme als die Regel ist. WLAN-

bzw. High-Speed-Internetzugang wird den Gästen kostenfrei gestellt, ebenso die Nutzung des Pay-TV-Kanals Sky sowie alle europaweiten Telefongespräche. In diesem Jahr wird ein Teil der Badezimmer renoviert, zudem soll ein Fitnessbereich entstehen. In der Lobbybar wird nicht nur ein Glas Champagner, ein Cocktail oder ein Bier serviert, sondern auch kleine Snacks. Bei sommerlichen Temperaturen kann man

sein Frühstück auf der Terrasse genießen und den Tag ganz entspannt beginnen. Übrigens erreicht man den Bahnhof, aber auch die City vom Hotel aus mit wenigen Schritten. Eine nette Geste: Am Ausgang liegen als Wegzehrung Wasser und ein Müsliriegel zum Mitnehmen bereit.

Bewertung:

MÖVENPICK
(Mitte)
Kardinal-von-Galen-Ring 65
48149 Münster
Telefon: 02 51-8902-0
Telefax: 02 51-8902 616
Internet: www.moevenpick-muenster.com
E-Mail: hotel.muenster@moevenpick.com
Direktor: Ludwig Theopold
DZ ab € 103,00

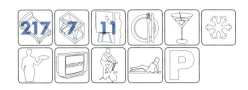

Es gibt nicht den geringsten Zweifel, dass dieses Mövenpick als eines der drei besten Businesshotels der Stadt einzustufen ist. Das ist zu einem nicht unwesentlichen Teil das Verdienst von Ludwig Theopold, der es seit einer kleinen Ewigkeit mit viel Engagement und Herzblut führt. Er hat dem Haus ein Profil gegeben und es geprägt. Der Tag, an dem Theopold in den wohlverdienten Ruhestand gehen wird, liegt sehr nahe. Vermutlich würde er gern noch ein paar Jahre hier tätig sein, es ist aber unklar, ob der Hotelkonzern einer Verlängerung seines Vertrags zustimmt. Für seinen Nachfolger wird es jedenfalls kein leichtes Unterfangen sein, in die sehr großen Fußstapfen zu treten, die der charismatische Hoteldirektor hinterlassen wird. Uns begeistern hier die hochmotivierten, freundlichen und zuvorkommenden Mitarbeiter. Eine Institution ist das Restaurant Chesa Rössli, das von Hotelgästen und Münsteranern gleichermaßen gern frequentiert wird. Hier feiert man auch seinen Geburtstag oder seine Hochzeit oder trifft sich mit Geschäftskunden zum Lunch oder Dinner. Das First-Class-Hotel liegt nicht ganz zentral, dafür in unmittelbarer Nähe zu den Universitätskliniken. Führend ist man im Tagungs- und Veranstaltungssegment, denn hier sind Meetings und Veranstaltungen mit bis zu 580 Personen möglich. Alle Räumlichkeiten wurden vor einiger Zeit aufgefrischt. Entspannen kann man nach einem anstrengenden Meeting im allerdings recht überschaubaren Sauna- und Fitnessbereich. Angenehm ist, dass man kostenfrei direkt vor dem Haus parken kann. WLAN-Nutzung ist im gesamten Haus möglich, diese Serviceleistung wird mit 13 Euro für 24 Stunden berechnet.

Bewertung:

TREFF HOTEL
(Mitte)
Stubengasse 33
48143 Münster
Telefon: 02 51-4 90 99-0
Telefax: 02 51-4 90 99 100
Internet: www.ramada.de
E-Mail: muenster@treff-hotels.de
Direktorin: Heidrun Kemper
DZ ab € 95,00

Dieses Treff-Hotel hat weitaus mehr Potenzial, als es augenblicklich nutzt. Leider gehört es zu den Strukturen der Hotelgruppe, dass sie ihre Direktoren häufiger aus der zweiten und dritten Reihe rekrutiert. Dies hat natürlich einen guten Grund, denn Führungspersönlichkeiten kann man hier schlecht gebrauchen: Die meisten Entscheidungen werden sowieso in der Firmenzentrale getroffen, vor Ort benötigt man dann eigentlich nur einen willigen Vollstrecker. Direktoren, die den Anspruch haben, in dem ihnen anvertrauten Haus Akzente zu setzen, werden bei Treff-Hotels vermutlich die Probezeit nicht überstehen. Deshalb verwundert es auch nicht, dass in Münster Heidrun Kemper zur Direktorin bestellt wurde, die bis dahin noch keinerlei Meriten erworben hatte. So erklärt sich auch von selbst, weshalb sie von Anfang an viele, viele Fehler gemacht hat. Als Beispiel ist ihre anfängliche Dumpingpreispolitik zu nennen oder ihr äußerst unprofessionelles Auftreten in der Öffentlichkeit. Unvergessen bleibt ein Gespräch, in dem Kemper die von ihr ausgerufenen Dumpingpreise damit verteidigte, sie wolle „mit günstigen Preisen überzeugen", denn sie vertrete die Auffassung, dass die Raten in Münster einfach zu hoch seien. Wenn die Sache nicht so ernst wäre, würden solche Aussagen bei den Kollegen sicherlich schallendes Gelächter auslösen. Wir kennen bundesweit keinen einzigen Hotelier, der sich darüber beschwert hätte, dass er zu viel verdient. Kempers Billig-Strategie zielte unseres Erachtens einzig und allein auf eine zusätzliche Marktdurchdringung auf Kosten der Mitbewerber ab. Leider hat eine solche Preispolitik oft fatale Folgen und schadet letztlich dem gesamten Markt. Mit einem hervorragenden Service- und Dienstleistungsangebot zu überzeugen, scheint Kemper nicht als geeignetes Mittel für eine gute Positionierung ihres Hauses zu sehen. Die Servicebereitschaft der Mitarbeiter hat uns bislang so gar nicht überzeugt. Fachliche Fehler, die auf mangelnde Schulung hindeuten, sind nicht zu übersehen. Gott sei Dank hat im vergangenen Jahr ein kleiner Kurswechsel stattgefunden, allerdings nur im Hinblick auf die unsinnige Niedrigpreispolitik. Die Zimmer sind, wie könnte es bei einem neuen Produkt auch anders sein, zeitgemäß eingerichtet. Auf eine Minibar wurde verzichtet, die Gäste versorgen sich stattdessen mit Getränken und Knabberartikeln aus einem Automaten auf der Etage. Veranstaltungen und Meetings sind mit nur zwei Tagungsräumen deutliche Grenzen gesetzt. Architektonisch ist mit dem Hotelgebäude kein großer Wurf gelungen – im Gegenteil, Planungsfehler sind nicht zu übersehen. Oder was soll man davon halten, dass Gäste, die ein Zimmer im Nebengebäude gebucht haben, dieses durch einen Aufzug von der Tiefgarage aus erreichen? Wenig überzeugt hat uns bislang auch die Küchenleistung des Restaurants, die man, mit gutem Willen, allenfalls als akzeptabel bezeichnen kann. Und auf einen Wellnessbereich wurde hier gänzlich verzichtet.

Bewertung:

MURNAU   Bayern

ALPENHOF MURNAU
Ramsachstraße 8
82418 Murnau
Telefon: 08841-491-0
Telefax: 08841-491 100
Internet: www.alpenhof-murnau.com
E-Mail: info@alpenhof-murnau.com
Direktor: Andreas Kartschoke
DZ ab € 195,00

Von München aus erreicht man den Alpenhof Murnau in knapp 60 Minuten. Je nach Komfortanspruch logiert der Gast hier in Zimmern der Standard-, Komfort- oder Deluxe-Kategorie oder eben in einer geräumigen Suite. Diese wirken teilweise doch ein wenig schwer – oder, um es deutlicher zu sagen: in die Jahre gekommen –, darum hat man sich entschieden, sie in absehbarer Zeit zu renovieren. Die Zimmer bieten einen Blick entweder auf das Naturschutzgebiet Murnauer Moos oder auf die Berglandschaft der Alpen. Erfreulicherweise ist in den Zimmerpreis die Minibar inkludiert. Nach wie vor spielt in diesem Haus die Kulinarik eine große Rolle. Das Restaurant Reiterzimmer unter der Regie von Thilo Bischoff bietet eine hochklassige Küche, die sogar mit einem Michelin-Stern ausgezeichnet wurde. Eine regionale Küche auf hohem Niveau verspricht das Hofmann's Restaurant. Für sich selbst spricht der 1.000 qm große Wellnessbereich mit Innen- und Außenschwimmbad sowie großer Saunalandschaft, wo unterschiedlich temperierte Saunen nebst Außensauna sowie Erlebnisduschen, Eisbrunnen und Ruhebereiche geboten werden. Für das tägliche Trainingspensum steht ein Fitnessbereich mit Cardiogeräten zur Verfügung. Breit aufgestellt und offenbar jedem Wellnesstrend gegenüber aufgeschlossen ist der Anwendungsbereich. Hier kann man von klassischer Rückenmassage über Hot-Stone-Massage und Lomi Lomi bis zu Ayurveda-Massagen alles buchen, selbst eine Ohrkerzentherapie, die sanft auf Trommelfell und Ohren wirken soll – vermutlich nur, solange man nicht mit der brennenden Spezialkerze im Ohr einschläft. Und wer die Hot-Chocolate-Massage bucht, weil Schokolade sich ja positiv auf das Gemüt auswirken soll, kann testen, ob dies bei der kaloriensparenden äußeren Anwendung auch funktioniert. Nun, kuriose Wellnessangebote liegen ja im Trend, von Schlangenmassage über Vino-Therapie – eine Bearbeitung mit Traubenkernen – bis hin zu Kaffee-Peeling wird alles Mögliche geboten, was zum Glück nur dem eigenen Portemonnaie wehtut. Nach wie vor stellt sich die Frage, warum man in diesem Wellnesshotel ein Tageszimmer für die Zeit von 12.00 bis 18.00 Uhr buchen kann. Der Sinn würde sich eher erschließen, wenn der Alpenhof in einem Ballungszentrum oder in Flughafennähe läge. Ein Schelm, der Böses dabei denkt – schließlich sollte es niemandem verwehrt sein, tagsüber stundenweise ein Zimmer zu mieten, um einmal ein ausgiebiges Mittagsschläfchen zu halten.

Bewertung:

NEU-ISENBURG Hessen

KEMPINSKI GRAVENBRUCH
(OT Gravenbruch)
Graf zu Ysenburg und
Büdingen Platz 1
63263 Neu-Isenburg
Telefon: 0 69-3 89 88-0
Telefax: 0 69-3 89 88 9 00
Internet: www.kempinski.com
E-Mail: reservations.gravenbruch@kempinski.com
Direktor: Thomas M. Fischer *(-02/12)*
DZ ab € 89,00

Noch immer zehrt dieses Kempinski von dem guten Ruf, den es sich in den letzten Jahrzehnten aufgebaut hat. Es spricht vieles für dieses als Fünf-Sterne-Haus klassifizierte Hotel. Abseits vom Innenstadt-Trubel lässt es sich hier sehr entspannt logieren. Aufgrund der guten Autobahnanbindung erreicht man innerhalb kürzester Zeit die Frankfurter Innenstadt, das Offenbacher Zentrum und den Frankfurter Flughafen. Es gab Zeiten, da konnte das Service- und Dienstleistungsniveau in vollem Umfang überzeugen, zwischenzeitlich war es erschreckend abgerutscht. Da man sich zu den besten Adressen im Rhein-Main-Gebiet zählt, werden natürlich strenge Maßstäbe angelegt. Immerhin, seit Thomas M. Fischer die Position des General Manager übernommen hat, ist ein leichter Aufwärtstrend zu spüren. Wir hätten uns gewünscht, dass er hier noch stärker durchgreift, beim letzten Besuch begegneten uns unfreundliche Mitarbeiter im Front-Office-Bereich ebenso wie eine phlegmatische Mitarbeiterin im Restaurant- und Barbereich. Natürlich kann man hier auch auf sehr freundliche und beflissene Mitarbeiter treffen, das müssen wir korrekterweise anmerken. Aber Perfektion duldet keine Ausnahmen, und wer sie anstrebt, muss sich für solche Aussetzer auch verantworten. Immerhin, die Küchenleistung des Restaurants Forsthaus konnte überzeugen. Valet Parking hat hier wohl eine eigene Bedeutung, denn nicht immer eilt ein beflissener Doorman herbei, um dem Gast beim Gepäck zu helfen und sein Auto einzuparken. Meist hilft der Gast sich hier selbst, entweder schleppt er seinen Koffer höchstpersönlich zur Rezeption, oder er übergibt seinen Schlüssel der nächstbesten Mitarbeiterin und erbittet Hilfe. Hotelchef Fischer räumt ein, dass dies die Ausnahme und nicht die Regel sein sollte. Schön ist, dass man nunmehr auf der Terrasse nicht nur frühstücken, sondern auch lunchen kann. Wir würden uns wünschen, dass die Geschäftsleitung diesem Kempinski-Hotel endlich auch eine intensive Renovierung verordnet, denn die Softliftings der vergangenen Jahre waren nur Tropfen auf den heißen Stein. Das Zimmerprodukt hat teilweise einen Renovierungsstau von mehr als zwei Jahrzehnten, insbesondere die Badezimmer lassen viele Gäste beim ersten Anblick erblassen. Zum Gesamtangebot des Hauses zählt ein Schwimmbad- und Saunabereich, sogar mit Außenpool. Wenn es denn eine Massage sein soll, muss man das rechtzeitig an der Rezeption anmelden, denn hier wird auf externe Behandler zurückgegriffen. Fazit: Das Haus ist alles andere als ein uniformes Allerweltshotel, es hat ein riesiges Potenzial, das aber nicht ausgeschöpft wird. Allerdings könnten sich die Dinge hier zum Positiven wenden, denn mittlerweile haben sich die Eigentumsverhältnisse geändert: Nun gehört dieses Fünf-Sterne-Hotel der aus dem Iran stammenden Unternehmerfamilie Mashali. Bleibt also die Hoffnung, dass man kurzfristig ein neues Konzept erarbeitet und entsprechende Renovierungsmaßnahmen in Angriff nimmt, so dass dieses Traditionshotel wieder zur Spitze der besten Luxushotels im Großraum Frankfurt aufschließen kann.

Bewertung:

NEUSS Nordrhein-Westfalen

SWISSÔTEL
(OT Hammfeld)
Rheinallee 1
41460 Neuss
Telefon: 0 21 31-77-00
Telefax: 0 21 31-77 13 67
Internet: www.swissotel.com
E-Mail: duesseldorf@swissotel.com
Direktor: Jörg Krauß
DZ ab € 75,00

Vor über einem Jahr hat Jörg Krauß für dieses Businesshotel die Verantwortung übernommen, und wir erlauben uns, Bilanz zu ziehen. Wenn ein neuer Direktor ein Haus übernimmt, ist er in der Regel voller Tatendrang. Auch Krauß darf man unterstellen, dass er mit guten Vorsätzen hier angetreten ist. Vollmundig erklärte er uns damals, er beabsichtige, dieses Swissôtel wieder als eine der besten Adressen in der Region zu etablieren. Welche Region oder welchen Radius um sein Hotel er dabei ins Auge gefasst hatte, ließ er allerdings offen. Falls er die Region Düsseldorf-Hafen meinte, können wir ihm den Status der ersten Adresse sogar bestätigen. Die Marktführerschaft im Tagungs- und Conventionsegment hat jedoch längst das Maritim am Düsseldorfer Flughafen übernommen, das unabhängig von seinen überragenden Tagungskapazitäten vor allem mit einem sehr guten Service- und Dienstleistungsangebot überzeugt. Krauß ist es bislang nicht gelungen, wieder an das Renommee anzuknüpfen, das das Haus einst hatte – das war zugegebenermaßen vor der Eröffnung des Maritim. Nachdem er uns den Eindruck vermitteln wollte, er sei dem Anspruch dieses Hotels mehr als nur gewachsen, hat er weder tragfähige neue Konzepte erarbeitet, geschweige denn etabliert, noch konnte er das Serviceniveau, das in den vergangenen Jahren wechselte wie das Aprilwetter, messbar anheben. Nun, zumindest eines ist hier unumstritten auf hohem Niveau verharrt, nämlich das Selbstbewusstsein des Hotelchefs. Positiv hervorzuheben ist, dass alle Zimmer und Suiten auf einem zeitgemäßen Stand sind, denn in den letzten Jahren wurde regelmäßig renoviert. Neben 14 Tagungsräumen stehen auch zwei Ballsäle zur Verfügung, somit kann das Haus Kapazitäten für Veranstaltungen mit bis zu 2.500 Personen vorweisen. Zum Angebot zählen auch ein Schwimmbad- und Saunabereich sowie ein Fitnessbereich mit modernen Trainingsgeräten. Für uns ist das Swissôtel in Neuss ein überdurchschnittliches Businesshotel mit ungenutzten Potenzialen, das mit seinem Service- und Dienstleistungsangebot bisher nur bedingt überzeugen konnte.

Bewertung: ● ● ●

NÜRBURG   Rheinland-Pfalz

DORINT
Grand-Prix-Strecke
53520 Nürburg
Telefon: 02691-309-0
Telefax: 02691-309 189
Internet: www.dorint.com
E-Mail: info.nuerburgring@dorint.com
Direktor: Josef Moré
DZ ab € 124,00

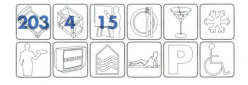

Auch wenn das Dorint mit dem neuen Lindner-Hotel als Konkurrenz nicht mehr zwangsläufig der Platzhirsch ist, kann es nach wie vor als erste Adresse am Nürburgring gelten. Direktorenlegende Josef Moré sieht den neuen Mitbewerber auch als Chance, weil man sich nun messen lassen muss. Dadurch sei ein heilsamer Wettbewerb entstanden, der natürlich auch ansporne, so Moré. Es mag sein, dass neue Besen in der Regel besser kehren, dafür hat dieses Dorint eine Seele. Das mag etwas pathetisch klingen, aber Stammgäste wissen, wovon wir sprechen. Den hervorragenden Ruf dieses First-Class-Hotels begründen die ausgesuchte Freundlichkeit und nicht zuletzt die hohe Service- und Dienstleistungsbereitschaft der Mitarbeiter.

Darüber hinaus wurde ein großer Teil der Zimmer aufwendig renoviert und ist somit ebenfalls auf einem neuen Stand. Hotelchef Josef Moré, der dieses Hotel seit vielen Jahren im positiven Sinne wie ein Patron führt, darf man herausragende Gastgeberqualitäten bescheinigen. Für viele seiner Gäste ist er nicht der Herr Direktor, sondern einfach der Josef. Und Josef gibt seinen zahlreichen Stammgästen immer aufs Neue das Gefühl, Freunde des Hauses zu sein. Längst hat Moré das Renteneintrittsalter erreicht, aber die Konzernzentrale hat die Zusammenarbeit mit ihm verlängert und tut gut daran. Keiner kann sich so recht vorstellen, wie es hier wohl einmal ohne ihn sein mag. Abgesehen davon ist ein potenzieller Nachfolger, der in seine sehr großen Fußstapfen treten könnte, weit und breit nicht auszumachen. Für seine Gäste ist Moré jederzeit ansprechbar. Er betont immer wieder, dass die reine Büroarbeit bei ihm nicht mehr als ein Stunde am Tag einnimmt. Ungeachtet dessen ist sein Pensum, das er hier täglich absolviert, beachtlich: Er betritt das Haus am frühen Morgen und sein offizieller Arbeitstag endet erst zu später Stunde, nur zur Mittagszeit gönnt er sich eine kleine Siesta. Fairerweise muss aber auch gesagt werden, dass er mit Heike Schumacher eine hervorragende Stellvertreterin an seiner Seite hat, die ihm wirklich den Rücken freihält. Stets einen guten Eindruck hinterlässt das Restaurant, dessen Küchenleistung als überdurchschnittlich einzuordnen ist. Da das Dorint direkt an der Rennstrecke liegt, genießt man von einem Teil der Zimmer aus einen direkten Ausblick auf das dortige Geschehen. Allerdings gilt an Renntagen hier eine Mindestaufenthaltsdauer von vier Tagen, und für die sogenannte „Goldkarte" fallen dann zusätzlich 460 Euro Gebühren an. Die Lage direkt an der „grünen Hölle", wie die Rennstrecke traditionell genannt wird, und die schöne Landschaft der Hocheifel ziehen zwar auch Individualreisende an, sollten aber nicht darüber hinwegtäuschen, dass dieses Dorint ein lupenreines Businesshotel ist. Das unterstreicht nicht zuletzt der Conventionbereich mit seinen insgesamt 15 Tagungsräumen, der Veranstaltungen mit bis zu 1.000 Personen ermöglicht. Ein Teil der Räumlichkeiten ist sogar befahrbar, so dass beispielsweise PKW-Präsentationen realisiert werden können. Zum Gesamtangebot zählt auch ein Schwimmbad- und Saunabereich, und ein Fitnessbereich ist natürlich ebenfalls vorhanden.

Bewertung: ●●◖

NÜRNBERG Bayern

BEST WESTERN
(Südstadt)
Allersberger Straße 34
90461 Nürnberg
Telefon: 09 11-94 44-0
Telefax: 09 11-94 44 444
Internet: www.hotel-nuernberg.bestwestern.de
E-Mail: info@hotel-nuernberg.bestwestern.de
Direktorin: Sabine Unckell
DZ ab € 75,00

Dieses Best Western, das in unmittelbarer Nähe zum Hauptbahnhof liegt, ist ein sehr individuell geführtes Mittelklassehotel. Verantwortlich für das Haus ist Sabine Unckell. Egal, welches Hotel man der attraktiven Hotelchefin überträgt, stets wäre sie in der Lage, die vorhandenen Potenziale sehr schnell zu erkennen und entsprechend zu nutzen. So war es auch hier. Unckell wird in diesem Jahr zusätzlich den Würzburger Hof in Würzburg übernehmen, ein Haus, das derzeit noch weit unter seinen Möglichkeiten laboriert. Sicherlich eine Herausforderung, die aber auch neue Möglichkeiten bietet, denn das bislang als Drei-Sterne-Hotel klassifizierte Haus muss unseres Erachtens am Würzburger Hotelmarkt völlig neu positioniert werden. Unckell hat bekanntlich einst mit ihrem geschiedenen Mann das renommierte Traditionshotel Rebstock in Würzburg geführt. Dort war sie nicht nur für das Marketing sowie die Presse- und Öffentlichkeitsarbeit zuständig, sondern auch in die Organisation von Umbau- und Renovierungsmaßnahmen involviert. Von diesen Erfahrungen konnte sie hier im Nürnberger Best Western profitieren, denn in den vergangenen Jahren wurden verschiedene Softliftings durchgeführt. Zuletzt wurden beispielsweise mehrere Badezimmer aufgefrischt. Im kommenden Jahr soll ein weiterer Teil der Doppelzimmer vollständig renoviert werden. Trotz dieser baulichen Herausforderungen versteht sich die charmante Hotelchefin zuallererst als Gastgeberin. Daher unterstützt sie auch schon mal ihre Mitarbeiter an der Rezeption, wenn gerade viel zu tun ist, damit Gäste beim Check-in oder Check-out nicht zu lange warten müssen. Natürlich begrüßt und charmiert sie ihre Stammgäste höchstpersönlich. Den guten Kontakt nutzt sie, um in Erfahrung zu bringen, wie zufrieden die Gäste sind, denn daran misst sie ihren Erfolg in der Leitung des Hotels. Man darf ihr bescheinigen,

dass sie diesem Mittelklassehotel mit ihrem Wirken spürbar eine besondere Note gegeben hat. In den vergangenen Jahren hat sie alle Abteilungen des Hauses einer kritischen Prüfung unterzogen, wenn nötig neu strukturiert und so das Serviceniveau weiter angehoben. Eine besondere Dienstleistung ist zum Beispiel der Hemdenservice: Der Gast kann seine Hemden freitags an der Rezeption abgeben und findet sie am Montag gereinigt und gebügelt wieder auf seinem Zimmer vor. Diesen Service wissen insbesondere Gäste zu schätzen, die aus geschäftlichen Gründen die ganze Woche über hier logieren. WLAN wird im gesamten Hotel ermöglicht und die Nutzung erfreulicherweise nicht berechnet. Ebenso dürfen sich Gäste aus der Minibar (Wasser und Bier) kostenfrei bedienen. Einen Wellnessbereich ebenso wie ein Restaurant kann das Hotel leider nicht vorweisen. Aber für den spontanen Hunger werden immerhin kleine Snacks serviert. In unmittelbarer Nachbarschaft gibt es eine gute Auswahl an Restaurants, und die freundlichen Mitarbeiter werden auf Nachfrage sicherlich eine Empfehlung aussprechen. Einen nachhaltigen Eindruck hinterlässt das reichhaltige Frühstücksbuffet, auf dem auch regionale Spezialitäten und teilweise Bioprodukte zu finden sind. Brot und Brötchen werden mittlerweile ebenfalls ausschließlich in Bioqualität angeboten, und Eierspeisen bereitet man nach den Wünschen der Gäste à la minute zu – das ist in einem Drei-Sterne-Hotel alles andere als eine Selbstverständlichkeit. Eingeschränkt sind die Parkmöglichkeiten, denn eine eigene Tiefgarage ist nicht vorhanden, nur einige wenige Stellplätze vor der Tür. Dafür kann man aber nur eine Straße weiter für 5 Euro pro 24 Stunden mehr als preiswert parken. Alles in allem ist dieses Best Western ein gut geführtes Haus, das für ein Drei-Sterne-Hotel teilweise erstaunliche Dienstleistungen bietet.

Bewertung:

HILTON
(Zerzabelhof)
Valznerweiherstraße 200
90480 Nürnberg
Telefon: 09 11-40 29-0
Telefax: 09 11-40 29 6 66
Internet: www.hilton.de
E-Mail: info.nuernberg@hilton.com
Direktor: Christian Fromm
DZ ab € 81,00

Ob man in diesem Hilton zentral logiert oder nicht, hängt vom Anlass des Aufenthalts ab. Als Messegast könnte man prominenter nicht logieren. Ebenso im Übrigen als Fußballfan: Das Trainingsgelände des 1. FC Nürnberg liegt direkt neben dem Areal des Hotels, von einigen Zimmern aus hat man sogar einen uneingeschränkten Blick auf verschiedene Spielfelder der Vereinsanlage. Aber das nur am Rande; das Gros der Gäste dürfte sich vorrangig dafür interessieren, welche Komfort- und Ausstattungsmerkmale dieses Haus vorweisen kann. Auf einem aktuellen Stand sind die Zimmer und Suiten, wurden sie doch erst kürzlich einem Softlifting unterzogen. Unterschiedliche Zimmerkategorien stehen zur Wahl. Über zusätzliche Annehmlichkeiten freuen sich Gäste, die ein Hilton-Plus-Zimmer gebucht haben, denn diese sind mit einem Safe sowie einer Kaffee- und Teestation ausgestattet. WLAN-Nutzung wird nach wie vor separat berechnet, obwohl mehr und mehr Businesshotels dazu übergehen, diesen Service kostenfrei zu stellen. Vor einiger Zeit hat hier erneut ein Direktorenwechsel stattgefunden. Seit Blackstone unter anderem die deutschen Hilton-Häuser übernommen hat, sind Direktoren genau genommen nur noch Verwalter oder, um es noch deutlicher zu sagen, Statthalter dieser Beteiligungsgesellschaft ohne weitreichende Befugnisse. Eigenständige Ideen und Konzepte können sie nicht etablieren, denn alle strategischen Entscheidungen werden in der Zentrale der Blackstone Group getroffen. Solche Beteiligungsgesellschaften hat der damalige Bundesminister Franz Müntefering einst als Heuschrecken bezeichnet, und die Entwicklung bei Hilton scheint Vorurteilen dieser Art Nahrung zu geben. Während früher die Position des Direktors meist mit erfahrenen Haudegen der Hotellerie besetzt war, entscheidet man sich mittlerweile eher für relativ junge und teilweise sehr unerfahrene Direktoren. Zuletzt war Ulli Engels für dieses Nürnberger Businesshotel verantwortlich. Er erschreckte uns mit manifester Betriebsblindheit und einem stark ausgeprägten Ego, das ihn für konstruktive Kritik vollkommen unempfänglich machte. Mittlerweile bemüht sich Christian Fromm um die Geschicke des Hotels – hoffentlich mit mehr Erfolg. Denn wie bei vielen Hilton-Häusern stimmen die Hardware-Fakten hier durchaus. Zum Angebot zählen beispielsweise ein Fitness & Health-Club mit Pool und Außenterrasse sowie ein Saunabereich und zusätzlich ein gut ausgestatteter Fitnessbereich mit modernsten Cardio-Trainingsgeräten. Die Fenster der finnischen Sauna bieten im Übrigen ebenfalls einen hervorragenden Ausblick auf das Trainingsgelände des 1. FC. Klare Stärke des Hauses ist der Conventionbereich.

Insgesamt 18 Tagungsräume stehen zur Auswahl und ermöglichen Veranstaltungen mit bis zu 300 Personen. Das etwas biedere Restaurant L'Oliva, wo man morgens auch sein Frühstück genießen darf, serviert eine mediterrane Küche, aber auch regionale Klassiker. Nicht uninteressant dürfte sein, dass man auf den Außenstellplätzen des Hotels kostenfrei parken kann, was bei Businesshotels wie diesem eine echte Seltenheit ist. Dafür logiert man hier nicht eben im Stadtzentrum: Bis zur Innenstadt dauert es mit dem Auto je nach Verkehrslage etwa 15 Minuten.

Bewertung:

SCHINDLERHOF
(OT Boxdorf)
Steinacher Straße 6–10
90427 Nürnberg
Telefon: 09 11-93 02-0
Telefax: 09 11-93 02 6 20
Internet: www.schindlerhof.de
E-Mail: hotel@schindlerhof.de
Inhaber: Nicole & Klaus Kobjoll
DZ ab € 158,00

Der Schindlerhof im Nürnberger Ortsteil Boxdorf ist in der deutschen Hotellandschaft ein Unikat. Er ist weder durch Einmal-Investition eines Hotelkonzerns entstanden noch ein im Schneckentempo von Generation zu Generation gewachsenes Unternehmen. Klaus Kobjoll hat innerhalb von 30 Jahren aus den Ruinen eines historischen Gehöfts einen Tagungs- und Businesshotel-Komplex der Sonderklasse erschaffen. Die Besonderheit ist aber, bei allen Erfolgen des Schindlerhofs, nicht das Ausmaß des Erreichten, sondern die Tatsache, dass Kobjoll jeden einzelnen Schritt des Ausbaus und der Weiterentwicklung intensiv reflektiert und überprüft hat. So entwickelte er über die Jahre ein einheitliches, praxisbezogenes Handlungs- und Deutungskonzept für Gastronomie und Hotellerie, das er immer wieder am Hotelalltag und der betrieblichen Realität überprüfte und das, davon ist er überzeugt, auch auf andere dienstleistungsbezogene Tätigkeiten übertragbar ist. Als leidenschaftlicher Unternehmer, der eine erfolgversprechende Geschäftsidee nie ignoriert, realisierte er hier einen Bedarf, und so bietet er mit seinem Konzept anderen Unternehmen so etwas wie einen Maßstab und eine Grundlage, um das eigene unternehmerische Tun zu reflektieren und zu vergleichen. Sein Angebot war von Anfang an über die Maßen erfolgreich. Kobjoll verbreitet seine Ideen in Vorträgen, auf Seminaren, durch Bücher und CDs und neuerdings sogar per Podcast. Über kurz oder lang drängte es sich geradezu auf, auch Seminare im eigenen Hotel abzuhalten.  So wurde der Komplex um ein Tagungszentrum erweitert, gefolgt von einem zusätzlichen Hotelgebäude in modernster Architektur. Parallel dazu wurden die Konzepte und Methoden der Mitarbeiterführung kontinuierlich weiterentwickelt, die Serviceleistungen des Hotels ausdifferenziert und die Unternehmensstrategien aktuellen Veränderungen angepasst – immer begleitet von einer ausführlichen Reflexion und Verallgemeinerung dieser Vorgänge. Somit ist Kobjoll heute eine Institution nicht nur als Selfmade-Hotelier, sondern auch und vor allem als Managementtrainer und Coach für alle Fragen rund um das Thema Unternehmensentwicklung im Bereich Service, Dienstleistungen und Hotellerie. Der Schindlerhof, der für ihn so etwas wie sein Labor oder, wie er selbst wohl sagen würde, seine Spielwiese ist, hat sich im Verlauf dieses Prozesses zu dem Ausnahmehotel und Vorbildunternehmen entwickelt, das er heute ist. Mittlerweile ist die Führung des Unternehmens längst in die Hände von Tochter Nicole Kobjoll übergegangen. Sie war schon bei der Planung des „Ryokan" federführend, wie das neueste Gebäude mit einer Mischung aus traditionellen asiatischen Elementen und modernem Design in Architektur und Ausstattung genannt wird. Neben dem Stammhaus des denkmalgeschützten Hofs selbst gehören zum Schindlerhof außerdem das Kreativzentrum, die erste Erweiterung aus den 1990er Jahren und das Tagungszentrum „DenkArt" mit dem umgebenden japanischen Garten im Zentrum der gesamten Hotelanlage, das unmittelbar vor dem Ryokan errichtet wurde. Ein Besuch im Schindlerhof sei nicht nur Tagungsgästen empfohlen, sondern auch allen anderen Reisenden mit Ziel Nürnberg. Denn die hier spürbar gelebte Service- und Dienstleistungskultur ist nur in wenigen Häusern dieser Art und Größe zu erleben. Ob im gemütlichen Restaurant „unvergESSlich" mit den urigen Bereichen Tenne, Dorfschänke und Tränke oder im Sommer im Hofgarten mit Biergartencharakter, der Schindlerhof bietet auch gastronomisch viele Gründe, bei einem Nürnbergaufenthalt hier und nicht in der Innenstadt zu logieren. Zumal von hier aus auch der Flughafen mit dem Auto oder Taxi in weniger als 10 Minuten zu erreichen ist.

Bewertung: ● ● ● ●

OFFENBACH Hessen

BEST WESTERN MACRANDER
**Strahlenberger Straße 12
63067 Offenbach
Telefon: 069-15 34 00-0
Telefax: 069-15 34 00 400**
Internet: www.macrander.bestwestern.de
E-Mail: info@macrander.bestwestern.de
**Direktor: Marek Kvasnicak
*DZ ab € 85,00***

Marek Kvasnicak, ein jungdynamischer und progressiver Hoteldirektor, führt dieses Best Western mit viel Engagement. Er ist hochmotiviert, will hier offensichtlich eine Menge bewegen und sein Haus auf dem hiesigen Markt noch besser positionieren. Sein Führungsstil ist frisch und manchmal etwas unkonventionell, aber bekanntlich zählt auch für einen Hoteldirektor letztlich vor allem der Erfolg. Kvasnicak

setzt in erster Linie auf ein ausgewogenes Service- und Dienstleistungsangebot, und infolgedessen können die aufmerksamen und freundlichen Mitarbeiter rundum überzeugen. Darüber hinaus spricht für dieses Haus die recht zentrale Lage, denn die Frankfurter City und das Messegelände erreicht man ebenso wie den Flughafen von hier aus in etwa 20 Minuten. Zudem wurden vor einiger Zeit nicht nur die öffentlichen Bereiche aufgefrischt, etwa das Restaurant und die Bar, sondern auch ein Teil der Zimmer. Sehr zu empfehlen sind die Zimmer der sogenannten Clubetage, die mit Parkettboden, einer Klimaanlage und einer Kaffeemaschine ausgestattet sind. Aber auch die günstigeren Businesszimmer sollen bei laufendem Betrieb sukzessive einem Softlifting unterzogen werden. Zum Gesamtangebot gehört auch ein Freizeitbereich, wo den Gast neben einer finnischen Sauna ein moderner Fitnessbereich erwartet. Für Meetings und Veranstaltungen stehen insgesamt sieben mit moderner Technik ausgestattete Räumlichkeiten für bis zu 200 Personen zur Verfügung. WLAN-Nutzung wird im gesamten Haus ermöglicht und erfreulicherweise kostenfrei gestellt. Für das Parken berechnet man moderate 9 Euro pro Tag. Exzellent ist auch das Frühstücksbuffet, wo Eierspeisen nach dem Gusto der Gäste à la minute zubereitet werden.

Bewertung:

OLDENBURG Niedersachsen

ALTERA
(Stadtmitte)
Herbartgang 23
26122 Oldenburg
Telefon: 04 41-2 19 08-0
Telefax: 04 41-2 19 08 88
Internet: www.altera-hotels.de
E-Mail: oldenburg@altera-hotels.de
Direktor: Michael Schmitz
DZ ab € 124,00

Dieses mitten in der Oldenburger Innenstadt gelegene Haus versteckt sich hinter einer recht schmucklosen Fassade. Ortsansässige wissen jedoch, dass der Gebäudekomplex hinter dieser Fassade seit den 1960er Jahren eine der attraktivsten Adressen der Stadt für anspruchsvolles Shopping darstellt. Mehr als 40 Jahre nach seiner Eröffnung ist der Herbartgang immer noch ein städtebauliches Kleinod und ein frühes Beispiel für Passagenarchitektur, die auch heute noch gefallen kann. Diese Passage, benannt nach dem Philosophen Herbart, dessen Geburtshaus hier liegt, wurde quer durch den Häuserblock zwischen der Langen Straße und dem Waffenplatz gebaut. Etwas Besonderes und für jene Zeit einmalig ist die Integration des historischen Geburtshauses in ein kleinteiliges Gebäudeensemble im Stil einer Architektur der 1960er Jahre; sie widerspricht völlig der Assoziation von rücksichtslosem Modernismus, den man üblicherweise mit dieser Epoche verbindet. Edle Boutiquen, Galerien, Designläden, ein Feinkostgeschäft mit Restaurant und Café versammeln sich hier in einer Reihe kleiner und größerer Gebäude und schaffen eine Atmosphäre, die es – natürlich in kleinerem Rahmen – mit jeder modernen Shopping-Mall aufnehmen kann. Zumal hier die Natur nicht ausgesperrt wird: Der Herbartgang liegt zum Teil unter freiem Himmel. An seinem westlichen Ende befand sich schon bei der Errichtung des Komplexes ein Hotel. In den sanierten und umgebauten Räumen des ehemaligen Hotels Posthalter eröffnete vor etwa acht Jahren unter dem Namen Altera das erste Oldenburger Hotel mit dem Charakter eines Designhotels, noch dazu im Vier-Sterne-Segment. Bei dieser Kombination von zentraler Lage, traditionell exklusiver Umgebung und bekanntem Hotelstandort ist es kein Wunder, dass sich der Erfolg nahezu umgehend einstellte. Zumal auch das Hotelrestaurant, klein und exklusiv wie das gesamte Haus, durch eine anspruchsvolle Küche von sich reden machte. Man kann sich des Eindrucks nicht erwehren, dass hier zielsicher auf einen Michelin-Stern hingearbeitet wird. Um Platz für mehr Zimmer, Suiten, Tagungsräume und auch einen kleinen Wellnessbereich zu gewinnen, wurden sukzessive ehemalige Wohnungen und Nebenräume des Herbartgang-Komplexes umgebaut und in das  Hotel integriert. Aufgrund des anhaltenden Erfolgs musste man jedoch schon bald über einen Neu- oder Umbau in der näheren Umgebung nachdenken. Mangels verfügbarer Flächen und Gebäude führten diese Überlegungen zunächst nicht weiter, aber im letzten Jahr konnte endlich ein klassizistisches Gebäude auf der gegenüberliegenden Seite des Waffenplatzes erworben werden. Zwar konnten die benötigten zusätzlichen Zimmer und Suiten hier nicht sinnvoll untergebracht werden, dafür wird das Altera hier aber endlich über ein Tagungszentrum mit Veranstaltungs- und Tagungsräumen für verschiedenste Gelegenheiten verfügen. Michael Schmitz und seine Frau leiten das Haus seit seiner Eröffnung mit ungebrochener Energie. Dass es nach wie vor als Speerspitze der First-Class-Hotels der Stadt gelten kann, ist natürlich auch ihr Verdienst. Die geschmackvoll und individuell eingerichteten Räume brauchen sich vor exklusiven Vier-Sterne-Häusern in anderen Großstädten nicht zu verstecken. Die erstklassige innerstädtische Lage verleiht dem Haus zudem einen Charme, der weiterhin sicherstellen wird, dass sich auch anspruchsvolle Gäste hier wohlfühlen. Schmitz hatte zwischenzeitlich andere Projekte verfolgt, worunter das Serviceniveau massiv gelitten hatte. Mittlerweile kümmert er sich aber wieder ausschließlich um dieses Haus. Er wird auch künftig gefordert sein, um das kontinuierliche Wachsen dieses erfolgreichen Hotels in die richtigen Bahnen zu lenken und dafür zu sorgen, dass die vorhandenen Qualitäten des Altera bei den anstehenden Erweiterungen nicht verloren gehen.

Bewertung: ●●◖

TREND HOTEL
Jürnweg 5
26215 Oldenburg-Metjendorf
Telefon: 04 41-96 11-0
Telefax: 04 41-96 11 2 00
Internet: www.trendhotel-ol.de
E-Mail: info@trendhotel-ol.de
Inhaber: Rüdiger Gloth
DZ ab € 89,00

Das Trend Hotel liegt zwar am Stadtrand von Oldenburg, die nicht ganz so zentrale Lage hat aber durchaus auch ihre Vorteile. Verlässt man die A293 an der Abfahrt Oldenburg-Bürgerfelde und fährt in Richtung Wiefelstede, erreicht man nach wenigen Minuten dieses in vielerlei Hinsicht attraktive Mittelklassehotel. Angenehm ist zum Beispiel, dass man hier direkt vor dem Haus kostenfrei parken kann. In Hotels in der City fallen in der Regel zusätzliche Parkgebühren an. Die Zimmer entsprechen einem guten Mittelklassekomfort, und alle wurden kürzlich mit stattlichen 82-cm-Flatscreen-Fernsehern nachgerüstet. WLAN-Nutzung ist im gesamten Haus möglich und für Gäste kostenfrei. Vorbildlich, zumal sich etliche Hotels diesen Service immer noch fast in Gold aufwiegen lassen. Hotelchef Rüdiger Gloth, der ursprünglich nicht aus der Hotellerie kommt, führt sein Haus vielleicht gerade deshalb erfolgreich, weil er es auch aus der Gästeperspektive betrachtet. Konstruktive Kritik und Anregungen weiß er zu analysieren und zu verwerten, deshalb konnte er sein Hotel stets aktuellen Anforderungen und Erwartungen anpassen. In den vergangenen Jahren hat er allen Zimmern eine kosmetische Auffrischung gegönnt und im Zuge dieser Maßnahme auch den Empfangsbereich aufgewertet. Einen recht guten Eindruck hinterlässt das Frühstücksbuffet, denn das Angebotene kann sich für diese Hotelkategorie wirklich sehen lassen. Eine bürgerliche Küche auf akzeptablem Niveau erwartet den Gast im Restaurant, das montags bis donnerstags ab 18 Uhr geöffnet ist. Für eine Fahrradtour ins angrenzende Ammerland, etwa nach Bad Zwischenahn, stehen Leihfahrräder für moderate 8 Euro pro Tag zur Verfügung. Alles in allem überzeugt das Trend Hotel in seinem Segment nach wie vor mit einem hervorragenden Preis-Leistungs-Verhältnis.

Bewertung:

PAPENBURG Niedersachsen

ALTE WERFT
Ölmühlenweg 1
26871 Papenburg
Telefon: 0 49 61-9 20-0
Telefax: 0 49 61-9 20 1 00
Internet: www.hotel-alte-werft.de
E-Mail: rezeption@hotel-alte-werft.de
Direktor: Erwin H. Fischer
DZ ab € 122,00

Bislang konnte man anspruchsvollere Gäste, die in Papenburg adäquat logieren wollten, ausschließlich auf dieses First-Class-Businesshotel verweisen. Denn im Umkreis von 50 Kilometern um diesen Standort gab es kein anderes Haus, das wir guten Gewissens hätten empfehlen können. Die meisten Drei- und Vier-Sterne-Hotels in dieser Region sind deutlich in die Jahre gekommen. Nun hat man aber einen Mitbewerber sozusagen direkt vor der Haustür. Seit das Park Inn angetreten ist, um sich von dem zu verteilenden Kuchen ein dickes Stück abzuschneiden, hat sich hier einiges verändert. Dem Konkurrenten fehlt es offensichtlich an vernünftigen, tragfähigen Konzepten, darum versucht er bisweilen, sich mit einer taktischen Niedrigpreispolitik Marktanteile zu sichern. Langfristig wird das natürlich fatale Folgen haben, und es ist sicherlich keine Basis, um Synergien aus konstruktiver Zusammenarbeit zu nutzen. In der Alten Werft hält Hoteldirektor Erwin Fischer weiter an seinem gut austarierten Service- und Dienstleistungsangebot fest. Zu Recht, wie wir finden, denn den freundlichen und zuvorkommenden Service hier schätzen Stammgäste ganz besonders. Für sie hat man eigens ein Kundenbindungsprogramm aufgelegt. So erhält der Gast bei jedem Aufenthalt Punkte, die er dann beispielsweise in eine kostenfreie Übernachtung umtauschen kann. Wie bei großen, renommierten Bonusprogrammen kann er seinen aktuellen Punktestand im Internet abfragen und entsprechende Prämien auswählen. Auch während seines Aufenthalts genießt er zusätzliche Annehmlichkeiten, etwa einen Obstteller bei der Ankunft, im Restaurant einen Plat du Jour zu Sonderkonditionen, einen kostenlosen Hol- und Bringservice für eine Autoreinigung, 10 Prozent Nachlass für das direkt nebenan am Papenburger Hauptkanal gelegene Kino ebenso wie beim Bowling im Emscenter und vieles mehr. Gäste mit mehr als 50 Übernachtungen haben sogar Anspruch auf einen kosten-

freien Garagenparkplatz. Darüber hinaus kooperiert das Hotel mit der nahen ATP-Teststrecke und bietet auch hier entsprechende Arrangements wie etwa ein Fahrsicherheitstraining. Natürlich hat der Mitbewerber das neuere Zimmerprodukt, doch muss sich die Alte Werft in dieser Hinsicht nicht verstecken, denn auch hier sind die Zimmer und Suiten auf einem zeitgemäßen Stand. Beispielsweise sind mittlerweile alle Zimmer mit einem 32-Zoll-Flachbildschirmfernseher ausgestattet. Zuletzt hat man eine neue Satellitenanlage installiert, um den Gästen eine größere Bandbreite an Programmen bieten zu können. Auch ein kleiner Sauna- und Fitnessbereich zählt zum Gesamtangebot. Mit fünf Tagungsräumen, die teilweise klimatisiert sind, ist man in diesem Segment ebenfalls relativ gut aufgestellt. Ein absolutes Alleinstellungsmerkmal ist das angrenzende Theater „Alte Werft", das vom Hotel mitvermarktet wird. Es fasst bis zu 250 Personen und kann für ganze und halbe Tage gemietet werden. Übrigens stehen den Gästen vor dem Haus kostenfrei Parkplätze zur Verfügung. Voll des Lobes sind wir in Bezug auf das hervorragende Frühstücksbuffet. Hier überzeugt die große Auswahl an Brot und Brötchen, teilweise in Bioqualität, an Wurst- und Käsesorten, Cerealien und, nicht zu vergessen, selbst gemachten Marmeladen. Beachtlich ist auch die Teeauswahl: Insgesamt kann der Gast aus 36 Sorten wählen, 12 davon wiederum in Bioqualität. Eierspeisen werden auf Wunsch frisch zubereitet serviert. Trotz der neuen Konkurrenz ist und bleibt das Hotel Alte Werft die absolute Nummer eins in Papenburg und Umgebung, und angesichts der vielen Vorteile des Hauses wird sich daran wohl auch so schnell nichts ändern.

Bewertung:

PARK INN
Hauptkanal rechts 7
26871 Papenburg
Telefon: 04961-6640-0
Telefax: 04961-6640 444
Internet: www.pi-papenburg.de
E-Mail: papenburg@proventhotels.com
Direktor: Jürgen Kopf
DZ ab € 65,00

Leider ist es Hoteldirektor Jürgen Kopf nicht gelungen, in diesem First-Class-Hotel Maßstäbe zu setzen. Vielmehr hat man den Eindruck, dass er versucht, es durch

Preisdumping zu definieren anstatt über gute Dienstleistungs- und Servicekonzepte. Wer hier mindestens eine Woche vorher bucht, kann mit der Frühbucherrate durchaus ein Doppelzimmer für 58,50 Euro buchen. Das ist nicht recht nachvollziehbar, denn auf einem gesunden Hotelmarkt ist es völlig absurd, die Raten zu drücken, um sich kurzfristig gute Buchungszahlen zu sichern. Zu einem erstklassigen Haus gehört ein guter Service. Und der, das ist kein Geheimnis, erfordert nun einmal einen höheren Personaleinsatz, was wiederum Geld kostet. Das muss sich auch in einer entsprechenden Zimmerrate niederschlagen. Kopf versteht sich offensichtlich als Verwalter, nicht als Gastgeber. Wie sonst könnte man sich erklären, dass es dem gemeinen Durchschnittsgast nicht möglich ist, ihn zu erreichen? Einzig und allein die Hardware kann bislang überzeugen. Das liegt aber in der Natur der Sache bei einem Hotel, das erst so kurze Zeit am Markt ist – neue Besen kehren eben gut, wie der Volksmund sagt. Aber es gibt auch Schattenseiten. In den letzten Ausgaben haben wir schon über die Überbuchungspolitik berichtet. Da kann es dem Gast passieren, dass ihm, wenn er nach einer beschwerlichen Anreise an der Rezeption einchecken möchte, mitgeteilt wird, man sei leider überbucht, deshalb müsse er in einem anderen Haus einquartiert werden. Das Hotel Alte Werft kann als Ausweichquartier aber meist nicht angeboten werden, da es bei großen Tagungen oder bei Events wie etwa einer Schiffstaufe auf dem Gelände der Meyer-Werft ebenfalls ausgebucht ist. Dann muss der Gast mit einer mittelmäßigen Unterkunft vorliebnehmen, die meist deutlich in die Jahre gekommen ist. Zudem ist guter Service hier im Park Inn Glückssache und keinesfalls bestimmt durch ein ausgefeiltes und verlässliches Service- und Dienstleistungskonzept. Ein kleiner Saunabereich mit finnischer Sauna, Dampfbad und Erlebnisduschen sowie einem Ruhebereich wird den Gästen immerhin geboten. Auch im Whirlpool können sie planschen; der ist allerdings kostenpflichtig, daher sollte man sein Kleingeld nicht vergessen. Im Trainingsbereich wird man sich nicht verlaufen, er ist doch eher überschaubar. Das Frühstücksangebot fällt im Vergleich mit dem unmittelbaren Mitbewerber deutlich ab. Bei den Zimmern stehen verschiedene Kategorien zur Wahl, zum Angebot zählen auch eine Junior- und eine Penthouse-Suite. Wer sich für ein Superior-Zimmer entscheidet, den erwarten zusätzliche Annehmlichkeiten wie die inkludierte Minibar und ein kostenfreier High-Speed-Internetzugang, Kaffee- und Teezubereitungsmöglichkeiten und eine höherwertige Kosmetikserie im Badezimmer. Fünf unterschiedlich große Tagungsräume ermöglichen Veranstaltungen mit bis zu 300 Personen.

Bewertung:

POTSDAM   Brandenburg

BAYRISCHES HAUS
(OT Wildpark)
Elisenweg 2/Im Wildpark
14471 Potsdam
Telefon: 03 31-55 05-0
Telefax: 03 31-55 05 5 60
Internet: www.bayrisches-haus.de
E-Mail: info@bayrisches-haus.de
Inhaberin: Gertrud Schmack
DZ ab € 99,00

Dieses Relais & Châteaux-Hotel, das inmitten des Potsdamer Wildparks liegt, darf zu den besten Adressen Brandenburgs und damit auch Potsdams gezählt werden, an dieser Tatsache gibt es wenig zu deuteln. Abseits vom Touristentrubel logiert der Gast hier natürlich weitaus ruhiger als in einem Hotel im Zentrum der Stadt. Man hat sich hier kontinuierlich weiterentwickelt und dabei nach und nach neue Konzepte erarbeitet. Beispielsweise hat man irgendwann erkannt, dass der kleine SPA, der sich bis dato auf einen Saunabereich beschränkte, nicht mehr ausreichen würde, besonders wenn man neue Marktsegmente erschließen wollte. So beschloss man, ihn um einen Schwimmbadbereich mit Whirlpool zu erweitern. Dies war sicher eine strategisch richtige Entscheidung für dieses Hideaway, das von einem lupenreinen Businesshotel weit entfernt ist und insbesondere Individualreisende anspricht. Einen hervorragenden Ruf in der Region genießt die Küche von Spitzenkoch Alexander Dressel, der sich in den vergangenen Jahren stets einen Michelin-Stern erkochen konnte bis auf eine einzige Ausnahme: Im Jahr 2010 wurde ihm von den Testern der Stern aberkannt. Die meisten Fans seiner Haute Cuisine waren allerdings davon überzeugt, dass er sich zu keinem Zeitpunkt eine Schwächephase geleistet hatte. Hotelchefin Gertrud Schmack, die bekanntlich konstruktive Kritik sehr persönlich nimmt, verstummte zu dieser Zeit kurzfristig, man machte sich fast schon Sorgen um sie. Normalerweise ließ Schmack keine wichtige Veranstaltung und keinen Empfang aus, um ihr Haus in der Region zu repräsentieren. Insbesondere Kollegen aus der Hotelbranche werden sich mit einem Schmunzeln erinnern, dass sie sich gern auch mal mit den unbescheidenen Worten vorstellte: „Gestatten Sie, Schmack vom Bayrischen Haus, der absoluten Nummer eins in Brandenburg." Wer da an Größenwahn denkt, liegt falsch. Es ist einfach das für drei reichende Ego der irgendwie doch sympathischen Hotelchefin, das sie immer wieder zu solchen Aussagen drängt. Im Gespräch lässt sie auch gern mal durchblicken, dass Gästebetreuung eigentlich unter ihrem Niveau ist – wofür hat man schließlich Personal. Man muss wissen, dass Madame Schmack früher in der freien Wirtschaft tätig war, genauer gesagt in der Verbandsarbeit, und da war sie sicherlich mit den Größen der Politik und Wirtschaft auf Du und Du. Unvergessen ist auch, dass sie bereits wenige Monate nach der Eröffnung gegenüber Vertretern der Presse ganz selbstverständlich äußerte: „Wir werden in jedem Fall ein Relais & Châteaux-Hotel." Aus der Betonung konnte man schließen, dass sie daran nicht den geringsten Zweifel hatte. Ganz so, als könne die renommierte Hotelvereinigung froh sein, ihr Haus überhaupt aufzunehmen zu dürfen. Ein solches Selbstbewusstsein muss man sich leisten können. Aber wenn man sich auch etwas mehr Bescheidenheit wünschen würde, mit ihren Kernaussagen liegt Frau Schmack meist gar nicht so falsch. Sei's drum, man logiert hier wirklich exklusiv und ruhig, entweder im Hauptgebäude mit seinem modern-eleganten Interieur oder im Gartenhaus, wo die Zimmer eher rustikal gehalten sind. Tagen und Konferieren wird hier eher kleingeschrieben, aber in Anbetracht der übersichtlichen Gesamtgröße dieses Fünf-Sterne-Hotels ist man mit vier Räumlichkeiten für diesen Zweck doch ganz gut aufgestellt.

Bewertung:

DORINT SANSSOUCI
Jägerallee 20
14469 Potsdam
Telefon: 03 31-2 74-0
Telefax: 03 31-2 74 10 0
Internet: hotel-potsdam.dorint.com
E-Mail: info.berlin-potsdam@dorint.com
Direktor: Stefan von Heine
DZ ab € 84,00

Das Potsdamer Dorint gehört mittlerweile ohne Zweifel zu den etabliertesten Häusern der brandenburgischen Landeshauptstadt. Immerhin hat es bereits 1998 eröffnet und sich in diesen 14 Jahren nach und nach die Position als bekanntestes Hotel der Stadt erarbeitet. Die Lage erscheint ortsfremden Besuchern auf den ersten Blick vielleicht nicht ganz so zentral, wie es einem solchen Haus angemessen wäre. Denn

die eigentliche Potsdamer Altstadt mit dem Holländischen Viertel, die man durch pittoreske historische Torgebäude wie das Jägertor, das Nauener Tor oder das (Potsdamer) Brandenburger Tor betreten kann, liegt doch fast einen Kilometer entfernt, wenn man der vor dem Haus entlangführenden Jägerallee folgt. Doch diesen Eindruck können wie gesagt nur Ortsfremde gewinnen. Jeder, der schon einmal in Potsdam war, weiß, dass Touristen zuallererst wegen der historischen Bedeutung als Zentrum der preußischen Geschichte und wegen der architektonischen Zeugnisse dieser Geschichte hierherkommen. Und die bedeutendsten Bauwerke und Anlagen dieser Epoche stehen nun einmal nicht in der Innenstadt, sondern in den Parks und Gärten, die die preußischen Herrscher hier über die Jahrhunderte angelegt haben. In dieser Hinsicht liegt das Dorint so zentral, wie man es sich nur wünschen kann. Der

größte und für das Hotel namensgebende Park des Schlosses Sanssouci ist ebenso nah wie der Neue Garten mit dem Schloss Charlottenhof und der Pfingstberg mit dem wunderbaren Belvedere, einem von zwei Türmen gekrönten Schlossgebäude, das einzig zu dem Zweck erbaut wurde, einen weiten Blick über die von Seen und Parks durchzogene Landschaft der Umgebung zu ermöglichen. Wer dieses „Märkische Versailles" erkunden und dabei zentral logieren möchte, der kommt am Dorint Sanssouci nicht vorbei. Der Standort ist für alle, die per Auto aus Berlin anreisen, kaum zu verfehlen, denn sowohl von der Autobahn als auch über die Glienicker Brücke kommt man zwangsläufig hier entlang, wenn man der Beschilderung zum Park Sanssouci folgt. So war es schon unmittelbar nach dem Fall der Mauer. Daher ist es durchaus wahrscheinlich, dass man bei der Suche nach einem Standort für ein großes Vier-Sterne-Hotel sogleich an diesen Ort dachte, nahezu der einzige damals unbebaute Bereich in entsprechender Größe, der sich an dieser viel befahrenen Strecke anbot. Angesichts ihrer Entscheidung für diesen Standort kann man der Kette durchaus Mut attestieren. In den ersten Jahren wirkte das Dorint wie eine Insel des Aufbruchs und der modernen Architektur in einer sehr desolaten Umgebung, man fuhr an fast ausnahmslos verfallenen historischen Prachtvillen und Residenzen vorbei. Nach und nach wurden aber, trotz schwieriger Eigentumsverhältnisse und noch schwierigerer Denkmalschutzauflagen, viele prächtig saniert und erstrahlen heute in neuem Glanz. Das Hotel selbst verfügt mit nahezu 300 Zimmern und Suiten sowie 13 Tagungs- und Veranstaltungsräumen über genügend Kapazitäten, um Events und Veranstaltungen mit bis zu 800 Personen zu organisieren. Der überdurchschnittliche SPA bietet alle Möglichkeiten der Entspannung und Pflege, die man von einem Haus dieser Kategorie erwartet, und Gerüchten zufolge zog früher sogar der nicht weit entfernt wohnende Star-Designer Wolfgang Joop hier im Pool gelegentlich seine Runden. Mit Stefan von Heine hat das Haus seit Ende 2010 nun auch endlich einen dynamischen neuen Direktor mit ausgewiesenen Gastgeberqualitäten und Innovationsfreude. Zuvor musste man hier mit Direktorin Heike Straßburger-Siefert vorliebnehmen, der genau diese Eigenschaften fehlten. Zumindest wirkte sie mit ihrem spröden Charme, als ob der zugewandte Kontakt mit Gästen nicht unbedingt zu ihren Lieblingsaufgaben zählte. Stefan von Heine ist ein Qualitätsfanatiker, der dieses Haus mit unglaublichem Enthusiasmus führt. Er ist umtriebig, manchmal etwas ungeduldig, denn er erwartet, dass seine Mitarbeiter die entwickelten Konzepte schnellstmöglich umsetzen. Das bekam auch die Küchencrew zu spüren: Als er das Haus übernommen hatte, wollte er alte, verkrustete Strukturen auflösen und sofort eine neue Leitlinie verordnen. Nicht nur die hohen Qualitätsvorgaben und -anforderungen, sondern vor allem das Tempo waren für die weiße Brigade wohl etwas zu viel, deshalb kam dem neuen Hoteldirektor kurzfristig nicht nur der Küchenchef, sondern fast die komplette Crew abhanden. So musste der gelernte Küchenchef, um Personalengpässe zu kompensieren, vorübergehend selbst die Kochjacke überziehen und ganz nebenbei noch ein neues Team zusammenstellen. Eigentlich kam ihm das nicht ungelegen, so konnte er Mitarbeiter aussuchen, die seinem Anforderungsprofil entsprechen und in der Lage sind, sein persönliches Küchenkonzept umzusetzen. Der Hotelchef betrachtet sein Haus offensichtlich aus dem Blickwinkel der Gäste. Beispielsweise entstand eine Raucher-Lounge, die durch Glaswände aufwendig von der übrigen Hotelhalle abgetrennt ist und ihren Namen wirklich verdient. So bietet von Heine seinen rauchenden Gästen, statt sie in zugige Hinterzimmer oder unter den freien Himmel zu verweisen, in der Hotelhalle einen attraktiven Bereich mit eigener Bar, in dem sie sich nicht wie Gäste zweiter Klasse vorkommen müssen. Nichtraucher können sich in der gemütlichen Bierstube mit rustikalen Schmankerln verwöhnen lassen oder im À-la-carte-Restaurant eine niveauvolle, leichte Küche genießen. Wir sind gespannt, ob Heine noch weitere gute Ideen verwirklichen kann. Zuzutrauen ist es dem sympathischen Direktor auf jeden Fall. Kurzum: Anscheinend war der Direktorenwechsel ein echter Glücksfall für dieses Haus, das nach wie vor aktuell ist, aber fast 14 Jahre nach seiner Eröffnung durchaus neue Impulse gebrauchen kann.

Bewertung:

SCHLOSSHOTEL CECILIENHOF
Neuer Garten
14469 Potsdam
Telefon: 03 31-37 05-0
Telefax: 03 31-37 05 221
Internet: www.relexa-hotel-potsdam.de
E-Mail: potsdam.cecilienhof@relaxa-hotel.de
Direktorin: Ingrid Diwald
DZ ab € 124,00

Der Cecilienhof ist sicherlich eine der interessantesten Adressen für Besucher, die vor allem an der Historie der Landeshauptstadt Brandenburgs interessiert sind und sich dabei nicht auf Preußens Gloria beschränken wollen. Denn hier im Schloss, das erst zu Beginn des 20. Jahrhunderts erbaut wurde, steht die Nachkriegsgeschichte der 1940er Jahre im Mittelpunkt. Unmittelbar nach Ende des Zweiten Weltkriegs tagten hier die Alliierten, um über die Zukunft Deutschlands zu entscheiden, und teilten das Land dabei in Besatzungszonen auf. Aber auch das weitere Schicksal anderer Länder wurde auf dieser Konferenz verhandelt, unter anderem Japans und Polens. So ist das Schloss heute nicht nur für Deutsche ein wichtiger historischer Ort, sondern auch für zahlreiche internationale Touristen. Dass der entsprechende Andrang an Interessierten mit einem im gleichen Gebäude untergebrachten First-Class-Hotel nicht recht vereinbar ist, versteht sich von selbst. Dieses Schicksal teilt der Cecilienhof mit dem Hotel auf der Wartburg in Eisenach. Und wie dort ist es auch hier in Potsdam das Bewusstsein, an einem Schauplatz der Weltgeschichte zu übernachten, das mit den Unannehmlichkeiten durch die vielen Besucher versöhnt. Darüber hinaus profitiert das Haus durchaus davon, dass Potsdam langsam zu alter Schönheit und Pracht zurückkehrt, denn auch die Parkanlagen um den Neuen See, in denen der Cecilienhof liegt, werden immer ansehnlicher und interessanter. Ein echtes Highlight in der Nähe des Schlosses ist das Belvedere; dieses klassizistische Bauwerk mit seinen Terrassen und Türmen wurde einzig und allein errichtet, um einen Ausblick auf die umliegende Potsdamer Seenlandschaft zu ermöglichen. Das zu DDR-Zeiten verfallene Gemäuer erstrahlt auch dank privater Initiativen seit einigen Jahren wieder in altem Glanz und lockt natürlich zahlreiche Touristen an. Das Schlosshotel Cecilienhof liegt also inmitten einer wunderbaren historischen Kulturlandschaft mit zahlreichen Bauwerken und Parkanlagen, die einen Aufenthalt hier auch dann attraktiv machen, wenn man nicht mit vollkommener Ruhe und luxuriöser Abgeschiedenheit rechnen darf. Das entschädigt auch dafür, dass die Zimmer mittlerweile deutlich angejahrt sind. Wann wird man sich endlich durchringen, sie zu renovieren? Auf einen SPA muss der Gast gänzlich verzichten, noch nicht einmal ein kleiner Sauna- oder Fitnessbereich zählt zum Angebot. In gastronomischer Hinsicht bietet das Haus ebenfalls keine Überraschung, die Küchenleistung hat sich in einem akzeptablen Mittelfeld eingependelt. Etwas bedenklich ist nach wie vor der Service, darauf haben wir schon früher mehrfach hingewiesen. So konnte man uns auf telefonische Nachfrage keine Auskunft darüber geben, wie hoch die Gebühr für WLAN-Nutzung ist. Die Mitarbeiterin begründete dies damit, dass das Haus mit der Telekom zusammenarbeite, und empfahl uns, doch dort anzurufen und nachzufragen. Da hilft nur schulen, schulen und nochmals schulen.

Bewertung: ●●◖

ROSTOCK   Mecklenburg-Vorpommern

NEPTUN
(OT Warnemünde)
Seestraße 19
18119 Rostock
Telefon: 03 81-7 77-0
Telefax: 03 81-5 40 23
Internet: www.hotel-neptun.de
E-Mail: info@hotel-neptun.de
Direktor: Guido Zöllick
DZ ab € 150,00

Nach wie vor ist das Hotel Neptun das weithin sichtbare Wahrzeichen von Warnemünde. Der traditionsreiche Rostocker Hafenvorort verfügt über eine sehenswerte Altstadt mit viel maritimem Charme. Schmucke, heimelig wirkende Kapitänshäuser entlang der Hafenpromenade bieten eine Kulisse, die Touristen lieben, und sorgen für einen Besucherstrom, der Warnemünde zu einem der pulsierendsten Orte an der Ostseeküste Mecklenburg-Vorpommerns macht. Das Neptun wurde, das muss man den Planern des Gebäudes hoch anrechnen, in einigen hundert Metern Abstand zu den idyllischen historischen Straßen der Altstadt errichtet. So stören das historische und das moderne Warnemünde einander nicht, sondern ergänzen sich perfekt. Sicherlich ist diese umsichtige Planung ein Grund dafür, dass das Neptun trotz seiner Bauweise als Hochhaus bei Besuchern und Einheimischen auf hohe Akzeptanz stößt. Eine weitere Erklärung liegt zweifellos in der außergewöhnlichen Architektur des Gebäudes selbst. Alle Zimmer verfügen über einen eigenen Balkon mit Meerblick. Dies wurde dadurch erreicht, dass die Zimmer schräg zueinander versetzt angeordnet wurden; so genießt man auf den Balkonen einerseits Schutz vor Blicken vom Nachbarbalkon, andererseits aber die freie Aussicht auf die Ostsee. Bei der Buchung muss der Gast lediglich entscheiden, auf welcher Seite des Gebäudes er buchen will: Im Westen kann er sich an der Abendsonne erfreuen, auf der Ostseite bekommt er einen Ausblick auf die die Warne befahrenden riesigen Fähr- und Kreuzfahrtschiffe geboten, der nicht nur Liebhaber der christlichen Seefahrt begeistern dürfte. Das Neptun, das zu DDR-Zeiten als Flaggschiff des Ostseetourismus errichtet wurde, hat also auch heute noch zahlreiche Qualitäten, die seinen ungebrochenen Erfolg nach der Wiedervereinigung ebenso erklären wie die umfassende

Erneuerung und Modernisierung, die das Innere des Hauses kontinuierlich erfährt. An Bewährtem und Gutem festhalten und alles Weitere laufend auf dem neuesten Stand halten, das ist hier erkennbares Leitbild. So existiert die legendäre Broilerbar im Erdgeschoss des Gebäudes bis heute und genießt unveränderte Beliebtheit, aber der Duft der gebratenen Hähnchen zieht infolge moderner Entlüftungs- und Küchentechnik dankenswerterweise nicht mehr durch die Hotellobby. Ein weiteres Highlight ist der 2.400 qm große SPA, der alles bietet, was der wellnessbegeisterte Gast von einem solchen erwartet. Neben einem Meerwasserschwimmbecken, einem Kristall-Dampfbad und Erlebnisduschen ist hier besonders die finnische Panoramasauna zu erwähnen, aus der man durch eine große Glasfront auf die Warnemünder Promenade blickt. Bei der Größe des Hauses ist der gesamte Schwimmbad- und Saunabereich natürlich oft sehr stark genutzt, insofern wäre eine Vergrößerung wünschenswert. Einen Gegenpol bietet der herausragende und sehr großzügig dimensionierte Anwendungs- und Massagebereich, das „Original Thalasso"-Center, das allein schon für viele Grund genug ist für einen Aufenthalt im Neptun. Hier kann man unter ärztlicher Aufsicht auch ganze Thalasso-Kuren buchen. Insgesamt ist festzustellen, dass das Neptun nach wie vor bei seinen langjährigen Mitarbeitern wie auch bei seinen Stammgästen eine besondere Wertschätzung genießt. Als Mitarbeiter des ehemaligen Renommierhotels der DDR waren viele stolz auf ihr Haus und gingen mit einer Leidenschaft an die Arbeit, die sie sich bis heute erhalten haben. Dadurch hat sich in einigen Bereichen durchaus so etwas wie ein Service der alten Schule konserviert. Die in der DDR-Gastronomie weit verbreitete „Sie-werden-platziert!"-Haltung hatte in diesem Aushängeschild der ehemaligen DDR keine Chance. Dadurch kommt der Service manchmal noch etwas sehr förmlich daher für ein Ferienhotel, wenn auch auf Fünf-Sterne-Niveau, doch die liebenswert-nostalgische Art und Weise dokumentiert, dass das Neptun für viele Mitarbeiter eben nicht irgendein Hotel ist, sondern „ihr" Neptun. Hotellegende Klaus Wenzel führte das Haus noch Jahre nach der Wiedervereinigung weiter. Inzwischen hat schon vor einigen Jahren Guido Zöllick das Steuer übernommen. Als langjähriger zweiter Mann im Hause gewährleistet er die Kontinuität in der Führung, die Gäste und auch Mitarbeiter so schätzen. Zöllick ist jung und tatkräftig und verfügt über beste Gastgeberqualitäten. So kann man mit Fug und Recht behaupten, dass das Neptun es langfristig geschafft hat, seinen Status als herausragendes Warnemünder Hotel zu sichern. Es ist heute nicht erkennbar, dass man zukünftig Grundlegendes am Konzept des Hauses ändern müsste. Für ein Hotel mit einer so außergewöhnlichen Geschichte ist dies sicherlich eine mehr als positive Entwicklung.

Bewertung:

PARK-HOTEL HÜBNER
(OT Warnemünde)
Heinrich-Heine-Straße 31
18119 Rostock
Telefon: 03 81-54 34-0
Telefax: 03 81-54 34 4 44
Internet: www.park-hotel-huebner.de
E-Mail: info@park-hotel-huebner.de
Direktor: Dietmar Karl
DZ ab € 140,00

Der Aufstieg des Strand-Hotels Hübner in Warnemünde ist eine der großen Erfolgsgeschichten im Tourismusgeschäft der ehemals neuen Länder. Damals setzten viele Investoren darauf, dass die traditionsreichen Ostseebäder Mecklenburg-Vorpommerns nach dem Fall des Eisernen Vorhangs wieder zu alter Größe aufsteigen würden – und sie sollten Recht behalten. Mittlerweile, das muss man klar anerkennen, haben diese Regionen die Ostseeküste Schleswig-Holsteins als Urlaubsdestination klar überflügelt. Öffentliche Förderung wie auch hohe private Investitionen in den Tourismus an der Ostseeküste der ehemaligen DDR haben dazu geführt, dass der gesamte Landstrich heute als grundsaniertes Urlaubsparadies eine ständig wachsende Zahl von Urlaubern anlockt. Das Strand-Hotel Hübner, direkt an der Strandpromenade im Schatten des berühmten Leuchtturms gelegen, war Teil dieser Entwicklung. Trotz der Nähe zu großen Konkurrenten wie dem Neptun, dem ehemaligen Vorzeigehotel der DDR, konnte es jedes Jahr mehr Gäste für sich begeistern. Schließlich war der Erfolg des Hauses so groß, dass er zum Problem wurde. Wie sollte man der Nachfrage nach Hotelbetten gerecht werden, ohne das zu zerstören, was als Erfolgsgeheimnis des Hauses gelten kann: die überschaubare Dimension und die persönliche Atmosphäre dieses First-Class-Hotels? Gute Tagungsmöglichkeiten, der moderne und gleichzeitig gemütliche Restaurantbereich und der wunderbare Wellnessbereich auf dem Dach – alles ist hier in einem Gebäude untergebracht und macht das Hübner zu einem Hotel der kurzen Wege. Wie konnte es erweitert werden, ohne diesen Vorzug zu verlieren, der wesentlich für die gemütliche Atmosphäre verantwortlich ist? Die Lösung zeichnete sich ab, als auf der anderen Straßenseite und damit direkt am Warnemünder Kurpark eine Bebauung möglich wurde. So entstand das Park-Hotel Hübner als direkt dem Strand-Hotel zugeordnete Erweiterung. Es verfügt über eine weitestgehend eigene Infrastruktur sowie ein eigenes Restaurantkonzept, dennoch bilden die beiden Häuser eine Symbiose. Man hat sich dafür entschieden, dem Park-Hotel einen ganz eigenen Stil zu geben, der sich deutlich von dem des Strand-Hotels unterscheidet. Während dieses vom Stil der Zimmer her vorwiegend als Ferien- und Wellnesshotel konzipiert ist, wurde beim Park-Hotel ein eleganterer und sachlicherer Akzent gesetzt. 53 Zimmer mit einer Mindestgröße von 29 qm und modernster Technik werden hier geboten. Das Foyer, der eigene Wellnesskomplex mit Schwimmbad- und Saunabereich, das Restaurant mit Showküche – all das spricht mit seinem modernen Interior Design die Sprache eines aktuellen Businesshotels der obersten Kategorie. Wo im Strand-Hotel maritime und sonnige Farben dominieren, sind hier gedeckte Farben und edle Hölzer tonangebend. Ein edler Boarding-Room für Meetings und Besprechungen im kleinen Kreise zählt ebenfalls zum Gesamtangebot. Das klug durchdachte Konzept wird sicherlich dazu beitragen, dass das Park-Hotel an die Erfolgsgeschichte der Marke „Hübner" anknüpfen kann. Darüber hinaus bietet es den Gästen zahlreiche neue Optionen für einen Ferienaufenthalt oder eine Tagung, ein Fest oder ein Schulungswochenende. All dies ist hier nun schon seit über zwei Jahren in ganz neuer Qualität möglich.

Bewertung:

RADISSON BLU
(Innenstadt)
Lange Straße 40
18055 Rostock
Telefon: 03 81-37 50-0
Telefax: 03 81-37 50 10
Internet: www.radissonblu.de/hotel-rostock
E-Mail: info.rostock@radissonblu.com
Direktor: Norbert Huemer
DZ ab € 109,00

Nach der deutschen Wiedervereinigung fehlte nicht viel, und Rostock wäre anstelle von Schwerin zur Landeshauptstadt Mecklenburg-Vorpommerns avanciert. Vielleicht war es die Nähe zu den westdeutschen Nachbarländern Niedersachsen, Hamburg und Schleswig-Holstein, die dann den Ausschlag für Schwerin gab, oder das idyllische Stadtbild der von Kriegszerstörungen unversehrten Residenzstadt. Dass die Entscheidung richtig war, mag man heute auf jeden Fall bezweifeln, denn Rostock ist nicht nur die wesentlich größere Stadt, es liegt zudem mit dem Stadtteil Warnemünde fast direkt am Meer und damit am Ostseetourismus, der ja das Rückgrat der mecklenburg-vorpommerschen Wirtschaft bildet. Als beliebter Ausgangshafen für den boomenden Kreuzfahrttourismus, mit den Fährverbindungen nach Skandinavien sowie seiner Universität erscheint Rostock wesentlich lebendiger und großstädtischer als Schwerin, das mit seinem historischen Stadtbild eher beschaulich wirkt. Und auch das Spektrum an Hotels, das Rostock zu bieten hat, wäre einer

Landeshauptstadt mehr als würdig. Da sind zunächst natürlich die teilweise luxuriösen Ferien- und Resorthotels in Warnemünde. Aber auch die Innenstadt hat mit dem Steigenberger-Hotel Zur Sonne und dem Radisson Blu zwei veritable moderne Großstadthotels zu bieten, die internationalen Standards der gehobenen Business-Hotellerie vollkommen gerecht werden. Das Radisson Blu überzeugt mit Größe und moderner Architektur. Die skandinavischen Wurzeln der Hotelkette zeigen sich hier im Mut zu ungewöhnlicher Innenarchitektur und modernem Design bei der Ausstattung. Schon die großzügige Lobby mit der auffälligen Beleuchtung der Rezeption, der zentralen Bar und der zur Tagungsetage hinaufreichenden Freitreppe bietet ein höchst zeitgemäßes Ambiente. Auch das benachbarte Restaurant mit der gleichen fürstlichen Deckenhöhe wie die Lobby wirkt großzügig und luftig. So erzeugt auch bei voll belegtem Haus der Ansturm auf das Frühstücksbuffet kein Gefühl der Beengung beim Frühstücken. Die Zimmer halten sich nicht an die moderne Eleganz der öffentlichen Bereiche; hier ist man in der Ausstattung und Gestaltung zum Teil noch einen Schritt mutiger gewesen. Vor allem die gewöhnungsbedürftigen Farbzusammenstellungen lassen vermuten, dass sich in einigen Räumen nicht jeder wohlfühlen wird. Drei Farb- und Designkonzepte sind im Angebot, „Urban", „Chili" und „Ocean", und wer auffällige Farben nicht sehr schätzt, sollte sich vor einem längeren Aufenthalt die Zimmer ansehen. Vor allem die Rot- und Orangetöne der Chili-Kategorie mit ihren Möbeln im Stil der 1970er Jahre könnten für die einen eine Zumutung sein, für andere dagegen sind sie durchaus ein Erlebnis. Mit avantgardistischem Design steht man bei dieser Hotelkette in der Tradition des legendären Radisson-Hotels in Kopenhagen, das in den 1950er Jahren als erstes Designhotel der Welt galt. Die Radisson-Standards wie kostenfreies WLAN oder die Kaffee- und Teezubereitungsmöglichkeiten auf dem Zimmer, das Grab & Run-Frühstück sowie die 100-Prozent-Gästezufriedenheitsgarantie werden natürlich auch hier in Rostock geboten. Hotelchef Norbert Huemer führt das Haus eher unauffällig, und so kann man nicht feststellen, dass er zu dessen Renommee nachhaltig beigetragen hätte. Aber das ist in einem modernen Businesshotel der oberen Kategorie wahrscheinlich auch nicht gefragt. Wer also nicht gerade einen Urlaub verbringen möchte, der auch eine persönliche Ansprache durch den Direktor beinhalten soll, und dafür eine eher professionelle Atmosphäre schätzt, der ist hier goldrichtig.

Bewertung: ● ● ●

STEIGENBERGER HOTEL SONNE

(Innenstadt)
Neuer Markt 2
18055 Rostock
Telefon: 0381-4973-0
Telefax: 0381-4973 351
Internet: www.rostock.steigenberger.de
E-Mail: rostock@steigenberger.de
Direktor: Mathias Freiheit
DZ ab € 99,00

Der Zweite Weltkrieg hat der alten Hansestadt schlimm zugesetzt. Ein großer Teil der Gebäude in der Innenstadt war bereits 1942 zerstört worden, und zu Beginn des Bombenkriegs war Rostock eine der ersten schwer getroffenen Großstädte. Heute sind viele Wunden verheilt, dennoch erkennt man, dass nur ein Teil der Innenstadt noch die ursprüngliche Bebauung aufweist. Zu DDR-Zeiten wurde die Lange Straße als parallel zur Hafenkante verlaufende Magistrale mit Reminiszenzen an historische Speicherarchitektur wiederaufgebaut. Dieser heute sehr ansehnliche Boulevard mit breiten Gehwegen und großzügiger Architektur war offensichtlich als sozialistisches Vorzeigeprojekt geplant. Heute scheint er jedoch vor allem dafür zu sorgen, dass der Verkehr um das Stadtzentrum herum fließt. Als Rückgrat der Altstadt hat sich die Kröpeliner Straße bewährt, die einen Häuserblock weiter parallel zur Langen Straße verläuft. Sie ist heute die unumstrittene Lebensader der Innenstadt mit zahlreichen Gebäuden aus der Zeit vor dem Zweiten Weltkrieg, unter anderem der Rostocker Universität. An ihren beiden Enden befinden sich heute die zwei wichtigsten First-Class-Businesshotels der Stadt, im Osten das Radisson und im Westen am historischen Neuen Markt das Steigenberger-Hotel Sonne. Der klangvolle Name geht auf ein Gasthaus und Hotel zurück, das hier über Jahrhunderte beheimatet war. Die Außenfassade am Neuen Markt kann als ein Beispiel vorbildhaften DDR-Städtebaus gelten, und so hat man auch nach dem Ende der DDR zu Recht keinen Anlass gesehen, daran etwas zu verändern. Die goldene Sonne, die die Fassade krönt, ist weithin sichtbares Erkennungszeichen des Traditionshotels, das innen allerdings in der Nachwendezeit komplett erneuert wurde. Seitdem ist man aber keineswegs stehengeblieben. Erst vor drei Jahren hat man die Zimmer und Suiten renoviert und dabei ein neues Farbkonzept etabliert. Die behaglichen Farben und die hochwertige Ausstattung des ganzen Hotels sind gleichermaßen modern wie auch an ein Publikum gerichtet, das Wert auf ein elegantes Ambiente legt. Die öffentlichen Bereiche wie auch die acht Tagungsräume, die Veranstaltungen mit bis zu 300 Personen erlauben, sind in weiten Teilen holzvertäfelt. Mit seiner Ausstattung könnte dieses Steigenberger durchaus ohne allzu große Anstrengungen einen fünften DEHOGA-Stern am Eingang anbringen, wenn man das Hotelkonzept denn jemals in diese Richtung ändern wollte. Heute kann sich der Gast über ein wunderbares First-Class-Superior-Hotel freuen, das nicht nur einen sehr guten und freundlichen Service bietet, sondern eben auch ein besonders hochwertiges Ambiente. Besonderer Clou ist die Exklave der Sonne, das „Silo 4": Unter dieser Bezeichnung firmieren die Räumlichkeiten in der siebten Etage eines Hafengebäudes unweit des Hotels, die mit großen Panoramafenstern einen hervorragenden Blick auf den Rostocker Stadthafen ermöglichen. Sie bieten einen Rahmen für besondere Events, Tagungen oder Festlichkeiten, denn Rostock ist immer noch eine bedeutende Hafenstadt, und ihren maritimen Charakter vermittelt ein Ort wie das „Silo 4" besonders gut. Im Hotel selbst bietet die „Weinwirtschaft" ein bewährtes gastronomisches Konzept: eine offene Showküche und eine Melange aus mediterraner und internationaler Küche in kultiviert-gemütlicher Atmosphäre. Erwähnung verdient in diesem bemerkenswerten Haus auch die Kategorie „Business Class": Gegen einen Preiszuschlag bucht man einer Juniorsuite ähnliche Zimmer unter dem Dach mit separiertem Wohn- und Schlafbereich, und in den Zimmerpreis inkludiert sind Mineralwasser, Zubereitungsmöglichkeiten für Kaffee oder Tee, Tageszeitung, WLAN, Bademantel, Slipper und ein Welcome-Drink an der Bar oder in der Weinwirtschaft. Durchaus zu empfehlen angesichts des großen Leistungsumfangs bei vergleichsweise geringem Aufpreis. Die WLAN-Preise sind mit nur 5 Euro für 24 Stunden ebenfalls vorbildhaft. Und sogar einen Freizeitbereich mit Sauna und Dampfbad sowie einen Beautybereich kann man den Gästen bieten. Der jugendliche, smarte Direktor Mathias Freiheit führt das Haus schon seit langen Jahren. Als geborener Rostocker mit internationaler Erfahrung im Hotelbusiness und entsprechend weltgewandtem Auftreten ohne Allüren ist er die Idealbesetzung für dieses geschichtsträchtige Haus in modern-elegantem Gewand. Für jeden Gast der Hansestadt, der nicht wegen eines Wellnessurlaubs hierher kommt, ist das Steigenberger Hotel Sonne unsere erste Empfehlung.

Bewertung: ●●◐

STRAND-HOTEL HÜBNER
(OT Warnemünde)
Seestraße 12
18119 Rostock
Telefon: 03 81-54 34-0
Telefax: 03 81-54 34 4 44
Internet: www.hotel-huebner.de
E-Mail: info@hotel-huebner.de
Direktor: Dietmar Karl
DZ ab € 140,00

Das Strand-Hotel Hübner kann ohne Übertreibung als eines der erfolgreichsten privaten Hotelunternehmen im Ostseebad und Rostocker Stadtteil Warnemünde gelten. Den seit seiner Eröffnung nicht abreißenden Erfolg hat es genutzt, um kontinuierlich in den Erhalt und Ausbau des Hotels zu investieren. Dass das Haus für die Eigentümergemeinschaft mehr ist als eine Cashcow, zeigt sich hier an jeder Ecke. Anfangs überzeugte die Gäste allein schon die zentrale Lage direkt an der Warnemünder Strandpromenade, nur einen Steinwurf entfernt vom berühmtesten Wahrzeichen des Ortes, dem Leuchtturm. Gleich um die Ecke befindet sich der bunte Warnemünder Hafen, an dem farbenfrohe Kapitänshäuser, Fischkutter, Rundfahrtschiffe und auf einen Happen lauernde Möwen maritime Urlaubsatmosphäre verbreiten. Zwischen Hafen und Strand-Hotel erstreckt sich ein großer Teil des historischen Warnemünde mit pittoresken Gassen und Häusern aus verschiedenen Jahrhunderten. Der Kurpark ist ebenfalls nicht weit. Da das Haus von vornherein eine gewisse Größe aufwies, ist hier jeder Gast gut aufgehoben, der den professionellen Service und die Annehmlichkeiten eines größeren Hotelbetriebs schätzt, dem aber das unweit gelegene legendäre Hotel Neptun doch zu groß ist. Auch Tagungsmöglichkeiten waren von Anfang an vorhanden; somit schloss das Strand-Hotel Hübner die Lücke zwischen dem großen Nachbarn und den kleinen Privathotels und Pensionen. Als nächste Stufe wurde dann vor einigen Jahren der Wellness- und Freizeitbereich in den oberen Etagen des Hübner ausgebaut, sogar ein Schwimmbad wurde in einer spektakulären Aktion auf dem Dach installiert. Somit kann der Gast nun auch in den Wintermonaten mit weitem Blick über das Meer schwimmen, saunieren, sich Massage- und Beautyanwendungen gönnen oder einfach im Liegestuhl die Aussicht genießen. Draußen bieten Wind und Wellen auf der Ostsee ein Reizklima, von dem jeder schwärmt, der in der unfreundlichen Jahreszeit einmal hier logiert hat und, nach einem langen Strandspaziergang ordentlich durchgepustet, feststellen konnte, was es heißt, wie der sprichwörtliche Stein zu schlafen und wie neugeboren aufzuwachen. Mit dem Ausbau des Schwimmbad- und Wellnessbereichs hatte das Hübner ein gutes Stück zum Konkurrenten Neptun mit seinem ebenfalls nicht zu verachtenden Wellnessangebot aufgeschlossen. Doch – und hier ist den Ei-  gentümern nochmals Lob zu zollen – ein Ausruhen auf diesen Erfolgen kam nicht in Frage, und so wurde im vorletzten Jahr auf der gegenüberliegenden Straßenseite ein zweites Hotelgebäude mit neuem Restaurant, Tagungsräumen, Suiten und einem eigenen luxuriösen Schwimmbad- und Wellnessbereich eröffnet. Damit wurden die Kapazitäten des Hübner erheblich erweitert, und durch die zusätzlichen Zimmerkontingente sind nun auch größere Tagungen, Konferenzen und Events möglich. Das ausgewogene Service- und Dienstleistungsangebot, das Gäste hier so schätzen, und nicht zuletzt die unkonventionelle, freundliche Art und Weise, mit der die Mitarbeiter ihnen gegenübertreten, sind natürlich nach wie vor Teil des Pakets. Dass man in einem Hotel mit privater Atmosphäre logiert und nicht in einer Urlaubsmaschine, ist auch nach der Erweiterung überall zu spüren. Dietmar Karl, Direktor des Hauses seit der Eröffnung, hat offensichtlich ein Arbeitsklima kultiviert, in dem sich seine Angestellten gern um die Gäste und ihre kleinen und großen Wünsche kümmern, und somit die typische Atmosphäre des Hübner geschaffen, die so viele Gäste schätzen. Wer einmal vom Balkon seines Zimmers oder vom Wellnessbereich auf der Dachterrasse aus einen Sonnenuntergang mit dem Ostseepanorama und dem Rostocker Hafen mit den ein- und ausfahrenden Ozeanriesen im Hintergrund genossen hat, der wird sicherlich immer wieder Gelegenheit finden, hier einige Tage im Jahr zu verbringen. Letztes Jahr hat man damit begonnen, die Zimmer und Suiten bei laufendem Betrieb aufwendig zu renovieren. WLAN sowie Premiumfernsehen (Sky) sind für Gäste nunmehr kostenfrei. Auf Wunsch wird kostenfrei ein Transfer vom Bahnhof zum Hotel organisiert.

Bewertung:

YACHTHAFENRESIDENZ HOHE DÜNE

(OT Warnemünde)
Am Yachthafen 1
18119 Rostock
Telefon: 03 81-50 40-0
Telefax: 03 81-50 40 60 99
Internet: www.hohe-duene.de
E-Mail: info@yhd.de
Direktor: Harald Schmitt
DZ ab € 190,00

Es steht außer Frage: Im Hinblick auf das breite Spektrum des Dienstleistungs- und vor allem des Freizeitangebots ist die Yachthafenresidenz in der Region die erste Adresse. Die Hardwarefakten können jedenfalls überzeugen. Der Gast kann mit dem eigenen Boot bzw. der eigenen Yacht anreisen, denn das Hotel hat einen eigenen Yachthafen. Bei Anreise mit dem Flugzeug organisiert der Concierge aber auch gern einen Limousinen-Transfer vom Flughafen. Wechselhaft wie das norddeutsche Wetter ist allerdings das Serviceniveau des Hauses. Die Dienstleistungsbereitschaft der Mitarbeiter hat uns nicht immer begeistert, darauf haben wir schon früher mehrfach hingewiesen. Das ist sicherlich auch der Tatsache geschuldet, dass man mit dem Management dieses Luxushotels keine erfahrene Direktorenpersönlichkeit beauftragt hat, offenbar hat man sich bei der Besetzung dieses Postens in der zweiten Reihe umgesehen. Wenig zu deuten gibt es hingegen am Zimmerprodukt, das unterschiedlichsten Ansprüchen der Gäste Rechnung trägt. Spektakulär ist der 4.200 qm große SPA ausgefallen. Im 22 x 10 Meter großen Schwimmbecken mit eigenem Kamin kann man nicht nur planschen, sondern wirklich schwimmen. Donnerstags wird übrigens „Candle-Night-Schwimmen" bei Kaminfeuer angeboten. In der Saunalandschaft erwarten den Gast unterschiedlich temperierte Saunen wie Biosauna, finnische Sauna, Kelosauna und Erdsauna sowie Caldarium, Laconium, Sole- und Aroma-Dampfbad und Ruhezonen. Im Private SPA kann man Wellness-Arrangements unter Ausschluss der Öffentlichkeit genießen. Der aktiven Freizeitgestaltung sind mit dem übrigen Angebot des Hauses ebenfalls kaum Grenzen gesetzt: Surfen, Segeln, Tauchen – all das und noch viel mehr ist hier möglich. Praktischerweise kann man auch gleich seinen Sportbootsführerschein (See und Binnen) erwerben, Fortgeschrittene sogar einen Sportküstenschifferschein oder Sportseeschifferschein. Auch ein Segeltörn bietet sich an oder ein Ausflug mit einem der legendären Riva-Boote. In kulinarischer Hinsicht spielt das Haus mit dem Restaurant Butt in der Bundesliga. Spitzenkoch Tillmann Hahn garantiert ein konstant hohes Niveau bei der von ihm gebotenen Haute Cuisine. Der Gast kann unter vier Menüs wählen: dem leichten Menu Méditerranée, dem Menu Classique (französisch), dem Menu Exotique und dem vegetarischen Menu Jardinière. Abwechslung versprechen fünf weitere Restaurants, unter anderem eine Brasserie mit regionaler Küche und eine Art Steakhaus. Im Tagungsbereich ist man mit dem 3.200 qm großen Kongresszentrum mit seinen 21 unterschiedlich großen Tagungsräumen ebenfalls Branchenprimus in der Region. Veranstaltungen mit bis zu 1.000 Personen sind ebenso möglich wie ein intimes Meeting im edlen Boarding-Room.

Bewertung:

ROTENBURG/WÜMME Niedersachsen

WACHTELHOF
Gerberstraße 6
27356 Rotenburg
Telefon: 0 42 61-8 53-0
Telefax: 0 42 61-8 53 2 00
Internet: www.wachtelhof.de
E-Mail: info@wachtelhof.de
Direktor: Jörg Höhns
DZ ab € 180,00

Eines kann man dem Wachtelhof wahrlich nicht vorwerfen, nämlich dass er kein Konzept hätte. Offensichtlich hat sich dieses Fünf-Sterne-Superior-Hotel auf die Betreuung eines älteren, eher konservativen Publikums spezialisiert. Zu dieser Einschätzung gelangt man, wenn man das Interieur des Hauses genauer betrachtet. Gediegen muten die Zimmer und Suiten an, die mit edlem Pinienholz und allesamt mit einem schicken Badezimmer ausgestattet sind. Die Tagungsmöglichkeiten sind eher eingeschränkt, was unsere Vermutung stützt, dennoch stehen einige Räumlichkeiten zur Verfügung. Man versteht sich aber eindeutig eher als Leisurehotel, und dementsprechend ist der Freizeitbereich ausgefallen. Der SPA zumindest trägt diese Bezeichnung zu Recht. Er bietet neben unterschiedlich temperierten Saunen und Ruhezone auch einen Poolbereich. Ein wenig stören die künstlichen Pflanzen, denen der Gast übrigens im ganzen Haus begegnet. Nun, über Stilfragen lässt sich streiten – oder eben nicht –, Stammgäste scheint dieses Detail nicht zu stören. Die physiotherapeutische Abteilung des Hauses ist breit aufgestellt, neben der klassischen Ganzkörpermassage kann man auch interessante Anwendungen wie etwa eine Hot-Stone- oder Aromaölmassage buchen. Ayurvedische Massagen zählen ebenfalls zum Angebot. Unbestritten ist die hier gepflegte Servicekultur, die absolut begeistert. Man hat sich offensichtlich die Weisheit auf die Fahnen geschrieben, dass guter Service der wahre Luxus ist. Mit größter Aufmerksamkeit kümmern sich die hervorragend geschulten Mitarbeiter um die Wünsche der Gäste. Im Restaurant garantiert Küchenchef Daniel Rundholz eine ambitionierte, französisch inspirierte Küche. Dass ihm die hohe Ehre eines Michelin-Sterns bislang nicht zuteilwurde, liegt unseres Erachtens nicht an seiner Leistung, sondern ist eher dem Konzept des Restaurants geschuldet, das unter anderem für das Frühstücksbuffet, aber auch für die Halbpensionsverpflegung und für Gruppen genutzt wird. Immer wieder hat man darüber nachgedacht, das Gourmetrestaurant zu separieren, die Idee aber wieder verworfen.

Bewertung:

ROTTACH-EGERN Bayern

SEEHOTEL ÜBERFAHRT
Überfahrtstraße 10
83700 Rottach-Egern
Telefon: 0 80 22-6 69-0
Telefax: 0 80 22-6 69 10 00
Internet: www.seehotel-ueberfahrt.com
E-Mail: info@seehotel-ueberfahrt.com
Direktor: Vincent Ludwig
DZ ab € 264,00

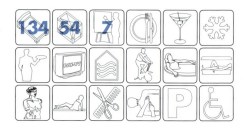

Es steht außer Frage, dass dieses Luxus-Leisurehotel als eine der ersten Adressen der Republik gelten darf. Das Seehotel Überfahrt steht für eine exponierte Lage, ein hervorragendes Service- und Dienstleistungsangebot und nicht zuletzt eine herausragende Kulinarik. Die Zimmer, die im Übrigen bereits in der Superior-Kategorie eine Mindestgröße von 35 qm aufweisen und mit modernster Technik ausgestattet sind, garantieren eine hohe Aufenthaltsqualität. Einst ging das Haus unter der Regie von Dorint an den Start, nach der Übernahme durch Accor flaggte es dann als Sofitel. Aber wirklich erfolgreich ist es erst, seit es von der Althoff-Gruppe geführt wird. Verantwortlich für das Seehotel ist derzeit Vincent Ludwig. Gott sei Dank sind die Zeiten vorbei, als das Personal die Gäste mit fachlichen Fehlern, arroganten Attitüden und gelegentlich auch Unaufmerksamkeit verärgerte. Unserer Meinung nach steht und fällt das Service- und Dienstleistungsniveau mit dem Hoteldirektor. Hier haben sich einige sogenannte General Manager abgearbeitet, deren Bilanz eher bescheiden ausfiel und deren Wirken für das Renommee des Hauses alles andere als förderlich war. Der eine gebärdete sich wie ein Vorstandsvorsitzender, der mit seinen Gästen nur dann Kontakt aufnahm, wenn es sich gar nicht vermeiden ließ. Ein anderer benahm sich, als habe er die Hotellerie höchstpersönlich erfunden. Gern stolzierte er durch die Hotelhalle und machte seine Aufwartung denjenigen Gästen, die er für hinreichend wichtig hielt, um seiner Aufmerksamkeit würdig zu sein. Wirklich Klasse hat der 2.000 qm große SPA-Bereich, der nichts vermissen lässt. Neben einem großen Indoorpool steht den Gästen ein beheizter Außenpool zur Verfügung. Großzügig ist auch die Saunalandschaft ausgefallen, sie bietet eine große Auswahl unterschiedlich temperierter Saunen, Erlebnisduschen und Ruhezonen. Ein geschickter Zug war, dass Althoff nach Übernahme des Hotels mit Christian Jürgens einen Sterne-sicheren Küchenchef verpflichtete, dem dann auch sofort ein Michelin-Stern zuerkannt wurde. Erstaunt hat einige Brancheninsider, wie schnell es ihm dann gelungen ist, einen zweiten Stern zu erkochen. Gastronomische Vielfalt gehört zur Philosophie der Althoff-Gruppe, deshalb bietet man neben dem Gourmetrestaurant noch zwei weitere durchaus interessante Alternativen: das Barcaiolo mit einer italienischen Küche und die Bayernstube mit ihren regionalen Spezialitäten. Letztere erfreut sich größter Beliebtheit, daher empfiehlt es sich, schon bei der Buchung oder spätestens bei der Anreise einen Tisch zu reservieren. Zu den selbstverständlichen Serviceleistungen zählen in diesem Hotel unter anderem Valet Parking, 24-Stunden-Zimmer-, Concierge- und Schuhputzservice. Man kann hier jedoch nicht nur ein paar Tage in luxuriöser Atmosphäre ausspannen, sondern auch tagen oder konferieren. Sieben Tagungsräume erlauben Veranstaltungen mit bis zu 250 Personen. Fazit: Endlich ist es gelungen, dieses Luxus-Businesshotel dort zu positionieren, wo es hingehört, nämlich unter den besten Adressen der Republik. Dass dies kein Zufall ist, sondern sich einer grundlegenden Neustrukturierung des gesamten Hauses verdankt, steht für jeden erfahrenen Beobachter außer Frage.

Bewertung:

RÜGEN/BINZ Mecklenburg-Vorpommern

DORINT STRANDHOTEL
Strandpromenade 58
18609 Binz/Rügen
Telefon: 03 83 93-43-0
Telefax: 03 83 93-43 1 00
Internet: hotel-ruegen.dorint.com
E-Mail: info.binz@dorint.com
Direktor: Jörn Weißberg *(-01/12)*
DZ ab € 120,00

Bisher ist nicht nachvollziehbar, weshalb man, nachdem Angela Theisinger nach Berlin versetzt wurde, die Führung des Hauses Jörn Weißberg übertragen hat, der bis dato als Küchenchef für die Gastronomie verantwortlich war. Mit den Aufgaben der Hotelführung war Weißberg offensichtlich vollständig überfordert. Weder er noch zuvor Theisinger konnten hier Akzente setzen. Unseres Erachtens verfügten beide nicht über die Führungs- oder gar die Gastgeberqualitäten, die für dieses Leisurehotel unbedingt nötig gewesen wären. Diese personelle Entscheidung war vielleicht für die Konzernzentrale erst einmal die komfortabelste Lösung, aber nicht für das Image des Hauses. Weißberg disqualifizierte sich für eine solche Position eigentlich selbst. Auf uns wirkte er wie eine sensible Küchendiva und reagierte bei der geringsten Kritik beleidigt. Als er noch ausschließlich für das Restaurant „olivio" verantwortlich war, überzeugte zumindest die Küchenleistung. Ende letzten Jahres hat man sich dann wohl „in gegenseitigem Einvernehmen" getrennt. Wir würden uns hier einen Hoteldirektor mit herausragenden Gastgeberqualitäten wünschen, der dieses Dorint so führt, als sei es sein eigenes Haus, und die vorhandenen Potenziale voll ausschöpft. Jemanden wie Stefan von Heine beispielsweise, der hier auf der Insel, genauer gesagt in Sellin, das Dorint Ambiance zu einem der bekanntesten Hotels der Insel entwickelt hat und nunmehr sehr erfolgreich das Potsdamer Haus der Hotelgruppe führt. Die Zimmer im Strandhotel garantieren einen recht hohen Komfort, schon ab der Kategorie „Granitz" Deluxe sind es genaugenommen Suiten, denn sie verfügen über einen getrennten Schlaf- und Wohnbereich. Bereits die Standard-Doppelzimmer haben eine Mindestgröße von 30 qm. Die beliebtesten, das liegt in der Natur der Sache, sind jene mit direktem Meerblick. Der Wellnessbereich, der sich über 430 qm erstreckt, ist recht akzeptabel ausgefallen, wenn er auch ein wenig nüchtern wirkt. Neben einem 15-Meter-Pool steht den Gästen auch eine kleine Saunalandschaft mit unterschiedlich temperierten Saunen zur Verfügung. Das Angebot an Beauty- und Massageanwendungen ist durchaus ausbaufähig. Ein einziger kleiner Tagungsraum unterstreicht, dass dieses Dorint sich eigentlich als lupenreines Leisurehotel versteht.

Bewertung:

KURHAUS BINZ
**Strandpromenade 27
18609 Binz/Rügen
Telefon: 03 83 93-6 65-0
Telefax: 03 83 93-6 65 5 55**
Internet: www.travelcharme.com
E-Mail: kurhaus-binz@travelcharme.com
**Direktor: Thomas Tonndorf
DZ ab € 170,00**

„Auferstanden aus Ruinen" – diese Zeile aus der Nationalhymne der ehemaligen DDR ist im Deutschland der Nachkriegszeit ironischerweise erst nach dem Ende des zweiten deutschen Staates Realität geworden. Und insbesondere in den Ferienorten entlang der Ostseeküste Mecklenburg-Vorpommerns kann man heute bestaunen, wie nach dem Fall der Mauer eigentlich die gesamte touristische Infrastruktur neu entstanden ist. Ein eindrucksvolles Beispiel für eine solche Wiederauferstehung ist Binz auf Rügen – und hier insbesondere das schlossähnliche Kurhaus an der zentralsten Position der Strandpromenade. Es wurde 1907 an der Stelle eines zuvor abgebrannten Vorgängerbaus errichtet und ist ein prächtiges Beispiel für die vor Prunksucht und Selbstbewusstsein strotzende Architektur der Kaiserzeit in Deutschland. Wie das daneben liegende Hotel Kaiserhof ursprünglich von der Gemeinde errichtet, wurde das Kurhaus in den 1920er Jahren an einen privaten Investor verkauft und erlebte eine Blütezeit, als neben dem Kurbetrieb Kasino, Varieté und eine Bar für die Unterhaltung der illustren Gästeschaft des Kurbads sorgten. Im Dritten Reich musste der Inhaber fliehen, das Kurhaus wurde enteignet und im weiteren

Verlauf des Krieges auch als Flüchtlingsunterkunft und russisches Soldatenquartier genutzt. Nach dem Krieg nahm der nach Deutschland zurückgekehrte Eigentümer das Haus wieder in Besitz, wurde jedoch im Rahmen der berüchtigten „Aktion Rose" abermals enteignet, diesmal durch die DDR. Nach einem kurzen Intermezzo als Erholungsheim der NVA hielt in den 1960er Jahren schließlich der organisierte staatliche Tourismus Einzug. Bis zum Fall der Mauer stand das Kurhaus somit wieder allen Gästen in Binz offen, und mit Intershop und Terrassengastronomie hatte das Reisebüro der DDR, dem es verstand, ein Schmuckstück im Repertoire, das die glanzvolle Tradition des großbürgerlich geprägten Teils des Ostseetourismus im Arbeiter- und Bauernstaat fortsetzte. Natürlich waren die Mittel zum Erhalt der Immobilie begrenzt wie überall in der DDR, und so war nach der Wende ein erheblicher Renovierungs- und Erneuerungsstau zu bewältigen. Inwieweit beim Übergang vom Kommunismus zum Kapitalismus hier alles gerecht und offen zugegangen ist, sei dahingestellt. Auf jeden Fall wurden Kurhaus und Hotel Kaiserhof nach der Wende privatisiert und werden nun von der Travel-Charme-Gruppe betrieben, die entlang der deutschen Ostseeküste mehrere Hotels führt. Gerüchte, die Gruppe sei ein Resultat der Bemühungen, Gelder ehemaliger DDR-Organisationen und sogar der Stasi in das neue Wirtschaftssystem hinüberzuretten, kamen nicht zuletzt wegen der opulenten Sanierung ehemaliger DDR-Ferienhotels auf, die die Travel-Charme-Gruppe übernommen hatte. Und besonders die auffallend aufwendige Neugestaltung des Kurhauses hat Misstrauen dieser Art geschürt. Hier wurde wirklich an nichts gespart. Das Hotel Kaiserhof wurde neu aufgebaut und mit dem Kurhaus verbunden. Das Kurhaus selbst wurde so grundlegend saniert und erneuert, dass der Charme, der solchen Gemäuern eignet, nahezu verschwunden ist. Wer hier so etwas wie edle Patina sucht, wird nicht fündig. Die historische Identität des Kurhauses ging im Farben- und Materialrausch der Innenausstattung nahezu verloren. Knallige, sonnige Farben dominieren das ganze Haus, aus den Katalogen der Hotelausstatter wurde das Beste vom damals Besten bestellt und in allen Bereichen verbaut. Was andere Hotels entlang der Ostseeküste erst nach und nach durch kontinuierliche Investitionen ihrer Gewinne aufbauten, etwa luxuriöse Wellnessbereiche oder Restaurants, wurde hier gleich auf einen Schlag erledigt. Kein Wunder, dass man sich fragte, woher das Geld stammte für einen solchen Luxus – und für Investitionen, die sich, wenn überhaupt, nur sehr langfristig rentieren konnten. Wir wollen uns nicht am Tratsch beteiligen und Mutmaßungen darüber anstellen, ob hier Stasi-Gelder verbaut wurden oder Honeckers Sparstrumpf oder doch nur Gelder der erfolgreichen METRO-Gruppe. Den Gästen dürfte das auch egal sein. Die Travel-Charme-Gruppe mit Sitz in der Schweiz (sic!) bietet opulent ausgestattete Hotels mit Hardware vom Feinsten, in denen eine Atmosphäre herrscht wie auf einem Kreuzfahrtschiff. Als erstes Fünf-Sterne-Superior-Hotel in Ostdeutschland hat das Kurhaus Binz seit der Wende die Nase vorn. Dass andere Luxushäuser wie das in Heiligendamm arge Auslastungs- und Geldprobleme zu haben scheinen, während hier in Binz anscheinend eitel Sonnenschein herrscht, kann alles und nichts bedeuten. Der Gast findet hier auf jeden Fall Luxus in seiner farbenfrohesten Form und alle erdenklichen Annehmlichkeiten, die den Aufenthalt in einem Hotel wie diesem unvergesslich machen, eine breite Palette unterschiedlicher Zimmerkategorien, darunter opulente Suiten, und einen großzügig gestalteten Wellnesskomplex mit Schwimmbad, Saunalandschaft und selbstverständlich auch einem Beauty- und Massagebereich.

Bewertung:

RÜGEN/SELLIN   Mecklenburg-Vorpommern

CLIFF HOTEL
Cliff am Meer 1
18586 Sellin/Rügen
Telefon: 03 83 03-80
Telefax: 03 83 03-84 95
Internet: www.cliff-hotel.de
E-Mail: info@cliff-hotel.de
Direktor: Peter Schwarz
DZ ab € 126,00

Die Glanzzeiten dieses Hauses, wenn es denn je welche gab, können nur in ferner Vergangenheit liegen. Derzeit gelingt es jedenfalls nicht, dieses Leisurehotel unter den ersten Adressen bundesweit zu etablieren. Wie sollte das auch möglich sein mit einem so dürftig ausgeprägten Service- und Dienstleistungsverständnis? Peter Schwarz, der vor einigen Jahren die Position des Hoteldirektors übernommen hat, wirkt, als habe er längst die Segel gestrichen und sich mit seiner Rolle als Verwalter abgefunden. Fast alle Entscheidungen müssen von der Zentrale genehmigt werden, da bleibt wenig Handlungsspielraum. Vollmundig angekündigte Renovierungen und neue Konzepte blieben bislang aus. Einige Zimmer wurden noch unter Federführung von Schwarz' Vorgänger Joachim Schulz renoviert, allerdings herrschten zu dem Zeitpunkt andere Eigentumsverhältnisse. Nunmehr gehört das Cliff Hotel zum Portfolio der Lohbeck-Gruppe. Schon damals war geplant, Schritt für Schritt alle Zimmer aufzufrischen. Passiert ist bislang so gut wie nichts. Somit fällt die Gesamtbilanz für Schwarz nicht gut aus. Offensichtlich setzt man seinen Fokus verstärkt auf Reiseveranstalter, die hier für eine Grundbelegung sorgen, statt sich mit dem anspruchsvollen Individualreisenden auseinanderzusetzen. Dabei hat das Cliff Hotel wahrlich Potenziale. Die Lage kann jedenfalls überzeugen, man logiert hier deutlich ruhiger als in Binz, der Touristenhochburg der Insel. Entsprechend hoch ist der Erholungsfaktor. Überzeugend ist auch der SPA – anders als die Mitarbeiter hier, die dem Gast den Eindruck vermitteln, er störe sie bei ihrer Freizeitbeschäftigung. Auf insgesamt 2.000 qm erstreckt sich der Freizeitbereich. Die Saunalandschaft ist ebenso großzügig gestaltet wie der Beauty- und Massagebereich. Im 25 Meter langen Pool kann man genüsslich seine Bahnen ziehen. Zusätzlich steht den Gästen eine Sonnenterrasse zur Verfügung; man würde sich allerdings freuen, wenn die Mitarbeiter sich mal an die Liegestühle bequemten, um zu fragen, ob man etwas trinken möchte. Das Frühstücksbuffet überzeugt nur bedingt, auch hier verderben die zwar freundlichen, aber sehr phlegmatischen Mitarbeiter den Gästen die Laune. Sonderwünsche wie à la minute zubereitete Eierspeisen versteht man offensichtlich als Schikane – bei solchem Ansinnen verweist man gern auf das Buffet, an dem sich der Gast doch bitte bedienen möge. Allenfalls in der Regionalliga spielt das À-la-carte-Restaurant. Man fragt sich, weshalb Hoteldirektor Peter Schwarz nicht wenigstens mehr Zeit darauf verwendet, seine Mitarbeiter intensiv zu schulen. Dagegen hat sicherlich auch Eigentümer Dr. Lohbeck nichts einzuwenden, der ja immer noch dem Irrglauben unterliegt, es handle sich bei diesem Haus um ein lupenreines Luxushotel.

Bewertung: ●●●

ROEWERS PRIVATHOTEL
**Wilhelmstraße 34
18586 Sellin/Rügen
Telefon: 03 83 03-122-0
Telefax: 03 83 03-122 122**
Internet: www.roewers.de
E-Mail: info@roewers.de
Inhaberin: Dagmar Roewer
DZ ab € 147,00

Wer sich nicht damit anfreunden kann, in einem tristen Betonklotz zu logieren wie etwa im benachbarten Cliff Hotel, dem wird die Bäderarchitektur dieses First-Class-Hotels vielleicht eher zusagen. Ausschlaggebend bei der Wahl einer Unterkunft dürfte aber in der Regel das Service- und Dienstleistungsangebot sein. Das konnte sich hier bislang sehen lassen. Wenn wir in der Vergangenheitsform sprechen, dann ist das der Tatsache geschuldet, dass hier im letzten Jahr drastische Veränderungen stattgefunden haben. Viele Jahre lang hat Stefan von Heine in diesem Haus sowohl die Funktion des Küchendirektors als auch die des Hoteldirektors wahrgenommen. Ihm ist es gelungen, dieses Leisurehotel zu einer der ersten Adressen der Insel zu entwickeln. Vor allem seine kreative, aromenintensive Frischeküche konnte überzeugen. Reich gesegnet mit Gastgeberqualitäten, fiel es ihm nicht schwer, zu den meisten seiner Gäste einen guten Kontakt aufzubauen und ihnen das Gefühl zu vermitteln, dass sie sehr persönlich und individuell betreut werden. Sich über den Grad ihrer Zufriedenheit direkt zu informieren war für ihn eine Herzensangelegenheit. Noch in der Ära von Heine wurde der Anwendungsbereich des SPA erweitert. Mittlerweile hat man als Direktor Karsten von der Heide verpflichtet, der zumindest für uns kein Unbekannter ist. Unter anderem war er für das Designhotel Atoll auf Helgoland tätig, wo es ihm nicht gelungen ist, Akzente zu setzen. In diesem Haus fällt seine bisherige Bilanz ebenfalls sehr nüchtern aus, denn es ist ihm weder gelungen, die Außenwirkung zu steigern, noch konnte er das von seinem Vorgänger etablierte recht hohe Service- und Dienstleistungsniveau auch nur halten. Lediglich sein Darstellungsdrang war und ist auffällig und bleibt dem Gast nachhaltig in Erinnerung. Mit dem Roewers hat er nun zum zweiten Mal ein Haus übernommen, das zuvor durch einen omnipräsenten Gastgeber par excellence geprägt war, und ist damit erneut in Fußstapfen getreten, die für ihn sehr groß sind. Was spricht für dieses Haus? Überzeugen können zweifellos die geschmackvollen Zimmer und Suiten, die von der Farbgebung her warm und behaglich wirken, aber auch der 1.200 qm große SPA, der erst vor Kurzem aufgewertet wurde.

Bewertung:

SAARBRÜCKEN Saarland

AM TRILLER
(OT Alt-Saarbrücken)
Trillerweg 57
66117 Saarbrücken
Telefon: 06 81-5 80 00-0
Telefax: 06 81-5 80 00 3 03
Internet: www.hotel-am-triller.de
E-Mail: info@hotel-am-triller.de
Inhaber: Michael Bumb
DZ ab € 81,00

Jahr für Jahr bleibt uns nichts anderes übrig, als dieses vom Eigentümer persönlich geführte Designhotel ausgiebigst zu würdigen. Lob, wem Lob gebührt: Michael Bumb ist es gelungen, sein Haus durch kontinuierliche Leistung fest an der Spitze der hiesigen Hotellandschaft zu etablieren. Es vergeht kein Jahr, in dem der sympathische Hotelchef keine Neuigkeiten zu verkünden hätte. Viele Privateigentümer in

der Hotellerie verpassen ihre Chance, nicht nur andere Wege zu gehen als das Gros der Branche, sondern dabei auch Entwicklungen zügig voranzutreiben. Das ist Direktoren in der Kettenhotellerie, die in der Regel die Leitlinien ihres Unternehmens konsequent umsetzen müssen, oft nicht möglich; dadurch ist es für sie schwierig, auf Marktveränderungen umgehend zu reagieren. Deshalb dauern Entscheidungsprozesse hier oft sehr lange. Bumb passt seine Konzepte und Ideen regelmäßig den

Bedürfnissen und Anforderungen seiner Klientel an und hat in der Vergangenheit eindrucksvoll unter Beweis gestellt, dass er bereit ist, wenn nötig auch etablierte Konzepte über Bord zu werfen, um neue einzuführen. In seinem ruhig, aber dennoch zentrumsnah gelegenen First-Class-Hotel wurde in den letzten Jahren Etage für Etage nicht nur renoviert, sondern gleichzeitig im Interior Design angepasst. Dabei ent-

standen unter anderem sogenannte Themenetagen. Hier wurden beispielsweise Sternbilder oder die Jahreszeiten als Motive für das Design der Zimmer genutzt. Diese Zimmer wurden gemeinsam mit der Künstlerin Gabi Lackenmacher gestaltet. Wir wagen zu behaupten, dass dieses Haus zusammen mit dem unmittelbaren privaten Mitbewerber, dem Domicil Leidinger, im Segment der First-Class-Hotels in Saarbrücken die erste Wahl ist, wenn man abseits einer standardisierten, uniformen Businesshotellerie und auf gutem Niveau logieren möchte. Diese Einschätzung ist auch der Tatsache geschuldet, dass beide Häuser sich von den Mitbewerbern vor allem durch ein hohes Service- und Dienstleistungsniveau abheben. Zum Angebot des Hotels Am Triller zählt auch ein kleiner Freizeitbereich mit Schwimmbad, Sauna und Fitnessmöglichkeiten, der in Anbetracht der Größe des Hauses recht zufriedenstellend ausgefallen ist. Zusätzlich kooperiert man mit einem renommierten Fitnessclub, der Besuch dort ist für Hotelgäste kostenfrei. Als tragfähig hat sich auch das vor einigen Jahren etablierte Küchenkonzept herausgestellt: Bei der Auswahl der Produkte setzt man nicht nur auf biologischen Anbau, sondern bezieht sie zudem, wenn möglich, von regionalen Produzenten. Eine offensichtlich gute Entscheidung war es, Sylvain Zapp die Leitung der Küchenmannschaft zu übertragen. Im Bistro Palü genießt man regionale Klassiker wie die Saarbrigger Lyonerpann, den Straßburger Wurstsalat oder den Elsässer Flammkuchen. Das reichhaltige Frühstücksbuffet bietet konsequenterweise ebenfalls überwiegend Bioprodukte, im Übrigen auch bei den Tee- und Kaffeespezialitäten. Eierspeisen werden auf Wunsch à la minute zubereitet.

Bewertung: ●●◖

DOMICIL LEIDINGER
(OT St. Johann)
**Mainzer Straße 10
66111 Saarbrücken
Telefon: 06 81-93 27-0
Telefax: 06 81-3 80 13**
Internet: www.domicil-leidinger.de
E-Mail: info@domicil-leidinger.de
**Inhaber: Gerd Leidinger
DZ ab € 105,00**

Die saarländische Landeshauptstadt teilt das Schicksal vieler deutscher Städte: Im Zweiten Weltkrieg wurde das alte Saarbrücken weitgehend zerstört. Nach dem Krieg war das Saarland zunächst französisches Protektorat, bis es 1957 der Bundesrepublik Deutschland beitrat. Erst ab diesem Zeitpunkt konnte Saarbrückens Bedeutung als Landeshauptstadt Wirkung entfalten. So hat man heute den Eindruck, dass der Wiederaufbau der Stadt in vollem Umfang erst ab den 1960er Jahren stattgefunden hat. Die Gebäude vor allem entlang der Saar, die das Stadtbild prägen, haben die Bauweise und den großstädtischen Charakter der damaligen Zeit, als sich das Auto als Massenverkehrsmittel im Westen Deutschlands schon fest etabliert hatte. Die innerstädtische Autobahn an der Saar mit ihren großzügig dimensionierten Auf- und Abfahrten, die in ebenso großzügige Kreisverkehre münden, stiftet das nahezu idealtypische Bild einer autogerechten Metropole der 1960er Jahre. Hinter dieser Kulisse finden sich jedoch rund um den St. Johanner Markt in der Saarbrücker Altstadt noch einige Straßenzüge mit erhaltenen historischen oder wiederaufgebauten Gebäuden. Verständlich, dass sich die Ortsansässigen in dieser identitätsstiftenden Szenerie am wohlsten fühlen, und so gibt es hier zahlreiche Kneipen, hervorragende Restaurants und kulturelle Einrichtungen. Unmittelbar am Rande dieses Altstadtbereichs findet sich mit dem Domicil Leidinger eines der bemerkenswertesten privat geführten Hotels der Stadt. Auch hier ist das Straßenbild durch Gebäude aus der Vorkriegszeit geprägt, und zur Mainzer Straße hin liegt das Leidinger hinter Fassaden mit dem Charme des historischen Saarbrücken. Das Hotel ist wesentlich größer, als es von der Straße aus den Eindruck macht, denn der Komplex, zu dem mehrere Gebäudeflügel gehören – unter anderem ein kleines Theater –, erstreckt sich quer durch den ganzen Häuserblock. Das Domicil Leidinger bietet zwei verschiedene Bereiche für Gäste mit unterschiedlichen Ansprüchen: zum einen das Drei-Sterne-„Village Hotel", zum anderen das Vier-Sterne-„Ambiente Hotel". Ein herrlicher Innenhof mit Holzterrassen und Zen-Garten verbindet die beiden Bereiche und bietet im Sommer eine wunderbare Möglichkeit, innerhalb des Hotels unter freiem Himmel zu entspannen. Die Gastronomie im Hause, die Opus-Weinbar und das À-la-carte-Restaurant s'Olivo, bietet ein modernes und ansprechendes,  dabei aber ungezwungenes Ambiente mit französisch inspirierter Küche. Sie bietet sich sowohl für den Hotelgast an, der in entspannter Umgebung gut essen möchte, ohne das Haus verlassen zu müssen, als auch für Einheimische, die eine ansprechende Umgebung für ein besonderes Abendessen suchen. Die hervorragende Küche bietet ein durchweg gutes Niveau, das eben nicht nur den eiligen Hotelgast, sondern auch anspruchsvollere Besucher zufriedenstellen kann. Eine weitere gastronomische Möglichkeit stellt der historische Weinkeller dar, die ideale Umgebung für Weinproben oder kleinere Events. Das „Ambiente Hotel" zeichnet sich, neben den mit der Vier-Sterne-Klassifizierung verbundenen Standards, vor allem durch die originellen Themenzimmer und die hier verbauten hochwertigen Materialien aus. Der Eigentümer, Hotelchef und Architekt Gerd Leidinger hat hier an nichts gespart und einige Details realisiert, die auch für andere Häuser dieser Kategorie ein Vorbild sein könnten – wenn auch, zugegeben, ein kostspieliges. So sind die Böden in den Zimmern und Fluren mit edlem Travertin belegt; ein in den Böden und Decken verlegtes kombiniertes Heiz- und Kühlungssystem hält die Räume im Sommer wie im Winter angenehm temperiert. Wer schon einmal in einem Hotelzimmer eine Nacht durchwacht hat, weil das Rauschen der Klimaanlage nicht abzustellen war, oder wer auf die Zugluft aus solchen Anlagen empfindlich reagiert, wird dieses moderne System sehr zu schätzen wissen. Das Interieur der Zimmer folgt verschiedenen Stilrichtungen. So kann man in marokkanisch oder auch in asiatisch inspirierten Zimmern wohnen, wobei die Ausstattung niemals kitschig und überladen wirkt. Ein Zimmer ist in Anlehnung an das „Dschungelbuch" gestaltet. Auch dieses Motto wurde stilsicher und geschmackvoll umgesetzt, es handelt sich keinesfalls um ein von Walt-Disney-Zeichnungen dominiertes Kinderzimmer. Über die genannten Bereiche hinaus umfasst das Domicil Leidinger noch individuelle Tagungsräume und wie gesagt ein eigenes Theater. Das Haus ist ein Musterbeispiel für ein individuelles Privathotel abseits der Einheitlichkeit und Beliebigkeit der Kettenhotellerie – ein besonderes Zuhause auf Zeit für Gäste, die in persönlicher Atmosphäre logieren möchten, ohne dabei auf die Vorzüge eines modernen Vier-Sterne-Hotels zu verzichten.

Bewertung:

SCHKOPAU Sachsen-Anhalt

SCHLOSSHOTEL SCHKOPAU
Am Schloss
06258 Schkopau/Halle
Telefon: 03461-749-0
Telefax: 03461-749 100
Internet: www.schlosshotel-schkopau.de
E-Mail: info@schlosshotel-schkopau.de
Eigentümer: Kai-Ulf Sauske
DZ ab € 95,00

Keine Frage, die Region um Leipzig und Halle birgt für den uninformierten Besucher viele Überraschungen. Sehenswerte historische Städte und Architektur gehören sicherlich auch dazu, aber bei dem Namen Schkopau wird den wenigsten ein Märchenschloss vor dem inneren Auge erscheinen. Die erste Assoziation dürfte eher in Richtung „Plaste und Elaste aus Schkopau" gehen, jenes eingängigen Werbespruchs an den Autobahnen, den zu DDR-Zeiten auch Transitreisende nicht übersehen konnten. Und in der Tat ist die inzwischen auf den neuesten technischen Stand gebrachte chemische Industrie auch heute noch ein wichtiger Arbeitgeber der Region. Umweltlasten und graue Industrietristesse gehören aber zum Glück der Vergangenheit an, und in der Nacht bieten die verbliebenen Anlagen ein funkelnd beleuchtetes Spektakel, das fast schon als Sehenswürdigkeit durchgehen könnte. Dank der insgesamt erfreulichen Entwicklung der Region treten heute aber vor allem sanierte historische Gebäude und Städte als touristische Ziele in den Vordergrund, und das Schloss in Schkopau ist sicherlich als ein Schmuckstück der Gegend anzusehen. Als Schlosshotel kann der eindrucksvolle Bau heute von jedermann als Zuhause auf Zeit oder als festlicher Rahmen für eine Feier oder Veranstaltung genutzt werden. Die zwischen dem Ort Schkopau und der Saale liegende Anlage stammt aus dem neunten Jahrhundert, wurde aber im 19. Jahrhundert umgebaut. So präsentiert sie sich heute im Stil der Neorenaissance und bildet zusammen mit den umgebenden Grünanlagen, die sich bis an die Saale erstrecken, eine malerische Kulisse. In der DDR-Zeit weitgehend verfallen, wurde das Schloss erst in den Jahren 1997 bis 2001 denkmalgerecht erneuert und in ein großzügiges Hotel umgebaut. Über 14 Millionen Euro flossen in den Wiederaufbau. So finden die Gäste heute ein komplett und musterhaft saniertes Vier-Sterne-Hotel vor, das allen Ansprüchen an ein Haus dieser Kategorie mehr als gerecht wird. Kai-Ulf Sauske leitete das Schlosshotel ab der Eröffnung zunächst als Direktor, mittlerweile bestimmt er als Eigentümer die Geschicke des Hauses. Die klassisch-eleganten Zimmer und Suiten sind in sechs Kategorien buchbar, die sich vor allem durch ihre unterschiedliche Größe definieren. In Bezug auf Technik und Ausstattung sind sie natürlich auf aktuellem Stand. Eine finnische Sauna und ein Saunarium sind ebenso vorhanden wie ein Beautybereich, in dem vielseitige Anwendungen gebucht werden können. Aufgrund der schon angesprochenen Nähe zu den großen Werken der chemischen Industrie ist das Haus einerseits mit allen Qualitäten für Businessgäste ausgestattet; so gibt es beispielsweise auf allen Zimmern WLAN-Zugang. Durch die attraktive historische Kulisse ist es andererseits ein beliebter Ort für Firmen- und Produktpräsentationen, Incentives und Indoor-Messen. Das Restaurant Le Château bietet ein klassisch-elegantes Ambiente mit akzeptabler Küche, während man im Alten Ritter unter dem historischen Tonnengewölbe bodenständiger tafelt und morgens auch das hervorragende Frühstücksbuffet genießt. Für Tagungen und Veranstaltungen stehen großzügige Räumlichkeiten unterschiedlicher Art zur Verfügung, von stilvoll-elegant in den historischen Salons im Schloss selbst bis hin zu ritterlich-rustikal in den Nebengebäuden. Fast unnötig zu erwähnen, dass sich hier auch „Traumhochzeiten" problemlos realisieren lassen, deren Gelingen vor dieser Kulisse nahezu garantiert ist. Als Hochzeitsdestination mit einem Vollkonzept ist das Haus in Mitteldeutschland die absolute Nummer eins. Im vergangenen Jahr wurden hier 132 Hochzeiten ausgerichtet. Mittlerweile sind die Festgesellschaften international, sogar eine deutsch-japanische Hochzeit hat hier stattgefunden. Der weitläufige Park mit dem direkt anschließenden Fluss bietet darüber hinaus ein wunderbares Panorama, sei es als Hintergrund für das Hochzeitsfoto oder als Areal für erholsame Spaziergänge. So können zudem ganze Gesellschaften per Schiff anreisen – und auch ein Hubschrauberlandeplatz wird geboten. Aber auch andere Veranstaltungen werden hier ausgerichtet, von Hochzeitsmessen über Ausstellungen bis hin zu Theater- und Musikveranstaltungen. Mit „Rock auf Schloss Schkopau" findet auch in diesem Jahr wieder ein großes Konzert statt, zu dem mehrere tausend Gäste erwartet werden. Nicht unerwähnt bleiben soll auch die Freundlichkeit und Servicefreude, die uns in dieser Region Deutschlands immer wieder auffällt und die auch hier zum Tragen kommt. Das Schlosshotel Schkopau ist somit im Raum Halle/Leipzig rückhaltlos zu empfehlen. Es ist zudem verkehrstechnisch recht gut angebunden, sowohl über die Autobahnen als auch durch den nahe gelegenen modernen Flughafen Leipzig/Halle. Eine wirklich gute Idee ist, dass Schlossherr Kai-Ulf Sauske in der Regel täglich um 17.00 Uhr höchstpersönlich eine Schlossführung macht. Der Rundgang dauert meist eine gute Stunde und beinhaltet auch kleine Überraschungen wie den „kulinarischen Stopp", wo Erfrischungsgetränke oder Fingerfood gereicht werden. So lernt man seine Gäste kennen, und Sauske weiß genau, dass dies der Gästebindung an das Haus mehr als zuträglich ist.

Bewertung: ●●●

SPEYER Rheinland-Pfalz

LINDNER HOTEL & SPA BINSHOF
(OT Binshof-Otterstadt)
Binshof 1
67346 Speyer
Telefon: 0 62 32-6 47-0
Telefax: 0 62 32-6 47 1 99
Internet: www.lindner.de
E-Mail: info.binshof@lindner.de
Direktor: Kai Harmsen
DZ ab € 134,00

Im Allgemeinen begeistern uns Lindner-Hotels weder durch ihr Konzept noch durch ihre Preisstruktur. Nicht selten versuchen sie durchschnittlichen Service mit einer ausgesprochenen Niedrigpreispolitik zu kompensieren. Hier hingegen überzeugt uns das Gesamtprodukt auf Anhieb. Der Erfolg des Hauses fußt auf zwei Säulen: Wellness und Tagen. Insbesondere der SPA, den man durchaus als spektakulär bezeichnen darf, kann fast rückhaltlos begeistern. Er erstreckt sich über 5.200 qm und bietet neben einem beheizten Außenschwimmbad auch einen Innenpool sowie verschiedene Whirlpools, die beispielsweise mit Salz aus dem Toten Meer angereichert sind. Entsprechend generös ist die Saunalandschaft gestaltet. Unterschiedlich temperierte Saunen stehen zur Auswahl, außerdem verschiedene Ruhezonen. In der Beauty- und Massageabteilung kann man interessante Anwendungen buchen, etwa Aromaöl-, Hot-Stone- oder Kräuterstempelmassagen oder auch eine Hot-Chocolate-Massage. Das Spektrum ist weit gefächert, sicherlich ist für jeden etwas dabei. Akzeptabel sind die Entgelte für WLAN-Nutzung: Für eine Stunde berechnet man 3 Euro, für 24 Stunden 10 Euro. Das gastronomische Angebot ist für die Größe des Hauses recht gut. Zur Auswahl stehen die rustikale Pfälzer Stube, wo man regionale Spezialitäten serviert, der Salierhof mit einer mediterranen Küche und das Vitalbistro. Nicht spektakulär, aber einem First-Class-Hotel angemessen ist das Zimmerprodukt, dessen Interieur geschmackvoll und elegant gestaltet ist.

Bewertung:

STOLPE BEI ANKLAM Mecklenburg-Vorpommern

GUTSHAUS STOLPE
Peenstraße 33
17391 Stolpe bei Anklam
Telefon: 03 97 21-5 50-0
Telefax: 03 97 21-5 50 99
Internet: www.gutshaus-stolpe.de
E-Mail: info@gutshaus-stolpe.de
Direktor: Michael von Metzger
DZ ab € 118,00

All jenen, die einmal wirklich ausspannen und niemanden hören und sehen wollen, ist das Gutshaus Stolpe zu empfehlen. Denn diese Vier-Sterne-Herberge liegt in der sprichwörtlichen Diaspora. Per PKW reist man im wahrsten Sinne des Wortes über Stock und Stein an und passiert dabei unzählige Orte, die nur aus einer einzigen Straße bestehen. Übrigens sollte man trotzdem unbedingt die Verkehrsvorschriften einhalten: Abgesehen davon, dass man dies im Interesse der eigenen Gesundheit und der der anderen sowieso tun sollte, ist fast jedes Dorf mit einem Blitzer ausgestattet. Natürlich wäre es übertrieben zu behaupten, im Hotel und um dieses herum sei es so still, dass man eine Nadel fallen hören würde. Aber eines können wir auf jeden Fall garantieren: Hier ist so gut wie nichts los! Abends gegen 18 Uhr sagen sich hier Fuchs und Hase Gute Nacht, und die Bürgersteige, soweit sie überhaupt vorhanden sind, werden hochgeklappt. In dieser Umgebung kann man endlich das Buch wieder hervorholen, das man vor Monaten angefangen, aber nie zu Ende gelesen hat. Oder wie wäre es mit einem ausgedehnten Spaziergang? Als weitere Möglichkeit der aktiven Freizeitgestaltung bietet sich ein gepflegtes Tennismatch auf dem hauseigenen Platz an. Und anschließend vielleicht eine Runde Entspannung in dem mehr als überschaubaren „SPA", der lediglich eine finnische Sauna umfasst. Aber genug der Sticheleien – ab diesem Jahr will man den Gästen auch einen Pool anbieten können. Immerhin dürfen wir die Küche des Gourmetrestaurants nun wieder uneingeschränkt empfehlen, nachdem man sich zwischenzeitlich eine kleine Schwächephase geleistet und sich deutlich auf ein gepflegtes Mittelmaß zubewegt hatte. Doch nun wird die Küchenleistung von André Münch seit 2008 sogar mit einem Michelin-Stern ausgezeichnet. Zu guter Letzt noch der Hinweis, dass die insgesamt 27 Zimmer und Suiten im eher gediegenen Landhausstil und größtenteils mit Antiquitäten eingerichtet sind. Veranstaltungen mit bis zu 160 Personen sind in diesem Haus ebenfalls möglich. Fazit: Das Gutshaus Stolpe eignet sich vor allem, wenn man einmal Abstand vom stressigen Alltag gewinnen möchte. Bei einem längerfristigen Aufenthalt besteht allerdings die Gefahr, dass die einsetzende bohrende Langeweile den bis dahin eingetretenen Erholungseffekt zunichtemacht.

Bewertung: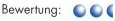

STROMBERG Rheinland-Pfalz

LAND & GOLF HOTEL STROMBERG
(OT Schindeldorf)
Buchenring 6
55442 Stromberg
Telefon: 0 67 24-6 00-0
Telefax: 0 67 24-6 00 4 33
Internet: www.golfhotel-stromberg.de
E-Mail: info@golfhotel-stromberg.de
Direktor: Andreas Kellerer
DZ ab € 160,00

Das Konzept des Land & Golf Hotels in Stromberg ist mit den Begriffen Tagen, Wellness und Golfen ziemlich klar umrissen. Die 18-Loch-Golfanlage befindet sich direkt vor der Tür. Mit viel Engagement und Herzblut führen Hoteldirektor Andreas Kellerer und seine Stellvertreterin Claudia Kiy dieses First-Class-Hotel seit langer Zeit gemeinsam – und das sehr erfolgreich. Man darf den beiden bescheinigen, dass es ihnen in den vergangenen fünf Jahren gelungen ist, das Haus deutlich weiterzuentwickeln, indem sie in vielerlei Hinsicht stets am Puls der Zeit geblieben sind. Strategisch richtig war es beispielsweise, den Golfplatz, der wie gesagt direkt am Fuße des Hotels liegt, selbst zu betreiben. Lobenswert ist zudem, dass der Eigentümer weitreichende Renovierungs- und Umbaumaßnahmen bewilligt hat. So erhielten einige Zimmer und Suiten ein neues Design, die Badezimmer wurden entkernt und neu gestaltet. Auch die Tagungs- und Veranstaltungsräume wurden aufgefrischt, mit modernster Tagungstechnik ausgestattet und selbstverständlich klimatisiert. Meetings, Tagungen und Veranstaltungen mit bis zu 250 Personen sind hier möglich. Im Tagungs- und Conventionbereich zählt das Land & Golf Hotel zu den besten Adressen der Region und belegt in brancheninternen Rankings stets einen Spitzenplatz. WLAN-Nutzung ist übrigens im gesamten Haus möglich und für Gäste sogar kostenfrei. Die Luca-Therme, die derzeit einen 12 x 8-Meter-Pool und eine großzügige Saunalandschaft mit sechs unterschiedlich temperierten Saunen vorweisen kann, soll noch in diesem Jahr erweitert werden. Geplant ist ein Outdoorpool mit Liegebereich. Zusätzlich sollen zwölf neue Anwendungsräume in der Beautyabteilung entstehen. Abwechslung verspricht das gastronomische Angebot: Neben dem

Halbpensionsrestaurant stehen den Gästen auch ein Gourmetrestaurant sowie das Gartenrestaurant zur Verfügung. Egal ob man ein paar Tage Ruhe und Erholung sucht, an seinem Handicap feilen möchte oder eine anspruchsvolle Tagung oder Veranstaltung plant, dieses Haus ist in der Region sicherlich eine gute Wahl.

Bewertung:

STROMBURG
**Schloßberg 1
55442 Stromberg
Telefon: 0 67 24-93 10-0
Telefax: 0 67 24-93 10 90**
Internet: www.stromburg.com
E-Mail: stromburghotel@johannlafer.de
Direktor: Johann Lafer
DZ ab € 195,00

Alle, die sich entschließen, ein paar Tage auszuspannen, und dabei Johann Lafers Stromburg in die Reiseplanung einbeziehen, sollten sich vorher sehr genau informieren, ob dieses First-Class-Hotel wirklich ihren Erwartungen entsprechen kann. Wichtig ist etwa zu wissen, dass man dem Thema Wellness hier keinerlei Bedeutung beigemessen hat. Weder einen Fitnessbereich noch eine finnische Sauna, geschweige denn ein Schwimmbad kann man ausweisen. Somit tendieren die Möglichkeiten der Inhouse-Freizeitaktivitäten gegen null. Aber die meisten Gäste kommen ohnehin aus einem anderen Grund. Ihr einziges Anliegen ist, einmal beim großen Kochzampano Lafer zu speisen. Daher ist die Stromburg eine Pilgerstätte für Lafer-Fans, die dem „größten Koch Deutschlands" mal ganz nahe kommen möchten. Da aber Lafer in allen TV-Programmen dauerpräsent ist und darüber hinaus, so scheint es zumindest, alle roten Teppiche der Republik abschreitet, ist die Chance relativ gering, den „Kochtitan" hier live zu erleben. Fakt ist: Lafer ist es gelungen, seinen Namen zu einer Marke zu entwickeln, die mittlerweile Lebensmittel und Küchengeräte ziert. Dafür muss man ihm sportlich Respekt zollen. Für das Gourmetrestaurant „Le Val d'Or", das im Übrigen mehrfach in Folge mit einem Michelin-Stern ausgezeichnet wurde, trägt mittlerweile Bernhard Munding die Verantwortung. Nur insgesamt 14 Zimmer stehen für die Übernachtung zur Auswahl. Am komfortabelsten logiert man in der sogenannten Turmsuite, die sich über drei Etagen erstreckt.

Bewertung:

STUTTGART Baden-Württemberg

MARITIM
Seidenstraße 34
70174 Stuttgart
Telefon: 0711-942-0
Telefax: 0711-942 1000
Internet: www.maritim.de
E-Mail: info.stu@maritim.de
Direktor: Egon Kirchner
DZ ab € 99,00

Nach wie vor ist dieses Maritim auf dem Stuttgarter Hotelmarkt ein Schwergewicht. Das hat viele Gründe – in der Ausstattung sind die jedoch keinesfalls zu suchen. Denn die Zimmer und Suiten dieses First-Class-Hotels sind nicht mehr auf dem neuesten Stand, sie wirken konservativ, vielleicht sogar ein wenig altbacken. Nein, die Gründe liegen definitiv bei den stets freundlichen und hilfsbereiten Mitarbeitern, die

hier ein dem Anspruch des Hauses entsprechendes Serviceniveau gewährleisten. Das beginnt beim professionellen Check-in und setzt sich bei dem guten Service in der Gastronomie fort. Hotelchef Egon Kirchner setzt gerade auf die Softwarefakten; er weiß nur zu genau, dass die Landeshauptstadt Baden-Württembergs zahlreiche Hotels unterschiedlichster Couleur zu bieten hat. Nicht nur er, auch wir sind davon überzeugt, dass sein Hotel sich vom Gros der Mitbewerber nur durch ein ausge-

wogenes Service- und Dienstleistungsangebot abheben kann. Als erfahrener Manager der Hotellerie, der sogar schon auf Vorstandsebene tätig war und somit die unterschiedlichen Facetten und Sichtweisen der Branche kennt, führt Kirchner dieses Maritim sehr souverän. Der gastorientierte Direktor ist für seine Gäste stets ansprechbar, nicht selten erreicht man ihn selbst zu vorgerückter Stunde. Erfreulich ist, dass in diesem Jahr die Suiten aufgefrischt werden und ebenso die sogenannte Alte Reithalle, der größte der Veranstaltungssäle im Haus. Nach einem anstrengenden Meeting relaxt man im Schwimmbad- und Saunabereich. Eine Besonderheit, die bei der Gästeschaft großen Zuspruch findet, ist, dass der Poolbereich 24 Stunden am Tag genutzt werden kann. Führend ist dieses Maritim vor allem im Tagungs- und Conventionsegment, denn durch die Kooperation mit dem benachbarten Kultur- und Kongresszentrum Liederhalle kann man neben den eigenen acht Tagungsräumen zusätzliche Kapazitäten bieten. Gastronomisch rangiert das Haus immerhin im guten Mittelfeld.

Bewertung: ●●◐

MÖVENPICK AIRPORT
(Echterdingen)
Flughafenstraße 50
70629 Stuttgart
Telefon: 0711-55344-0
Telefax: 0711-55344 9000
Internet: www.moevenpick-stuttgart-airport.com
E-Mail: hotel.stuttgart.airport@moevenpick.com
Direktor: Jürgen Köhler
DZ ab € 130,00

Böse Zungen behaupten ja, dass es in der Boom-Region Stuttgart ausreiche, die Führung des Hauses einem mittelmäßig kompetenten Hoteldirektor anzuvertrauen, weil ein Haus hier eigentlich von selbst laufe. Das sei mal dahingestellt. Fakt ist: Dieses direkt am Stuttgarter Flughafen gelegene First-Class-Businesshotel darf man in jedem Fall unter den ersten Adressen der baden-württembergischen Landeshauptstadt einordnen. Die Terminals sind von diesem Airport-Hotel aus selbstverständlich fußläufig zu erreichen. Hoteldirektor Jürgen Köhler, der im Übrigen die Gesamtverantwortung für alle deutschen Häuser der Kette trägt, ist es gelungen, hier auch eine hohe Service- und Dienstleistungsqualität zu kultivieren. Die kommt nicht von selbst, sie ist vor allem Ergebnis einer hohen Mitarbeiterzufriedenheit, von der dann wiederum die Gäste profitieren. Köhler verfügt offensichtlich über die erforderliche Sozialkompetenz und kann auf recht hohe Sympathiewerte bei seinen Mitarbeitern verweisen. Werfen wir einen Blick auf die Hardware, sprich die Ausstattung des Hauses. Wie immer, wenn Matteo Thun dafür verantwortlich zeichnet, sorgt das Interior Design auch hier für kontroversen Gesprächsstoff. Offensichtlich möchte man in erster Linie ein jung-dynamisches Publikum ansprechen. Thun hat bei der Gestaltung und der Auswahl der Materialien wieder einmal keine Rücksicht auf Pflegeleichtigkeit genommen. So wurde unter anderem Walnussholz, schwarzer Schiefer und Glas verwendet. Gestalterisch können die Zimmer und Suiten überzeugen. Sie sind in die Kategorien Comfort, Executive, Juniorsuite und Suite unterteilt und werden unterschiedlichen Ansprüchen gerecht. Das progressive Design könnte die Mitarbeiter durchaus zu eher legeren Umgangsformen verleiten, doch sie überzeugen durch ihre Aufmerksamkeit und hohe Professionalität und entsprechen den Erwartungen, die man an diese Hotelmarke stellt. Wie in den meisten Mövenpick-Häusern überzeugt insbesondere das Frühstücksbuffet mit zusätzlicher Eierstation sowohl durch die Auswahl als auch durch Frische. Auch für das Restaurant Trollinger können wir ruhigen Gewissens eine Empfehlung aussprechen. Während mehr und mehr Hotels sich dafür entscheiden, WLAN-Nutzung ganz oder zumindest für eine begrenzte Zeit freizustellen, erlaubt man sich hier, sie mit 17 Euro pro Tag zu berechnen. Sehr gut ist man mit dem Conventionbereich aufgestellt: 16 mit modernster Technik ausgestattete Räumlichkeiten stehen zur Verfügung, unter anderem ein Ballsaal, in dem Veranstaltungen mit bis zu 500 Personen realisiert werden können. Zum Gesamtangebot zählt auch ein adäquater kleiner Sauna- und Fitnessbereich.

Bewertung:

PULLMAN STUTTGART FONTANA
(OT Vaihingen)
Vollmoellerstraße 5
70563 Stuttgart
Telefon: 07 11-7 30-0
Telefax: 07 11-7 30 25 25
Internet: www.pullmanhotels.com
E-Mail: h5425@accor.com
Direktor: Marc Wachal
DZ ab € 79,00

Dieses First-Class-Superior-Hotel liegt zwar nicht in der Innenstadt, dennoch logiert man hier sehr zentral, denn der S-Bahnhof Vaihingen liegt sozusagen direkt vor der Haustür. So erreicht man in wenigen Minuten die Innenstadt, den Flughafen sowie das Si-Zentrum, das unter anderem durch sein Musicaltheater bundesweit bekannt ist. In den letzten Jahren hat sich hier eine Menge bewegt, aber nur im Hinblick auf das Management und den damit verbundenen Wechsel der Direktoren. Das Service- und Dienstleistungsangebot hat sich hingegen kaum verändert, es ist nach wie vor überzeugend hoch. Dies liegt auch daran, dass die Schlüsselpositionen mit langjährigen Mitarbeitern besetzt sind. Viele Jahre lang hat Peter Bertsch dieses Haus geführt und es zu einem der besten Businesshotels der Stadt entwickelt. Seit Oktober 2010 ist nun Marc Wachal für die Geschicke verantwortlich und ist sich des Renommees des Hauses bewusst. Der smarte Hoteldirektor hat bereits im Novotel Frankfurt-Niederrad Meriten erworben. In den vergangenen Jahren wurden die Zimmer und Suiten fleißig renoviert und dem Standard der Hotelkette angepasst. Dabei wurden auch die Badezimmer aufwendig saniert. Im SPA-Bereich wurde bis vor einiger Zeit noch Freikörperkultur gepflegt; das sorgte für Kontroversen. Mittlerweile hat man vor allem mit Rücksicht auf Gäste aus Kulturkreisen, in denen nackte Haut zu zeigen nicht opportun ist, beschlossen, künftig auf diese Gepflogenheit zu verzichten. Wirklich vermissen werden sie nur jene Gäste, die auf einem Zimmer mit Blick zur Außensauna bestanden haben, um sich an den Nackten zu erfreuen, die sich auf den Sonnenliegen ganz ungeniert rekelten. Neben dieser finnischen Sauna im Außenbereich bietet der SPA, der sich über 1.400 qm erstreckt, unter anderem ein Schwimmbad sowie einen Whirlpool. Das Restaurant erfreut sich nicht nur bei den Hotelgästen, sondern auch bei den Stuttgartern größter Beliebtheit, denn neben internationaler wird auch eine typisch schwäbische Küche serviert. Auf der Karte findet sich neben hausgemachten Maultaschen und Flädlesuppe natürlich auch der Zwiebelrostbraten mit selbst geschabten Spätzle. Für einen gelungenen Abend sorgt hier nicht nur die überdurchschnittliche Küchenleistung, sondern auch die umsichtigen und freundlichen Mitarbeiter.

Bewertung:

STEIGENBERGER GRAF ZEPPELIN
(Innenstadt)
Arnulf-Klett-Platz 7
70173 Stuttgart
Telefon: 07 11-20 48-0
Telefax: 07 11-20 48 5 42
Internet: www.stuttgart.steigenberger.de
E-Mail: stuttgart@steigenberger.de
Direktor: Bernd A. Zängle *(-03/12)*
DZ ab € 98,00

Unser launiger Bericht über Bernd A. Zängle, seines Zeichens General Manager dieses angeblichen Luxus-Businesshotels, hatte zwischenzeitlich schon fast Kultstatus. Wir berichteten mehrfach in Folge über den selbstherrlichen Führungsstil des offenbar etwas selbstverliebten Hoteldirektors, der von sich, seinen Fähigkeiten, seinen Konzepten und seiner Personalpolitik so überzeugt ist, dass er keinerlei Veranlassung sah, über unsere konstruktiven Hinweise auch nur den Bruchteil einer Sekunde nachzudenken. Kritik, und mag sie auch noch so nachvollziehbar sein, ist für ihn anscheinend nicht verwertbar – frei nach dem Motto „Meine Meinung steht fest, bitte belästigen Sie mich nicht mit Tatsachen". Und während der eine oder andere Kollege sich schon mal darüber beschwerte, dass der in diesem Hotel Guide gepflegte Schreibstil zu ironisch oder die Kritik zu hart sei, tangierte das Zängle überhaupt nicht, unsere Kritik perlte sozusagen an ihm ab. Auf diese Problematik ist auch das schwankende Serviceniveau im Hause zurückzuführen. Kurz vor Redaktionsschluss sickerte durch, dass Zängle nach Hamburg wechselt. Vermutlich werden die wenigsten seinen Weggang beweinen. Durchaus erstaunlich ist, dass die Steigenberger-Zentrale für dieses Fünf-Sterne-Hotel in direkter Nähe zum Hauptbahnhof ein millionenschweres Renovierungsprogramm verordnet hatte, das im letzten Jahr abgeschlossen wurde. Denn es gibt durchaus Häuser der Kette, die einer Auffrischung weitaus dringender bedürften. Dadurch ist das Zimmerprodukt jedenfalls auf einem neuen Stand. Auch einen kleinen Freizeitbereich kann man ausweisen, zu dem unter anderem ein Schwimmbad- und Saunabereich zählt. In der kulinarischen Bundesliga spielt schon seit einiger Zeit wieder das Restaurant Olivo unter der Regie von Küchenchef Nico Burkhardt, dessen ambitionierte Küchenleistung auch mit einem Michelin-Stern belohnt wurde.

Bewertung:

SULZBACH   Hessen

DORINT
Main-Taunus-Zentrum 1
65843 Sulzbach
Telefon: 0 61 96-7 63-0
Telefax: 0 61 96-7 29 96
Internet: www.dorint.com
E-Mail: info.frankfurt@dorint.com
Direktor: Michael H. Göldner
DZ ab € 99,00

Seit dem ersten Quartal 2011 ist für dieses Dorint nun wieder Michael H. Göldner verantwortlich. Er hatte es zuvor bereits von 2003 bis 2009 geführt und hier Maßstäbe gesetzt, bevor er das Wiesbadener Haus der Kette übernahm und dann dem Ruf in die Geschäftsleitung folgte. Wir können Göldner unter anderem ausgeprägte Gastgeberqualitäten attestieren. Den direkten Gastkontakt zu pflegen, vor allem mit seinen Stammgästen, ist für ihn eine angenehme Verpflichtung. Nicht zuletzt erfährt er dadurch etwas über die Zufriedenheit seiner Gäste und damit über das augenblickliche Serviceniveau seines Hauses. Göldner, der erfreulicherweise kein Theoretiker, sondern Praktiker ist, hat dieses First-Class-Hotel gut im Griff und konnte ihm dadurch in der Vergangenheit fortwährend neue Impulse geben. Mit der Entwicklung des Restaurants Basilico kann der Hotelchef zufrieden sein. Überhaupt gab es hier im Hinblick auf die Küchenleistung so gut wie nichts zu klagen. Küchenchef Andreas Haas und seine Brigade gewährleisten seit vielen Jahren ein überdurchschnittlich gutes Niveau, Schwankungen konnten wir bei unseren Besuchen bislang nicht feststellen. Voll des Lobes sind wir nach wie vor in Bezug auf das exzellente Frühstücksbuffet, hier überzeugt die Auswahl und nicht zuletzt die Qualität und Frische.

Erfreulich auch, dass die Zimmer und Suiten auf einem zeitgemäßen Stand sind, wurden sie doch in den vergangenen Jahren step by step aufgefrischt. Letztes Jahr hat man die sogenannte Premiumetage ebenfalls einem Softlifting unterzogen. Alle Zimmer wurden kürzlich mit Flachbildschirm-Fernsehern nachgerüstet. Das Tagungs- und Conventioncenter bietet 22 Räumlichkeiten, in der größten finden bis zu 350 Personen Platz; somit ist man auch in diesem Segment hervorragend aufgestellt. Nach einem anstrengenden Meeting oder einer Tagung kann der Gast im kleinen, aber feinen Saunabereich entspannen, zu dem auch ein kleiner Trainingsbereich mit modernsten Fitnessgeräten zählt. Erwähnenswert ist auch die gute verkehrstechnische Anbindung: Mit der A66, der A5 und der A3 finden sich sozusagen direkt vor der Haustür drei Anschlüsse an das überregionale Autobahnnetz. Somit erreicht man sowohl Wiesbaden als auch den Rhein-Main-Flughafen und die Frankfurter City innerhalb kürzester Zeit.

Bewertung:

SYLT/RANTUM Schleswig-Holstein

DORINT SÖL'RING HOF
Am Sandwall 1
25980 Sylt
Telefon: 0 46 51-8 36 20-0
Telefax: 0 46 51-8 36 20 20
Internet: www.soelring-hof.de
E-Mail: info.soelringhof@dorint.com
Direktor: Johannes King
DZ ab € 395,00

Das Luxushotel Söl'Ring Hof ist eine der feinsten Adressen der Insel. Seinen Ruf begründete Spitzenkoch Johannes King, der sich nicht nur um das kulinarische Wohl seiner Gäste kümmert, sondern auch die Funktion des Gastgebers übernommen hat. Ihm zur Seite steht Claudia Reichelt; mit geteilten Aufgabenbereichen führen die beiden dieses Spitzenhotel gemeinsam. Gäste schätzen vor allem die sehr individuelle persönliche Betreuung. Die beiden Gastgeber par excellence haben verstanden, dass ein perfekter Service der eigentliche Luxus ist, und dies zu ihrem Leitmotiv gemacht. Gastronomisch garantiert man hier eine Haute Cuisine, die mittlerweile dem Guide Michelin sogar zwei Sterne wert ist. Was gibt es Schöneres, als an einem sonnigen Sommertag sein Frühstück auf der Terrasse einzunehmen? Das ist hier in besonders angenehmer Umgebung möglich. Zwar hat die nordfriesische Insel Sylt eine Vielzahl hervorragender Hotels zu bieten, aber in keinem logiert man in so privater Atmosphäre, denn das Zimmerangebot beschränkt sich auf insgesamt 15 edle Zimmer und Suiten. Auch ein schicker kleiner Wellnessbereich gehört zum Angebot, der zwar keinen Pool zu bieten hat, dafür aber eine finnische Sauna, ein

Dampfbad, einen Eisbrunnen sowie einen Ruhebereich. So viel Luxus hat natürlich seinen Preis; den zahlt aber die Klientel, die hier logiert, schon deshalb gern, weil sie hier weitgehend unbeachtet von der Öffentlichkeit ein paar Tage ausspannen kann und dabei weder beim Service- noch beim Dienstleistungsangebot Abstriche machen muss. Darüber hinaus kann man sich von einem der besten Spitzenköche der Republik verpflegen lassen. Wen wundert es da, dass Spitzenmanager sowie Medienschaffende sich hier im Söl'ring Hof pudelwohl fühlen. King ist aber offensichtlich dennoch nicht voll und ganz ausgelastet. Oder warum ist er nunmehr der medialen Versuchung erlegen und stellt seine Kochkünste einem breiten Publikum vor? So kann der gemeine Fernsehzuschauer, der ihn nicht in seiner Nobelherberge besuchen möchte, King zumindest auf der Mattscheibe in Kochsendungen erleben.

Bewertung:

TESCHOW   Mecklenburg-Vorpommern

SCHLOSS TESCHOW
Gutshofallee 1
17166 Teschow
Telefon: 0 39 96-1 40-0
Telefax: 0 39 96-1 40 1 00
Internet: www.schloss-teschow.de
E-Mail: info@schloss-teschow.de
Direktor: Ralf Fränkel
DZ ab € 84,00

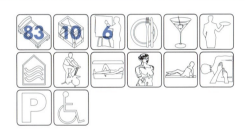

Man könnte denken, dass Schloss Teschow in erster Linie eine Pilgerstätte für Golffans ist, schließlich sind die Ausgangsbedingungen für diesen Sport hier ideal. Der 27-Loch- Parcours zieht sich wie ein Gürtel um dieses Leisurehotel. Erfreulicherweise ist man aber weitaus breiter aufgestellt, als der erste Eindruck vermuten lässt. Denn neben Golf, Wellness- und Gesundheitsangeboten verfügt man sogar über sechs Tagungsräume, die Veranstaltungen mit bis zu 350 Personen ermöglichen. Zusätzlich steht noch eine Event-Halle in unmittelbarer Nähe des Schlosses zur Verfügung. Auf insgesamt 1.400 qm erstreckt sich die Schwimmbad- und Saunalandschaft. Auch das Beauty- und Massageangebot kann sich sehen lassen. Gäste haben außerdem die Möglichkeit, sich während des Aufenthalts einem internistischen Check zu unterziehen. Das Gesundheitszentrum unter der Leitung der Internisten Dr. Margit Kölbel und Dr. Arnulf Preusler verfügt über eine Kassenzulassung, wobei sich die Krankenkassen an sogenannten Präventionsuntersuchungen in der Regel nicht beteiligen. Krankenhauscharme muss man im Hotel jedoch nirgends befürchten. Die Zimmer und Suiten wirken mit ihrer Gestaltung und Farbgebung sehr behaglich und wurden allesamt mit schicken Stilmöbeln ausgestattet. Man logiert entweder im Schloss selbst oder im Flügelbau, der genaugenommen ein Anbau ist. Wie wir mehrfach angemerkt haben, würden wir uns für dieses Haus endlich einen erfahrenen, mit Gastgeberqualitäten gesegneten Hotelmanager wünschen. Bislang versuchte sich Ralf Fränkel darin, die Rolle des Gastgebers auszufüllen. Man hatte allerdings den Eindruck, dass er sich auch nach vielen Jahren noch auf dem Weg der Selbstfindung befand. Erfreulicherweise hat die Firmenzentrale nun entschieden, Ruth Ramberger zu verpflichten, die schon das Haus in Wismar führt und dort ihre fachliche Kompetenz unter Beweis stellen konnte. Man darf gespannt sein, ob es ihr angesichts der Doppelbelastung gelingen wird, dieses Leisurehotel weiterzuentwickeln. Eines steht fest, dem Thema Guest Relation wird sie vermutlich einen weitaus höheren Stellenwert einräumen als ihr Vorgänger. Was darf man sich von der Gastronomie erhoffen? Kulinarische Höhepunkte sind von beiden Restaurants nicht zu erwarten. Das Konzept des Conrad ist eine anspruchsvolle Frischeküche, die ausschließlich auf Produkte regionaler Anbieter und solche aus artgerechter Haltung setzt. Alternativ bietet die Gutsschänke von Blücher eine gutbürgerliche Küche.

Bewertung:

TIMMENDORFER STRAND Schleswig-Holstein

GRAND HOTEL SEESCHLÖSSCHEN
Strandallee 141
23669 Timmendorfer Strand
Telefon: 0 45 03-6 01-1
Telefax: 0 45 03-6 01 3 33
Internet: www.seeschloesschen.de
E-Mail: info@seeschloesschen.de
Inhaber: Rohlf von Oven
DZ ab € 240,00

Bescheidenheit, so ist zumindest unser Eindruck, liegt Hoteleigentümer Rohlf von Oven so gar nicht. Bereits die Bezeichnung Grand Hotel im Namen weckt Begehrlichkeiten, denen das Haus unseres Erachtens nicht entsprechen kann, zumindest im Hinblick auf das Serviceniveau. Das schwankt hier erheblich, gelegentlich muss sich der Gast über fachliche Fehler oder einfach nur über das ruppige Auftreten der Mitarbeiter ärgern. Entsprechende Schulungsmaßnahmen sind hier unumgänglich. Darauf weisen wir seit Jahren hin – wohl wissend, dass unser Fingerzeig ungehört verhallen wird. Von Ovens Selbstwahrnehmung scheint eine völlig andere zu sein, er ist nicht nur von seinen Konzepten vollkommen überzeugt, sondern auch davon, dass sein Haus ein lupenreines Luxushotel ist. Konstruktive Kritik versteht er als schwere Beleidigung. Dabei könnte eine kritische Beleuchtung des Istzustands seiner vermeintlichen Nobelherberge sogar Weiterentwicklungsmöglichkeiten zutage fördern. Kommen wir zu den Fakten. Eine genauere Betrachtung der Ausstattung macht deutlich, dass dieses mit fünf Sternen klassifizierte Hotel sich offensichtlich auf ein zahlungskräftiges älteres und vor allem konservatives Publikum eingestellt hat. Da versteht es sich von selbst, dass man auch dessen medizinische Betreuung während des Aufenthalts sicherstellen möchte, deshalb befindet sich im Haus auch eine Praxis für Innere Medizin unter der Leitung von Dr. Radu Schwenk. Praktischerweise kann man sich im Seeschlösschen auch gleich einem medizinischen Check-up unterziehen. Oder man nimmt an einem Heilfasten-Programm teil – diese Entscheidung fällt vielleicht nicht so schwer, da man von der Küchenleistung des Restaurants Panorama ohnehin keine Highlights zu erwarten hat, denn die hat sich im gepflegten Mittelmaß eingependelt. Die Zimmer und Suiten hatten ihre ganz großen Zeiten vielleicht in den 1980er Jahren, heute wirken sie altbacken und können den Erwartungen an eine Luxusunterkunft unseres Erachtens nicht entsprechen. Angemessen ist der Freizeitbereich ausgefallen, der neben einem Pool auch mit einem kleinen Saunabereich aufwarten kann. Selbstredend kann man auch eine Massage oder eine Beautyanwendung buchen.

Bewertung:

MARITIM SEEHOTEL
Strandallee 73
23669 Timmendorfer Strand
Telefon: 0 45 03-6 05-0
Telefax: 0 45 03-6 05 24 50
Internet: www.maritim.de
E-Mail: info.tim@maritim.de
Direktor: Jochen H. Stop
DZ ab € 140,00

Die deutsche Hotelkette Maritim kann auf eine erstaunliche Erfolgsgeschichte zurückblicken. Seit den 1960er Jahren ist sie als kontinuierlich wachsendes Unternehmen am Markt und heute nicht nur in nahezu allen wichtigen deutschen Städten vertreten, sondern auch in zahlreichen Urlaubsdestinationen im In- und auch im Ausland. Wer verstehen will, wie diese Entwicklung begann und worin der bis heute andauernde Erfolg begründet liegt, der sollte das Maritim in Timmendorfer Strand besuchen, das als Stammhaus der Kette gelten kann. Zum einen erklärt sich damit der Name des eigentlich in Nordrhein-Westfalen ansässigen Unternehmens. Denn während die Zentrale in Bad Salzuflen keinerlei maritime Umgebung zu bieten hat, trägt dieses erste Maritim hier in Timmendorfer Strand diesen Namen natürlich vollkommen zu Recht. Als Leuchtfeuer der neuen Hotelkette und gleichzeitig Vorzeigeexemplar der damaligen architektonischen Moderne in den 1960er Jahren errichtet, erhebt sich der strahlend weiße Koloss direkt am Ostseestrand. Durch seine Nähe zu Hamburg avancierte das Ferien- und Kongresshotel damals schnell zu einem gesellschaftlichen Treffpunkt. Das Interieur lässt heute noch erahnen, dass das Haus damals die ideale Kulisse für die High Society der Region und auch weit darüber hinaus war, um zu feiern und zu tagen. Denn es war und ist mit einem Kongresszentrum verbunden, das umfangreiche Tagungs- und Veranstaltungsmöglichkeiten bietet und sehr hochwertig ausgestattet ist, unter anderem mit einer Treppenanlage aus weißem Marmor. Damit sind bereits drei Hauptcharakteristika der Kette genannt, die sich bis heute in zahlreichen Häusern finden und ihren Erfolg erklären. Zum einen ist in der Regel durch ein angeschlossenes Tagungs- und Veranstaltungszentrum oder aber umfangreiche eigene Räumlichkeiten für diesen Zweck gewährleistet, dass das Hotel unabhängig

von saisonalen Schwankungen durch Kongresse und Tagungen ausgelastet ist. Zum anderen kann durch die Lage an einem touristisch interessanten Ort, wie einer Urlaubsregion oder einer auch bei Touristen beliebten Großstadt, auch das Tourismusgeschäft bedient werden. Und als drittes wiederkehrendes Merkmal sorgt eine hochwertige, langlebige Ausstattung dafür, dass nach den höheren Anfangsinvestitionen auf lange Sicht weniger Geld in Erneuerungsmaßnahmen investiert werden muss. Gerüchten zufolge testet Maritim-Chefin Dr. Monika Gommolla beispielsweise neue Teppiche persönlich auf Belastbarkeit, indem sie Proben davon unter ihrem Schreibtischsessel platziert und über einen längeren Zeitraum dort belässt. Gleichzeitig achtet sie bei der Inneneinrichtung auf einen wiederkehrenden Maritim-Stil. Dadurch läuft Maritim nicht Gefahr, kurzlebige Einrichtungsmoden mitzumachen,

die nach wenigen Jahren offensichtlich werden lassen, dass eine Hotelausstattung nicht mehr ganz neu sein kann. Der etwas konservativ wirkende Maritim-Stil kennt dieses Problem nicht, war er doch zu keinem Zeitpunkt richtig en vogue. So lässt sich selbst bei einem neuen Haus wie in Dresden anhand der Ausstattung nicht sagen, wann genau das Haus eröffnet wurde. Diese Politik hat ihre Vor- und Nachteile. Einerseits kann sich der Gast auf den typischen Charakter der Hotelausstattung verlassen und fühlt sich sofort heimisch, andererseits wirken auch neue Häuser dadurch oft konservativ und bieten keine „hippe" Atmosphäre. Davon ausgenommen ist einzig das Flughafenhotel in Düsseldorf. Dennoch müssen die Vorzüge dieser

Taktik für die Gäste überwiegen, anders ist der langjährige Erfolg von Maritim nicht zu erklären. Hier in Timmendorfer Strand hat man mit dem 3.000 qm großen Wellnessbereich auf drei Ebenen aber definitiv ein Highlight zu bieten, das sicherlich auch zahlreiche neue Gäste ansprechen wird. Das Schwimmbad mit riesiger Panoramafront zur Ostsee hin ist einmalig, hier kann man auch im Winter mit der Ostsee im Blick maritime Atmosphäre im doppelten Wortsinn genießen. Der Außenpool direkt vor dem neuen SPA bietet natürlich im Sommer eine weitere Möglichkeit, zu schwimmen, ohne in die vielleicht etwas zu kühle Ostsee steigen zu müssen. Aber nicht nur der Pool, auch die anderen Einrichtungen wie Dampfbad, Saunarium und Eisbrunnen, Thalassowanne, Softpackliege und Trinkwasserbrunnen, Duft- und Klangraum, Trockensauna und Fitnessraum sowie Massagen und Kosmetikbehandlungen sind neu oder in neuen Räumen im Angebot. Die Zimmer zur Meerseite (ab der Kategorie Superior) bieten natürlich ein unvergleichliches Panorama, das man von den zu jedem Zimmer gehörenden Balkons aus ungestört genießen kann. Auf der Parkseite hat der Gast andere Vorzüge: Hier sind Abendsonne und der Blick auf den Sonnenuntergang über der hügeligen schleswig-holsteinischen Landschaft im Preis inbegriffen. Es soll aber nicht verschwiegen werden, dass nicht alle Zimmer aktuellem Standard entsprechen, zumindest was die Kacheln im Bad betrifft. Danach sollte man sich also vor der Buchung genauer erkundigen. Weitere Faktoren, mit denen dieses Haus punkten kann, sind der genannte Kongressbereich für Veranstaltungen mit bis zu 950 Personen und das Gourmetrestaurant Orangerie im Hause, das sogar seit vielen Jahren mit einem Michelin-Stern ausgezeichnet wird. Und dass das Frühstück und die Küchenleistung des Hotelrestaurants Maritim-typisch Qualität auf einem guten Niveau bieten, ist natürlich allen Stammgästen bewusst. Direktor Jochen Stop leitet das Stammhaus der Kette seit langen Jahren und ist ein verlässlicher Gastgeber. Er kennt seine Stammgäste, darunter zahlreiche Prominente wie beispielsweise Rocklegende Udo Lindenberg, der mittlerweile so etwas wie ein Freund geworden ist. Auch beim Führungspersonal gilt bei Maritim offensichtlich, dass nur langer Atem, nämlich das Festhalten an Mitarbeitern wie auch an Hoteldirektoren, eine langfristige Bindung an Gäste bewirken kann.

Bewertung: ●●●

ULM Baden-Württemberg

LAGO
(Innenstadt)
Friedrichsau 50
89073 Ulm
Telefon: 0731-20 64 00-0
Telefax: 0731-20 64 00 121
Internet: www.hotel-lago.de
E-Mail: hotel@lago-ulm.de
Inhaber: Thomas Eifert
DZ ab € 99,00

Mit großen Erwartungen haben wir diesem Designhotel letzten Sommer einen Besuch abgestattet. Was wir letztlich vorgefunden haben, war nicht nur eine unglaubliche Enttäuschung, sondern genaugenommen eine Unverschämtheit. Schon die Kontaktaufnahme mit diesem First-Class-Hotel gestaltete sich problematisch. Was soll man davon halten, wenn die Mitarbeiterin nicht in der Lage ist, die Unterschiede der Zimmerkategorien zu umschreiben? Die seien „halt sehr modern", so ihre knappe Antwort. Umso schlimmer, wenn die Dame zum Führungsteam des Hauses zählt. Die Zimmer, die in die vier Kategorien Comfort, Business, Exclusive und Design unterteilt sind, wurden im Interieur auf den jung-dynamischen und progressiven Gast zugeschnitten. Sie wirken hell und freundlich, und alle wurden mit schickem Parkett ausgestattet. Wir hatten uns für das Haus vor allem wegen der hochgelobten Küche von Chefkoch Marian Schneider entschieden. Bei der Ankunft wollten wir wissen, ob man sich denn etwas von der Karte aus dem Restaurant auf das Zimmer bringen lassen könne. Die Antwort, unglaublich, aber wahr: „Nee, heute haben wir uns entschieden, die Küche am Abend zu schließen. Sonst machen wir das ja nicht, aber es war nicht so viel los, da haben wir früher Feierabend gemacht." Auf die Frage, warum man uns darauf bei der Reservierung nicht hingewiesen hatte, reagierte die Dame am Empfang ganz cool. „Ach ja, stimmt, das hätten wir tun müssen, haben wir halt vergessen." Schade, wir hatten das Haus eigentlich vor allem deshalb gewählt. Als wir dann nachfragten, ob man uns denn wenigstens noch ein Sandwich zubereiten könnte, reagierte die Mitarbeiterin plötzlich richtig schnippisch. Wer das denn machen solle, die Küchenmitarbeiter seien in der Freizeit. Man muss sich dabei vor Augen führen, dass das Lago sich als Vier-Sterne-Hotel versteht, da müsste es doch in der Lage sein, den Gästen zumindest einen kleinen Imbiss oder ein „Butterbrot" anzubieten. Wenigstens kam die Mitarbeiterin auf die sensationelle Idee, man könne doch den Pizzaservice anrufen. Auf die Frage, ob sie denn einen Lieferdienst besonders empfehlen könne, erwiderte sie: „Nee, da kenne ich mich nicht aus, aber ich frage mal meine Kollegin." Immerhin. Unserer Bitte, sie möge den Pizzaservice doch anrufen, kam sie zwar nach, wies uns aber leicht genervt darauf hin, dass sie das eigentlich nicht machten. Als der Pizzabote dann eintraf, bat sie ihn, die Pizza hochzubringen, schließlich sei das nicht ihre Aufgabe und sie könne den Betrag – acht Euro – für den Gast nicht auslegen. Eigentlich hätte es zum guten Ton gehört, die Pizza auf einen ordentlichen Teller zu legen, dazu Besteck und eine Serviette zu reichen und sich nochmals möglichst freundlich für die Unannehmlichkeiten zu entschuldigen. Aber gutes Benehmen wird hier anscheinend in homöopathischen Dosen zugeteilt. Eines ist hier insgesamt auffällig: Mit den Gästen kommuniziert man sehr ungern. Gespräche werden auf das Notwendigste reduziert. Offensichtlich ist man der Meinung, dass die Gäste sich vorher über alles informieren müssen. Oder wie lässt sich sonst erklären, dass man beispielsweise morgens auf der schicken Terrasse frühstückt, dann hineingeht, um sich noch etwas vom Buffet zu holen, und feststellen muss, dass dieses längst abgebaut wurde? Man hielt es offensichtlich nicht für nötig, die anwesenden Gäste vorher zu fragen, ob sie noch etwas wollten, wie es in der Hotellerie sonst überall üblich ist – das zählt selbst in einem Motel One zum Standard. Überhaupt vermittelten einem die Mitarbeiter, die für den Frühstücksbereich zuständig waren, das Gefühl, man belästige sie. So reagierte die Servicefachkraft auf die Frage, ob Eierspeisen frisch zubereitet werden könnten, mit dem Hinweis, auf dem Buffet seien doch welche. Als wir dennoch beharrlich nachfragten, ob es Mühe machen würde, sie ganz frisch zuzubereiten, erklärte sie knapp: „Wenn Sie es wünschen." Nun, würde man es nicht wünschen, hätte man wohl nicht explizit danach gefragt. Kurzum, im Lago Hotel & Restaurant wird der Gast mit einem modernen, dynamischen Zimmerprodukt überrascht, aber auch mit einem sehr speziellen Serviceverständnis. Deutlicher formuliert: Die Service- und Dienstleistungsbereitschaft hier ist eine reine Katastrophe. Hoteleigentümer Thomas Eifert war im Übrigen zu keiner Stellungnahme bereit. Hier hilft nur, alle Abteilungen des Hauses neu zu strukturieren, verbindliche Serviceleitlinien zu erstellen und die Mitarbeiter intensiv zu schulen, zu schulen und nochmals zu schulen. Denn ein Aufenthalt wie der hier beschriebene dürfte auch den gutwilligsten Gast von einem erneuten Besuch abhalten.

Bewertung:

MARITIM
(Innenstadt)
Basteistraße 40
89073 Ulm
Telefon: 0731-923-0
Telefax: 0731-923 1000
Internet: www.maritim.de
E-Mail: info.ulm@maritim.de
Direktorin: Heike Schober
DZ ab € 120,00

Nach wie vor ist dieses Maritim eine verlässliche Adresse für Tagungen und Veranstaltungen. Ebenfalls überzeugend ist das gut austarierte Service- und Dienstleistungsangebot. In der Regel hinterlassen die Mitarbeiter dieses First-Class-Hotels einen wirklich guten Eindruck. Mit viel Engagement und Professionalität kümmern sie sich um die Anliegen der Gäste. Guter Service ist in diesem Haus der Hotelgruppe keine Glückssache, sondern garantiert. Dass dies so ist, hat sicherlich mit dem straffen Führungsstil von Walter Heiligenstetter zu tun, einem Grandseigneur der Hotellerie, der dieses Haus viele Jahre führte, mittlerweile aber die Position des Regionaldirektors übernommen hat. Glücklicherweise hat er seinen Dienstsitz hier und übernimmt,

wann immer es seine Zeit erlaubt, die Rolle des Gastgebers. Heiligenstetter ist hervorragend organisiert und innerhalb der Stadt natürlich bestens vernetzt. Eigentlich zieht er hier im Haus die Fäden, auch wenn offiziell Heike Schober zur Hoteldirektorin bestellt wurde. Nun hat der liebe Gott nicht alle Menschen mit der gleichen Eloquenz und Herzlichkeit ausgestattet wie etwa Walter Heiligenstetter. Frau Direktorin wirkt auf uns zurückhaltend und im direkten Gespräch stellenweise sehr schüchtern. Offensichtlich hat man sich darauf verständigt, dass sie eher administrative Aufgaben übernimmt und das Haus vor allem nach innen vertritt. Wie bereits erwähnt, punktet dieses Maritim mit einer guten Servicebereitschaft, weniger hingegen mit dem Zimmerprodukt, das mittlerweile ein wenig in die Jahre gekommen ist und eher eine konservative Gästeklientel anspricht. Aber man wählt ein Hotel ja nicht ausschließlich wegen seines Interior Designs, häufig werden die sogenannten Soft-

warefakten, die zentrale Lage oder der Freizeitbereich stärker gewichtet. Mit seinen hervorragenden Tagungskapazitäten und den entsprechenden Zimmerkontingenten hat das Maritim in Ulm zweifelsohne die Nase vorn. Neben den eigenen 18 Tagungsräumen kann es aufgrund der Kooperation mit dem Congress Centrum weitere Kapazitäten ausweisen. Wie in den meisten Hotels der Kette steht den Gästen

auch hier ein Schwimmbad- und Saunabereich zur Verfügung. Im Restaurant Panorama in der 16. Etage, das nicht nur von Hotelgästen, sondern auch von den Einheimischen frequentiert wird, genießt man nicht nur eine überdurchschnittlich gute Küche, sondern auch einen hervorragenden Ausblick auf die Stadt.

Bewertung:

USEDOM/AHLBECK Mecklenburg-Vorpommern

**ROMANTIK SEEHOTEL
AHLBECKER HOF**
**Dünenstraße 47
17419 Ahlbeck
Telefon: 03 83 78-62-0
Telefax: 03 83 78-62 1 00**
Internet: www.seetel-resorts.de
E-Mail: ahlbecker-hof@seetel.de
Direktor: Dennis Hüttig
DZ ab € 127,00

Hoteldirektoren kommen und gehen, das ist nicht verwunderlich, sondern eher Normalität. In der Kettenhotellerie ist es nicht selten Kalkül, dass man das Management turnusmäßig auswechselt, vor allem um eine Verkrustung der Strukturen zu vermeiden. In diesem Luxus-Leisurehotel wechselt das Führungspersonal allerdings in einem recht schnellen Tempo. Zuletzt wurde es von Helmuth Mahnkopf geführt, der nun aber, angeblich aus familiären Gründen, die Leitung abgegeben hat. Nunmehr hat Dennis Hüttig die Verantwortung übernommen. Kein Unbekannter in der Branche, er war schon für eine Vielzahl von Häusern tätig. Uns haben sein Führungsstil und sein mangelndes Service- und Dienstleistungsverständnis bislang so gar nicht überzeugt. Hüttig zählt zu den Vertretern seiner Zunft, die konstruktive Kritik mit einer Beleidigung gleichsetzen – das ist zumindest unsere Erfahrung mit dem Hotelmanager. Man darf gespannt sein, ob es ihm gelingen wird, hier Akzente zu setzen. Eines ist gewiss: Bisher haben sich fast alle Direktoren hier in die Funktion des Vollstreckers gefügt, die ihnen Hoteleigentümer Rolf Seelige-Steinhoff zugedacht hat. Schenkt man der Klassifizierung des Hotel- und Gaststättenverbands DEHOGA Glauben, handelt es sich beim Ahlbecker Hof um ein lupenreines Luxushotel. Uns konnte die Nobelherberge aber nicht so recht überzeugen. Wir bleiben dabei, dass es nötig wäre, alle Abteilungen des Hauses einer kritischen Prüfung zu unterziehen. Dann würde man sicherlich zur gleichen Erkenntnis kommen wie wir und zunächst entsprechende Schulungsmaßnahmen verordnen. Korrekterweise möchten wir darauf hinweisen, dass man hier durchaus auch auf hochmotivierte Mitarbeiter treffen kann – die sollten aber die Regel sein und nicht die Ausnahme. Das Zimmerprodukt ist gediegen-elegant und bietet einen recht hohen Aufenthaltskomfort. Es liegt in der Natur der Sache, dass die beliebtesten jene sind, die einen uneingeschränkten Meerblick ermöglichen. Der SPA ist im Untergeschoss des Hauses untergebracht und verfügt bedauerlicherweise nicht über Tageslicht. Neben einem Schwimmbad umfasst er einen Saunabereich mit finnischer Sauna, Dampfbad, Laconium, Blüten- und Kräutergrotte, Kneippbecken und einer Eisgrotte. Mit einem einzigen Salon sind die Tagungsmöglichkeiten sehr beschränkt. Dafür ist das gastronomische Angebot überdurchschnittlich gut, immerhin stehen drei Restaurants zur Wahl, unter anderem ein thailändisches Restaurant mit authentischer Küche.

Bewertung:

USEDOM/HERINGSDORF   Mecklenburg-Vorpommern

STEIGENBERGER GRANDHOTEL & SPA
Liehrstraße 11
17424 Heringsdorf
Telefon: 03 83 78-495-0
Telefax: 03 83 78-495999
Internet: www.steigenberger.com/heringsdorf
E-Mail: heringsdorf@steigenberger.com
Direktor: Ilgo Hagen Höhn
DZ ab € 128,00

Steigenberger ist hier auf der Insel Usedom offensichtlich mit dem Anspruch angetreten, sich einen Spitzenplatz zu erarbeiten. Neue Häuser sorgen auf dem Hotelmarkt im Allgemeinen für eine gewisse Dynamik, zum Beispiel beginnen unmittelbare Mitbewerber mit Renovierungsstau, ihr Produkt aufzufrischen. So auch hier in Heringsdorf. Dieses First-Class-Resorthotel bringt alle Attribute mit, um sich als erste Adresse etablieren zu können, vorausgesetzt, es gelingt, auch das Service- und Dienstleistungsniveau dem eigenen Anspruch anzupassen. Auf insgesamt 2.000 qm erstreckt sich der „Baltic Sea Grand SPA", der so gut wie nichts vermissen lässt. Neben einem beheizten Außenpool steht ein sogenannter Entspannungspool zur Verfügung, außerdem ein Saunagarten mit unterschiedlich temperierten Saunen und ein Dampfbad. Sein tägliches Trainingspensum kann der Gast im gut ausgestatteten Fitnessstudio absolvieren, das nicht nur mit modernsten Cardio-, sondern auch mit Krafttrainingsgeräten ausgestattet ist. In zwei Gebäuden sind die edlen Zimmer und Suiten untergebracht, die teilweise sogar einen Meerblick bieten. Auch sogenannte Familiensuiten zählen zum Angebot. Mit dem Restaurant Seaside möchte man offensichtlich nicht nur im guten Mittelfeld, sondern in der Bundesliga mitspielen. Bleibt abzuwarten, ob Hoteldirektor Ilgo Hagen Höhn hier Impulse geben kann oder ob er sich auf die Lage, die zweifelsohne gute Ausstattung und das Dienstleistungsangebot verlässt.

Bewertung:

STRANDIDYLL
Delbrückstraße 9–11
17424 Heringsdorf
Telefon: 03 83 78-4 76-0
Telefax: 03 83 78-4 76 5 55
Internet: www.travelcharme.com
E-Mail: strandidyll@travelcharme.com
Direktor: Detlef Kruse
DZ ab € 128,00

Wir haben Sorge, dass es unsere Leser ein wenig langweilen könnte, wenn wir in diesem Jahr erneut darauf hinweisen, dass uns das Service- und Dienstleistungsniveau in diesem Travel-Charme-Hotel nicht wirklich überzeugt. Man kann schon fast den Eindruck gewinnen, dass dies ein grundsätzliches Problem der Häuser dieser Kette ist. Das könnte unter anderem darauf zurückzuführen sein, dass den Direktoren hier lediglich die Funktion des Statthalters zugedacht ist. Wie ein Haus zu führen ist, sogar Details wie das Marketingkonzept legt die Hotelzentrale lieber selbst fest. Damit meinen wir nicht die strategischen Ausrichtungen, die die gesamte Hotelgruppe betreffen. Detlef Kruse hat sich vermutlich in sein Schicksal gefügt und sich in seiner Position offenbar gut eingerichtet. Dennoch muss die Frage erlaubt sein, warum er sich mit dem Serviceniveau des ihm anvertrauten Hauses nicht eingehender beschäftigt oder es regelmäßig überprüft. Daran wird ihn sicherlich niemand hindern. Einige der Mitarbeiter sind offensichtlich nicht teamfähig und ziehen hier je nach persönlicher Tageslaune ihr eigenes Ding durch. Wann spricht es sich endlich auch bis zu Kruse herum, dass eine hohe Mitarbeiterzufriedenheit dem allgemeinen Betriebsklima zuträglich ist? Der hiesige Hotelmarkt ist in Bewegung; kürzlich ging das Steigenberger an den Start, um sich von dem zu verteilenden Kuchen ein sehr dickes Stück abschneiden, und wird vermutlich versuchen, mit einem Service- und Dienstleistungskonzept zu überzeugen, das ganz auf den anspruchsvollen Leisuregast abgestimmt ist. Das Steigenberger spielt aber fast in der gleichen Liga wie dieses Travel-Charme-Hotel. Immerhin gibt die Hardware im Strandidyll wenig Anlass zu klagen. Allenfalls über den Stil könnte man diskutieren, grundsätzlich sind die Zimmer und Suiten aber sehr hochwertig ausgestattet und entsprechen sicherlich den Erwartungen an ein Leisurehotel der Vier-Sterne-Kategorie. Luxus verspricht die 60 qm große, geschmackvolle Turmsuite in der vierten Etage. Sie ermöglicht einen uneingeschränkten Meerblick und kann durchaus auch hohen Ansprüchen genügen, bietet sie doch einen eigenen kleinen Wellnessbereich mit Whirlpool und Sauna. Wer sich keine Luxussuite leisten kann oder will, muss sich mit dem edel gestalteten SPA begnügen. Aber auch der kann sich durchaus sehen lassen. Er erstreckt sich über 1.000 qm und bietet neben einem Innenpool auch einen ganzjährig beheizten Außenpool. Zum Gesamtangebot zählen darüber hinaus ein schicker Saunabereich mit unterschiedlich temperierten Saunen und ein zusätzlicher Anwendungsbereich. Auch ein Fitnessbereich mit modernsten Cardio- und Muskelaufbautrainingsgeräten darf natürlich nicht fehlen. Auf Wunsch erarbeitet ein Personal Trainer mit dem Gast ein individuelles Fitnessprogramm. Wer seine Anwendungen in aller Ruhe genießen möchte, der bucht am besten die Private SPA Suite. Das Restaurant Belvedere bietet eine Alternative zum Halbpensionsrestaurant. Kurzum, die Ausgangslage ist überdurchschnittlich gut, wenn man ein paar Tage ausspannen möchte. Nur an der schwankenden Service- und Dienstleistungsbereitschaft der Mitarbeiter darf man sich nicht stören.

Bewertung:

WEIMAR Thüringen

**DORINT
AM GOETHEPARK**
(Innenstadt)
Beethovenplatz 1/2
99423 Weimar
Telefon: 0 36 43-8 72-0
Telefax: 0 36 43-8 72 1 00
Internet: hotel-weimar.dorint.com
E-Mail: info.weimar@dorint.com
Direktor: Stefan Seiler
DZ ab € 94,00

Mehrfach haben wir an dieser Stelle zum Ausdruck gebracht, dass uns das Service- und Dienstleistungsverständnis von Hoteldirektor Stefan Seiler so gar nicht überzeugt. Es ist ja eine Binsenweisheit, dass die Mitarbeiter in der Regel nur so gut sind wie die Maßgaben des Direktors, der mit gutem Beispiel vorangehen sollte. Wir empfehlen Seiler, sich Kollegen wie beispielsweise Dr. Bertram Thieme oder Peter Bertsch zum Vorbild zu nehmen. Denen ist es nämlich gelungen, in den ihnen anvertrauten Häusern seit vielen Jahren eine herausragende Service- und Dienstleistungskultur zu etablieren. Sie haben erkannt, dass eine solche aus hoher Mitarbeiterzufriedenheit resultiert, und nicht zuletzt sind dafür kontinuierliche Serviceschulungen unumgänglich. Allerdings bedarf es, um dies gewährleisten zu können, einer hohen Sozialkompetenz und der Bereitschaft, sein Handeln regelmäßig auf den Prüfstand zu stellen und zu hinterfragen. Seiler ist jedoch zu einer kritischen Reflexion seiner Konzepte nicht bereit. Im Gegenteil wirkt der Direktor im Gespräch überheblich und arrogant. Der liebe Gott hat ihn offenbar mit einem schier grenzenlosen Selbstbewusstsein ausgestattet. Das hindert Seiler daran, konstruktive Kritik anzunehmen und zu verwerten. Wir sind nach wie vor der Meinung, dass dieses First-Class-Hotel weitaus mehr Potenzial hat, als es augenblicklich nutzt, und weit unter seinen Möglichkeiten laboriert. Das Zimmerprodukt ist aber auch etliche Jahre nach der Eröffnung des Hauses in einem recht guten Zustand und kann den Erwartungen der Gäste an ein Hotel dieser Kategorie durchaus genügen. Nicht zuletzt spricht für dieses Dorint die Lage, befindet es sich doch direkt am Goethepark gegenüber von Goethes Gartenhaus, und alle Sehenswürdigkeiten erreicht man von hier aus bequem zu Fuß. Nach einem anstrengenden Kulturprogramm oder Meeting kann man im kleinen Saunabereich entspannen. Auch ein akzeptabler Fitnessbereich ist vorhanden. Mit insgesamt 15 Tagungsräumen ist das Haus im Tagungssegment recht gut aufgestellt. Veranstaltungen und Meetings mit bis zu 300 Personen sind möglich.

Bewertung: ●●●

ELEPHANT
(Innenstadt)
Markt 19
99423 Weimar
Telefon: 0 36 43-8 02-0
Telefax: 0 36 43-8 02 6 10
Internet: www.hotelelephantweimar.com
E-Mail: elephant.weimar@luxurycollection.com
Direktor: Kay-Oliver Heller
DZ ab € 121,00

Über viele Jahre führte Paul Kernatsch dieses geschichtsträchtige Haus, in dem schon unzählige bedeutende Persönlichkeiten aus Politik, Wirtschaft und Showgeschäft abgestiegen sind. Letztes Jahr hat er die Verantwortung für das Elysee in Hamburg übernommen. Inwieweit sein Wirken in Weimar erfolgreich war, liegt im Auge des Betrachters. Über seinen Nachfolger Oliver Heller können wir uns derzeit noch nicht äußern; so viel steht aber schon fest: Bislang führt er dieses Haus eher unauffällig. Die Fünf-Sterne-Klassifizierung weist dieses Hotel als eines der ersten Häuser am Platz aus. Die hohen Erwartungen, die das bei den Gästen weckt, kann man allerdings nicht immer befriedigen. Während der unmittelbare Mitbewerber, der Russische Hof, zumindest über eine Hotelvorfahrt verfügt und auf Wunsch ein Valet Parking bieten kann, muss der Gast hier sein Auto selbst einparken. Hilfe beim Gepäck wird ihm nur zuteil, wenn seine Anreise von einem Mitarbeiter der Rezeption bemerkt wird. Kernatsch muss man zugutehalten, dass er höchsten Wert auf ein hervorragendes gastronomisches Angebot legte. Das Anna Amalia unter der Leitung von Spitzenkoch Marcello Fabbri bietet eine anspruchsvolle Haute Cuisine, die sogar seit vielen Jahren mit einem Michelin-Stern ausgezeichnet wird. Ansonsten hat uns das Service- und Dienstleistungsniveau im Haus nicht völlig überzeugt. Schuld daran sind allerdings nicht die Mitarbeiter. Dieser Missstand hat vielmehr damit zu tun, dass man, so zumindest unser Eindruck, die Personaldecke erheblich ausgedünnt hat. Die Mitarbeiter selbst, darauf möchten wir ausdrücklich hinweisen, sind in der Regel freundlich, zuvorkommend und sehr bemüht. Anspruchsvoll sind die Zimmer und Suiten, die im Art-déco-Stil gehalten sind. Sie versprechen eine recht hohe Aufenthaltsqualität. Einen Wellnessbereich kann man leider nicht vorweisen. Auch die Tagungsmöglichkeiten halten sich mit vier Salons eher in Grenzen. Der Richard-Wagner-Saal ermöglicht aber dennoch Veranstaltungen mit bis zu 200 Personen.

Bewertung: ● ● ●

GRAND HOTEL RUSSISCHER HOF

(Innenstadt)
Goetheplatz 2
99423 Weimar
Telefon: 0 36 43-7 74-0
Telefax: 0 36 43-7 74 8 40
Internet: www.russischerhof.bestwestern.de
E-Mail: info@russischerhof.com
Direktor: Albert Voigts
DZ ab € 100,00

Wirklich gelungen ist in diesem Traditionshaus der architektonische Übergang zwischen Alt und Neu, die Art und Weise, wie der historische Gebäudeteil mit dem Anbau verbunden wurde. Die Zimmer im historischen Teil vermitteln ein anderes Raumgefühl, schon allein wegen ihrer hohen Decken. Alle bieten aber eine recht hohe Aufenthaltsqualität und wurden mit edlen Stilmöbeln, Flachbildfernseher und Zimmersafe ausgestattet. Nur die Badezimmer sind leider etwas klein ausgefallen. Seit einiger Zeit haben wir den Eindruck, dass guter Service hier eher Glückssache ist als eine garantierte Qualität. Vor allem stellen wir eklatante Kommunikationsprobleme fest. Offensichtlich arbeiten die Mitarbeiter nicht Hand in Hand, der eine weiß nicht, was der andere tut. So geraten beispielsweise angebotene Rückrufe gern mal in Vergessenheit. Solche Eindrücke würde man gern Hoteldirektor Albert Voigts schildern, doch der Versuch, mit ihm Kontakt aufzunehmen, gleicht der Jagd nach einem Phantom. Damit stehen wir aber nicht allein, in der Regel gelingt es keinem Gast, ihn beim ersten Anruf zu erreichen. Die Bandbreite der Erklärungen, die die Mitarbeiter dafür anführen, dass der Direktor wieder einmal nicht zu sprechen sei, ist riesig. Die beliebteste ist „Er ist im Meeting", gefolgt von „Er ist auf einem Außentermin". Man könnte meinen, Voigts bekleide die Position eines Vorstandsvorsitzenden und führe kein Hotel, sondern ein Firmenimperium mit 10.000 Beschäftigten. Zudem gebärdet er sich in letzter Zeit wie ein Kunst- und Kulturmäzen, der seine kostbare Lebenszeit lieber mit Vertretern der Weimarer Kulturszene verbringt als mit seinen Gästen und Mitarbeitern. Keine Frage, Kontakte schaden nur dem, der keine hat. Allerdings dürfte ihre Pflege Voigts nicht von seinen eigentlichen Aufgaben abhalten, nämlich denen als Gastgeber des Russischen Hofs. Der wachsende Schulungsbedarf seiner Mitarbeiter, auf den wir ihn an dieser Stelle hinweisen, hätte dem erfahrenen und bislang recht erfolgreichen Hotelmanager selbst auffallen müssen. Alle Abteilungen seines Hauses regelmäßig auf den Prüfstand zu stellen zählt zweifelsohne zu seinen Aufgaben. Wir wissen nicht, welche Prioritäten Voigts derzeit setzt, zumindest dem Thema Service scheint er aber neuerdings keinen allzu hohen Stellenwert mehr einzuräumen. Offensichtlich legt er mehr Gewicht auf seine Kulturprojekte, die er gemeinsam mit der Wagner-Nachfahrin Nike Wagner plant und durchführt. Zwischenzeitlich hatte man auch in gastronomischer Hinsicht einen Gang zurückgeschaltet. Nachdem Küchenchef Andreas Scholz beschlossen hatte, sich einer neuen Herausforderung zu stellen, wurde das Restaurant verpachtet. Mit dem neuen Pächter rutschte die Küchenleistung deutlich ab. Mittlerweile ist Scholz zurück und führt das Restaurant Anastasia nun in eigener Verantwortung. Das Fazit für den Russischen Hof fällt in diesem Jahr bedauerlicherweise sehr ernüchternd aus: Derzeit verspricht der Name mehr, als man hier geboten bekommt. Bisher konnten wir dem Grand Hotel Russischer Hof Jahr für Jahr bestätigen, die absolute Nummer eins in Weimar zu sein, und trotz der Serviceschwächen darf er unter den zahlreichen Hotels in Weimar (noch) als eine der ersten Adressen gelten. Es wäre diesem geschichtsträchtigen Haus allerdings zu wünschen, dass es zu seiner alten Form zurückfindet.

Bewertung: ↘

WIESBADEN Hessen

DORINT PALLAS
(Innenstadt)
Auguste-Viktoria-Straße 15
65185 Wiesbaden
Telefon: 06 11-33 06-0
Telefax: 06 11-33 06 10 00
Internet: hotel-wiesbaden.dorint.com
E-Mail: info.wiesbaden@dorint.com
Direktor: Stephan Sandmann
DZ ab € 91,00

Seit vielen Jahren berichten wir darüber, dass die Service- und Dienstleistungsbereitschaft in diesem Dorint einer Achterbahnfahrt gleicht. Manchmal trifft man auf beflissene, hochmotivierte Mitarbeiter, dann wieder treiben einen phlegmatische und übel gelaunte Angestellte in den Wahnsinn. Ja, man kann der Belegschaft ohne Übertreibung bescheinigen, dass es ihr gelungen ist, zahlreiche Hotelmanager zu verschleißen, die sich mit bislang mäßigem Erfolg bemüht haben, hier die Abläufe zu verbessern und das Serviceniveau anzuheben. Wann endlich werden sie verstehen, dass der Arbeitstag nicht schneller vorübergeht, wenn man unfreundlich ist? Insbesondere die Damen der Rezeption dürfen sich davon angesprochen fühlen.

Natürlich gibt es auch hier Mitarbeiter, die mit ausgesuchter Höflichkeit und Hilfsbereitschaft als Ausnahme die Regel bestätigen. Gastronomisch laboriert man augenblicklich im guten Mittelfeld. Hier und da schwankt die Qualität der Küchenleistung; anscheinend hat Küchenchef Jörg Schilling seine Brigade nicht immer fest im Griff. Eine seiner Stärken ist Kommunikationsfähigkeit, für ihn ist es ein Leichtes, mit Gästen in Kontakt zu treten – keine Selbstverständlichkeit. So lässt die Küchenleistung insbesondere dann schlagartig nach, wenn er nicht im Hause ist. Seit einigen Jahren versucht Stephan Sandmann, der zuvor als Vize-Hoteldirektor in Sulzbach erste Meriten erworben hat, alle Abteilungen des Hauses neu zu strukturieren, bislang aber mit bescheidenem Erfolg. Sandmann verfügt zweifelsohne über Ehrgeiz und Engagement, aber hier wird er sich genau wie seine Vorgänger die Zähne ausbeißen. Dennoch ist nicht zu übersehen, dass er gern etwas bewegen will, das muss man ihm fairerweise bescheinigen. Seinen Bemühungen stehen – so hat es zumindest den Anschein – die verkrusteten Strukturen und ein starker Betriebsrat entgegen. Dieses Dorint, so viel steht fest, laboriert weit unter seinen Möglichkeiten. Insbesondere das Housekeeping ist ein Schwachpunkt. Offensichtlich fehlt es an verbindlichen Strukturen und Leitlinien. Wie sonst ließen sich die bestehenden Hygieneprobleme

erklären? Schon in der letzten Ausgabe hatten wir sogar auf Schimmelspuren im Badezimmer hingewiesen. Erfreulicherweise ist Hotelchef Sandmann alles andere als kritikresistent und hat sich dieses Problems angenommen. Bleibt nun abzuwarten, wie nachhaltig und erfolgreich seine Bemühungen sein werden. Klare Stärke des Hauses ist der Tagungs- und Conventionbereich. 13 mit modernster Technik ausgestattete Räumlichkeiten ermöglichen Veranstaltungen mit bis zu 1.140 Personen. WLAN ist nach wie vor gebührenpflichtig, die Nutzung wird mit knapp 10 Euro pro Tag berechnet. Ein guter Kompromiss ist nach unserem Dafürhalten die Regelung, dass die ersten 15 Minuten kostenfrei gestellt werden.

Bewertung:

NASSAUER HOF
Kaiser-Friedrich-Platz 3–4
65183 Wiesbaden
Telefon: 06 11-1 33-0
Telefax: 06 11-1 33 6 32
Internet: www.nassauer-hof.de
E-Mail: info@nassauer-hof.de
Direktor: Karl Nüser
DZ ab € 210,00

Nichts und niemand könnte dem Nassauer Hof derzeit den Rang des ersten Hauses am Platz streitig machen. Weit und breit ist kein wirklich ernstzunehmender Mitbewerber auszumachen. Hotelchef Karl Nüser, ein Grandseigneur der deutschen Hotellerie, hat verstanden, dass man sich in einer sich verschärfenden Marktsituation von Mitbewerbern nur durch ein herausragendes Serviceniveau abheben kann. Nüser zeigt bei seinen Gästen Präsenz und ist für sie auch jederzeit ansprechbar, was natürlich der Kundenbindung äußerst zuträglich ist. Wichtig ist für ihn auch, die Standards des Hauses regelmäßig zu überprüfen. Anders als in Kettenhotels, die mit einem Umbau- und Renovierungsprogramm gern mal so lange zuwarten, bis die Grenze des Erträglichen erreicht ist, wurden hier die Zimmer und Suiten step by step renoviert. Es ist daher sinnvoll, sich bei der Buchung nach dem Interior Design und dem Renovierungsstand zu erkundigen. Gäste schätzen das eingangs angesprochene sehr hohe Serviceniveau. Das beginnt bereits, wenn man vor dem Hotel vorfährt. Offenbar soll sich der Gast um nichts mehr kümmern müssen, daher ist man ihm beim Gepäck behilflich, veranlasst, dass sein Wagen eingeparkt wird, begleitet ihn zur Rezeption und nach Erledigung der Formalitäten zu seinem Zimmer. Für die großen und kleinen Anliegen, wie einen Shuttleservice, Theaterkarten oder beispielsweise die Organisation eines Babysitters, kümmert sich selbstverständlich der Concierge. Der obligatorische Schuhputzservice gehört ebenso zum Dienstleistungsangebot wie der 24-Stunden-Zimmerservice. WLAN-Nutzung ist im gesamten Hotel möglich, wird allerdings mit knapp 20 Euro für 24 Stunden berechnet. Im fünften Stock des Hauses befindet sich die 1.500 qm große Hof-Therme, die nicht nur von Hotelgästen frequentiert wird. Sie bietet ein recht breites Spektrum, unter anderem die Möglichkeit zu Präventions- oder Rehabilitationsmaßnahmen. Das Team besteht aus Physiotherapeuten, Sporttherapeuten und medizinischen Bademeistern. Im Pool, der aus der hauseigenen Thermalquelle gespeist wird, kann man aufgrund der Größe erfreulicherweise wirklich seine Bahnen ziehen. Der viel gereiste Hotelgast weiß, dass Hotelpools sich nicht selten als größere Planschbecken entpuppen. Der Saunabereich mit Außenbereich, Tauchbecken und Ruhezone kann mit drei unterschiedlich temperierten Saunen (50, 60 und 90 Grad) aufwarten. Seit mehreren Jahrzehnten auf Erfolgskurs ist das Gourmetrestaurant Ente. Diese Einschätzung teilt auch der Guide Michelin, der die Küchenleistung kontinuierlich mit einem Stern auszeichnet. Eine Alternative bietet man mit der Orangerie.

Bewertung: ●●●● ●

**RADISSON BLU
SCHWARZER BOCK**
**(Innenstadt)
Kranzplatz 12
65183 Wiesbaden
Telefon: 06 11-1 55-0
Telefax: 06 11-1 55 1 11**
Internet: www.radissonblu.com
E-Mail: reservation.wiesbaden@radissonblu.com
Direktor: Peter B. Mikkelsen
DZ ab € 99,00

In den vergangenen Jahren nahm dieses Traditionshotel eine rasante Talfahrt, zwischenzeitlich sogar in Richtung Mittelmaß. Die begann, als Florian Meyer-Thoene, der dieses Businesshotel mit viel Engagement geführt hatte, das Haus verließ. Auf ihn folgte ein Technokrat, dem man besser die Verantwortung für ein anonymes Flughafenhotel übertragen hätte. Gastkontakte waren für ihn ein lästige Pflicht, die er am liebsten an seine Mitarbeiter delegierte. Als er ging, übernahm ein eher unerfahrener Hoteldirektor die Leitung, und man kam vom Regen in die Traufe. Seit einigen Jahren führt nun Peter B. Mikkelsen den Schwarzen Bock, und auch er überzeugte bislang weder im Hinblick auf seine Gastgeberqualitäten noch durch neue Konzepte. Zumindest erweckt er aber den Anschein, sich sehr zu bemühen. Die Zeiten, da man dieses Haus als eine der besten Adressen der Landeshauptstadt einstufen durfte, sind längst Geschichte. Die Stagnation in den vergangenen Jahren wurde gern mit dem Renovierungsstau begründet. Es trifft zu, das der insbesondere auf den Zimmern und Suiten nicht zu übersehen ist. In der Vergangenheit wurde immer wieder sehr geschickt das Gerücht gestreut, man plane eine weitreichende Renovierung, die dann aber doch wieder auf unbestimmte Zeit verschoben wurde. Immerhin ein Schritt in die richtige Richtung war, dass endlich das historische Badhaus vollständig renoviert wurde. So kann man nunmehr einen zeitgemäßen SPA vorweisen. Dieser umfasst neben dem 5 x 7 m großen Thermalwasserpool, der mit 30 Grad warmem Wasser aus der Kochbrunnenquelle gespeist wird, selbstverständlich auch einen kleinen Saunabereich mit finnischer Sauna, Dampfbad und Erlebnisdusche sowie einen kleinen Fitnessbereich. Die Gastronomie kann Anspruchsvolle kaum begeistern, sie garantiert seit Jahren allenfalls Durchschnittsverkostung. Im vergangenen Jahr hat Oliver Liedtke, der viele Jahre die Verantwortung als Küchenchef innehatte, sich einer neuen Herausforderung gestellt. Liedtke hatte unseres Erachtens Potenzial, das aber nicht abgefordert wurde. Mit insgesamt elf Tagungsräumen ist das Haus in Anbetracht seiner Größe recht gut aufgestellt. Die Konferenzetage befindet sich im fünften Stockwerk. Wie in allen Radisson-Blu-Hotels ermöglicht man den Gästen auch hier einen kostenfreien Lan- bzw. WLAN-Zugang.

Bewertung:

WIESLOCH Baden-Württemberg

MONDIAL
(Innenstadt)
Schwetzinger Straße 123
69168 Wiesloch
Telefon: 0 62 22-576-0
Telefax: 0 62 22-576 333
Internet: www.hotel-mondial.eu
E-Mail: info@hotel-mondial.eu
Direktor: Jirka Ulke
DZ ab € 68,00

Man ist auf dem richtigen Weg, um das Mondial wieder unter den besten Adressen in der Region zu positionieren. Wir haben bereits darauf hingewiesen, dass es eine gute Entscheidung war, das Ehepaar Ulke für dieses Haus zu verpflichten. Jirka Ulke hat hier die Position des Hoteldirektors übernommen, seine Ehefrau die Serviceleitung. Die Ulkes standen vor einer sehr großen Herausforderung, denn dieses First-Class-Hotel war verpachtet, bevor sich Eigentümer Freddy Freiherr von Bettendorff-Escorsell Ring entschied, es wieder selbst zu betreiben. Leider hatte die vorherige Pächterin wenig Zeit und Energie darauf verwendet, akzeptable und verlässliche Standards zu etablieren, vor allem gab es für die Mitarbeiter keine verbindlichen Leitlinien. Die Gästezufriedenheit pendelte sich zu dieser Zeit weit unter Mittelmaß ein.

Ulke entwickelte zunächst gemeinsam mit dem Eigentümer ein Konzept für eine neue Positionierung des Hauses am Markt. Darauf wurden die Servicestandards sofort deutlich angehoben. Gäste schätzen die inkludierten Serviceleistungen wie etwa kostenfreies WLAN und Pay TV (Sky), den Shuttle zum SAP-Schulungszentrum, zu MLP, zum S-Bahnhof oder auch zum Golfplatz. Da die Wochenenden und

Feiertage wie in allen Businesshotels in der Regel belegungsschwache Zeiten sind, will man hier mit geeigneten Arrangements den Individualreisenden ansprechen. Zusammen mit der Schwester des Eigentümers, die erfolgreich ein Designhotel in Barcelona betreibt, wurde ein Designkonzept für das komplette Hotel entwickelt, das auch die Zimmer und Suiten einschließt. Ein großer Teil der Zimmer wurde bereits im vorigen Jahr renoviert und unter anderem mit einer hochwertigen Matratze sowie einem Flatscreen-Fernseher ausgestattet. Im gesamten Hotel trifft man auf afrikanische Kunstwerke, Bilder, aber auch Skulpturen, denn der Eigentümer betreibt eine Galerie für afrikanische Kunst. Auch gastronomisch wurde das Niveau erfreulicherweise deutlich angehoben. Vor allem setzt man hier verstärkt auf regionale Produkte. Wochentags bietet man den Gästen ein Menu du jour mit einem Glas Wein und Espresso, mittags für 10 Euro und abends für 16 Euro. Besonders das Frühstücksbuffet hinterlässt einen positiven Eindruck, sowohl durch sein Angebot als auch durch die Frische. Größter Beliebtheit erfreuen sich die regelmäßig stattfindenden Kochkurse.

Bewertung:

WILHELMSHAVEN   Niedersachsen

**COLUMBIA HOTEL
WILHELMSHAVEN**
**Jadeallee 50
26382 Wilhelmshaven
Telefon: 0 44 21-7 73 38-0
Telefax: 0 44 21-7 73 38 11**
Internet: www.columbia-hotels.com
E-Mail: wilhelmshaven@columbia-hotels.de
**Direktor: Matthias Golze
DZ ab € 156,00**

Nach Jahrzehnten der Umstrukturierung und des sehr langsamen Wandels ist in den letzten Jahren einiges in Bewegung gekommen in der Marinestadt am Jadebusen. Als eine der wenigen neuen Städte des 19. Jahrhunderts war Wilhelmshaven, der Name verrät es, vom Deutschen Kaiser gegründet worden, um der neu aufzubauenden Deutschen Marine eine strategisch günstig gelegene Heimstatt direkt an der Nordsee zu bieten. Noch heute erinnern einige Straßenzüge im Stil der Gründerzeit auffällig an die zeitgleich entstandenen Viertel in Berlin oder anderen deutschen Metropolen. Leider erwies sich die größere Nähe zu England im Zweiten Weltkrieg nicht etwa als strategischer Vorteil, sondern im zum Ende forcierten Bombenkrieg als großer Nachteil. Weite Teile der Stadt und der Hafenanlagen wurden damals vernichtet. Nach dem Krieg gewann Wilhelmshaven durch die hier beheimatete Bundesmarine und auch durch Industrieansiedlungen eine neue Existenzgrundlage. Leider folgte bereits in den 1970er Jahren wieder ein Rückschlag, als vor allem infolge der Ablösung der Schreibmaschine durch den Computer die Olympia-Werke schlossen, einer der größten Arbeitgeber der Region. Heute befindet sich die Stadt in einem langsamen, aber stetigen Konsolidierungsprozess. Durch die weltweiten Einsätze der Marine gewann der Stützpunkt Wilhelmshaven wieder an Be-

deutung, und auch die petrochemische Industrie gleich hinter dem Nordseedeich ist ein prosperierender Wirtschaftszweig. Nächstes Jahr geht der Jade-Weser-Port als einziger deutscher Tiefwasserhafen für Containerschiffe vollständig in Betrieb; damit erscheint ein ganz neuer Hoffnungsträger auf der Bildfläche. Angesichts dieser Entwicklung ist es naheliegend, dass sich auch für die Hotellerie neue Potenziale ergeben, und so öffnete im Jahr 2008 das Columbia-Hotel seine Pforten. Der Standort dieses beeindruckenden, modernen Vier-Sterne-Hotels, nur wenige hundert Meter von der Wilhelmshavener Innenstadt und dem Bahnhof entfernt, könnte besser kaum sein. Hier erstrecken sich zwischen Stadt und Nordseedeich über mehrere Kilometer vier ehemals militärisch genutzte Hafenbecken, die sich in den

vergangenen Jahrzehnten nach und nach zu einem Wohn- und Wassersportareal mit maritimem Flair entwickelt haben. Heute wechseln sich hier Yachthäfen und Marinas mit modernen, teilweise luxuriösen Wohngebäuden ab. Zahlreiche noch vorhandene hafentypische Betriebe sowie große und kleine Boote, Yachten, Kriegsschiffe, Frachter und Fähren tragen zur maritimen Kulisse ebenso bei wie die beeindruckende historische Kaiser-Wilhelm-Brücke, die sich zur Öffnung einer Hafendurchfahrt komplett horizontal drehen lässt, oder die Schiffsanleger für Touren nach Helgoland. Mit dem Columbia, dessen Architektur sicher nicht von ungefähr an ein großes Kreuzfahrtschiff erinnert, hat Wilhelmshaven endlich ein zeitgemäßes Hotel erhalten, das auch höheren Ansprüchen genügen kann. Und damit ist es ähnlich wie das Hotel Alte Werft im emsländischen Papenburg nicht nur vor Ort, sondern auch im weiteren Umfeld konkurrenzlos. Selbst das mit 160.000 Einwohnern doppelt so große Oldenburg als nächstgelegene Großstadt hat nichts

Vergleichbares zu bieten. Die Zimmer und Suiten weisen bereits in der Standardkategorie eine Mindestgröße von 30 qm auf und bieten teilweise einen direkten Ausblick auf das Hafenbecken. Im gesamten Haus ist WLAN-Nutzung möglich. Der großzügige SPA umfasst neben einem Schwimmbad auch einen Saunabereich mit finnischer Sauna und Dampfbad sowie einen Ruhebereich und ist offensichtlich auf eine anspruchsvolle Gästeklientel ausgerichtet, die in den besten Häusern der Republik logiert. Und so ist natürlich auch das Angebot an Beauty- und Massageanwendungen stimmig. Für Tagungen bietet das Haus acht Räume mit unterschiedlichen Kapazitäten. Das kulinarische Niveau hat man bereits vor zwei Jahren auf Sterneniveau gehoben. Der begehrte Stern wurde André Stolle, der seit letztem Jahr die kulinarische Verantwortung für das Gourmetrestaurant Marco Polo trägt, zu Recht zugedacht. Ein kleiner Rückschritt ist, dass Stolle nun beschlossen hat, sich beruflich neu zu orientieren, und das Haus Anfang des Jahres verlassen hat. Alles in allem hatte Direktor Matthias Golze es bei diesen Voraussetzungen natürlich auf den ersten Blick leicht, mit dem Columbia fast sofort die Spitze der regionalen Hotellerieszene zu stürmen. Auf den zweiten Blick war es jedoch eine große Herausforderung, ein Haus dieser Größe als Pionier in einer Region ohne Spitzen-Businesshotellerie zu positionieren und Gäste und Tagungskunden nachhaltig dafür zu begeistern. Golze hat diese Herausforderung vorbildlich gemeistert, und wenn man heute bei sommerlichen Temperaturen auf der Terrasse des Hotels frühstückt, fragt man sich, warum dieser tolle Standort, der maritime Urlaubsatmosphäre mit moderner Businesshotellerie verbindet, nicht schon früher genutzt wurde.

Bewertung:

WISMAR Mecklenburg-Vorpommern

STEIGENBERGER STADT HAMBURG
(Innenstadt)
**Am Markt 24
23966 Wismar
Telefon: 0 38 41-239-0
Telefax: 0 38 41-239 239**
Internet: www.wismar.steigenberger.de
E-Mail: wismar@steigenberger.de
Direktorin: Ruth Ramberger
DZ ab € 72,00

Die Wismarer Altstadt bildet als UNESCO-Weltkulturerbe eine pittoreske Kulisse für das Hotel Stadt Hamburg und ist gleichzeitig der touristische Anziehungspunkt, der dem Haus einen kontinuierlichen Zustrom deutscher und internationaler Gäste garantiert. Die Lage ist ideal. Direkt am Marktplatz befindet sich das moderne Hotel hinter den wunderbar restaurierten Fassaden zweier historischer Gebäude. Mit dem renommierten Namen Steigenberger und der zentralen Lage hatte es seit seiner Eröffnung alle Voraussetzungen, um zum ersten Haus der Stadt zu avancieren. Wie beim Traditionshotel Sonne im nicht weit entfernten Rostock hat Steigenberger auch hier seinen Namen mit einem modernen Businesshotel in historischem Gewand verknüpft, das am zentralsten Platz der Stadt liegt. Die Zimmer sind zeitgemäß und komfortabel, auch wenn sie vermutlich keinen Preis für innovatives Interior Design gewinnen werden. So schön der Ausblick aus den zum Marktplatz gelegenen Zimmern sein mag, man sollte bei der Reservierung in jedem Fall klären, ob gerade ein Volksfest oder eine ähnliche Veranstaltung auf dem Platz stattfindet, die bis in die späteren Abendstunden dauert. In dem Fall ist nämlich durchaus mit Trubel auf dem Platz zu rechnen, was ein frühes Einschlafen bei offenem Fenster schwierig machen würde. In einer Großstadt würde man einfach die Fenster schließen, die Klimaanlage die Frischluftzufuhr regeln lassen und schlafen. In einer malerischen Stadt wie Wismar dagegen mag man ein lautes Sommerfest als störend empfinden, wenn man gern bei geöffnetem Fenster schläft. Also nachfragen oder gleich eines der innen liegenden Zimmer buchen. Neben der zentralen Lage und den zeitgemäßen Zimmern kann das Haus noch eine hervorragende Gastronomie sowie fünf Tagungsräume mit Kapazitäten für bis zu 100 Personen und sogar einen kleinen Saunabereich bieten. Im Sommer mischen sich Gäste und Einheimische in der Außengastronomie vor dem Hotel, am Abend und bei kühleren Temperaturen bietet das Restaurant Weinwirtschaft mit seiner offenen Showküche in gemütlicher Umgebung mediterrane und einheimische kulinarische Genüsse auf überdurchschnittlichem Niveau. Seit einigen Jahren leitet Ruth Ramberger, eine gebürtige Österreicherin, dieses besondere Haus und hat bisher eine sehr passable Leistung abgeliefert. Unter ihrer Führung ist spürbar ein frischer Wind eingezogen. Da die Mitarbeiter im Service des Restaurants ebenso wie im Front Office vorbildlich freundlich, zuvorkommend und aufgeschlossen agieren, ist es ihr offenbar gelungen, hier im hohen Norden Professionalität und touristische Servicequalität nach österreichischem Vorbild zu etablieren. Denn auch wer die Norddeutschen im Allgemeinen wegen ihrer ruhigen Gelassenheit und bescheidenen Zurückhaltung schätzt, wird zugeben, dass in der Gastronomie ein offenes, servicebereites Zugehen auf den Gast hilfreicher ist.

Bewertung: ●●◐

WOLFSBURG Niedersachsen

THE RITZ-CARLTON
**Parkstraße 1
38440 Wolfsburg
Telefon: 0 53 61-60-70 00
Telefax: 0 53 61-60 80 00**
Internet: www.ritzcarlton.com
E-Mail: wolfsburg.reservation@ritzcarlton.com
Direktorin: Edith Gerhardt
DZ ab € 275,00

Als der Wolfsburger Automobilkonzern Ende der 1990er Jahre an den Bau der sogenannten Autostadt ging, mag ob dieser Bezeichnung etwas Verwirrung geherrscht haben. Schließlich kann man auch Wolfsburg selbst mit Fug und Recht als Autostadt bezeichnen, denn die Stadt wurde 1938 als „Stadt des KdF-Wagens" gegründet, um den Arbeitern im damals neu errichteten Volkswagenwerk eine Heimstatt zu bieten. Mit der neuen „Autostadt" gut 60 Jahre später hatte Volkswagen aber etwas anderes im Sinn: Motiviert durch die Weltausstellung in Hannover im Jahr 2000 und als deren Außenprojekt konzipiert, sollte hier ein Aushängeschild für den Konzern entstehen, das Volkswagen in allen seinen Facetten repräsentiert, die Besucher über Geschichte und Tochtermarken informiert und gleichzeitig als Erlebnis- und Freizeitareal dient. Und ganz nebenbei sollte es Kunden, Gäste und Geschäftspartner der Firma beeindrucken und ihnen Unterhaltung bieten. Daneben bot sich hier die Möglichkeit, die Abholung eines Neuwagens besonders modern und pompös zu inszenieren. Die zu Volkswagen gehörenden Marken Audi, Volkswagen, Lamborghini, Bugatti, Seat, Škoda und Volkswagen Nutzfahrzeuge sind auf dem parkartigen Gelände jeweils mit einem eigenen Pavillon vertreten (der für die Marke Porsche ist gerade im Bau). Bei den Namen, die teilweise aus dem Luxussegment der Automobiltechnik stammen, lag es nahe, dass auch bei der Wahl eines Betreibers für das Hotel auf dem Gelände der Autostadt nicht gekleckert, sondern geklotzt wird. Das Fünf-Sterne-Haus, dessen Grundriss einen offenen Kreis darstellt, wird seit der Eröffnung 2000 von Ritz-Carlton gemanagt. Für das Design der Innenausstattung wurde die französische Innenarchitektin Andrée Putman engagiert, seinerzeit einer der größten Namen in diesem Genre. Heute, mehr als zwölf Jahre nach der Eröffnung, hat sich die Kombination aus schlichten Formen, edlen Materialien und moderner Kunst in vielen Hotels international durchgesetzt. Damals war dieser reduzierte, luxuriöse Stil der Inneneinrichtung jedoch wenig verbreitet und symbolisierte die Modernität des Hauses und damit auch der Autostadt selbst. Helle Hölzer und Wandtäfelungen zeichnen die Zimmer und auch die ringförmig verlaufenden Flure im Hotel aus – wobei man auf dem Weg zu seinem Zimmer auf den gekrümmten Fluren schon mal die Orientierung verlieren kann. Die sehr komfortable Ausstattung der Zimmer entspricht dem Status eines Fünf-Sterne-Hauses. Während das luxuriös-moderne Ambiente also über die Jahre unverändert geblieben ist, hat sich ein anderer Bereich des Hotels kontinuierlich weiterentwickelt und gehört heute international zur Spitze seiner Disziplin. Gemeint ist natürlich das Gourmetrestaurant AQUA, das seit seiner Eröffnung durch Küchenchef Sven Elverfeld zu immer höheren Leistungen gebracht wurde. Seit drei Jahren hält Elverfeld hier sogar den dritten Michelin-Stern, den er genaugenommen schon kurz nach der Eröffnung verdient hatte. Seine Küche ist für das Renommee und den Status des Hauses als überdurchschnittliches Luxushotel mittlerweile um einiges wichtiger als der Name Ritz-Carlton. Natürlich besteht die Gästeschaft nach wie vor fast ausschließlich aus Personen, die wegen und durch Volkswagen in Wolfsburg übernachten. Zum großen Teil sind dies Kunden von Neuwagen, die in einer fast sakralen Prozedur hier ihre Autos ab Werk in Empfang nehmen und sich in diesem Zusammenhang entweder eine Übernachtung im Ritz-Carlton gönnen oder diese sogar gesponsert bekommen. Diese Strategie hat sich für das AQUA als sehr fruchtbar erwiesen, denn viele Gäste lassen es sich nicht nehmen, bei diesem für sie einzigartigen Anlass auch ein besonderes Abendessen im Gourmetrestaurant einzuplanen. Dadurch konnte das AQUA seit seiner Eröffnung mit einer besonders hohen Frequenz rechnen. Leere Tische haben wir bei unseren Besuchen nie gesehen. Durch die ständige Anforderung konnten sich sehr schnell ein perfektionierter Service und eine optimierte Küchenleistung etablieren, und so ließen die ersten Auszeichnungen nicht lange auf sich warten. Die höchstmögliche Adelung eines Chefkochs hat Elverfeld mehr als verdient, hat er doch die optimalen Bedingungen, die sich hier für einen Spitzenkoch boten, auch ohne Fehler genutzt. Das Hotel selbst macht mittlerweile etwas weniger von sich reden, setzt aber hin und wieder noch originelle Ideen um – wie beispielsweise vor einigen Jahren einen im Wendehafen des Volkswagenwerks schwimmenden Pool, der vom Wellnessbereich des Ritz-Carlton aus erreichbar ist. Hier kann man vor der gigantischen Industriekulisse des Volkswagenwerks mit seinen hoch aufragenden Kraftwerkstürmen im beheizten Wasser seine Bahnen ziehen und eine fast surreale Atmosphäre genießen.

Bewertung: ● ● ● ● ◐

WÜRZBURG Bayern

MARITIM
(Innenstadt)
**Pleichertorstraße 5
97070 Würzburg
Telefon: 09 31-30 53-0
Telefax: 09 31-30 53 9 00**
Internet: www.maritim.de
E-Mail: info.wur@maritim.de
Direktor: Walter Pint
DZ ab € 107,00

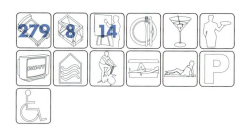

Es scheint, als habe sich Hoteldirektor Walter Pint, der hier von Jörg Bacher ein gut bestelltes Haus übernommen hat, mittlerweile akklimatisiert. Noch vor gar nicht langer Zeit musste man den Eindruck gewinnen, er sei mit der Aufgabe, dieses Businesshotel zu führen, ein wenig überfordert. Fakt ist, dass in allen Abteilungen des Hauses vorübergehend der Schlendrian Einzug gehalten hatte. Eine wahre Begebenheit, am Rande erzählt: Eine Mitarbeiterin meldete sich am Telefon statt mit der Standardbegrüßung „Herzlich willkommen im Maritim-Hotel" mit „Ja bitte?". Im Haus gab es vor allem Kommunikationsprobleme, einzelne Abteilungen, so hatte man den Eindruck, waren zeitweise nicht miteinander in Kontakt. Rückrufe, die eigentlich die Mitarbeiter dem Anrufer anbieten sollten, musste man sich regelrecht erbetteln. Der Hotelchef gab sich von unseren Berichten zunächst sehr überrascht, zeigte sich dann aber aufgeschlossen. Keine Selbstverständlichkeit, nicht wenige Direktoren verstehen Kritik als Kriegserklärung. Auch unser Eindruck, dass er zwischenzeitlich auf Tauchstation gegangen war, um den direkten Gastkontakt zu vermeiden, erstaunte Pint doch sehr. Schließlich war er zuvor für Leisurehotels tätig gewesen, da gehörten tägliche Gastkontakte inklusive Smalltalk eigentlich zu seinem Tagesgeschäft. Beim Interior Design wird der geneigte Maritim-Stammgast nicht enttäuscht, auch hier darf er sich über das berühmte „Dr. Monika-Gommolla-Design" freuen. Abgesehen von den Häusern, die im letzten Jahrzehnt entstanden sind, gehört dieses First-Class-Hotel aber zumindest im Hinblick auf die Zimmer zu den moderneren, da diese vor einiger Zeit kosmetisch aufgefrischt wurden. Von den Zimmern aus genießt man teilweise einen direkten Blick auf die Festung Marienberg. Mit seinen hervorragenden Tagungs- und Veranstaltungsmöglichkeiten darf das Maritim in dieser Hinsicht als erste Adresse der Stadt gelten, insgesamt 14 modernst ausgestattete Tagungsräume stehen zur Auswahl. Mit dem angegliederten Kongresszentrum stehen zusätzliche Kapazitäten zur Verfügung, so sind Tagungen und Veranstaltungen mit bis zu 1.600 Personen problemlos zu realisieren. So konservativ wie die Zimmer kommt auch der Freizeitbereich mit Schwimmbad und Saunabereich daher, der für

uns nicht gerade Wohlfühlatmosphäre versprüht. Ebenso das Restaurant; auch die Küchenleistung hat sich auf durchschnittlichem Niveau eingependelt. WLAN ermöglicht man nicht nur auf den Zimmern, sondern auch in allen öffentlichen Bereichen, die Nutzung wird aber mit 15 Euro für 24 Stunden berechnet.

Bewertung:

REBSTOCK
(Innenstadt)
Neubaustraße 7
97070 Würzburg
Telefon: 09 31-30 93-0
Telefax: 09 31-30 93 1 00
Internet: www.rebstock.com
E-Mail: rebstock@rebstock.com
Inhaber: Christoph Unckell
DZ ab € 135,00

Es mag sein, dass dieses First-Class-Superior-Hotel im Hinblick auf Zimmerkapazitäten und Tagungsmöglichkeiten mit den Mitbewerbern nicht mithalten kann, dafür zeichnet es sich aber durch seine Individualität und vor allem sein herausragendes Service- und Dienstleistungsangebot aus. Man darf mit Fug und Recht behaupten, dass es gelungen ist, das Haus an der Spitze des hiesigen Hotelmarkts zu positionieren. Hotelchef Christoph Unckell ist in der günstigen Lage, auf eine hochmotivierte Servicemannschaft verweisen zu können. Das ist ein Pfund, mit dem er wuchern kann. Nach wie vor kann man keinen Wellnessbereich vorweisen; um dieses kleine Manko zu kompensieren, kooperiert man mit einem renommierten Fitnessclub und übernimmt freundlicherweise den Eintritt für die Gäste. Unckell hat das Hotel in den vergangenen Jahren immer wieder optimiert und das Zimmerprodukt Schritt für Schritt aufgefrischt. Alle Zimmer und Suiten sind nunmehr mit einem Kaffeeautomaten ausgestattet. Hinsichtlich der Zimmertypen bietet das Haus ein breites Spektrum. Auch wenn weder im Stil noch in der Ausstattung eine klare Linie erkennbar ist, kann man die Zimmer mit ihren unterschiedlichen Farbkonzepten durchaus als gelungen bezeichnen. Hier hat der Hotelchef bewiesen, dass er seine Gästeströme stets analysiert und das Hotelprodukt entsprechend den Anforderungen und Wünschen

adaptiert hat. Sechs Veranstaltungsräume stehen für Besprechungen und Tagungen zur Verfügung. Eine verlässliche gastronomische Adresse ist das Restaurant Rebstock. Hier hat Franz Frankenberger eine überdurchschnittlich gute klassische Küche mit regionalen Akzenten etabliert. Derzeit arbeitet Christoph Unckell an einem neuen Restaurantkonzept für 2013. Er hat drei Innenarchitekturbüros in die engere Wahl genommen und in einen Ideenwettbewerb eingebunden mit der Maßgabe, erste Entwürfe zu erarbeiten, von denen einer umgesetzt werden soll. Eigentlich eine sehr gute Idee, schließlich handelt es sich um eine große Investition. Die erarbeiteten Konzepte werden dann einem größeren Kreis vorgestellt. Hier sollen nicht nur

die Abteilungsleiter involviert werden, sondern alle Mitarbeiter, darüber hinaus aber auch die Stammgäste. Wichtig ist Unckell auch, eine neue Klientel für sein Haus zu begeistern. WLAN-Nutzung ist im gesamten Haus möglich; diesen Service hat man selbstverständlich kostenfrei gestellt. Auf Wunsch wird ein Shuttleservice zum Bahnhof organisiert. Abschließend möchten wir den Empfangsmitarbeitern noch ein ganz großes Lob aussprechen, denn sie treten dem Gast gegenüber nicht nur freundlich auf, sondern vermitteln ihm auch das Gefühl, dass es ihnen eine Herzensangelegenheit ist, ihn wenn möglich hundertprozentig zufriedenzustellen. Jedenfalls begeistert die Empathie, mit der sich die Mitarbeiter um die großen und kleinen Anliegen der Gäste kümmern. Hier sieht sich Hotelchef Christoph Unckell bestätigt, dass eine hohe Mitarbeiterzufriedenheit, aber auch intensive Schulungsmaßnahmen sich langfristig bezahlt machen.

Bewertung:

WUSTROW   Mecklenburg-Vorpommern

DORINT STRANDRESORT & SPA
Strandstraße 46
18347 Ostseebad Wustrow
Telefon: 03 82 20-65-0
Telefax: 03 82 20-65 100
Internet: hotel-ostseebad-wustrow.dorint.com
E-Mail: info.wustrow@dorint.com
Direktor: Andreas Behrmann
DZ ab € 108,00

Blühende Landschaften hatte Helmut Kohl einst für die damals neuen Bundesländer versprochen und für die blumige Metapher Spott und Häme kassiert. Aber so schwierig sich die Umstellung der ostdeutschen Wirtschaft auf die neuen Verhältnisse auch gestaltete und immer noch gestaltet, ein Wirtschaftszweig konnte schon nach relativ kurzer Zeit die prognostizierten blühenden Landschaften nicht nur bildlich, sondern nahezu wörtlich bieten. Die Tourismusbranche an der mecklenburg-vorpommerschen Ostseeküste konnte mit der Wiedervereinigung einen nahezu ununterbrochenen Aufschwung einleiten, der bis heute seinesgleichen sucht. Da die zu DDR-Zeiten kontingentierten Übernachtungskapazitäten an der Ostsee sich dank des neuen Wirtschaftssystems praktisch ungebremst multiplizieren konnten, war der Weg für eine neue Blüte des Ostseetourismus bereitet. Ehemalige DDR-Bürger, die früher nur nach jahrelanger Wartezeit an die Ostsee reisen durften, und ehemalige BRD-Bürger, die diese legendäre Blütezeit vielleicht noch aus der eigenen Kindheit kannten, strömten gleichermaßen in die traditionellen Badeorte und begründeten den bis heute anhaltenden Tourismus-Boom in Mecklenburg-Vorpommern. Das Ostseebad Wustrow ist ein Beispiel dafür, dass sogar früher eher als Geheimtipp gehandelte Orte ohne jegliche imponierende Bäderarchitektur der Jahrhundertwende von diesem Boom profitieren und das Konzept eines schonenden Tourismus in einem beschaulichen ehemaligen Fischer- und Seefahrerdorf umsetzen konnten. Und das Dorint unweit der erneuerten Seebrücke beweist, dass sogar ein exklusives Vier-Sterne-Hotel mit einem solchen Konzept des behutsamen Tourismus vereinbar ist. Die ausgedehnte Anlage besteht aus mehreren Einzelgebäuden, die durch verglaste Gänge miteinander verbunden sind. Der örtlichen Bebauung entsprechend sind die

Gebäude höchstens drei Geschosse hoch und das gesamte Hotel geht im Ortsbild auf, ohne als Fremdkörper zu wirken. Die Freiflächen zwischen den Bauten sind naturnah gestaltet mit flachen Teichen, die man auf Stegen überqueren kann, und zwischen denen Raum für Exponate verschiedener Künstler ist. Die Tiefgarage, deren Zufahrt direkt neben dem Haupteingang liegt und durch geschickte Gestaltung kaum wahrgenommen wird, nimmt die Autos der Hotelgäste auf, so dass sie aus dem Ortsbild verschwinden und die Idylle im Umfeld des Hotels nicht stören. Wustrow kann sicherlich als Ferienort mit nahezu britischem Understatement gelten. Und so bietet das Dorint gerade jenen zahlungskräftigen Gästen eine Ferienheimstatt, die zwar den Komfort, die Gastronomie und das Wellnessangebot einer gehobenen Vier-Sterne-Unterkunft schätzen, aber mit Sylter Schickeria-Atmosphäre nichts anfangen können. Passend zu diesem Konzept wird das Haus nun schon seit Jahren von Direktor Andreas Behrmann geleitet, der mit seiner äußerst kommunikativen und immer gut aufgelegten Persönlichkeit auch beim schlecht gelaunt anreisenden Hotelgast sofort Ferienstimmung aufkommen lässt. Behrmann begeistert seine Gäste mit beeindruckender Präsenz, und seine sportliche, wenn auch immer mit einer Fliege als Markenzeichen akzentuierte Kleidung signalisiert eindeutig: Auch wenn man sich hier in einem hochklassigen Hotel mit allen erwartbaren Annehmlichkeiten aufhält – hier ist Entspannung angesagt. Zusammen mit der hervorragenden Küchenleistung im Haus und der maritimen Atmosphäre der Umgebung stellt sich schnell ein kreuzfahrtähnliches Urlaubsgefühl ein. Kein Wunder, dass dieses Dorint offensichtlich auf zahlreiche Stammgäste zählen kann. Ein Teil der Zimmer und Suiten erhielt im letzten Jahr schrittweise ein Facelifting, neue Teppichböden wurden verlegt. Zusätzlich wurden alle Zimmer mit einem Flatscreen-Fernseher ausgestattet. Geplant ist, den Gästen zukünftig den WLAN-Zugang im gesamten Haus kostenfrei zu ermöglichen. Bislang berechnet man dafür bis zu 15 Euro. Gastronomisch bewegt man sich auf einem recht hohen Niveau. Wöchentliche Themenbuffets – in der Regel freitags und samstags – begeistern die Gäste. Für die Hotelkette stellt dieses Haus in Wustrow sicherlich ein kleines Juwel dar, beweist es doch, dass anspruchsvolle Hotellerie auch an Feriendestinationen funktionieren kann, die nicht von Touristenmassen überlaufen sind und unter Umständen weniger wahrgenommen werden. Es ist sicherlich eine Empfehlung für einen Urlaub an der Ostsee abseits des ganz großen Trubels, wo die Region und ihre Reize zu jeder Jahreszeit auf das Komfortabelste genossen werden können.

Bewertung: